项目采购与合同管理

刘尔烈　刘　戈　主编

天津大学出版社
TIANJIN UNIVERSITY PRESS

内容提要

本书系统介绍建设工程项目采购与合同管理的相关知识。书中主要阐述项目采购和合同管理的基本概念及法律依据，工程项目咨询、施工的招标与投标，工程建设材料、设备采购的招标与投标，工程施工合同条件，工程合同的签订与管理，工程施工索赔管理，并介绍 FIDIC 及其合同条件。

本书可供建设工程项目业主及咨询设计、建设监理、工程施工、工程物资供应等单位参考使用，还可供高等学校有关专业师生教学使用。

图书在版编目(CIP)数据

项目采购与合同管理/刘尔烈，刘戈主编. —天津：天津大学出版社，2010.5(2015.4重印)

ISBN 978-7-5618-3479-4

Ⅰ.①项… Ⅱ.①刘… ②刘… Ⅲ.①基本建设项目-采购-管理②基本建设项目-经济合同-管理 Ⅳ.①F284

中国版本图书馆 CIP 数据核字(2010)第 079616 号

出版发行	天津大学出版社
地　　址	天津市卫津路92号天津大学内(邮编:300072)
电　　话	发行部:022-27403647
网　　址	publish.tju.edu.cn
印　　刷	昌黎太阳红彩色印刷有限责任公司
经　　销	全国各地新华书店
开　　本	185mm×260mm
印　　张	17.5
字　　数	448千
版　　次	2010年5月第1版
印　　次	2015年4月第2次
印　　数	3 001－4 000
定　　价	28.00元

前　　言

工程项目采购与合同管理是建设工程项目管理工作的重要内容，对项目的投资、质量和进度目标控制，提高投资效益有着很大的影响。熟悉工程项目采购与合同管理的相关知识，对于实现工程采购活动的规范化，维护工程市场的公平竞争和社会公共利益，提高投资效益是至关重要的。本书的编写目的是希望能为我国工程单位提供一本实用的参考资料。

本书共分八章。第一章阐述工程采购与合同管理的基本概念。第二至四章阐述工程采购相关内容。其中，第二章介绍工程咨询招标与投标，;第三章介绍工程施工招标与投标;第四章介绍工程材料、设备招标与投标。第五至八章阐述合同条款与合同管理相关内容。其中，第五章介绍建设工程施工合同条件;第六章介绍工程项目合同管理;第七章介绍工程索赔管理;第八章介绍 FIDIC 及其合同条件。

本书由刘尔烈、刘戈担任主编。具体分工是:刘尔烈负责编写第一章、第二章、第三章及第八章，蒋水宾、刘玥负责编写第四章，刘戈负责编写第五章、第六章，王艳娜负责编写第七章。刘文帮、戴智、戴毅、赵成堂、张彧涛、夏爽、苏俊民、李峰参加了编写工作。

本书在编写过程中参考了国内外相关书籍和其他文献，谨在此向相关作者致以谢意。

由于编者水平所限，书中可能存在疏漏和错误，诚恳希望读者批评指正。

编者

2010 年 1 月

目　录

第一章 项目采购管理的概念和法律依据

第一节 项目采购管理概念

一、项目和项目管理

这里所说的“项目”是“建设工程项目”的简称。我国国家标准将其定义为:“为完成依法立项的新建、扩建、改建等各类工程而进行的、有起止日期的、达到规定要求的一组相互关联的受控的活动组成特定过程,包括策划、勘察、设计采购、施工、试运行、竣工验收和考核评价等。”

国际标准化组织 ISO 的定义是:“具有独特的过程,有开始和结束日期,由一系列相互协调和受控的活动组成。过程的实施是为了达到规定的目标,包括满足时间、费用和资源约束条件。”

为了在经济、合理、安全、环保的前提下实现建设项目的投资、质量、进度的最优化目标,需要对项目进行科学管理,项目管理是项目管理者运用系统的理论和方法,对工程项目进行的计划、组织、指挥、协调、控制等专业化活动。

项目管理的主体是项目管理者,项目管理的对象是建设工程项目。

项目管理需要建立专门的组织机构,并行使相关的职能,即对项目的资源和对项目实施的过程所进行的计划、组织、指挥、协调、控制和评价。为此,需要把整个项目的目标作为一个完整的系统加以统筹管理。

项目管理需要采用现代咨询方法,这些方法为项目的科学管理构建一套完整的项目管理方法体系,从项目策划到项目建成投产(使用)进行全面的和全过程的管理。

项目管理作为一个学科,近年来在不断发展和创新,其内容主要有:项目范围管理、项目合同管理、项目采购管理、项目进度管理、项目质量管理、项目费用管理、项目职业健康安全管理、项目环境管理、项目资源管理、项目信息管理、项目风险管理、项目沟通管理、项目收尾管理等。其中项目采购管理是项目管理过程中的重要工作内容。

二、项目采购管理的含义

项目采购管理(project procurement management)是指对项目的勘察、设计、施工、资源供应、咨询服务等采购工作进行的计划、组织、指挥、协调和控制等活动。

项目采购管理是要求通过采购过程,确保采购的产品或服务符合规定的要求。项目的各采购方均应对供方提供产品或服务的能力进行评价和选择。项目管理组织应设置采购部门,制定采购制度、工作程序和采购计划。

项目采购工作应符合有关合同、设计文件规定的数量、技术要求和质量标准,符合进度、安全、环境和成本管理等要求。编制采购文件应明确采购产品的品种、规格、等级和数量。

产品供应和服务单位应通过合格评定。采购过程中应按规定对产品和服务进行检验,对不符合要求或不合格产品应按规定处置。采购资料应真实、有效、完整,具有可追溯性。

三、采购管理程序

采购管理应遵循下列程序:

(1)明确产品或服务的基本要求、采购分工及有关责任;

(2)进行采购策划,编制采购计划;

(3)进行市场调查,选择合格的产品供应或服务单位,建立名录;

(4)采用招标或协商等方式实施评价工作,确定供应或服务单位;

(5)签订采购合同;

(6)运输、验证、移交采购产品或服务;

(7)处置不合格产品或不符合要求的产品或服务;

(8)采购资料归档。

四、采购计划与采购方式

组织应根据采购合同、设计文件、项目管理实施规划和有关采购管理制度编制采购计划。

采购计划应包括下列内容:

(1)采购工作范围、内容及管理要求;

(2)采购信息,包括产品或服务的数量、技术标准和质量要求;

(3)检验方式和标准;

(4)供应方资格审查要求;

(5)采购控制目标及措施。

采购工作应采用招标、询价或其他方式,应对采购报价进行有关技术和商务的综合评审,并应制定选择、评审和重新评审的准则。评审记录应保存。

项目采用的设备、材料应经检验合格,并符合设计及现行标准要求。检验产品使用的计量器具,产品的取样、抽样应符合规范要求。采购产品在检验、运输、移交和保管等过程中,应按照职业健康安全和环境管理要求,避免对职业健康安全、环境造成影响。

第二节 招标投标的概念

一、招标投标的含义

招标与投标是一种国际上普遍应用的采购方式,通常是采购人事先提出采购的条件和要求,邀请众多的交易人参与竞争并按照规定的程序从中选择成交人。

工程招标与投标涉及工程的决策咨询、勘察设计、工程施工、建设监理、工程材料和设备的供应等许多方面。它实际上是招标人对要求参与工程项目实施的申请人(即投标人)进行审查、评比和选定的过程。

严格地规范招标与投标活动,对于招标人和投标人都是至关重要的。对于招标人来讲,它关系到能否对工程的投资、质量和进度进行有效的控制,获得合格的工程产品,达到预期的投资效益;对于投标人来讲,则是能否在公平合理的市场竞争环境下,以自身的优势获得工程项目,取得合理利润,保证自身的生存和发展。

综上所述,招标投标不是一般的商品买卖行为,而是一种综合性的高级交易方式。

二、招标投标的特点

招标与投标是市场经济中一种特别的采购方式，其目的是使采购活动能尽量节省开支，最大限度地满足采购目标的要求。

招标与投标同其他采购方式相比较具有以下特点。

1. 采购程序规范化

目前各国的招标投标活动大多参考国际惯例有计划、有组织地进行，由固定的招标机构组织实施，并有必要的技术专家参与。招标投标程序、招标文件事先由招标方编制拟定，对招标与投标的双方均具有法律约束力，招标投标活动要严格按照既定的程序和条件进行，一般不能随意变更。尤其是评标工作，必须依照明确的标准和方法慎重地评选中标者。

2. 广泛地征求投标者

招标的目的是在广泛的范围内选择比较理想的中标者。如果是工程招标则要求承包商具有丰富的工程经验、必要的技术条件以及足够的财务能力，能够在预定的建设期限内，按照规定的质量标准，以合理的工程造价完成建设任务。为此，招标人通常要在国内外指定的报刊杂志或网络等媒体上刊登招标广告，邀请所有有条件的潜在投标人前来投标。

3. 以公开、公平、公正为原则

规范的招标投标活动以公开、公平、公正为原则，严格按照事先拟定的程序进行。公开发布招标广告；公开招标条件，在招标文件中对拟采购的货物、工程或服务内容作出详细的介绍，并说明评价和比较投标文件和确定中标人的标准；在所有投标人或其授权代表在场的情况下，公开开标宣读投标人的名称、投标报价、降价声明等。招标投标活动的高透明度是为了便于投标人监督，保证公平竞争。评标工作由专门的评标委员会负责，评标时禁止投标人对其投标的实质性内容进行修改，禁止投标人或其利益相关的其他任何人以某种不正当的手段影响评标结果。招标方应客观公正地对待每一个投标人，充分保证评标的公正性。

4. 交易双方成交一次性

招标与投标方式不同于一般商品的交易。一般商品买卖过程往往要经过多次讨价还价后才能成交。而招标采购要求投标人一次性报价，即在投标截止时间之前必须确定唯一报价。公开开标后即进入评标阶段，投标者只能依靠自身的技术与经济实力以及合理低标价中标。

三、招标投标在工程建设程序中的地位

为了使工程建设有序地进行并提高投资效益，世界上各个国家通常都采用法律或法规的形式规定适合本国的建设程序。一般来说，项目周期可以概括为项目决策阶段、项目准备阶段、项目施工阶段和运营阶段。招标投标在项目实施中占有重要的地位，具体如图 1-1 所示。

建设项目的决策阶段的工作主要包括：进行项目的投资机会研究、项目预（初步）可行性研究、项目可行性研究，并分别写出研究报告。预可行性研究报告是对建议的项目是否有前途进行鉴别和评估的文件，应确定影响项目可行的基本因素，判别是否有必要进行进一步的详细研究；可行性研究报告是对拟建项目进行全面的技术经济论证的文件，为投资决策提供可靠的依据。

承担这一阶段研究任务的单位，不仅应熟悉掌握拟建项目涉及的专业技术并具有丰富的工程经验，而且应具备较强的市场分析预测、技术经济分析论证等方面的能力。因为项目决策是项目实施的前提和基础，决定建设项目的投资效益。因此，通过招标与投标选择高水平的咨

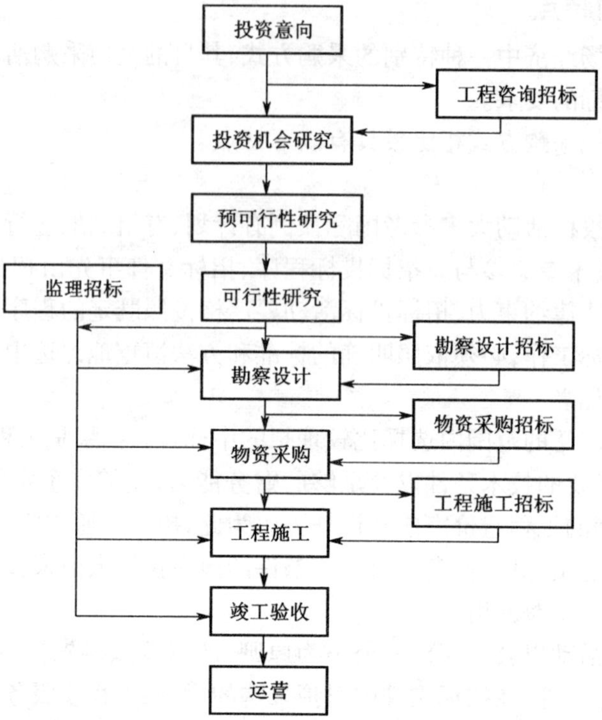

图 1-1

询单位，对于提高建设项目的成功度是至关重要的。

可行性研究报告批准后，工程项目进入实施阶段。

建设项目实施阶段的主要工作包括：勘察设计、工程物资采购、施工、竣工验收和试生产等。

工程勘察设计是编制作为工程项目建设依据的技术文件和图纸的活动，其目的在于解决如何进行建设的具体工程技术问题和经济问题。国际上将设计工作划分为概念设计、基本设计和详细设计三个阶段。我国的工程设计工作分为两步或三步进行，包括初步设计、技术设计和施工图设计。其中技术设计是针对技术复杂的项目增加的一个设计阶段。

勘察设计的质量不仅影响工程施工能否顺利地进行，而且关系到项目目标能否实现和实现的程度。因此选择高水平的设计单位是项目成功实施的保证，招标与投标是选择理想勘察设计者的行之有效的方式。

工程施工是最终形成工程实体，各种资源投入最多、最集中的阶段。各个国家都十分重视工程施工和工程材料、设备采购的招标与投标工作，编制了招标投标文件范本。通过招标精心选择承包商、监理工程师，已成为工程项目管理中的一项重要的国际惯例。

综上所述，在工程建设项目实施中，通过招标与投标方式选择项目的理想建设者，已成为成功地进行工程建设的关键环节，只有这样才能有效地控制项目目标，获得合格的工程产品，达到预期的投资效益。

第三节　有关国际组织对招标投标的规定

随着国际贸易的发展，政府采购规模越来越大。在国际上最典型、最有影响力的采购示范文本有：联合国国际贸易法委员会制定的《货物、工程和服务采购示范法》、世界贸易组织的《政府采购协议》、世界银行颁布的《国际复兴开发银行贷款和国际开发协会贷款指南》等。

一、联合国国际贸易法委员会的《货物、工程和服务采购示范法》

《货物、工程和服务采购示范法》（以下简称《示范法》）是联合国国际贸易法委员会1994年在其第27届年会上通过的。联合国国际贸易法委员会是联合国大会的一个政府间机构，是联合国大会为促进协调和统一国际贸易方法，消除因贸易法差异而对国际贸易造成不必要的障碍而于1967年设立的。

（一）《示范法》适用的范围

（1）采购，是指以任何方式获取货物、工程或服务。采购实体，是指本国从事采购的任何政府部门、机构、机关或其他单位以及下属机构如企业等。

（2）《示范法》规定，“本法适用于采购实体进行的所有采购”，但不适用于涉及国际安全或国家安全的采购以及颁布国列明排除在外的其他类型的采购。此外，如果颁布国所承担的国际义务，对采购有特殊要求的，也可不适用《示范法》。

（二）供应商或承包商在采购中的资格

供应商或承包商是指与采购实体订立采购合同的任何潜在当事方或当事方。

《示范法》规定了供应商或承包商无论国籍如何，均可参与采购过程，但采购实体可以出于本国采购条例规定的理由或根据其他法律，决定根据国籍限制参与采购过程。参加采购的供应商或承包商必须具备下列基本资格：

（1）具有履行采购合同所需的专业技术资格；

（2）具有订立采购合同的法定权利；

（3）有清偿能力；

（4）履行缴纳本国税款和社会保障款项义务；

（5）在采购期间未有刑事犯罪，否则可以取消该供应商或承包商资格。

为保证只有合格的供应商或承包商参加投标，《示范法》规定了采购实体可以采用资格预审程序。

（三）采购方法

《示范法》规定了凡采购货物或工程均应通过招标程序进行，只有在特定条件下才可使用限制性招标、两阶段招标、邀请报价、邀请建议书、竞争性谈判、单一来源采购方式；服务采购应采用征求建议书等方式进行，除非采购实体认为可以拟定详细的技术规格，而且考虑到拟采购项目的性质，采用招标程序或采用两阶段招标、邀请建议书、竞争性谈判等方式更为适当。

（四）招标程序

《示范法》规定了招标程序的各个环节。

（1）招标。采购实体在本国的官方公报或其他官方出版物上刊登投标邀请书，或资格预审邀请书，投标邀请书至少应包括采购实体名称，标的性质、数量，完工时间，评标的标准，获取招标文件的办法、费用，提交投标书的起始和截止日期等内容。

(2)投标。采购实体对招标文件进行澄清、修改,或某几个供应商或承包商因无法控制的原因不能在截止日期前提交投标书,采购实体可以决定在投标文件截止日期前续延截止日期。

(3)评标,定标。采购实体应在招标文件中规定的投标截止日、规定的地点,按招标文件规定的程序开标。所有提交投标的供应商、承包商或其代表均可出席开标。为有助于评标,采购实体可以要求供应商或承包商对其投标书作出澄清,但澄清者不得改变投标书中的价格等实质性事项,或为了使不符合要求的投标成为符合要求的投标而作出变动。

(五)服务采购的主要方法及其他采购程序

(1)服务采购不同于货物和工程采购,通常涉及一种无形商品的提供,其质量和精确内容难于量定。因此《示范法》规定了服务采购的主要方法——“征求建议书”。该方法旨在适当地重视对服务提供者的资格和专门知识进行评估的过程。

(2)《示范法》还规定了招标以外的采购程序,有两阶段招标、限制性招标、征求建议书、竞争性谈判、邀请报价、单一来源采购。

(六)审查

为保证采购规则的妥善执行,赋予供应商或承包商要求审查采购实体违反规则行为的权利,使采购法律具有相当程度的自我监督和自我实施的功能。

1. 审查的主体

《示范法》规定由于采购实体违反本法规定的责任而受到、可能受到损害的,供应商或承包商有权要求进行审查。

2. 审查方式

审查方式有以下三种。

(1)采购实体审查(或审批机关审查)。此类投诉必须在采购合同尚未生效之前以书面形式提出,供应商或承包商必须在获悉或理应获悉引起投诉情况的20天内提出。投诉书应交给采购实体的首长,有审批机关批准的,则交给该权利机构的首长。

(2)行政审查。采购合同已生效,故不能提请采购实体或审批机关进行审查,供应商或承包商应于知道或理应知道引起诉讼情况的20天内向某行政机关提出诉讼。

(3)司法审查。司法机关有权审理供应商或承包商对采购实体的投诉,有权对审查机构的决定进行司法审查。

3. 采购实体审查(或审批机关审查)和行政审查的原则

(1)接到投诉后采购实体的首长或行政审查机构应立即将投诉内容告知参与采购的所有供应商或承包商。

(2)所有的供应商或承包商或政府机关有权参加审查过程。未参与审查过程的供应商或承包商,不得提出同类要求。

(3)审查决定发出5天内,应将决定副本递交投诉者、采购实体和参加审查程序的其他供应商或承包商以及政府机关。

4. 暂停采购过程

(1)当投诉内容证明如不暂停采购进程,该供应商或承包商将受到不可弥补的损害时,采购进程应暂停7天。

(2)若采购合同已生效,应立即暂停履行采购合同7天。

(3)为了维护投诉者的利益,在作出处理决定之前,采购实体首长或行政机构可以决定延长暂停时间,但暂停期不应超过30天。

(4)如采购实体证明出于紧急的公共利益的考虑,采购进程必须继续,则不得使用有关暂停规定。

二、世界贸易组织的《政府采购协议》

(一)《政府采购协议》的形成

(1)《政府采购协议》是WTO多边贸易体系中一个重要的协议。在全球贸易中,政府采购占有较大的份额,对贸易自由化进程影响越来越大。由于政府采购市场的特殊性,1947年的《关税和贸易总协定》明确将政府采购规则排除在外。

(2)《政府采购协议》被称为"诸边"协议,世界贸易组织(WTO)的成员自觉参加。《政府采购协议》建立了一个从国际到国内政府采购的法律框架。协议的基石是非歧视原则以及最惠国待遇(MFN)和国民待遇。各成员国在进行采购时,要平等对待该协议成员国方的投诉者。为了落实非歧视原则,协议特别强调透明的采购程序。

(3)《政府采购协议》是在乌拉圭回合谈判后期达成的,为全球的政府采购判定了方向。在东京回合"政府采购守则"的基础上,新的《政府采购协议》作了更广和更为详尽的规定。

(二)政府采购协议的主要内容

第一个规范政府采购的多边框架协议——《政府采购协议》于1979年4月12日在日内瓦签订,1981年1月1日生效。经过几次修改、磋商,到目前为止,共有包括美国、欧盟、挪威、加拿大、瑞士等14个国家或组织加入了该协议,并于1994年签订了新的《政府采购协议》(以下简称《协议》)。

1.《协议》适用的范围

(1)从主体而言,《协议》适用于一国政府部门、机构或其代理机构,各国可以在加入《协议》时提交一份清单,列明本国适用《协议》的有关单位。

(2)从采购对象来看,《协议》适用于以往任何契约形式采购产品、建筑工程和服务。

(3)从采购限额上看,《协议》适用限额规定在附件中,对各签署国中央政府而言,达到13万特别提款权以上的采购均要适用《协议》。

(4)《协议》的例外,指不适用于《协议》的如采购武器、弹药、战争物资等。

(5)合同估价,这一问题涉及《协议》的适用范围,即确定某一项合同是否达到了协议规定的限额。

2.《协议》的原则

(1)国民待遇和非歧视性待遇。各缔约方应保证无条件地向来自另一方的产品、服务及供应商提供不低于向国内产品服务及供应商所提供的待遇。

(2)发展中国家的特殊与差别待遇。对发展中国家的种种特殊与差别待遇,目的在于保障发展中国家的国际收支平衡。

(3)透明度原则。每一缔约方应鼓励其实体说明受理来自非缔约国家投标的条件,以确保各实体授予合同的透明度。

3.技术规格

《协议》规定技术规格旨在说明拟采购的产品或服务的特征,诸如质量、性能、安全与体积、符号、术语、包装、标志及标签、生产工艺与方法以及合乎采购实体规定的评审程序的有关要求。

4. 资格审查

《协议》规定各实体在审查供应商时,不得在外国供应商之间或本国供应商与外国供应商之间进行区别对待,各缔约方应尽量缩小各实体间资格审查程序的差异,以保证本国的采购实体及附属机构实施统一的资格审查程序。

5. 招标程序

《协议》详细规定了招标的程序,其中包括公开招标、选择招标和限制招标。公开招标是指所有有兴趣的投标者均可进行投标;选择招标是指由采购实体邀请的供应商进行投标;限制招标是采购实体可与各供应商进行个别联系。

1)招标通告或投标邀请书的发布

除限制性招标外,采购实体应发布拟进行的采购通告。

2)招标文件的提供

招标文件应包括供应商能及时作出投标的所有资料。

3)投标的截止日期

各实体应在充分考虑采购的复杂性,预期分包合同的范围及邮寄标书的正常时间、出版延误等原因后,决定投标的截止日期,以使国内外供应商有足够的时间准备并提交标书。

4)投标、开标、授予合同

(1)投标书一般以书面形式直接或通过邮寄提交。

(2)不得因给予投标人在开标和签订合同之间改正由于粗心造成错误的机会而产生任何歧视的做法。

(3)如因采购实体处理不当而造成延误的,使投标书被逾期收到,供应商不应受罚。

(4)采购实体应根据国民待遇和非歧视原则把按公开或选择程序所收到的一切投标予以开标。

(5)采购实体应根据招标文件规定的标准和基本要求来授予合同。

(6)若采购实体在采购过程中,已表达谈判意图,或按通告和招标文件规定标准进行评估时,发现没有一项投标有明显优势,缔约方应允许实体进行谈判。

6. 质疑

(1)当某一供应商对一项采购违反本《协议》的情况提出质疑时,每一缔约方应通过与采购实体进行磋商来解决。

(2)每一缔约方应提供一套非歧视的、及时的、透明的且有效的程序,以便提出质疑。

(3)供应商应在从知道或应当知道质疑期的规定时间内开始质疑程序。

(4)缔约方应在三年内保留与采购过程各方面的有关的文件。

(5)应由法院或与采购无关的独立公正的审议机构进行审理。

(6)质疑程序应规定纠正违反《协议》行为、保留商业机会的临时性措施。

7. 解决争端

《协议》规定,《建立 WTO 的协议》中"关于争端解决程序和规则之谅解"(以下简称"谅解")。除下述具体规定外,适用于本《协议》。

(1)任一缔约方在本《协议》下利益受到侵害,或为了实现本《协议》的目标而受到阻碍,可提出根据"谅解"建立争端解决机构(以下简称 DSB)。

(2)DSB 有权建立专家组,根据专家组和上诉机构的报告,对争端提出建议或作出裁决并监督执行。

(3)为尽快解决争端,专家组在不迟于4个月内,如有延误不迟于7个月内,向争端当事方提出最后报告。

三、国际复兴开发银行贷款开发协会信贷采购指南

世界银行集团由世界银行(The World Bank)、国际开发协会(IDA)、国际金融公司(TFC)及多边投资担保机构组成。世界银行成立于1945年12月17日,是联合国的专门机构之一。世界银行的主要业务包括向成员国提供贷款,为成员国从其他机构或其他渠道取得贷款提供担保,向成员国提供经济金融技术咨询服务。1980年5月,世界银行恢复了中国的合法席位,自1986年从世界银行得到第一笔为数1.9亿美元的贷款用于天津港建设后,中国已先后从世界银行贷款数百亿美元用于发展经济。

国际开发协会成立于1960年9月,也是世界银行的一个附属机构,目的是通过向成员国中较贫困的发展中国家提供条件宽松的低息贷款帮助其发展经济。该机构的贷款条件优厚,具有捐款的性质,绝大多数世行成员均已参加开发协会。这些成员分为两类,一类是作为资金资助国的发达国家,一类是作为信贷接受国的发展中国家。中国1980年在世行恢复合法席位继而成为开发协会会员国后,作为受援国已从协会得到多项贷款。

世行为保证贷出的款项只能用于提供贷款所规定的目的,并充分"考虑经济",制定了《国际复兴开发银行贷款和国际开发协会信贷采购指南》(以下简称"指南")。

(一)"指南"的目的和原则

1."指南"的目的

"指南"的目的,在于使那些负责由国际复兴开发银行或国际开发协会提供贷款予以部分或全部资助的项目的人员,了解在采购项目所需要的货物和工程时所作的安排。"指南"不适用于咨询服务。

2.指南的原则

世行贷款项目在采购中必须执行以下4条原则:

(1)在项目实施包括有关货物和工程采购中必须注意经济效率;

(2)世行愿为所有合格的投标商提供竞争合同的机会;

(3)世行愿意促进借款国在本国的建筑业和制造业的发展;

(4)采购过程要有较高的透明度。

(二)投标资格

(1)世行贷款资金只能用于支付由会员国国民提供的、在会员国生产的,或由会员国提供的货物和工程的费用。因此,会员国以外的其他国家的投标商无资格参加那些由世行提供全部或部分贷款的项目招标。

(2)在下列情况会员国企业或会员国制造的货物被拒绝投标:

①根据法律或官方规定,借款国禁止与该国有商业往来;

②响应联合国安理会的有关决议,借款国今后禁止从该国进口货物或向该国的企业、个人支付贷款。

(三)国际竞争性招标

世行认为,国际竞争性招标能充分实现资金的经济和效率要求的方式,要求借款人采取国际竞争性招标方式采购货物和工程。

1. 合同类型和规模

单个合同的规模取决于项目大小、性质和地点。对于需要多种土建工程和货物的项目,通常把工程和货物的各主要部分分别招标,也可对一组类似的合同进行招标。所有单项和组合投标都应在同一截标时间收到,并同时开标和评标。

2. 公告和广告

在国际竞争性招标中,借款人应向世行提交一份采购总公告草稿,世行将安排公告刊登于联合国发展商业报。其内容包括:借款人名称、贷款金额及用途、采购的范围、借款人负责采购的单位的名称和地址等。借款人还应将资格预审报告或投标通告刊登在本国普遍发行的一种报纸上。

3. 资格预审

在大型或复杂的工程或投标文件成本很高的情况下,借款人可对投标商进行资格预审。预审应以投标商圆满履行具体合同的能力和资源为基础,并考虑如下因素:投标商的经历和过去执行类似合同的情况,人员、设备、施工和制造设施方面的能力以及财务状况等。

4. 招标

招标中包括如下内容。

(1)招标文件。招标文件应为投标商提供一切必要资料,以便他们做好投标准备。

(2)保证金。为对借款人提供合理保护,要求投标人提供投标保证金。一旦确定投标商落标,应及时退还其保证金。

(3)澄清。任何额外的信息、澄清、错误的校正或投标文件的修改都应在投标截止前足够的时间内寄给每个招标文件的购买者。必要情况下可延长投标截止日期。

(4)技术规格。借款人尽可能采用国际认可标准,如没有也可采用国内标准。

(5)报价及调整。货物投标时,国外的应报到岸价(CIF)或运费保险付至目的地的价格。

(6)运输和保险。招标文件应说明投标商要提供的保险种类和条款,运输保险支付的赔偿至少是合同金额的110%,工程合同要求承包商投保工程一切险。

(7)货币规定。招标文件中应说明投标报价时使用一种或几种货币,但货币种类不得超过三种。

(8)付款。合同付款应按中标商表示其报价的货币支付。

(9)履行保证金。工程招标文件中要求一定的保证金,金额应是以抵偿借款人在承包商违约时所遭受的损失。

(10)合同条款。合同规定将要完成的工程范围、供货范围、借款人和供货商或承包商的权利义务。

5. 开标、评标和授标

(1)投标。在国际竞争性招标中,投标书的准备时间应不少于招标通告刊登之日,或招标文件发布之日起6周;如大型工程或复杂设备,不少于12周。

(2)开标。开标时间应与招标通告中规定的投标截止日期相一致。借款人应在规定的时间和地点公开开标,投标商或其他代表可出席。

(3)澄清。投标截止期后不得要求或允许投标商修改投标书。借款人可要求投标商就评标所需问题进行澄清,但不允许改变投标书的实质内容或价格。

(4)检查。借款人应审查投标书是否符合“指南”规定的投标条件,总体上要符合要求。

(5)评标。合同应授予评标价最低的投标,但不一定是报价最低的投标,招标文件中应规定评标时除价格以外的还应考虑的其他因素。借款人应编写一份详细的评标报告,说明建议授予合同的具体理由。

(6)国内优惠。根据贷款达成的协议和招标文件的规定,评标时可对下列情况给予一定幅度的优惠:

①在比较借款国国内、外制造货物的投标时,给予国内制造商一定幅度的优惠;

②对于人均国民生产总值低于规定限额的会员国的土建工程,在比较其国内、外承包商的投标时,可给予国内承包商一定幅度的优惠。

(7)投标有效期延长。借款人应在原投标有效期内完成评标和授标,如有特殊原因必须延期的,应在投标有效期到期之前以书面形式要求投标商延长其投标有效期。投标商有权拒绝延期要求,其投标保证金不应被没收;投标商愿意延长投标有效期的,其投标保证金的期限也同时被要求延长。

(8)资格后审,授予合同。若没有对投标商进行资格预审,借款人应根据招标文件规定的标准,审查确定提供最低评标价的投标商是否具备履行合同的能力和资源。

(9)废除所有投标。在缺乏有效的竞争或投标书没有实质响应招标文件要求的情况下可以废除所有投标。废标、重新招标或谈判都必须事先征得世行同意。

(四)银行审查

世行审查借款人的采购程序、采购文件、评标和授标以及合同。对未按规定采购程序进行采购的世行可宣布为采购失效。审查程序如下。

1. 采购计划

世行应对借款人的采购安排进行审查。

2. 事先审查

(1)借款人在发出邀请前,将预审通告内容、预审问题、评标方法广告刊登报送世行。

(2)借款人应在招标前将招标通告、投标须知、合同条款、技术规格连同广告刊登程序一并报送世行。

(3)在作出授予合同前,借款人应将评标报告和授予合同的建议以及世行要求的其他材料报送世行。

(4)借款人要求延长投标有效期限以便完成评标、授标均需事先征得世行同意。

(5)未经世行同意合同条款不得与招标文件或资格预审文件中的条款有实质性出入。

(6)在合同签字后,应立即向世行提供一份合同副本。

(7)所有评标应按世行要求的格式附上一份采购汇总表。

3. 合同修改

对于事先审查的合同,在延长合同执行期、同意修改或放弃合同条款时应通知世行。

4. 事后审查

对于不受审查的合同,借款人应在合同生效后第一次向银行申请贷款提款前,将合同副本一式两份、各投标书分析、合同授予建议以及银行要求的其他资料送给世行。

第四节　中华人民共和国招标投标法

《招标投标法》是国家用来规范招标投标活动,调整在招标投标过程中产生的各种关系的法律规范总称。招标投标法是社会主义市场法律体系中非常重要的一部法律，是整个招标投标领域的基本法。

《招标投标法》共分六章，六十八条。第一章规定了立法的宗旨、适用范围、强制招标的范围和应遵循的基本原则；第二至四章规定了招标、投标、开标、评标和中标各阶段的行为规则；第五章规定了违反上述规则应承担的法律责任；第六章为附则，规定本法的例外适用情形以及生效日期。

一、《招标投标法》适用范围

法律规定："在中华人民共和国境内进行招标投标活动适用本法。"从法律的效力范围而言，包括以下几层含意。

(1)《招标投标法》只适用于在中国境内进行的招标投标活动，这里包括国家机关、国有企事业单位、外商投资企业和私营企业等各类主体进行的各类招标活动。它不适用于国内企业到中华人民共和国境外投标。国内企业到境外投标，要适用于所在地国法律。

(2)凡在中国境内进行招标投标活动，不论招标主体性质、招标采购的资金性质、招标采购项目的性质如何，都要适用本法有关规定。

①主体包括政府机构、国有企事业单位、集体企业、私人企业、外商投资企业以及其他非法人组织等。

②从项目资金来源上，包括国有资金、国际组织或外国政府贷款及援助资金、企业自有资金、商业性或政策性贷款、政府机关或事业单位列入财政预算的消费资金进行。

③从采购对象上，包括：工程，指各类房屋和土木工程建造、设备安装、管道线路敷设、装饰装修等；货物，指各种各样的物品，原材料、产品、设备等；服务，指除货物和工程以外的任何采购对象，勘察、设计、咨询、监理等。

二、招标投标法强制招标范围

(一)招标投标法强制招标范围

法律对强制招标作了规定："在中华人民共和国境内进行下列工程建设项目包括项目勘察、设计、施工、监理以及工程建设有关的重要设备、材料等的采购，必须进行招标。"

(1)大型基础设施、公用事业等关系社会公共利益、公众安全的项目；

(2)全部或者部分使用国有资金投资或者国家融资的项目；

(3)使用国际组织或者外国政府贷款、援助资金的项目。

强制招标是指法律规定某些类型的采购项目，凡是达到一定数额的，必须通过招标进行，否则采购单位将承担法律责任。这是本法的核心内容之一。强制招标的范围针对"工程建设项目"，包括从勘察、设计、施工、监理到设备、材料的采购。近年来，国家不断加大了投资力度，加快基础建设，以此拉动国民经济增长，而确保工程质量，提高资金使用效益，更成为当务之急。《招标投标法》将工程建设项目纳入必须进行的招标范围是大势所趋。

(二)强制招标项目的界定

1. 大型基础设施、公用事业等关系社会公共利益及公众安全的项目

(1)基础设施，是指为国民经济生产过程提供基本条件的生产性基础设施和社会性基础设施，包括能源、交通运输、邮电通信、水利、城市设施、环境与资源保护设施等。

(2)公用事业，是指为生产和生活需要而提供的具有公用前途的服务，供水、供电、供热、

供气、科技、教育、文化、体育、卫生、社会福利等。从世界各国的情况看,大型基础设施和公用事业项目投资金额大、建设周期长,大多关系社会公共利益和公众安全。为保证项目质量,保护公民的生命财产安全,各国政府普遍要求进行招标,并制定了相关的法律。

2. 全部或部分使用国有资金投资或者国家融资项目

全部或者部分使用国有资金的项目,是指一切使用国有资金(不论其在总额投资中占的比例大小)进行的建设项目。国家融资的建设项目,是指通过国家对内发行政府债券或向外国政府及国际金融机构借债筹集资金进行的建设项目。国有资金是指国家财政性资金,国家机关、国有企事业单位和社会团体的自有资金及借贷资金。以国家信用为担保筹集,由政府统一筹措,安排使用偿还的资金也应视为国家资金。

3. 使用国际组织或者外国政府贷款、援助资金的项目

目前,我国使用国际组织和外国政府贷款进行的建设项目主要有世界银行、亚洲开发银行、日本海外经济协力基金、科威特阿拉伯经济发展基金等几类,基本用于基础设施和公用事业项目,将这类项目列入强制招标的范围。

4. 法律或者国务院规定的其他必须招标的项目

由于我国招标投标领域不断的拓宽,强制招标的范围也将根据实际需要进行调整,除《招标投标法》规定外,其他法律和国务院对必须招标的项目,有规定的也应纳入强制招标的范围。

三、招标投标活动中应遵循的原则

法律规定:“招标投标活动应当遵循公开、公平、公正和诚实信用的原则。”

1. 公开原则

要求招标投标活动具有高的透明度,实行招标信息、招标程序公开,即发布招标通告、公开开标、公开中标结果,使每一个投标人获得同等的信息,知悉招标的一切条件和要求。

2. 公平原则

要求给予所有投标人平等的机会,使其享有同等的权利,并履行相应的义务,不歧视任何一方。

3. 公正原则

要求评标时按事先公布的标准评价所有的投标人。

4. 诚实信用原则

招标投标当事人应以诚实、善意的态度行使权利和履行义务,以维持双方的权益,并不得损害第三人和社会的利益。当事人必须在法律的范围内,行使自己的权利。

从以上这些原则出发《招标投标法》规定了不得规避招标、串通投标、泄露标底、骗取中标、转包合同诸多的义务。

四、招标

(一)招标的程序性规定

(1)程序规范。从招标、投标、评标、定标到签订合同都有严格的程序规则,都具有法律的约束力。

(2)编制招标投标文件。招标人必须编制招标文件,投标人据此编制投标文件。

(3)公开性。招标人将详细文件说明在指定的报刊或其他媒体上发布招标通告,邀请所

有潜在的投标人参加投标。

(4)一次成交。投标人见到招标文件后只能一次报价,不能与招标人讨价还价,并以此报价作为签订合同的基础。

(二)招标主体

法律规定:"招标人是依照本法规定提出招标项目,进行招标的法人或者其他组织。"

(1)招标人必须是法人,是指具有民事权利能力和民事行为能力,并依法享有民事权利承担民事义务的组织,包括企业法人、机关法人、事业单位法人、社会团体法人。

(2)其他组织,是指不具备法人条件的组织,包括有法人的分支机构、企业之间或企业与事业单位之间联营、合伙组织、个体工商户、农村承包经营户等。

(三)招标审批手续与资金落实

法律规定:"招标项目按照国家有关规定需要履行项目审批手续的,应当先履行审批手续,取得批准。""招标人应当有进行招标项目的相应资金或者资金来源已经落实,并应当在招标文件中如实载明。"

(1)按照国家规定需要履行审批手续项目的招标项目,应先履行审批手续。其中有强制招标范围的项目,对那些不属于强制招标项目的范围,但需要政府平衡建设和生产条件的项目、国家限制发展的项目、台港澳和外商投资的项目,要按规定进行审批,履行审批手续,批准后才能进行招标。

(2)资金落实到位。具有进行招标项目的相应资金或者资金来源已落实。这是指进行某一单项建设项目、货物、服务采购所需要的资金已经到位,或者资金来源已经落实 ,如银行已承诺贷款。

(四)招标方式

法律规定,我国招标方式有两种——公开招标和邀请招标。

1. 公开招标

公开招标是指招标人以招标公告的方式邀请不特定的法人或其他组织投标。国家重点项目和地方重点项目应当进行公开招标。国家重点项目,是指从国家大中型基本建设项目中确定的对国民经济和社会发展有重大影响的骨干项目,由国务院计划部门或主管部门确定。地方重点项目,指从地方确定的大中型基本建设项目中确定的对本地区经济和社会发展有重大影响的骨干项目,由省、自治区、直辖市政府确定。

重点项目具有两个标准,一是在投资规模上达到国家规定的大型或中型标准;二是在实际作用上对国民经济或本地区经济和社会发展有重大影响。这类项目大多属于基础设施、基础产业和支柱产业项目或者是高科技并能带动行业技术进步的项目。为保证重点建设项目的管理,保证质量和按期峻工,必须采用公开招标方式。

2. 邀请招标

邀请招标是指招标人以投标邀请书的方式邀请特定的法人或者其他组织投标。

法律规定:"国务院发展计划部门确定的国家重点项目和省、自治区、直辖市人民政府确定的地方重点项目不适宜公开招标的,经国务院发展计划部门或省、自治区、直辖市人民政府批准,可以进行邀请招标。"

不宜公开招标的重点项目,经批准可进行邀请招标。在某些特定的情况下,由于项目技术复杂又有特殊性,涉及专利权的保护,受到自然资源或环境的限制,技术规格难以确定等原因,可以采用邀请招标。邀请招标中的投标人数量有限,不是公开竞争,容易产生违规操作和内幕交易,要严格进行监督。不宜公开招标的,要经国务院发展计划部门、自治区、直辖市人民政府批准,方可进行邀请招标。

(五)委托代理招标和招标人自行招标

(1)法律规定:"招标人有权自行选择招标代理机构,委托其办理招标事宜。任何单位和个人不得以任何方式为招标人指定招标代理机构。"招标代理机构,是指受招标人委托,代为从事招标组织活动的中介机构。"招标人有权自行选择招标代理机构办理招标事宜,"招标人在代理机构的选择问题上有绝对的自主权,不受其他组织或个人的影响干预。

(2)法律规定:"招标人具有编制招标文件和组织评标能力的,可以自行办理招标事宜。任何单位和个人不得强制及其委托招标代理机构办理招标事宜"。这里指出了招标人自行办理招标必须具备两个条件:一是有编制招标文件的能力,二是有组织评标的能力。这两个条件不能满足时必须委托代理机构办理,目的是为了保证工程建设项目的质量和顺利实施。同时强调指出:任何单位和个人不得强制招标人委托招标代理机构办理招标事宜。

(3)法律规定:"依法必须进行招标的项目,招标人自行办理招标事宜的,应向有关行政监督部门备案。"这里指在强制招标项目中,如果招标人自行办理招标事宜的必须向有关部门备案。对招标人是否具备自行招标的条件进行审查,符合条件的准许自行办理招标事宜;不符合条件的,要求其委托代理机构办理招标事宜。

(六)对招标公告的发布方式及其内容的要求

(1)法律规定:"招标人采用公开招标方式的,应当发布招标公告。依法必须进行招标的项目的招标公告,应当通过国家指定的报刊、信息网络或其他媒介发布。"公开招标应当发布招标公告,是公开招标最显著的特点之一,也是公开招标的第一个环节,通过报刊发布招标公告是一种传统的信息发布方式,在国内外运用得比较广。依法必须进行公开招标的强制招标项目必须在国家指定的报刊、信息网络或其他媒介发布,招标人不得在其他地方发布招标公告。其他项目公开招标的也必须发布公告,但招标人可以自由选择发布渠道。

(2)招标公告应载明的内容。法律规定:"招标公告应当载明招标人的名称和地址,招标项目的性质、数量、实施地点和时间以及获取招标文件的办法等事项。"招标公告应载明招标项目的性质、数量、实施的地点和时间,指的是项目属于基础设施还是公用事业或国有资金投入项目;材料设备供应地点、工程建设地点、服务项目提供地点;项目实施的时间,设备材料交货期,工程施工期,发售招标文件的地点、负责人、收费标准,招标文件的邮购地址及费用,招标人或招标代理机构的开户银行及账号等。

(七)对招标文件内容的禁止性规定和项目现场的踏勘

(1)法律规定:"招标文件不得要求或者标明特定的生产供应者以及含有倾向或者排斥潜在投标人的其他内容。"对招标文件内容作禁止性规定防止招标人的不正当行为。对招标文件中规定的内容,特别是其中的技术规格,必须符合公平竞争的要求,在内容上不得要求或标明某一特定的专利、商标或商号、设计或型号、具体原产地或生产厂家,不得有倾向某一潜在投标人或排斥某一潜在投标人的内容。如果无法准确地或清楚地说明拟招项目的特点和要求,可以在文件内容上注明"相当于"或"或同等品"字样。

(2)法律规定:"招标人根据具体情况,可以组织潜在投标人踏勘项目现场。"现场踏勘是招标人组织投标人对项目的实施现场的经济、地理、地质、气候等客观条件和环境进行现场调查。但并非所有的招标项目都需要踏勘，对于采购对象比较明确的如货物招标，便没有必要现场踏勘。

（八）招标文件的澄清或修改和投标文件的准备时间

（1）澄清是指招标人对招标文件中的遗漏、词义表达不清楚或对比较复杂的事项进行说明，回答投标人提出的各种问题。修改是指招标人对招标文件中出现的错误进行修订。在法定时间里，招标人有权对已经发出的招标文件进行澄清或者修改。法律规定：“招标人对已发出的文件进行必需的澄清或者修改的，应当在招标文件要求提高投标文件截止时间至少十五日前，以书面形式通知所有招标文件接受人。该澄清和修改的内容为招标文件的组成部分。”也就是说招标文件的收受者，至少在投标文件截止的十五日前，获得澄清或者修改的书面通知书 。少于十五日则通知书无效。

（2）投标文件准备时间法律规定：“依法必须进行的招标项目，自招标文件开始发出之日起至投标人提交投标文件截止之日止，最短不得少于二十日。”对于依法强制招标的项目招标有效期至少为二十日，即从出售标书起到投标人递交投标文件截止之日止，不少于二十日。

五、投标

（一）投标人及资格条件

1. 投标人

潜在投标人，是指招标公告或者招标邀请书发出后，所有对招标公告或投标邀请书感兴趣的并有可能参加投标的人。

投标人，是指响应招标并购买招标文件，参加投标的潜在投标人，这些投标人必须是法人或其他组织。按照法律规定：“投标人是响应招标、参加投标竞争的法人或其他组织。”也就是说投标人必须是法人或其他组织，不包括自然人。但是考虑到科研项目的特殊性，本法又增加了个人对科研项目投标的规定：“依法招标的科研项目允许个人参加投标的，投标的个人适用本法有关投标人的规定。”个人作为主体参加科研项目投标活动是对科研项目投标的特殊规定。

2. 资格条件

投标人应具备承担招标项目的能力，包括以下几方面：

（1）与招标条件相适应的人力和财务；

（2）招标文件要求的资质证书和相应的工作经验与业绩证明；

（3）法律、法规规定的其他条件；

（4）国家有关规定或招标文件对投标人资格条件有关的规定。

（二）投标文件的编制

（1）对于投标人编制投标文件的内容，法律规定“投标人应当按照招标文件的要求编制投标文件，投标人应当对招标文件中提出的实质性要求和条件作出响应”。“实质性要求和条件”是指招标文件中有关招标项目的价格、项目的计划、技术规范、合同主要条款等，投标文件必须对这些条款作出响应。要求投标人必须严格按照招标文件填报，不得对招标文件进行修改，不得遗漏或者回避招标文件中的问题，更不能提出任何附带条件。

（2）法律还规定了招标项目属于建设施工的，投标文件的内容应当包括拟派出的项目负责人与主要技术人员简历、业绩和拟用于完成招标项目的机械设备等。

（三）投标文件的送达、签收、补充、修改或撤回

（1）投标人必须按照招标文件规定的地点，在规定的时间内送达投标文件。如果投标人

因为递交投标书的地点发生错误,而延误投标时间的,将被视为无效标而被拒收。法律规定:“投标人应当在招标文件要求提交投标文件的截止时间前,将投标文件送达投标地点。”如果以邮寄方式送达的投标人必须留出邮寄的时间。送达截止日期不是以“邮戳为准”,而是招标文件提出的截止时间。如果在截止时间后送达的投标文件已过了招标有效期的,招标人应当原封退回,不进入开标阶段。

(2)招标人收到标书以后应当签收,必须履行完备的签收、登记和备案手续,法律规定:“招标人收到投标文件后,应当签收保存,不得开启。”招标人将投标文件签收后放置在保密安全的地方,任何人不得开启投标文件。

法律规定:“投标人少于三个的,招标人应当依照本法重新招标。”对于投标人少于三个的,由于缺乏竞争性,应当重新招标。这种情况在国外称为“流标”,按照国际惯例,至少有三家投标者才能带来有效竞争。

(3)法律规定:“投标人在招标文件要求提交投标文件的截止时间前,可以补充、修改或者撤回自己提交的投标文件,并书面通知招标人。补充修改的内容为投标文件的组成部分。”补充是指对投标文件中遗漏和不足的部分进行增补;修改是指对投标文件中已有的内容进行修订。撤回是指收回全部投标文件,或者放弃投标,或者以新的投标文件重新投标。也就是说投标人在投标截止时间前可以修改、补充、撤回投标文件。如果在投标截止时间前放弃投标,招标人不得没收其投标保证金。如果投标截止时间后,投标人撤回已经送交的投标文件,就将被没收其投标保证金。

(四)投标文件有关分包联合体投标

(1)法律规定:“投标人根据招标文件载明的项目实际情况,拟在中标后将中标项目的部分非主体、非关键性工作进行分包的,应当在投标文件中载明。”投标人中标后,可以将一些工作交给其他供应商或承包商完成。但是项目的主体和关键性工作必须由中标人自己完成,禁止分包给他人。对于非主体和非关键工程,允许分包,但是投标人必须在投标文件中载明。

(2)法律规定:“两个以上法人或者其他组织可以组成一个联合体,以一个投标人的身份共同投标。”对于大型复杂项目一般靠一个投标人的能力是不可能完成的,组成一个投标联合体,共同参与投标。法律规定了联合体各方均应具备承担招标项目的相应能力。如果有两家投标人组成联合体投标,有一家是甲级资格,另一家是乙级资格,按照本法律规定该联合体资质等级按乙级。之所以这样规定是促使资质优等的投标人组成联合体,防止以优等资质获取招标项目,而由资质等级差的供货商或承包商来完成,以此保证招标质量。

法律规定,“联合体各方应签订共同投标协议”,明确各方拟承担的工作和责任,将共同投标协议连同投标文件一并提交招标人。法律规定联合体各方对中标的项目承担连带责任。

(五)禁止串通投标和不正当的投标

(1)法律规定:“投标人不得相互串通投标报价,不得排挤其他投标人的公平竞争,损害招标人或者其他人的合法权益。”对招标项目来说,投标报价会直接影响招标效果。所谓投标人之间串通是指投标人秘密接触,就投标价格达成协议,或者哄抬投标报价,或者故意压低投标报价。串通一般是指:a. 投标者之间相互约定,一致抬高或者压低投标的报价;b. 投标者之间相互约定,在招标项目中轮流以高价位或者低价位中标;③投标者之间先进行内部定价,内定中标人,然后再参加投标。

(2)法律规定:“投标人不得与招标人串通投标,损害国家利益、社会公共利益或者他人的合法权益，禁止投标人向招标人或者评标委员会以行贿的手段谋取中标。”招标人与投标人串通的方式多种多样，一般有：a. 招标者在公开招标前撤换标书、更改报价、泄露标底；b. 招投标者串通抬、压价，中标后吃回扣；c. 招标人与投标人接触，并向投标人透露招标文件以外的必须保密的信息(如标底)，或者招标人向某些投标人透露其他投标人的信息等，损害国家利益。投标人不能为谋取中标而向招标人或者评审委员会成员行贿。

(3)投标人计算投标价格，对投标的成败和实施项目盈亏起着决定作用，法律规定：“投标人不得以低于成本的报价投标。”这里所指的成本报价要考虑社会的平均成本和企业的个别成本，这是判定投标报价是否合理的基本依据，是投标人估算投标价格的依据。如果价格低于成本，必然导致承包商或供应商在合同执行中偷工减料以次充好。

(4)法律规定：“投标人不得以他人名义投标或者以其他方式弄虚作假，骗取中标”。有些投标人为了提高自己的资格等级，使用资质比较高的单位名称参加投标或者在投标过程中，弄虚作假，骗取投标资格，骗取中标，这些都是不正当行为，是法律不允许的。

六、开标、评标和中标

(一)开标

1. 开标的时间、地点

所谓开标是指投标人提交投标截止时间后，招标人依据招标文件规定的时间和地点，开启投标人提交的投标文件，公开宣布投标人名称、价格及文件内容。法律规定：“开标应当在招标文件确定的提交投标文件截止时间的同一时间公开进行。”这里的提交投标文件截止之时如某年某月某日几时几分即是开标之时，也是某年某月某日几时几分。这样规定是为了防止投标截止时间之后与开标之前仍有一段时间间隔会给不端行为造成可乘之机。法律规定：“开标地点应当为招标文件中预先确定的地点。”开标的地点应与招标文件中规定的地点相一致。

2. 公开开标

(1)开标由招标人主持，邀请所有的投标人或授权代表参加。

(2)开标时由投标人或其代表检查投标文件的密封状况。也可以由投标人委托的公证机构检查并公证，经确认无误后由工作人员当众拆封，宣读投标人名称、投标价格以及投标文件的其他主要内容。

(3)开标过程应当记录，并存档备查。

(二)评标

1. 评标委员会的组成

(1)评标是依据招标文件的规定和要求，对招标文件所进行的审查、评审和比较。按照法律规定，“评标由招标人依法组建的评标委员会负责”。评标不能由招标人或代理机构独自承担。为了保证评标的公正性和权威性，法律规定：“依法必须进行的招标项目，其评标委员会由招标人的代表和有关技术、经济等方面的专家组成。成员人数为五人以上单数，其中技术、经济等方面的专家不得少于成员总数的三分之二。”评审委员会要有技术、经济、商务、法律等各方面专家参加评审。

(2)在评标工作中并不是所有专家都可以参加评标委员会，法律规定了评标委员会专家资格的条件：a. 从事相关领域工作满八年；b. 具有高级职称或具有同等专业水平；c. 由招标人从国务院有关部门或者省、自治区、直辖市人民政府有关部门提供的专家名册或者招标代理机构的专家库中，确定评标专家；d. 一般招标项目可以采取随机抽取的方式确定，有些特殊的招标项目，如科研，技术特别复杂的随机抽取不能评标的，招标人可以直接确定专家人选。

(3)评审委员会成员的回避更换制度，系指与投标人有利害关系的人应当回避不得进入评标委员会。根据法律规定有下列情形之一的，可以认定为与投标人有利害关系：a. 是投标人或其代理人的近亲属；b. 与投标人有其他社会关系或经济利益关系，可能影响对投标的公正评审。有以上情形之一不能进入评标委员会，已经进入的应予以更换。评标委员会成员的名单在中标结果确定前，属于应当保密的内容不得泄露。

2. 评标的保密性和投标人对投标文件的澄清

(1)法律规定："招标人应当采取必要的措施，保证评标在严格保密的情况下进行。任何单位和个人不得非法干预、影响评标的过程和结果"。评标的严格保密，是评标在封闭状态下进行，评标委员会成员不得与外界有任何接触，有关检查、评审和受标的建议等情况，均不得向投标人或与该程序无关的人员透露。评审过程是招标人及其评标委员会的独立活动，有权对整个过程保密，以免投标人及其他人知晓其中某些意见、看法或决定，而干扰评标活动。投标人在中标结果确定后有异议，或者自己的权益受到招标人的侵害可向招标人提出异议，还可以向国家有关的行政监督部门提出申诉，或者直接向人民法院提起诉讼。

(2)投标人对投标文件的澄清。提交投标截止时间以后，投标文件即不得被补充、修改，这是一条基本原则。但评标时发现投标文件的内容含义不明确、不一致、书写错误、计算错误的情形，评标委员会应允许投标人补正。法律规定："评标委员会可以要求投标人对文件中含义不明确的内容做出必要的澄清或者说明，但是澄清或者说明不得超出投标文件的范围或者改变投标文件中的实质性内容。"要求投标人澄清的内容应采取书面形式。投标人的答复必须经法定代表人或授权代理人签字，作为投标文件的组成部分。

(3)投标人对澄清或说明，不得存有下列行为：a. 超过投标文件的范围；b. 改变或谋求、提议改变投标文件中的实质内容，如改变投标报价、技术规格、主要合同条款内容等。

3. 评标标准、方法、评标报告

(1)评标是对投标文件的评审和比较。法律规定："评标委员会应当按照招标文件确定的评标标准和方法，对投标文件进行评审和比较。"为了保证评标的公正和公平性，评标必须按照招标文件规定的评标标准和方法。

评价标准一般包括：价格标准和非价格标准以及如何运用这些标准来确定中选的投标。非价格标准应尽可能客观和定量化并按货币额表示，或规定相对的权重(即"系数"或"得分")。

评标方法是运用评标标准评审。比较投标的具体方法有三种，即最低评标价法、打分法以及合理最低投标价法。

(2)参考标底。法律规定："设有标底的应当参考标底，评标委员会完成评标后应当向招标人提出书面评标报告，并推荐合格的中标候选人。"参考标底的做法是针对我国目前建筑市场发育状况和国情而采取的措施。标底不是决定投标能否中标的标准价，而只是对投标进行评审和比较时的一个参考价。

(3)评标报告，是评审委员会在评标结束后提交给招标人的一份重要文件。评标报告作为招标人定标的重要依据，一般有以下内容：a. 对投标人技术方案的评价，技术、经济风险的分析；b. 对投标人技术力量、设施条件评价；c. 对满足评标标准的投标人的投标进行排序；d. 需要进一步协商的问题及协商应达到的要求。根据评标报告在推荐的中标候选人中最后确定中标人。招标人也可以直接授权评标委员会直接确定中标人。

4. 中标的条件、废除所有投标及重新招标

(1)中标的条件。法律规定:“中标人的投标应当符合下列条件之一:a. 能够最大限度地满足招标文件中规定的各项综合评价标准;b. 能够满足招标文件的实质要求,并且将评审的投标价格最低,但是投标价格低于成本的除外。”法律规定了两种中标条件,即综合评价和最低投标价中标。所谓综合评价是按照价格标准和非价格标准对投标文件进行总体评估和比较。采用综合评标法时,一般将价格以外的有关因素折成货币或给予相应的加权计算,以确定最低评标价或最佳的投标。所谓最低投标价中标,就是投标报价最低的中标,但要符合招标文件的实质性要求。

(2)废除所有投标。法律规定:“评标委员会经评审,认为所有投标都不符合招标文件要求的,可以否决所有投标。”本法侧重规定的是所有投标都不符合指标文件要求的废标情况。判断投标是否符合招标文件有两个标准:一是只有符合招标文件中全部条款、条件和规定的投标才是符合要求的投标;二是即使投标文件有些小偏离,但并没有在根本上或实质上偏离招标文件载明的特点、条款、条件和规定。这两个标准,招标人在招标文件中应事先列明采用哪一个,并且这种偏离应尽量数量化,以便评标时加以考虑。

(3)重新招标。法律规定:“依法必须进行招标的项目的所有投标被否决的,招标人应当依照本法重新招标。”所有投标都被废除了,招标人应该重新招标。这里需要注意的是,招标人不得单纯为了获得最低标价而废标。

(三)中标

1. 中标通知书的法律效力

法律规定:“中标人确定后,招标人应当向中标人发出中标通知书,并同时将中标结果通知所有未中标人。”

(1)中标人确定后,招标人应迅速(如有的国家和地区规定为10日内)将中标结果通知中标人及所有未中标的投标人。中标通知书就是向中标的投标人发出的告知其中标的书面通知文件 。我国《合同法》规定,订立合同采取要约和承诺的方式,在这里投标人提交的投标属于要约,招标人的中标通知书则是对投标人要约的承诺。

中标通知书发出后,招标人改变中标结果的或者中标人放弃中标项目的,应当依法承担法律责任”。招标投标法对要约-承诺采取的是“发信主义”。

(2)中标通知书发生法律效力后,招标人不得改变中标结果,投标人不得放弃中标项目。招标人改变中标结果变更中标人,实质上是一种单方面撕毁合同的行为;投标人放弃中标项目的则是一种不履行合同的行为。两种行为都属于违约行为,所以应当承担违约责任。此外,本法还规定了对违约方追究行政法律责任。

2. 订立书面合同,并提供履约保证金

1)合同订立及生效

中标通知书发出后,即对招标人、中标人双方产生法律约束力,合同成立。法律规定:“招标人和中标人应当自中标通知书发出之日起三十日内,按照招标文件和中标人的投标文件订立书面合同。”这是一种强行性规定。

我国招标投标法规定,中标人在符合其投标的书面采购合同上签字时合同生效,即签订书

面合同时合同生效。

招标人与中标人双方签订书面合同,仅仅是将招标文件和投标文件的规定、条件和条款以书面形式固定下来,进一步明确当事人的权利和义务。招标文件、投标文件是该合同的依据。法律规定:“招标人和中标人不能背离合同实质性内容另外签订协议”,否则合同将视为无效。

2)履约保证金的提交

法律规定:“招标文件要求中标人提交履约保证金的,中标人应当提交。”要求中标人提交一定金额的履约保证金,是招标人的一项权利。一般说来,履约保证金在中标人履行合同后予以返还。但在工程合同中,招标人可将一部分保证金延期到工程完工验收为止。招标投标法第45条第2款规定,如果中标人拒绝提交履约保证金,可以视为放弃中标项目,应当承担法律责任。

履约保证金可采取银行保函形式。银行保证在中标人不履行合同时,从其开户账户上支付相应的保证金额。银行保函实质上还是中标人对自己的信誉担保。

3. 招标投标书面报告和禁止转让合同和合同分包

1)书面报告

法律规定:“依法必须进行招标的项目,招标人应当自确定中标之日起十五日内,向有关行政监督部门提交招标情况的书面报告。”

2)禁止合同转让和合同分包

法律规定:“中标人应当按照合同约定履行义务,完成中标项目。中标人不得向他人转让中标项目,也不得将中标项目肢解后分别向他人转让。”招标人与中标人签订合同后即应受合同约束,履行合同。中标人必须全面履行合同,按照《合同法》有关规定,不得部分履行、拒绝履行、履行迟延、瑕疵履行,不得撕毁合同。

(1)禁止合同转让。广义的转让合同,包括债权让与债务承担、债权债务的概括转移。根据我国《合同法》的规定,转让合同须经对方当事人同意,但有下列情形之一的不得转让合同:a. 根据合同性质不得转让;b. 按照当事人约定不得转让;c. 依照法律不得转让 。由招标人通过招标方式确定中标人考虑到价格因素、中标人履约能力和工程质量,本法律做出禁止转让合同的规定,对中标项目肢解成小部分后分别向他人转让,只是转包的一种“零售”形式,本质上仍属转包,因而也在禁止之列。

(2)分包合同是指当事人一方将自己在合同中的一部分权利、义务转让给第三人。经招标人(发包人)同意或按照合同约定,中标人可以分包合同,法律一般不予禁止。

法律对分包合同作了限制:a. 分包的合同只能是中标项目的部分非主体、非关键性工作;b. 接受分包合同的第三人应当具备完成分包任务的相应资格条件;c. 接受分包的人不得再次分包;d. 接受分包的人应就分包项目承担连带责任。

七、招标人的违法行为应承担的法律责任

1. 招标人对必须进行招标的项目而不招标或者规避招标的行为应承担的法律责任

根据法律规定的违法行为包括以下几点:

(1)项目单位对必须进行招标的项目不招标的;

(2)将必须进行招标的项目采取拆分、肢解等方式以规避招标的;

(3)采取其他方法规避招标的,如隐瞒事实真相、故意混淆资金和建设项目性质,或者利用各种手段提供虚假信息,以项目技术复杂、供应商和承包商有限为借口,达到规避招标的目

的。

法律责任的主体是招标人及项目单位中负有直接责任的主管人员或其他直接责任人员。

承担法律责任形式有以下几种。

(1)责令限期改正。要求违法当事人对不法状态予以纠正,对强制招标项目进行招标。

(2)罚款。除限期改正外,行政监督部门还可以对有上述违法行为的项目单位处以项目合同金额千分之五以上千分之十以下的罚款。

(3)暂停。对全部或部分使用国有资金的项目可以暂停项目执行或者暂停资金拨付。

(4)处分。包括行政处分和纪律处分,行政处分对象是项目单位直接负责的主管人员和其他直接责任人员。

2. 招标人对其限制排斥投标竞争的违法行为应承担的法律责任

根据法律规定的违法行为包括:

(1)招标人以不合理的条件限制或排斥潜在投标人;

(2)对潜在的投标人实行歧视待遇;

(3)强制要求投标人组成联合体共同投标;

(4)限制投标人之间竞争。

法律责任主体是招标人、进行招标的法人或其他组织。行为人必须具有主观上的故意,无需具备法律后果,只要有违法行为就应当承担法律责任。

承担法律责任的形式有以下两点。

(1)责令改正。行政监督部门应当责令在一定的期限内改正,使潜在投标人有机会参加投标或者能够与其他投标人进行平等竞争。

(2)罚款。招标人有前述违法行为的有关监督部门可以对其进行罚款。罚款数额在五万元以上二十五万元以下的罚款。违法情节较重的应处以较重罚款,违法较轻的应当处以较少罚款。

3. 对招标人泄露招标有关文件、泄露标底所负的法律责任

法律规定的违法行为包括:

(1)向他人透露已获取招标文件的潜在投标人的名称、数量或者可能影响公平竞争的有关招标投标的其他情况;

(2)泄露标底。

法律责任主体,可能是依法进行招标项目的招标人,也可能是招标单位的工作人员,行为人在主观上有违法的故意,也可能有过失。

承担法律责任形式有以下五种。

(1)警告。警告是指行政主体对违法者实施的一种书面的谴责和告诫,警告裁决书必须向本人宣布并送交本人。

(2)可以并处罚款。法律规定行为人具有前述违法行为的,有关行政监督部门可以对其并处罚款,数额为一万元以上十万元以下。

(3)给予处分。行政处分的对象是项目单位直接负责人和其他直接责任人员。行政处分包括 :警告、记过、记大过、降级、降职、开除等。

④追究刑事责任。

⑤中标无效。中标无效的前题是招标人泄露应当保密的情况或资料的行为,足以影响中

标的结果。招标人与中标人已经签订书面合同的,合同无效。

八、投标人的违法行为应承担的法律责任

1. 法律规定的串通投标人以及投标人为谋取中标而行贿的违法行为应负的法律责任

法律规定的违法行为包括:

(1)投标人互相串通投标;

(2)投标人与招标人串通投标;

(3)投标人行贿以谋取中标。

法律责任主体包括招标人、投标人以及招标人、投标人单位的主要负责人和其他直接责任人员。行为人主观上必须有违法行为的故意,无须造成实际的损害后果,只要客观上具有前述违法行为均应承担法律责任。

承担法律责任形式有以下几种。

(1)罚款。对于有串通投标的行为的招标人、投标人,处以中标项目金额千分之五以上千分之十以下的罚款。对单位直接负责主管人员和其他直接责任人员处单位罚款数额的百分之五以上百分之十以下的罚款。

(2)并处没收违法所得。

(3)取消投标人的投标资格。

(4)吊销营业执照。

(5)追究刑事责任。情节严重构成犯罪的,应当依法追究违法行为人的刑事责任。

(6)赔偿损失。因串通造成他人损失的,还应当依法承担赔偿责任。损害赔偿的对象为,因串通投标而遭受损害的招标人和串通投标以外的其他投标人。

(7)中标无效。投标人之间,或者招标人与投标人之间相互串通投标的中标无效。依照本法重新进行招标。

2. 法律规定的投标人对其以虚假的方式骗取中标的违法行为应负的法律责任

本法律规定的违法行为包括:

(1)投标人以其他名义投标的;

(2)以其他方式弄虚作假骗取中标的。

法律责任主体是投标人和投标单位直接负责的主管人员和其他直接责任人员。行为人必须是故意,具有明确的目的性为了中标。

承担的法律责任形式有以下几种:

(1)赔偿损失;

(2)依法追究刑事责任;

(3)罚款,对投标人处以中标项目金额千分之五以上千分之十以下的罚款,对单位直接主管人员和其他责任人员处单位罚款数额百分之五以上百分之十以下的罚款;

(4)并处没收违法所得;

(5)取消投标资格;

(6)吊销营业执照;

(7)中标无效,不管骗取中标行为是否影响中标的结果,其中标一概无效。

九、中标期间有违法行为的行为人所应承担的法律责任

1. 招标人对违法行为应负的法律责任

招标人对其不按要求确定中标人的违法行为应负法律责任。本法律规定的违法行为包括：

(1)招标人在评标委员会依法推荐的中标候选人以外确定中标人；

(2)在所有投标被评标委员会否决后自行确定中标人。

法律责任主体是依法必须进行招标的项目的招标人及招标单位的直接主管人员和其他直接责任人员，主观上有从事违法行为的故意。

承担的法律责任形式有以下几种。

(1)责令改正。

(2)罚款。对前述违法行为的招标人，有关行政监督部门对其处以中标项目金额千分之五以上千分之十以下的罚款，招标人及时纠正错误的，有关行政监督部门可以不予以罚款。

(3)给予处分。招标单位直接负责主管人员和其他直接责任人员属于国家工作人员的，有关主管机关应当给予行政处分。

(4)中标无效。

2. 中标人对违法行为所负的法律责任

中标人对转让中标项目，将中标项目违法分包给他人，或者分包人再次分包的违法行为应负法律责任。法律规定的违法行为包括：

(1)中标人将中标项目转让给他人；

(2)将中标项目肢解后分别转让给他人；

(3)将中标项目的部分主体关键性工作分包给他人；

(4)分包人再次分包。

法律责任主体是中标人以及获得分包项目的分包人。行为在主观上必须有进行违法行为的故意，无须行为人的违法行为造成实际损害的后果，只要行为人实施了前述违法行为就应当承担法律责任。

承担的法律责任形式有以下几种。

(1)罚款。中标人、分包人有前述违法行为的，有关行政监督部门应当对其处以罚款。罚款的幅度为转让分包项目金额千分之五以上千分之十以下，可根据违法情节决定。

(2)没收违法所得。行为人因转让、分包而有违法所得，应并处没收违法所得。

(3)责令停业整顿。

(4)吊销营业执照。

(5)转让分包无效。

3. 招标人与中标人共同承担的法律责任

招标人与中标人对不按照招标文件和投标文件签订合同，以及订立违背合同实质性内容的协议而应承担法律责任。法律规定的违法行为包括：

(1)招标人与中标人不按照招标文件和中标人的投标文件订立合同；

(2)招标人、中标人订立背离合同实质性内容的协议。

法律责任主体是招标人和投标人。其前提是必须具有违法行为的故意。为了规避招标，有在招标文件和中标人的投标文件之外，签订合同或者签订背离合同实质内容的协议的明确

目的。

承担法律责任形式有以下几种。

(1)责令改正。

(2)罚款。有关行政监督部门,可以对他们处以中标项目金额千分之五以上千分之十以下的罚款。

4. 中标人对其违约行为应负的法律责任

中标人有以下几种违约行为:

(1)不履行合同;

(2)不完全履行合同;

(3)迟延履行合同;

(4)毁约行为。

法律责任主体是已经与招标人签订合同的中标人。主观上无须有过错,只要人为实施了违约行为,应对该违约行为负法律责任。

法律责任形式有:

(1)不予退还履约保证金;

(2)赔偿损失;

(3)取消投标资格;

(4)吊销营业执照。

5. 免于承担法律责任的情况

法律规定,中标人因不可抗力不能履行合同的,可以免除责任。不可抗力是指不能预见、不能避免、不可克服的情况,如地震、台风、火山爆发、洪水、冰雹等。《合同法》规定:因不可抗力不能履行合同的,根据不可抗力的影响,部分或全部免除责任,但法律另有规定的除外。

十、法律规定强制招标的例外

按照法律规定,下列项目按照国家规定可以不进行招标:

(1)涉及国防、尖端科技、军事装备等对国家安全有重大影响的项目;

(2)涉及国家秘密,在一定的时间内只限一定范围的人知悉事项的项目;

(3)需要在短期内采取迅速、果断行动,排除险情的抢险救灾的项目;

(4)利用扶贫资金实行以工代赈,需要使用农民工的项目;

(5)依照国家有关规定不适宜进行招标的其他情况。

第二章 工程咨询服务的采购

第一节 工程咨询服务

一、工程咨询的主要服务对象

我国工程咨询服务，覆盖国民经济几十个专业，对国内外各类项目的投资建设提供阶段性或全过程咨询服务。由于工程咨询服务的空间范围、专业领域和业务内容极其广泛，工程咨询服务的对象也相对较多。

1. 为出资人服务

(1)为政府部门服务。工程咨询单位接受政府部门委托，为其出资建设项目、研究项目提供咨询服务，包括规划咨询、项目评估、项目后评价、政策咨询等。

(2)为银行贷款人服务。

(3)为世行等国际金融组织提供的咨询服务。

(4)为联合国组织机构服务，如联合国开发计划署、粮农组织等。

(5)为企业及其他出资人服务。

2. 为项目业主服务

(1)全过程咨询服务。服务的内容从项目的投资机会研究开始至项目竣工验收、总结评价等。

(2)阶段性咨询服务。为建设工程项目的某一阶段或某项具体工作提供咨询服务。

(3)承包工程服务。工程咨询公司可以作为总承包商或联合其他公司，承担项目的设计和施工，承担 EPC 交钥匙工程，或者作为项目的发起人参与 BOT 项目。

3. 为承包商服务

工程咨询单位可以作为承包商的设计分包商为之提供技术服务；也可以协助承包商编制成本估算、施工进度计划和设备安装计划，参与设备的检验与验收，参加整套系统调试、试生产等。

二、注册咨询工程师(投资)和工程咨询单位的执业范围

按照人力资源和社会保障部、国家发展和改革委员会的有关规定，我国执行注册咨询工程师(投资)执业资格制度。

但目前我国“注册咨询工程师(投资)”与国际上的“咨询工程师”的业务范围有所不同。国际上的咨询工程师可以从事工程项目投资建设全过程咨询服务，而我国的注册咨询工程师(投资)职业定位限于：以投资决策咨询为主，兼顾与投资相关的其他咨询业务和宏观经济建设决策咨询业务。

我国注册咨询工程师(投资)的执业范围为：

(1)经济社会发展规划、计划咨询；

(2)行业发展规划和产业政策咨询;

(3)经济建设专题咨询;

(4)投资机会研究;

(5)工程项目建议书的编制;

(6)工程项目可行性研究报告的编制;

(7)工程项目评估;

(8)工程项目融资咨询、绩效跟踪评价、后评价及培训咨询服务;

(9)工程项目招投标技术咨询;

(10)国家发展和改革委员会规定的其他工程咨询业务。

我国工程咨询单位资格认定的专业共31个,咨询服务范围包括:

(1)规划咨询,含行业、专项和区域发展规划编制、咨询;

(2)编制项目建议书,含项目投资机会研究、预可行性研究;

(3)编制项目可行性研究报告、项目申请报告和资金申请报告;

(4)评估咨询,含项目建议书、可行性研究报告、项目申请报告与初步设计评估以及项目后评价、概预决算审查等;

(5)工程设计;

(6)招标代理;

(7)工程监理、设备监理;

(8)工程项目管理,含工程项目的全过程或若干阶段的管理服务。

三、工程咨询服务的内容

工程咨询公司的业务范围很广泛,咨询公司为工程项目提供服务的内容与工程项目建设程序密切相关。一个工程项目从开始酝酿到竣工投产运营,大体上可划分为以下4个阶段。

(1)项目决策阶段。项目决策阶段主要任务是进行一系列调查与研究,为投资行为作出正确的决策。

(2)建设准备阶段。建设准备阶段主要是为项目进行建设做好各种准备工作,如办理审批手续,进行工程设计、项目融资和工程采购等。

(3)项目实施阶段。项目实施阶段主要是按合同进行项目的施工、竣工和投产,达到预期项目目标,实现投资效益。

(4)项目运营阶段。项目运营阶段主要是在项目投产或运营一段时间之后,对项目建设的全过程、项目选择、建设方案、项目目标的完成情况进行评价,特别是总结经验和教训。

工程咨询在项目各阶段的服务内容如图2-1所示。

(一)项目决策阶段咨询

项目决策阶段咨询也称投资前咨询。工程咨询公司受客户委托运用现代工程经济学、市场学、项目管理学等理论,通过深入的调查研究,采用先进的信息处理技术,帮助客户鉴别项目,从社会、经济、技术、财务、组织管理等方面进行分析论证,设计选择项目优化方案,减少投资风险,以实现最佳效益目标。

1. 规划咨询

1)区域发展规划

区域发展规划是在国家宏观经济发展战略指导下,根据本区域的具体情况、资源优势和限

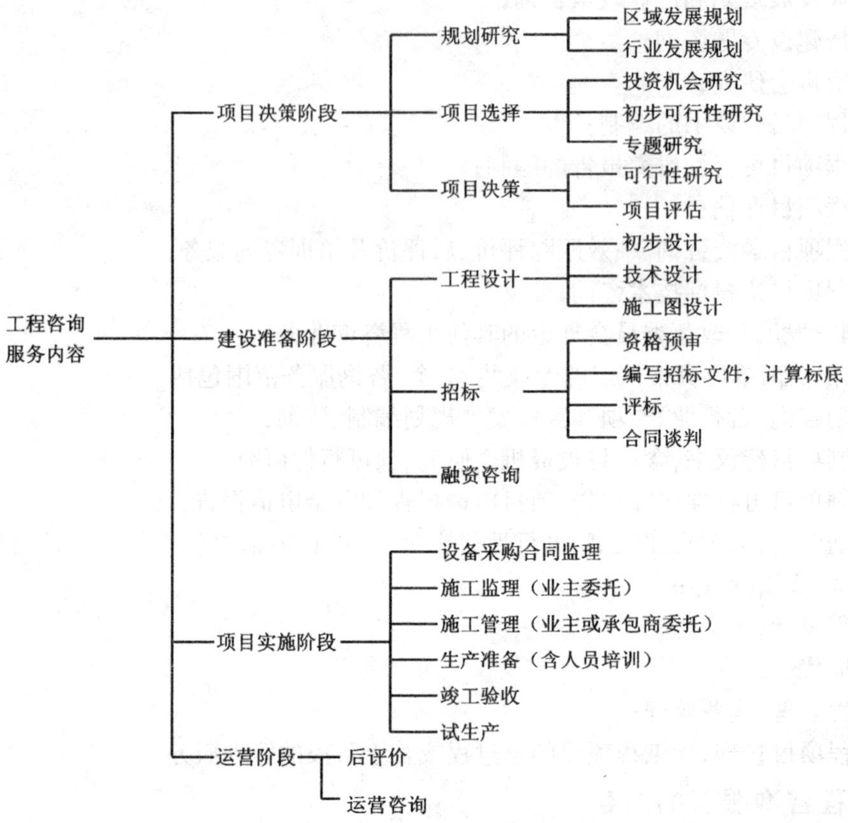

图 2-1　工程咨询服务内容

制条件,并考虑到与周围地区的协作关系,提出本区域长远的社会经济发展总体战略部署。制定区域发展规划对于合理利用资源、优化产业结构、保护生态环境、促进社会经济各方面关系协调一致、保持本地区长期稳定发展均有重要作用。

2)行业发展规划

行业发展规划是根据国家经济发展的总体目标和对行业的发展要求,在分析国内外相关产业发展和市场需求趋势的基础上,制定本行业发展战略目标和产业政策,合理安排本行业的布局和重点建设项目等可持续发展战略部署。

2. 项目选择咨询

1)投资机会研究

投资机会是对某一区域、某一产业或某一项目的投资机会的研究,其目的是通过初步的调查研究,探讨建设这个项目建设的必要性和可行性。对于一个工业项目,投资机会研究的内容至少应包括:项目产品的用途、初步市场需求调查、产品的资源条件、其他国家或地区同类产品情况、粗略的经济性分析、预测结果与投资建议等。

2)初步可行性研究

初步可行性研究也称预可行性研究,是在项目投资机会研究的基础上,对项目方案进行的初步技术和经济分析,对投资建议进行的鉴别和估价。研究的目的是判断投资项目是否真正有前途。研究中应提出影响项目可行性的关键因素,并确定是否要对这些关键因素(例如市场、原料、厂址、规模、试验等)进行专题调查研究,通过初步可行性研究,掌握较多的数据,以便决定是否有必要进一步作详细的可行性研究。

初步可行性研究只对投资项目提出一个轮廓,并分析其建设的必要性和可行性。研究的具体内容为:

(1)项目方案,其中包括项目产品、生产规模、原料供应、工艺路线、设备选型、厂址选择、建设工期等;

(2)投资效益分析,其中包括估算经济指标、社会与经济效益分析、预测等。

3)专题研究

专题研究也称辅助研究,它是对一个项目的初步可行性研究中某些关系重大而又模糊不清或者因其比较复杂,需要进一步了解的问题进行专题性的调查研究,如市场研究、原材料供应研究、生产规模研究、厂址选择等。

3. 项目决策咨询

1)可行性研究

可行性研究是对建设项目进行全面的技术经济论证,为投资决策提出较为可靠的依据。它的主要研究内容与初步可行性研究基本相同,只是调查研究在深度上和广度上更全面、更深入、更系统,使用的数据更为准确。同时,还需要进行多种方案的分析比较,以便进行优选,提出最佳效益方案的推荐意见。

企业投资项目可行性研究的主要内容包括以下方面:

(1)进一步明确项目建设的必要性;

(2)市场分析和营销战略研究;

(3)建设方案研究,包括建设规模、工艺方案、建设条件与厂址选择等;

(4)组织实施方案分析;

(5)建设投资估算与融资方案分析;

(6)运营期财务效益与费用估算;

(7)财务分析;

(8)经济评价;

(9)社会影响评价;

(10)环境影响评价;

(11)征地拆迁、移民安置方案;

(12)风险分析;

(13)结论与建议。

2)项目评估

项目评估是由政府主管部门、投资者、项目贷款银行等有关各方组织或聘请另一家独立的咨询单位来完成。对可行性研究的内容与结论进行审核和评价,进一步对投资项目的必要性和可靠性作出判断,使项目决策者能够对项目的选定与实施作出正确合理的决定或审批。

(二)建设准备阶段咨询

项目建设准备阶段的咨询服务内容主要有工程设计、项目融资咨询、工程招标、开工条件准备等。

工程设计通常分为初步设计和施工图设计两个阶段,对于大型复杂项目可以在两者之间增加技术设计。

为项目融资主要贯穿于项目决策和项目准备两个阶段。在项目决策阶段主要是从项目投资的角度,通过分析研究提出项目的融资方案,为投资决策服务。在项目准备阶段的融资咨询主要是帮助业主从项目法人或企业的角度,根据实际情况调整、优化和落实融资方案;参与银行贷款谈判,帮助业主拟订贷款条件、签订贷款协议;研究融资条件、测算融资成本、分析实际融资条件的变化及其对项目效益的影响;分析融资变化可能产生的风险及应采取的对策等。

在项目准备阶段,咨询公司也可以为贷款银行提供相关的咨询服务,保证借贷资金的安全性并获得合理的经济效益。

(三)项目实施阶段咨询

咨询公司在项目实施阶段的咨询服务贯穿于从项目开工到项目投产的整个阶段。在此阶段咨询公司受不同服务对象的委托,承担不同的咨询任务。主要是受业主委托作为监理工程师承担设备采购合同和工程施工监理工作;或者受业主或承包商的委托,承担项目施工管理、生产准备和试生产,以及竣工验收等工作。

1. 设备采购合同管理

设备采购合同管理的工作内容主要是:设备的质量控制、设备制造和供货进度控制、支付管理(包括预付款、阶段支付、最终支付等)以及当出现逾期交货、设备零件缺损时进行索赔。

2. 施工监理

监理工程师受业主委托,根据承包合同及有关国际惯例,对承包商在施工中的行为进行综合的或专业的监督、检查、控制和评价,并采取相应的措施,使得施工工作符合有关的法律、法规,工程的质量、进度、造价满足合同要求,确保施工行为的合法性、科学性和经济性。

3. 施工管理

施工管理一般是业主和承包商的工作。业主的管理工作可以由业主自己组织专门的管理班子进行,必要时,也可以委托一家专门的咨询公司代行管理。当总承包商缺少某些专业领域的具有施工管理经验的人员时,也可将部分施工管理工作委托给咨询公司。

业主的管理工作相对比较宏观,为业主服务的施工管理工作的内容主要是:严格控制工程造价、质量与进度;抓好合同实施;为工程实施创造良好的外部环境。同时对施工安全、环境保护等方面的问题进行监督。

为承包商服务的施工管理工作内容则非常具体,涉及现场管理、合同管理、计划管理、物资采购管理、财务与劳资管理、分包管理等。

4. 生产准备

生产准备是为使工程项目一次试车成功,按期交付生产或使用,在管理机构、人员配备、技术条件和物资供应等方面所进行的准备工作。

5. 竣工验收

竣工验收工作通常是指按验收前准备、初步验收、正式验收、工程移交与决算等几个步骤来进行的。竣工验收前的准备工作包括整理与汇总技术档案,制定验收范围、工作计划和验收程序等内容。

(四)项目运营阶段咨询

项目运营阶段咨询主要包括项目后评价及运营咨询。

1. 项目后评价

工程项目建设完成并投入生产或使用之后所进行的总结性评价，称为后评价。

后评价是对项目的执行过程、项目的效益、作用和影响进行系统的、客观的分析、总结和评价，确定项目目标达到的程度。由此得出经验和教训，为将来新的项目决策提供指导与借鉴。后评价的基本内容一般包括过程评价、效益评价、影响评价、持续性评价和综合评价五个方面。

(1)过程评价。过程评价，是将立项时的评估和可行性研究报告中所预计的情况同项目实际执行的结果进行对比分析，找出差距，分析原因。

(2)效益评价。效益评价，即财务评价和经济评价，是将内部收益率、净现值、贷款偿还期和敏感性分析等作为主要分析指标。

(3)影响评价。影响评价是对经济、环境和社会的影响评价。经济影响评价主要分析该项目对国家、所在地区、行业所产生的经济方面的影响；环境影响评价主要分析项目对所在地区环境与生态的影响以及对自然资源的合理利用方面的影响；社会影响评价主要分析项目对社会发展、经济增长方面产生的有形与无形的效益与结果，如对当地就业、生活水平提高的影响等。

(4)持续性评价。持续性评价是指在项目的建设投资完成之后，针对项目的原定目标是否能继续，项目是否可以持续发展下去，未来能否以同样的方式建设同类项目等问题所进行的分析与评价。

(5)综合评价。综合评价是对项目目标的实现情况、效益状况和成功程度所进行的全面评价，是形成评价结论、总结经验教训、提出建议的依据和基础。

2. 运营咨询

运营咨询比较具体而复杂，对于不同类型的项目有不同的特点和要求，涉及生产管理和工艺技术等方面的问题。

第二节　工程咨询服务的采购方式

国际上通行的工程咨询服务的采购方式有两类，即招标方式和非招标方式。在我国，招标方式主要有公开招标和邀请招标两种。

一、招标方式

根据我国相关规定，为工程项目勘察、设计、监理应当采取招标方式，工程项目前期咨询也应采用招标方式选聘咨询单位。

(一)公开招标

公开招标也称竞争性招标，是指招标人依法以招标公告的方式邀请不特定的法人或者其他组织参加投标。采用这种方式可以吸引众多的咨询单位参加投标，为一切有能力的咨询单位提供一个平等竞争的机会，客户也可以从众多的咨询单位中挑选一个比较理想的单位为其提供高质量和高效率的咨询服务。但是，采用这种招标方式，招标工作量较大，所需时间较多，招标费用较高，通常用于工作内容较复杂、投资额大的咨询项目。

(二)邀请招标

邀请招标，是指招标人以投标邀请书的方式邀请特定的法人或者其他组织投标。通常是客户利用自己的经验和调查研究获得的资料，根据咨询单位的技术力量、仪器设备、管理水平、过去承担类似项目的经历和信誉等，选择数目有限的几家咨询单位，向它们发出投标邀请函，进行项目竞争，这是一种有限竞争的招标方式。

同公开招标相比较，采用邀请招标方式，参与竞争的咨询单位数目少，招标工作量较小，可以节约招标的时间和费用，比较适合于工作内容相对不太复杂、金额不太大的咨询项目。

根据我国相关文件规定，需要公开招标的工程咨询服务项目，符合下列情形之一的，经项目审批部门批准，可以采取邀请招标方式选聘咨询单位：

(1)因项目的技术性、专业性较强或者环境资源条件特殊，符合条件的潜在投标人数量有限的；

(2)项目建设条件受自然因素的限制，如采用公开招标，将影响项目实施时机的；

(3)如公开招标，所需费用占咨询费用比例过大的；

(4)法律、行政法规规定不宜公开招标的。

二、非招标方式——直接委托

直接委托，是指由选聘人直接选定一家咨询单位，通过谈判达成协议，为其提供工程咨询服务。即客户选择信誉良好、技术水平和能力高的咨询单位，将委托服务任务和所需资料发送该咨询单位，并邀请其进行谈判，讨论其建议书或工作方案、应聘条件，达成协议后即将咨询任务委托该单位承担。按照我国《招标投标法》的规定，对于使用政府资金，按要求应进行招标的建设工程项目的勘察、设计以及监理工作，通常不能以直接委托方式采购，但符合下列情形之一的，经批准，可以采用直接谈判方式选聘咨询单位：

(1)单项咨询服务合同金额低于规定的限额，采用其他选聘方式不值得的；

(2)项目涉及国家安全和保密，只能委托某个特定咨询单位承担咨询任务的；

(3)为保证原有咨询服务项目前后一致性或者服务配套的要求，需要续聘原咨询单位，但所需费用不超过前项咨询服务合同金额百分之十的；

(4)主要工艺、技术采用咨询单位特有专利或专有技术的，或由于技术复杂或专业性强，具备相应资格和能力的咨询单位少于3家的；

(5)咨询服务内容涉及抢险救灾等紧急需要，或者涉及利用扶贫资金实行以工代赈、需要使用农民工等情况的。

第三节 工程咨询招标

一、工程咨询招标程序

工程咨询招标通常的做法是在国际(或国内)邀请有能力的机构参加投标，通过严格的评审选出满意的咨询单位。

招标人可以根据国家相关规定和咨询服务项目的不同特点，在保证咨询项目完整性、连续性的前题下，按照技术要求实行咨询服务分段、分项招标，也可以实行几个咨询服务阶段一次性总体招标。但招标人不得将依法必须进行招标的咨询服务项目肢解，或者以其他方式规避招标。

通常以公开招标方式选择咨询单位的程序如下：

(1)准备招标文件，估算咨询费用；

(2)制定资格预审、评标方法和标准；

(3)发布招标公告；

(4)资格预审；

(5)出售招标文件；

(6)评标，确定中标人；

(7)谈判、签约。

二、编制工程咨询招标文件

招标人可以根据项目的特点和需要，自行或委托代理机构编制招标文件。

公开招标文件包括：招标公告、委托服务范围、合同文本以及要求投标人提交的其他相关材料。

(一)招标公告

招标人应当在各级政府的发展和改革部门以及其他相关行政主管部门指定的报刊、信息网络或者其他媒介发布招标公告。

招标公告应当载明下列事项：

(1)招标人的名称、地址和联系方式；

(2)招标项目的内容、规模、资金来源；

(3)招标项目实施地点和咨询服务期限；

(4)对投标人的资格和能力要求；

(5)获取资格预审文件、招标文件的办法；

(6)需要告知的其他事项。

除了不可抗力原因之外，招标人在发布招标公告后不得无故终止招标。

(二)咨询服务范围

工程咨询项目的招标人编制的“咨询服务范围”也称“职责范围”或“工作大纲”，是客户要求咨询单位完成的咨询任务的详细说明文件。

典型的委托服务范围应当包括以下内容。

(1)项目背景材料概述。简述项目情况及其他有关背景资料的简要介绍。

(2)项目目的、目标。说明该项目计划达到的预期目标。

(3)项目的工作范围。说明咨询公司应当完成的咨询任务范围和要求。

(4)进度与报告。关于咨询工作进度计划和工作进展情况报告的要求。

(5)咨询单位和客户各自应尽的职责。如客户的职责，应说明客户向咨询人员提供的支持，包括有关资料、人员配合、设施和服务等。

(6)对咨询成果和咨询费用报价的要求。

(7)评价建议书的方法和标准等。

凡是国家对咨询招标项目的技术标准、咨询单位资质、收费标准有规定的，招标人应当按照其规定在委托服务范围中提出相应要求。

(三)合同条件

采用招标方式选聘咨询单位的合同条件文本，应当选用国务院发展和改革部门、其他相关主管部门编制的标准格式，或者选用国际咨询工程师联合会(FIDIC)、有关行业协会编制的合同示范文本。

中国工程咨询协会制定的《工程咨询服务协议书试行本》和根据该试行本制定的《工程咨询服务协议书》(含8个分册),分别适用于项目建议书编制、可行性研究报告编制、项目评估、招标咨询、工程勘察设计、工程监理、合同管理和运营咨询等8个方面的咨询服务任务。合同条件文本的内容在本章第六节中介绍。

三、形成短名单

在公开竞争性招标中,通常要对投标人进行资格预审。通过资格预审淘汰不合格或缺乏竞争力的投标人,选择技术水平较高、相关工程经验较丰富的投标人参加投标,以便在节约评标时间和费用的前提下,从中选出理想的咨询服务机构。

咨询项目公开招标,通过招标公告征求有投标意向、与咨询任务专业要求对口的咨询单位参与竞标,形成一个数目较多的候选名单,称为长名单。如果是国际金融组织贷款项目,长名单中的咨询单位,可以从世界银行注册咨询单位数据库中选出,或者客户熟悉和了解的公司,或者是对该咨询项目表示兴趣的其他咨询单位。

接着对长名单上的咨询单位进行审查,形成数目较少的短名单。形成短名单通常可以按照一定方式进行:先由相关专家组成的委员会根据咨询单位提交的资格预审资料,淘汰掉那些明显不符合要求的机构,挑选所需专业领域内有实力的咨询单位,将长名单上的数目缩小;再按照一定的标准,进一步评审若干因素,选出技术水平高和经验丰富的工程咨询单位,最后形成只有数家的"短名单"。

确定短名单时考虑的主要因素和条件包括:

(1)咨询单位完成的类似项目的工作经验;

(2)咨询单位在项目所在的类似地区的工作经验;

(3)咨询单位的技术水平和综合实力。

招标人或代理机构对投标人的资格预审应本着公平、公正的原则进行,凡是资格预审合格的潜在投标人都应被允许参加投标,不得以任何不合理的条件或者歧视性规定,限制、排斥资格预审合格的潜在投标人参加投标。

四、发出投标邀请函

客户向短名单中的每一家咨询公司发出邀请函,介绍咨询任务的具体内容和要求,邀请他们以建议书的方式投标。邀请函一般包括以下内容:

(1)咨询任务简介;

(2)附件,包括工作大纲、合同文本、背景资料等;

(3)咨询公司评选方法与程序;

(4)关于预期工作量按人月数表示的说明;

(5)有关该咨询项目的外部资助的细节和状况;

(6)要求咨询公司提供费用估算的资料;

(7)要求中标的公司在项目中仅限于咨询工程师的角色;

(8)有关当地的法律、法规资料;

(9)被邀请投标的咨询公司的名单;

(10)建议书编制使用的语言、提交的份数和截止日期;

(11)合同谈判与工作开始日期;

(12)建议书的有效期；

(13)要求被邀请的公司以电传的方式确认已收到邀请函，明确是否愿意提交建议书；

(14)关于咨询公司访问客户的执行机构、进行实地考察的说明；

(15)客户提供的支持、生活设施和服务等。

在邀请函中对建议书的编制内容提供具体的要求，咨询公司按要求编写技术建议书和财务建议书。本章第四节将详细介绍两份建议书的编制。

五、评价建议书

评价建议书由评标委员会负责。评标委员会由招标人的代表和有关专家共5人以上单数组成，其中技术、经济等方面专家不得少于成员总数的三分之二。

评标委员会按照招标文件规定的评标方法和标准评标。常用的方法称为“双封制”，即咨询公司投标时，同时递交分别包装密封的“技术建议书”和“财务建议书”。评审时，先打开技术建议书进行评价，技术建议书合格的，相应的财务建议书才被打开，作为谈判的一项内容，或者事先规定财务建议书应占的权重。客户可以根据咨询项目的特点以及对咨询服务质量和费用的不同要求，选择采用哪一种评标标准和方法。

1. 单纯质量评价法

评标委员会完成符合性审查后，首先评审技术建议书，按照上述对技术建议书的评审标准和方法进行评价，通过打分衡量各咨询单位提交的技术建议书的水平和质量。经过比较，排列出咨询单位的先后次序，推荐排名第一的投标人为首位中标候选人。

在随后与排名第一的投标人进行合同谈判时，其财务建议书才被拆封、宣读，只作为谈判的内容之一。咨询费用的高低不作为是否中标考虑的主要依据。

招标人与中标人签订合同后，未中标人的财务建议书将被原封退回。

单纯质量评估法适用于技术复杂、专业性强、特别强调咨询成果质量的项目。

2. 质量费用评价法

评标委员会完成符合性审查后，首先评审技术建议书，技术建议书合格的，招标人才对财务建议书进行评价。技术建议书被否决的，相应的财务建议书被招标人原封退回。

技术建议书和财务建议书的评价可采用百分制打分，将技术建议书和财务建议书的得分分别加权求和，得出投标文件的综合分数。通常，技术建议书权重不宜低于0.8，相应的财务建议书权重不超过0.2。

最后，按照投标人的综合得分由高到低进行排队，从中推荐综合分数排名第一的投标人为首位中标候选人。

质量费用评估法，适用于委托服务范围明确、专业技术不太复杂、咨询服务成本容易计算的咨询服务项目。

技术建议书的评价，一般要审查评价三个方面的内容，并根据不同的咨询项目的特点分别给予不同的权重。这些内容和评价权重的取值范围如下：

咨询公司的资历和经验	10%～30%
为完成咨询任务拟采用的方法和途径	20%～40%
参加该项咨询服务的人员	40%～70%
总权重	100%

技术建议书的评价工作由专门的评价委员会负责。根据事先制定的评价标准，进行逐项

评估打分。为了实际操作方便,根据项目的性质和具体情况,将上述三方面内容细分为若干个因素及相应的权重,编制成"综合评价表",其格式详见表 2-1。

表 2-1 综合评价表

选择评价因素	权重	公司 A		公司 B		公司 C	
		评定给分	加权得分	评定给分	加权得分	评定给分	加权得分
1. 咨询公司资历和经验(10% ~30%)							
a. 在类似项目中的经验							
b. 在类似地域的经验							
c. 其他因素							
2. 咨询服务方法和途径(20 ~40%)							
a. 对项目目标的理解							
b. 方法的质量水平							
c. 革新(合理化建议)							
d. 工作计划							
e. 所需人月数							
f. 对客户提供的设施要求							
g. 建议书的表述							
3. 参加该项目的人员(40% ~70%)							
a. 项目经理							
b. 专业领域 I 专家							
c. 专业领域 II 专家							
⋮							
总计	100%						

该表为综合评价表举例,其中三组因素如何划分以及各项因素规定多大的权重应根据具体项目要求而定。评价时,每位评委应对综合评价表中的各因素逐项独立打分,并乘以该项因素对应的权重,得到该因素的权重评分。然后再进行汇总得出三方面内容的分数和总分数。

表 2-1 中公司资历和经验的权重小于其他两项内容的权重,这是因为在确定短名单时,已着重考虑过这项因素。客户在评价建议书时,更重视咨询公司为完成咨询任务拟采取的方法和途径,以及咨询人员的配备,尤其强调咨询专家的经验和资历。因为咨询任务能否顺利进行和完成,在很大程度上取决于咨询人员的努力和水平,而咨询专家组负责人的水平是关键。在对项目组人员配备进行评审时,主要从以下三方面考虑:

(1)个人资历;

(2)是否适合承担该项目中的工作;

(3)在该地区的工作经验与能力。

评价时,对每一位咨询人员评价打分后列入表 2-1 中,按事先确定的权重,计算加权得分。

当每位评委对所有技术建议书的评价和比较完成之后,评价委员会在规定的日期内召开会议,讨论建议书的评估情况,以汇总后的评价高低为根据,对短名单中的公司进行排名,技术建议书评价最高的公司排在第一名。名次排定之后,评价委员会将通知排名第一的公司,提出建议书的不足之处,要求进行修改、补充,然后进行合同谈判。考虑到谈判也可能达不成协议,也可以要求排名第二的公司修改建议书的不足之处,做好谈判的准备。

六、合同谈判与签约

谈判通知通常用电传或电报发出，确认谈判的时间，规定谈判的地点。参加谈判的咨询公司代表必须具有公司的书面授权书，证明他代表该公司进行谈判，以达成具有法律效力的协议。谈判的依据是委托咨询范围、合同条件、技术建议书、财务建议书等。招标人通过谈判，进一步审查投标人咨询服务实施方案是否可行、各项技术措施是否合理；进一步审查项目实施班子咨询人员的配备和实力是否得当，能否保证项目要求的质量和进度；审查财务建议书中咨询服务费的构成与数额是否合理；澄清相关合同条款含义，并结合招标项目的具体情况，在“专用条件”中对“通用条件”的某些条款内容进行修改和补充；进一步明确客户和咨询单位双方的权利、责任和义务。

合同条件一般由标准条件和特殊应用条件组成，包括以下基本内容：

(1)合同中有关名词的定义及解释；

(2)咨询工程师的义务，包括服务范围，正常的、附加的和额外的服务，行使职权的条款；

(3)客户的义务，包括提供为完成任务所需的资料、设备设施和人员支持的资料；

(4)职员，包括关于咨询专家和客户支持人员、各方代表、人员更换的条款；

(5)责任和保险，包括关于双方的责任、赔偿与保险的条款；

(6)协议书的开始、完成、变更与终止的条款；

(7)有关支付的条款；

(8)一般规定，包括关于协议书的语言、遵循的法律、转让和分包合同、版权、专利等条款；

(9)争端的解决，包括对损失或损害的索赔与仲裁条款。

谈判双方在各方面达成一致后，即可签订协议书。如果与排名第一的公司谈判不成功，则邀请排名第二的公司进行谈判，依此类推，直至与一家公司签约。一旦与一家公司签约，应立即通知短名单中其他的公司，并将他们的财务建议书原封退还。

第四节　工程咨询服务投标

一、咨询单位业务开发程序

在激烈的市场竞争中，积极有效的开发业务是国际工程咨询公司实现其发展战略的前提条件，业务开发应以公司的专业特长和实力为基础。通常其过程可分为几个相互衔接的步骤，如图2-2所示。

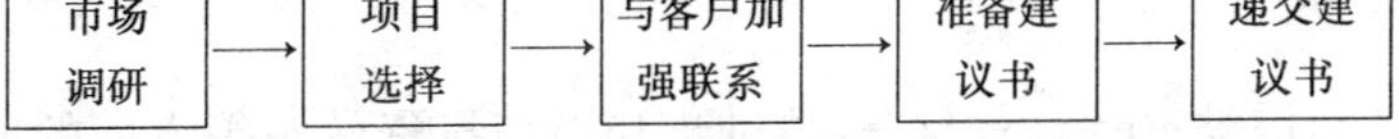

图2-2

(1)由市场部利用各种信息渠道广泛收集国内外市场的项目信息，并进行项目的分类和分析，了解清楚项目的背景、资金情况、地理位置、自然条件、是否属于本公司擅长项目的类型、项目的社会经济价值如何。在此基础上，筛选出本咨询公司意欲承揽的项目。

(2)为选择适合公司业务领域和专长的服务项目，公司专业部门应进一步对项目信息进行分析。分析的主要方面有：客户需要提供咨询服务项目的内容和要求、本公司参与竞争的技术能力、需要采取的商务竞争策略以及咨询项目的风险分析等。通过分析研究对项目进行对比与筛选,确定公司准备参与的项目。通过对项目的分析与筛选,可以避免投标的盲目性,减少执行项目的风险;同时,通过项目选择,体现和贯彻公司的经营战略。

(3)在项目选定之后,应立即组织项目投标小组,并做好准备工作。

(4)编写并递交咨询项目投标文件——建议书。

二、组织咨询项目的投标班子

组织一个好的投标班子是争取获得咨询项目的基本保证,在一定程度上,咨询公司要通过投标班子编制一系列的文件,表现本公司的实力和水平,以赢得客户的信任。投标班子应由相应的技术人员、经济人员和法律人员组成,必要时也应有商务人员参加。这个班子的负责人应具备比一般人员更全面的知识和更丰富的工作经验,善于管理,能使全体成员充分发挥自己的积极性,同时,还应具备勇于开拓与不断进取的精神。

投标班子在项目咨询招标初期应做好以下工作:

(1)编制并主动向客户提交本公司实力文件和有关宣传资料,认真填报、及时递交资格预审文件,让客户了解本单位的实力、水平和声誉,积极争取列入短名单中;

(2)通过与客户加强联系和其他渠道,收集项目信息资料;

(3)深入调查了解项目所在国家和地区的政治、经济、文化、法律、自然条件等情况;

(4)研究确定是否需要与当地公司或其他公司联合投标,如果需要应积极联系,促成合作;

(5)研究制定初步的投标计划,认真考虑承担咨询任务的专家人选。

三、编制实力介绍文件

“公司实力介绍文件”是介绍本单位情况的材料。通过这份材料向客户宣传本公司的服务范围、专业特长、科技水平、综合实力,特别是在以往从事咨询项目中取得的业绩。它可以使新客户开始了解本公司,使老客户了解本公司新的进步和成果,为进入短名单创造条件。

公司实力介绍文件应包括以下内容。

(1)公司的背景与机构:公司的历史和背景、参加国际组织及注册情况、产权结构、内部组织机构(包括分支机构)等。

(2)公司的资源情况:公司的人力资源,包括人员和专业构成、工作经验、主要咨询人员的业务简历;公司拥有的设备及设施,包括勘测设备、试验设备、计算机等;公司的财产状况等。

(3)公司的业务与经验:公司的业务领域和服务范围,完成的咨询项目的情况,包括独立或合作承担的咨询项目,介绍项目的业主和地点、规模和特点,提供咨询服务的类型、内容及完成时间等。

(4)公司的荣誉和信誉:介绍公司在科技进步和提高投资效益等方面的成果,曾获得国际机构、政府、企业的表彰和奖励的情况。

公司实力介绍文件应是针对一个特定的项目专门编制的,不能采用一般公用的单位的宣传材料,应特别强调公司在类似地区从事类似项目的工作业绩。文件可用文字、图表、数据、照片等表示,印刷装帧精美,表明本单位重视程度。

四、投标文件的编制

工程咨询服务的投标文件通常采用“建议书”的形式,建议书分为“技术建议书”和“财务建议书”。当咨询单位被列入了短名单，并购买了招标文件，应立即着手建议书的编制工作。

（一）技术建议书的编制

技术建议书应根据投标邀请书、委托服务范围的要求编制，典型的技术建议书可参考下述结构形式和内容编写。

1. 前言

介绍投标公司（包括合作者）名称；说明建议书的结构与主要内容；简述投标单位承担该咨询项目的优势，拟派专家的经验和特长，所建议的咨询方案的可行性和先进性。

2. 投标单位概况

简述本单位的情况，相当于咨询单位实力介绍文件的摘要。如果与其他单位联合投标，则还应介绍合作单位的情况，说明联合体的组成结构和各成员之间的分工、协作方式。

3. 工程咨询的经验

介绍本公司资质、工程经验和业绩，重点说明曾经在类似项目、类似地区、类似自然条件下完成的咨询任务的情况。特别是近几年完成的项目，尤其是海外项目的经验，最好图文并茂，充分展示本公司的技术水平、工作经验和承担该咨询项目的优势。

4. 对本项目的理解

阐述项目的背景及其对所在地区、行业、企业发展的影响；项目的特征、技术指标与环境条件；影响本项目的关键因素和敏感性因素等。

5. 对委托服务范围的理解与建议

阐述对委托服务范围中的每项任务的工作内容与深度的理解，在执行任务中与项目相关单位的协调，对委托服务范围提出改进意见和合理化建议。

6. 完成任务的方法与途径

阐述为完成任务拟采取的方法、途径和步骤，其中包括：完成咨询任务的方案与计划，各子项任务的划分，工作标准，技术措施，质量保证体系，提交成果的方式、内容和时间。本部分为技术建议书的核心内容。

7. 工作进度计划

编制切实可行的工作进度计划，以文字、图表等形式表明项目的总体进度安排，各子项任务开始与结束的时间及其相互衔接。

8. 咨询人员工作安排

介绍项目组负责人和成员的组成，简述主要咨询人员资历和工作经验；咨询公司对项目经理部的支持；每个成员的任务分工及其工作时间安排计划。咨询人员的工作安排可用横道图表示，并作为财务建议书中费用估算的时间依据。

9. 需要客户提供的协助

根据委托服务范围，列出为完成咨询任务所需要客户提供的协助，通常包括：提供相关文件、基础资料、辅助设施与设备以及人员的协助和配合。

10. 附件

技术建议书的附件通常包括：

（1）委托服务范围；

（2）咨询单位从事类似咨询项目实例（按招标文件的格式和要求填写）；

（3）项目组成员和咨询单位主要支持人员简历（按招标文件的格式和要求填写）；

(4)咨询单位实力介绍;

(5)客户要求的其他文件资料。

(二)财务建议书的编制

财务建议书也称商务建议书,咨询单位应按照招标文件的要求编写。通常在招标文件投标人须知中规定了财务建议书的内容和格式,其中包括要求填写的表格和数据等。

财务建议书的内容一般包括:

(1)咨询费用估算方法及财务建议书的编制说明;

(2)咨询费用总金额,包括咨询人员的酬金、可报销费用和不可预见费的金额;

(3)咨询人员酬金的估算明细;

(4)可报销费用估算明细;

(5)不可预见费估算,通常按(3)、(4)两项费用之和的5% ~10%估算;

(6)附件,包括支付程序和支付方式,由注册会计师审计的咨询单位资产负债表和损益表、社会福利明细表等。

五、合同谈判

工程咨询单位在接到客户的谈判通知后,应准时派出谈判小组前往指定地点参加合同谈判。谈判小组一般应由编写建议书的负责人、财务与法律人员、项目负责人等组成。谈判小组组长应具有广博的业务知识、丰富的工程咨询经验和一定的合同谈判经验,能够对谈判中的问题及时做出应对和决策。谈判小组组长应持有公司法定代表人签署的授权书,证明他有资格代表本机构进行谈判以达成具有法律效力的协议。

在谈判前,要做好谈判的准备:拟定出谈判大纲,列出咨询单位希望在谈判中需要解决的问题和解决方案;确定谈判小组组长的授权范围;整理好谈判使用的参考资料。

从咨询单位的角度进行合同谈判,应特别注意下列问题:

(1)区分合同生效期和咨询服务开始日期;

(2)明确“不可抗力”的具体含义以及在不可抗力出现时,咨询单位应采用的对策和应得到的合理补偿;

(3)咨询单位需要客户提供的支持应详细开列出来,并作为合同的一部分;

(4)明确支付的细节,如支付方式、支付时间、外汇支付方式和比例、延期支付的补偿等;

(5)明确有关税务、保险等方面双方各自的责任和义务;

(6)明确争端解决的程序、方法,如双方同意采用仲裁解决争端,应写明仲裁机构、仲裁规则、仲裁地点等。

双方通过谈判取得一致意见并签署协议书之后,咨询项目就进入实施阶段。

第五节 工程咨询费用的计算

一、人月费单价法

人月费单价法是目前国际上较广泛采用的一种工程咨询费用的估算方法。咨询服务费用由酬金、可报销费用和不可预见费三部分组成。

1. 酬金

咨询项目的酬金部分由承担咨询任务全体成员酬金总和构成。每位咨询人员的酬金数额等于他(她)的人月费率乘以其人月数。

1)人月费率

人月费率也称月酬金,由咨询人员的基本工资、社会福利费、海外津贴与艰苦地区津贴以及咨询公司管理费和利润组成。

(1)基本工资。咨询公司付给咨询人员的月工资。

(2)社会福利费。咨询公司为工作人员支付的社会保障费及其他福利和津贴费,社会福利费一般取基本工资的某个百分比计算。

(3)海外津贴与艰苦地区津贴。这是咨询公司发给在海外或在艰苦地区执行咨询任务的工作人员的补助费,其数额根据不同的国别和地区以及生活条件的艰苦程度来确定。

(4)咨询公司管理费。这项费用是咨询公司用于行政管理和业务经营活动方面的费用,一般以机构的年度费用支出为依据。这项费用可以采用基本工资的某个百分比计算。根据一些国际金融组织的规定,社会福利费、咨询公司管理费可分别按与基本工资的比例关系计算,所占比例要根据上年度(世界银行规定为前3年)咨询公司损益表、社会福利费明细表和管理费明细表中的实际数据确定。因此,在财务建议书中报价时,应附有经过会计师事务所审计的损益表、福利明细表和管理费明细表作为证明材料。

(5)咨询公司利润。咨询公司利润是指税前利润,通常以基本工资、社会福利费和咨询公司管理费之和的百分比来计算。

以上五部分相加就得出项目咨询人员的人月费率。

在工程咨询市场上,由于咨询人员来自不同的国家,本身的技术水平不同,咨询项目的复杂程度不同,人月费率的数额彼此相差很大,其取值范围一般为5 000~25 000美元/月。来自美国、加拿大等发达国家的咨询专家的人月费率较高,而来自印度、马来西亚等发展中国家的咨询专家的人月费率较低。

我国咨询专家在海外执行咨询任务,按国际惯例计算人月费率时,必须考虑到我国基本工资包含的内容和国外不同,报价不宜过低,避免造成误解,被国外同行和客户认为我国咨询专家水平低,并影响咨询单位的收益。

2)人月数的计算

人月数是以月数计算的咨询人员的工作时间。根据委托服务范围对咨询任务所作的说明,可确定预期的咨询工作类型和范围、工作深度和进度,编制详细的作业计划、专业分工与人员配备以及相应的进度计划。进度计划通常以简单直观的"横道图"表示,并作为计算各位咨询人员工作月数的依据。由此可以很容易地得到每个咨询人员的人月数。利用已计算出的人月费率和人月数相乘,可以分别计算出每个咨询人员的酬金。

项目的全部咨询人员的酬金之和就是应支付的咨询服务费中的酬金部分。

例 某国际工程咨询公司在一个条件比较艰苦的国家承担某公路项目初步可行性研究。计算该公司参加项目咨询人员的人月费率,在公司本部工作时,海外津贴为零。

按上述方法列表计算该公司参加项目咨询人员的人月费率,如表2-2所示。

表 2-2 人月费率计算表 货币单位:美元

姓名	职务	① 月基本工资	② 社会福利费 (①×41.5%)	③ 管理费 (①×105%)	④ 前三项总和 (①+②+③)	⑤ 利润 (④×15%)	⑥ 本部人月费率(④+⑤)	⑦ 海外津贴 (①×60%)	现场人月费率(⑥+⑦)
A	项目经理	5 102	2 117	5 357	12 576	1 886	14 463	3 061	17 524
B	交通专家	3 485	1 446	3 659	8 591	1 289	9 880	2 091	11 971
C	桥梁工程师	4 471	1 855	4 659	11 021	1 653	12 674	2 683	15 357
D	规划师	4 471	1 855	4 659	11 021	1 653	12 674	2 683	15 357
E	交通经济师	4 471	1 855	4 659	11 021	1 653	12 674	2 683	15 357
F	排水专家	5 102	2 117	5 357	12 576	1 886	14 463	3 061	17 524
G	工程师	2 000	1 000	3 000	6 000	900	6 900	1 000	7 900

2. 可报销费用

可报销费用是为执行咨询服务任务而发生的工作费用,预算中包括:

(1)国际与国内交通旅行费;

(2)食宿费(世行、亚行规定每一类地区有对应的食宿标准);

(3)通信费;

(4)各种资料的编制、打印、复印、传递费;

(5)办公设备、用品费;

(6)为当地提供的设施和服务所付的费用;

(7)其他工作费用。

以上各项花费为可报销费用,客户按具体开支准予报销。

3. 不可预见费

不可预见费是指在酬金和可报销费用之外,在执行咨询任务的过程中发生的额外费用。如由于工作量额外增加而导致的咨询专家酬金的增加;由于通货膨胀、汇率波动而引起的成本费用的增加,等等。该项费用相当于客户的备用金,通常取酬金和可报销费用之和的5%~15%,如果不发生上述情况,则咨询单位不能得到这笔费用的支付。

按以上方法估算出咨询人员的酬金、可报销费用和不可预见费并相加,即得出按人月费单价法计算的咨询服务费用的数额。

上述工程咨询服务估价方法,项目的客户及工程咨询单位均可采用,它适合于市场竞争条件下的咨询服务报价。特别是涉外工程项目咨询服务报价不应沿用国内传统的取费标准。

二、其他收费方式

对于不同性质和内容的工程咨询项目,可以签订不同类型的合同,采用不同的计费方式,以方便管理。常见的咨询服务收费方式有以下几种。

(一)按日计费法

按日计费法是按咨询人员的工作日数计算所需费用的计费方法,即以每日费率乘以相应的工作日数,加上其他非工资性的工作支出,如差旅费、办公费等。计算工作日时,应按每日八小时计算,并应包括咨询人员为执行咨询任务时所付出的全部时间,如旅途时间等。对于加班工作时间应相应地提高费率。

(二)成本加固定酬金法

成本加固定酬金法是在经双方讨论同意的估算成本的基础上,再加一笔固定数目的报酬金额的计费方法。这里所说的成本包括咨询人员的工资与各种社会福利费,办公费、旅差费等可报销费用以及咨询单位的管理费;而固定酬金包含咨询单位的利润、咨询专家的奖金、不可预见费等。固定酬金的数额大小依据服务范围和复杂程度确定,通常以成本费用的某个百分数计算,一般占成本费用的15%～20%。酬金的组成分项需要单列出来并依照日程表或根据进度目标支付。如果咨询人员与客户双方商定需要增加人员以便按原定期限完成任务,则通常增付给他们的只是成本费用,而不增加酬金或利润。

(三)总价法

总价法是咨询单位与客户针对一项咨询任务经双方商定以总价计算咨询费用的方法。根据咨询任务的具体情况和双方协议,可分为固定总价和调值总价等形式。

固定总价是指双方一旦就总支付费用达成协议,支付费用的总金额就被固定下来,不因实际执行的咨询任务比预计的工作量大而增加费用。如果原计划咨询任务有较大变更或增加新的内容,工作量增加的部分应另外协商计算费用。

调值总价常用于服务时间较长的咨询任务,在合同条款中通常双方商定;如果在咨询任务执行过程中出现通货膨胀等情况,合同总价可根据合同规定的方法作适当的调整。

(四)工程造价百分比法

工程造价百分比法是按工程建设项目总投资(估算或概算)的某个百分比来计算咨询费用。一般情况下,工程造价低的项目取费百分比高一些,工程造价高的项目取费百分比低一些;工程难度大、技术复杂的项目取费标准高于工程难度小、技术不复杂的项目。根据咨询服务内容的不同取费高低可以有较大差异。国际金融组织,如世界银行不主张采用工程造价百分比法计算工程咨询费用,认为不利于降低工程成本。

(五)顾问费法

顾问费法是客户在一段时间内聘用个人咨询专家或咨询单位提供咨询服务,以支付顾问费的方式计算咨询费用。这同企业雇用顾问律师类似,适合于持续时间较长,又随时可能需要咨询专家的知识和经验提供咨询服务的项目。顾问费的数额高低与工程咨询服务的性质、工作内容和价值有关,也与咨询专家的经验、专业知识和技术水平有关。顾问费的支付方式可以按月支付,或按双方事先商定的其他方式支付。

上述计费方法如何选用,对于一个咨询项目究竟采取哪一种或同时使用哪几种计费方式,完全取决于咨询项目的工作内容和性质、采用的合同类型等。

当前国内咨询项目计费可参照以下标准,即原国家计委发布的《关于建设项目前期工作咨询收费暂行规定》、原国家物价局和建设部发布的《工程勘察收费标准》、《工程设计收费标准》和《工程建设监理收费标准》。

第六节　工程咨询合同范本

为了适应深化经济体制改革的需要,认真贯彻执行《合同法》,加强工程咨询服务的合同管理,明确委托和受托双方的职责、义务和权利,中国工程咨询协会于2000年4月制定了《工程咨询服务协议书试行本》。

一、《工程咨询服务协议书试行本》的组成格式

《工程咨询服务协议书试行本》由下列四部分组成:

(1)工程咨询服务协议书;

(2)工程咨询服务协议书通用条件;

(3)工程咨询服务协议书专用条件;

(4)附录 A、附录 B、附录 C。

上述编排格式采用了 FIDIC 编制的《雇主/咨询工程师标准服务协议书》(简称《白皮书》)的国际通行格式,并结合我国的具体情况进行了修订。《工程咨询服务协议书试行本》中,列出“协议书”的标准格式;将各类咨询项目签订经济合同通常涉及的问题列入通用条件;针对特定项目,利用专用条件和附录对通用条件进行修改和补充。它既能够满足合同双方对不同咨询项目合同签订的需求,也可节约编写合同条件的时间,不会产生重要条款的遗漏。

二、《工程咨询服务协议书试行本》的适用范围

根据试行本制定的《工程咨询服务协议书》,分为 8 个独立的分册,每一分册可以单独使用,针对 8 个方面的咨询服务内容,作为工程咨询服务项目合同范本。它们分别适用于:为地区、或行业、或专项、或项目、或企业提供规划咨询,编制项目建议书,编制项目可行性研究报告,项目评估咨询,工程勘查设计,工程招标咨询,合同管理或工程监理,投产后咨询服务等。

三、工程咨询服务协议书内容

(一)协议书标准格式

协议书标准格式作为合同文本的固定不变部分,置于文本的最前面,适用于各类咨询项目。标准格式如下:

工程咨询服务协议书

工程咨询服务协议书

____(以下简称“客户”)

与____

(以下简称“工程咨询单位”)经过双方协商一致,签订本协议。

一、客户委托工程咨询单位提供____________________________

____________________(列委托服务内容)咨询服务,并已接受工程咨询单位为履行该服务所提出的建议书和其他报价等文件。

二、本协议中的词语与所属的服务协议书条件及有关附件同义。

三、下列文件均为本协议书的组成部分。

①委托函或中标函。

②工程咨询服务协议书通用条件。

③工程咨询服务协议书专用条件。

④附录,即

附录 A——委托工程咨询服务范围;

附录 B——客户提供的职员、设备、设施和其他人员的服务;

附录 C——报酬和支付。

⑤在实施过程中共同签署的补充和修正文件。

四、鉴于客户按下文规定向工程咨询单位的各项支付，工程咨询单位承诺按照本协议书的规定，承担附录A中议定范围内的咨询服务。

五、鉴于工程咨询单位按上文规定履行咨询服务，客户承诺按照本协议书规定的期限、方式、币种，向工程咨询单位支付协议规定应支付的款项，作为履行服务的报酬。

本协议书正本一式两份，具有同等法律效力，双方各执一份。副本　　份，各执　　份。

本协议书经双方代表签字并加盖单位公章后生效。

客　　户：(签章)　　　　工程咨询单位：(签章)

客户授权代表：(签字)　　　　工程咨询单位授权代表：(签字)

法定代表人：(签字)　　　　法定代表人：(签章)

地　　址：　　　　地　　址：

开户银行：　　　　开户银行：

账　　号：　　　　账　　号：

邮　　编：　　　　邮　　编：

电　　话：　　　　电　　话：

电子信箱：　　　　电子信箱：

签于　　年　　月　　日　　　　签于　　年　　月　　日

(二)工程咨询服务协议书通用条件

《工程咨询服务协议书通用条件》共10条58款。对客户与工程咨询单位双方的义务、责任、赔偿、支付、变更、保险以及争端的解决等都作了明确的规定。以下列出主要内容。

1. 词语定义

本条赋予下列10个词语特定的含义。这些词语有："项目"、"服务"、"工程"、"客户"、"工程咨询单位"、"第三方"、"协议书"、"合同"、"日"和"月"。

"协议书"是指由工程咨询服务协议书通用和专用条件、附录A、附录B、附录C、委托函、中标函和正式协议书以及其他双方共同签署的补充和修正文件等组成的文件。

2. 工程咨询单位的义务

(1)服务范围。工程咨询单位应提供的服务范围见附录A；工程咨询单位提供的服务包括正常的服务、附加的服务和额外的服务。

(2)认真地尽职尽责和行使职权。在履行本协议书规定的义务时，要认真贯彻国家有关法律、法规和政策，为国家利益和客户的合法利益，应用合理的技能，谨慎而勤奋地工作。

根据合同的授权或要求，在客户和第三方之间提供证明、行使决定权或处理权时，不是作为仲裁人，而是作为独立的专业人员，依据自己的专业技能和判断，公正地进行工作。

在变更任何第三方的义务时，对于可能对费用或质量或时间有重大影响的任何变更，必须事先征得客户批准。

(3)工程咨询单位使用的由客户提供或支付费用的物品，属于客户的财产。服务完成或终止时，应将尚未消费的物品移交客户。此项工作应视为附加的服务。

3. 客户的义务

客户的义务包含以下6个方面。

(1)在合理时间内，应免费向工程咨询单位提供他能获取的、与服务有关的一切资料。

(2)在双方商定的合理的时间内，应就工程咨询单位以书面形式提交客户的一切事宜，作出书面决定和答复。

(3)应负责咨询服务所涉及的所有外部关系的协调，为工程咨询单位履行职责提供外部条件。

(4)应尽其所能对咨询工程单位的人员以及下属提供协助，如提供服务所需要的渠道，(国外项目)提供涉及出入境、居留、工作和出境所需的文件等。

(5)应免费向工程咨询单位提供附录B所规定的设备和设施。

(6)应按照附录B的规定，自费从其雇员中为工程咨询单位挑选和提供职员以及提供其他人员的服务。这些人员在涉及咨询服务时，只应接受工程咨询单位的指示。

4. 双方代表和职员

(1)工程咨询单位和客户，根据协议互相派遣的工作人员，要能胜任本职工作，并取得对方认可。如果客户未能按规定提供职员和其他人员的服务，工程咨询单位可自行安排，并作为附加的服务。

(2)每一方应指定一位高级职员作为本方代表。

(3)如果需要更换任何人员，双方同意后，由任命一方负责安排同等能力人员代替，并承担更换费用。如果另一方提出更换，则应阐明更换的充分理由。

5. 责任与赔偿

本条规定了在双方之间的职责，以及当某一方违约时，有关赔偿的问题。

如果工程咨询单位未按协议的要求履行义务，或客户违反了对工程咨询单位应尽义务时，均应向对方赔偿。赔偿的原则如下：

(1)此类赔偿应限于由于违约所造成的、可合理预见到的损失或损害的数额，而不牵扯其他方面；

(2)任何一方索赔或赔偿的数量不应超过本协议书专用条件中规定的最高赔偿的数额；

(3)如果任一方与第三方共同对另一方负责赔偿，则负责赔偿的任一方所支付的赔偿额，应限于由于其违约所负责的那一部分比例。

有关责任的期限规定：双方必须在本协议专用条件中规定的时间或法律规定的更早的时间之前正式提出索赔，在规定的时间之外提出索赔无效。

除因工程咨询单位故意违约或缺乏谨慎而渎职引起的索赔外，客户应保障工程咨询单位免受因客户或第三方提出的没有保险的、或责任期终止后提出的索赔造成的影响。

6. 工程咨询单位的保险

在保险监督管理委员会规定的范围内，客户可以要求工程咨询单位进行以下保险，费用由客户负担：

(1)在允许的条件下，对工程咨询单位的责任进行保险；

(2)对公共或第三方的责任进行保险；

(3)对客户提供的财产进行保险。

7. 协议书的开始、完成、变更和终止

1)协议书生效

本协议书从双方正式签字之日起生效。

2)咨询服务开始和完成

在本协议书专用条件中规定的时间或期限内，服务必须开始和完成，但根据双方协议延期的例外。

3)变更

任一方申请并经对方书面同意时,可对本协议进行变更,另签补充协议书。

如客户书面要求,工程咨询单位应提交变更服务的建议书,并视为一项附加的服务。

4)延期

如果客户或其承包商使服务受到拖延,工程咨询单位应将此情况和可能产生的影响通知客户,对导致增加的工作应视为附加的服务,完成服务的时间应相应延长。

如果出现非工程咨询单位应负责的情况,造成全部或部分服务不能按时履行时,工程咨询单位应立即通知客户。如由此使某些服务不得已减慢或暂停时,该部分服务完成期限应予延长。对于暂停服务的还应加42天以内的恢复服务期限。

5)撤消、暂停或终止

(1)客户通知。客户至少在56天前通知工程咨询单位全部或部分暂停服务或中止本协议书。工程咨询单位即应安排停止服务,将开支减至最小。如果客户认为工程咨询单位无正当理由而不履行其义务时,可通知工程咨询单位要求按期履行服务。如21天内没有收到满意的答复,客户可在第一个通知发出35天内进一步发出书面通知终止本协议书。

(2)工程咨询单位通知。如果发生下述两种情况:当工程咨询单位在支付通知单应支付的日期后30天,仍未收到客户未提出书面异议的款项时,或根据本条已暂停服务期限超过182天时,可向客户发出通知要求支付。14天后可发出进一步通知,再过42天后,可终止本协议书,或在不损害其终止权利的情况下,自行暂停或继续暂停全部或部分服务。

(3)撤消、暂停或恢复服务、或终止本协议书时,除正常的附加的服务以外,工程咨询单位需做的任何工作或支出的费用应被视为额外的服务。对此,工程咨询单位有权得到所需的额外时间和费用。

(4)本协议书的终止,不应损害和影响各方的权利、责任及索赔。

8.支付

1)支付方法

正常的服务、附加的服务和额外的服务的报酬,按照本协议书条件和附录C约定的方法计取,并按约定的时间和数额支付。

2)支付时间

如果客户在本协议书专用条件中规定的支付期限内未支付服务报酬,自规定支付之日起,应当向工程咨询单位补偿应支付的报酬利息。利息额按规定支付期限最后一日银行贷款利率乘以拖欠酬金和时间计算。

3)支付货币

支付报酬所采用的货币币种、汇率由本协议书专用条件约定。

4)异议

如果客户对工程咨询单位提交的支付通知单中的报酬或部分报酬项目提出异议,应当在收到支付通知单24小时内向工程咨询单位发出异议的通知,但客户不得拖延其他无异议报酬项目的支付。

5)审计

除按协议书规定的固定总价支付外,在完成或终止服务后12个月内,客户可在发出通知后不少于7天,请一家有声誉的会计师事务所对工程咨询单位申报的任何金额进行审计。

9. 争端的解决

1)调解

双方应本着诚信原则协商解决因履行本协议书引起的任何争端和分歧。如在14天或双方商定的其他期间内,未能达成一致,应将争端事项提交调解人进行调解。调解人的聘请、调解程序按本条的规定执行。

2)仲裁

如调解失败,经双方同意,争端事项可提交仲裁员仲裁。仲裁按照专用条件中的规定进行。

10. 其他

本条对协议书的语言、遵循的法律、法律法规变化的影响、转让、版权、出版、违规行为的处理、通知与回函、文件的解释顺序等作出了明确的规定。

(三)工程咨询服务协议书专用条件

《工程咨询服务协议书专用条件》是针对一个具体的咨询项目,考虑到咨询项目特点和服务内容的不同以及客户对合同条款的不同要求,而对通用条件进行的具体化、修改和补充。《工程咨询服务协议书专用条件》由两部分组成:A. 对应通用条件的有关条款;B. 附加条款。

A. 对应通用条件的有关条款

本部分是对应通用条件有关条款的补充,针对一个具体的咨询项目,对需要说明的具体细节作出相应的规定。如对责任和索赔的期限和限额、服务开始和完成的日期、支付的时间和货币、仲裁机构和仲裁地点、协议书适用的语言和遵循的法律等的具体规定。如果客户认为有必要,还可以增列以下两条备用条款:①工程咨询单位应对提供的工作人员中的主要负责人向客户提出能够胜任工作的必要证明;②工程咨询单位应按客户的要求委派一名被授权的驻地代表。

B. 附加条款

"附加条款"是参考FIDIC《白皮书》应用指南提出6条建议,并根据我国有关部门的相关规定编制的。其主要内容包括:

(1)针对具体咨询服务项目所作的进一步的要求;

(2)按照《工程咨询业质量管理导则》和本附加条款的规定,联合进行咨询成果质量评价,并作为服务报酬尾款(≤10%)的支付依据;

(3)工程咨询单位不应被要求代表客户向客户的任何承包商或雇员支付款项;

(4)(国际金融机构贷款项目)客户保证从已获得贷款中的一定比例用于本协议书规定的合理付款;

(5)工程咨询单位可就其在服务期间的发明获得专利,并可将该发明出售、保留或从中获益,客户对此无任何权利;

(6)如果本协议书中的任何规定的任何部分被有关主管部门认为无效,则应认为该部分已从协议书中删去,此条规定的剩余部分及协议书其他规定仍继续有效。

(四)附录

附录A:服务范围。根据具体工程项目,经双方同意,工程咨询单位应提供的咨询服务内容。

附录 B:客户为工程咨询单位提供的职员、设备、设施和其他人员的服务。按实际需要,双方协商选填以下 3 份表格:

(1)客户提供的设备设施;

(2)客户提供的建筑物、构筑物和公共设施;

(3)客户提供的人员和其他人员服务。

附录 C:报酬和支付。经双方同意的咨询服务报酬的计取方式、金额及支付方法。

第三章 工程施工招标与投标

第一节 工程施工招标条件与程序

一、工程施工招标条件

工程施工是工程项目形成工程实体的阶段，是各种资源投入量最大、最集中，最终实现预定项目目标的重要阶段。招标是招标人（建设单位）对工程建设项目的实施者采用市场采购的方式来进行选择的方法和过程，也可以说是招标人对申请实施工程的承包人的审查、评比和选用的过程。因此依照《中华人民共和国招标投标法》，通过严格规范的招标投标工作，选择一个高水平的承包人完成工程的建造和保修，是对工程的投资、进度和质量进行有效控制，获得合格的工程产品，达到预期投资效益的关键。

我国《招标投标法》规定，招标有公开招标和邀请招标两种方式。

依法必须进行招标的建设工程项目，必须具备下列条件才能进行施工招标：

(1)招标人已经依法成立；

(2)初步设计及概算应当履行审批手续的，已经批准；

(3)招标范围、招标方式和招标组织形式等应当履行核准手续的，已经核准；

(4)有相应资金或资金来源已经落实；

(5)有招标所需的设计图纸及技术资料。

招标人可以自行办理招标事宜，也可以委托招标代理机构办理。

招标人自行办理招标事宜的应当具备下列条件，并应当到政府建设行政监督部门备案。

(1)有与招标工作相适应的经济、技术、管理方面的专业人员；

(2)有组织编写招标文件的能力；

(3)有审查投标人资质的能力；

(4)有组织开标、评标、定标的能力。

不具备上述条件的，需委托具有相应资质的招标代理机构办理招标事宜。招标代理机构是依法设立、从事招标代理业务并提供相应服务的社会中介组织。招标代理机构应当具备以下条件：

(1)有从事招标代理业务的营业场所和相应资金；

(2)有能够编制招标文件和组织评标的相应专业力量；

(3)有符合“招标投标法”规定的，可以作为评标委员会成员人选的技术、经济等方面的专家库。

招标代理机构从事工程建设项目招标代理业务的资格由国务院或者省、自治区、直辖市人民政府的各级建设行政主管部门认定。

二、工程施工招标程序

建设工程施工招标流程图如图3-1所示。

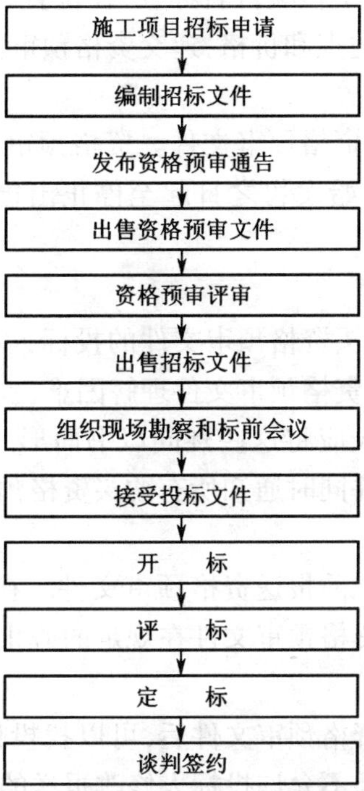

图 3-1　建设工程施工招标流程图

第二节　工程施工招标资格预审

一、资格预审的目的

通常公开招标采用资格预审，只有资格预审合格的施工单位才准许参加投标；不采用资格预审的公开招标应进行资格后审，即在开标后进行资格审查。通过资格预审可以达到下列目的：

(1)了解投标人的财务状况、技术力量以及类似本工程的施工经验，为招标人选择优秀的承包人打下良好的基础；

(2)事先淘汰不合格的投标人，排除将合同授予不合格的投标人的风险；

(3)减少评标阶段的工作时间，减少评标费用；

(4)使不合格的投标人节约购买招标文件、现场考察和投标的费用。

二、资格预审的程序

(一)编制资格预审文件

资格预审文件由招标人组织有关专业人员或委托招标代理机构编制。资格预审文件的主要内容有工程项目简介、对投标人的要求、各种附表等。

(二)发布资格预审通告

资格预审通告应当通过国家指定的报刊、信息网络或者其他媒介发布，邀请有意参加工程投标的承包人申请投标资格预审。

资格预审通告的内容应包括:工程项目名称、所在位置、概况,合同包含的工作范围、资金来源,资格预审文件的发售日期、地点和价格,递交资格预审文件的日期、地点等。

(三)出售资格预审文件

在指定的时间、地点开始出售资格预审文件。资格预审文件售价以收取工本费为宜。资格预审文件发售的持续时间,从开始发售之日起至停止出售之日止,最短不得少于5个工作日。

(四)对资格预审文件的答疑

在资格预审文件发售之后,购买资格预审文件的投标人可能对资格预审文件提出各种疑问,这些疑问可能是由于投标人对资格预审文件理解困难,也可能是资格预审文件中存在着疏漏或需进一步说明的问题。投标人应将这些疑问以书面形式(如信函、传真、电报等)提交招标人;招标人应以书面形式回答,并同时通知所有购买资格预审文件的投标人。

(五)报送资格预审文件

投标人应在规定的截止日期之前报送资格预审文件。在报送截止时间之后,不接受任何迟到的资格预审文件。已报送的资格预审文件在规定的截止时期之后不得做任何修改。

(六)澄清资格预审文件

招标人在接受投标人报送的资格预审文件后,可以找投标人澄清报送的资格预审文件中的各种疑点,投标人应据实回答,但不允许投标人修改报送的资格预审文件的内容。

(七)评审资格预审文件

资格预审评审委员会对资格预审文件进行评审。

(八)通知资格预审的评审结果

招标人以书面形式向所有参加资格预审者通知评审结果,并向通过资格预审的投标人通知出售招标文件的时间和地点。

三、资格预审文件的内容

资格预审文件应包括以下几个方面的内容。

(一)资格预审通告

资格预审通告的内容包括以下几个方面:

(1)工程项目名称、建设地点、工程规模、资金来源;

(2)对申请资格预审施工单位的要求,主要写明投标人应具备以往类似工程的经验和在施工机械设备、人员、资金、技术等方面有能力执行上述工程的令招标人满意的证明,以便通过资格预审;

(3)招标人和招标代理机构(如果有的话)名称、工程承包的方式、工程招标的范围、工程计划开工和竣工的时间;

(4)要求投标人就工程的施工、竣工、保修所需的劳务、材料、设备和服务的供应提交资格预审申请书;

(5)获取进一步信息和资格预审文件的办公室名称和地址、负责人姓名,购买资格预审文件的时间和价格;

(6)资格预审申请文件递交的截止日期、地址和负责人姓名;

(7)向所有参加资格预审的投标人发出资格预审评审结果通知书的时间。

(二)资格预审须知

资格预审须知应包括以下内容。

1. 总则

在总则中分别列出工程招标人名称、资金来源、工程名称和位置、工程概述(列出主要项目和估计数量、申请人有资格执行的最小合同规模)、资格预审时间表等。

2. 要求投标人应提供的资料和证明

要求投标人应提供的资料和证明材料一般包括:

(1)申请人的身份及组织机构,包括该公司或合伙人、或联合体的章程及法律地位、注册地点、主要营业地点、资质等级等文件的复印件;

(2)申请人(包括联合体的各方)在近3年(或按资审文件规定的年限)内完成的与本工程类似的工程的情况和正在履行的合同的工程情况;

(3)执行本合同所配备主要人员资历和经验;

(4)执行本合同拟采用的主要施工机械设备;

(5)提供本工程拟分包的项目及分包人情况;

(6)提供近两年(或按资审文件规定的年限)经审计的财务报表,今后两年的财务预测以及申请人出具的允许招标人在其开户银行进行查询的授权书;

(7)申请人近两年(或按资审文件规定的年限)介入的诉讼情况。

3. 资格预审通过的强制性标准

通常强制性标准以附件的形式列出,包括强制性经验标准(指类似工程项目的业绩要求),强制性财务、人员、设备、分包、诉讼情况及履约标准等。达不到要求的,资格预审不能通过。

4. 对联合(营)体提交资格预审申请的要求

联合(营)体的每个成员必须通过资格预审,各自应提交资格预审的全部文件。通过资格预审后,参加联合投标的投标文件和以后签订的合同,对联合(营)体各方都有约束力。联合(营)体协议应随同投标文件一起提交,该协议应规定联合(营)体各成员对项目所承担的共同的和各自的义务和责任,并指定某一成员作为主办人负责与招标人联系;在资格预审结束后,联合(营)体成员如发生变化,应征得招标人的书面同意,新的组成或变化不允许降低竞争力,即资格预审的条件。

对于达不到要求的联合(营)体,或既以单独身份又以联合(营)体成员的身份向同一项目(或标段)投标的申请人,资格预审都将被拒绝。

5. 对通过资格预审投标人所建议的分包人的要求

对资格预审申请者所建议的分包人也应进行资格预审。通过资格预审后,分包人有变更时,必须征得招标人的同意,否则,他们的资格预审被视为无效。

6. 对通过资格预审的国内投标人的优惠

世界银行规定,其贷款项目对于通过资格预审的工程所在国的投标人,在满足一定条件时,其投标报价可以享受7.5%的优惠。

7. 其他规定

其他规定包括递交资格预审文件的份数,送交单位的地址、邮编、电话、传真、负责人、截止日期;说明资格预审的结果将以书面的形式通知所有申请人;要求申请人在收到通知后回复招标人，确认收到通知，随后招标人将投标邀请函送达通过资格预审的所有申请人。

8. 资格预审须知的附件

资格预审须知的附件包括以下内容。

(1)工程概述。一般包括项目的环境，如地点、地形与地貌、地质条件、气象与水文、交通和能源及服务设施等；工程概况，主要说明所包含的主要工程项目的情况，如结构工程、土方工程、合同标段的划分、计划工期等。

(2)主要工程一览表。用表格的形式将工程项目中各项工程的名称、数量、尺寸和规格等列出，如果一个项目划分几个标段，应按招标的合同段分别列出。

(3)强制性标准一览表。对于各工程项目通过资格预审的强制性要求用表格的形式列出，并要求申请人填写满足或超过强制性标准的详细情况。

(4)资格预审时间表。表中列出发布资格预审通告的时间、出售资格预审文件的时间、递交资格预审申请书的最后日期和通知资格预审评审结果的日期等。

(三)资格预审申请书的表格

资格预审文件按资格预审的条件编制成统一的表格，让申请人填报。申请书的表格通常包括以下内容。

(1)申请人表。申请人表主要包括申请人的名称、地址、电话、电传、传真、成立日期等。如系联合(营)体，应明确牵头人以及所有合伙人的名称、地址等，并附上每个公司的章程、合伙关系的文件等。

(2)申请合同表。如果一个工程项目分为几个标段招标，应在表中分别列出各标段的编号和名称，以便让申请人选择申请资格预审的标段。

(3)组织机构表。组织机构包括公司、分公司及驻当地办事处组织机构等。

(4)组织机构框图。用框图表示申请者的组织机构、公司负责人和主要人员及分工等。

(5)财务状况表。财务状况包括注册资金、实有资金、总资产、流动资产、总负债、流动负债、未完成工程的年投资额、未完成工程的总投资额、年均完成投资额和年度营业额(近3年或按资审文件规定的年限)、为本项目合同工程提供的营运资金及银行信贷证明，并随附由审计部门审计或由省、市公证部门公证的财务报表，包括损益表、资产负债表等。

(6)公司人员表。公司人员表包括：管理人员、技术人员、工人及其他人员的数量；拟为本合同提供的各类专业技术人员数及从事相关专业工作的年限。对于涉及招标项目的主要人员应分别说明他(她)们的一般情况和主要工作经历。

(7)施工机械设备表。施工机械设备表包括拟用于本合同的自有设备、拟新购置设备和租用设备的名称、数量、型号、商标、出厂日期、现值等。

(8)分包商表。分包商表包括拟分包工程项目的名称、占工程总价的百分比、分包人的名称、经验、财务状况、主要人员和设备等。

(9)业绩——已完成的同类工程项目表。它包括项目名称、地点、结构类型、合同价格、竣工日期、工期、招标人或监理工程师的地址、电话、电传等。

(10)在建项目表。在建项目表包括正在施工和准备施工的项目名称、地点、工程概况、完成日期、合同总价等。

(11)介入诉讼事件表。该表详细说明申请人或联合(营)体内合伙人介入诉讼或仲裁的事件。

每一张表格都应有授权人的签署和日期,对于要求提供的证明附件应附在表后。

四、资格预审文件的填报

资格预审文件要认真细心,并严格按照要求逐项填写,不能漏项,每项内容都要填写清楚。要做到在较短的时间内填报出高质量的资格预审文件,平时要做好公司在财务、人员、施工设备等方面资料的整理工作,分门别类地存在计算机中,随时可以调用。及时整理和记录公司已完成的和正在实施的工程项目的情况,注意总结施工管理经验,不断提高公司信息管理的水平。

五、资格预审评审

由评审委员会进行资格预审评审工作。评审委员会一般由招标人负责组织,由5人以上单数组成。参加人员有:招标人的代表,有关技术、经济方面的专家等。评审包括以下两个方面。

(一)评审标准

只有表明申请人的组织机构健全,财务状况良好,施工设备适用,信誉良好,员工的技术、管理水平高,有丰富的类似工程的经验,才能被招标人认为是资格预审合格,具备执行合同的能力。

(二)评审方法

首先对收到的资格预审文件进行整理,看是否对资格预审文件做出实质性的响应。检查资格预审文件的完整性和强制性标准的合格性。如申请人营业执照和授权代理人授权书应有效;申请人企业资质等级应与拟承担的工程标准和规模相适应;如有分包,应满足主体工程限制分包的要求;投标申请人提供财务状况、人员与设备情况及履行合同的情况应满足要求。只有对资格预审文件做出实质性响应的投标的申请人才进行进一步详细评审。

资格预审通常采用评分法进行,按一定评分标准逐项进行打分。评价因素可根据项目的不同特点各有所侧重,主要评价因素一般包括:组织机构、经营管理、财务状况、技术能力、施工经验等方面。只有每项得分超过最低分数线,而且各项得分之和合格的投标人才能通过资格预审。最低合格分数线应根据参加资格预审的投标人的数量来决定,如果申请投标人的数量比较多,则适当提高最低合格分数线,使通过资格预审的投标人的数量不致太多。

例如对某招标项目的投标人资格预审,需在以下四个方面进行评价,将每一方面细分为若干因素分别打分,详细列出如下。

(1)机构与管理(10分)。需考虑以下因素:

①公司管理机构情况;

②经营方式;

③以往履约的情况,如获得的各种奖励或处罚等;

④目前和过去涉及诉讼案件的情况。

(2)财务状况(30分)。需考虑以下因素:

①平均年营业额或合同额;

②财务投标能力;

③流动资金;

④信贷能力;

⑤流动资产与负债比值。

(3)技术能力(30分)。需考虑以下因素:

①现场主要管理人员的经验与胜任强度;

②现场专业技术人员的经验与胜任强度;

③施工机械的适用性、来源与已使用年限;

④工程分包情况。

(4)施工经验(30分)。需考虑以下因素:

①类似工程的施工经验;

②类似现场条件下的施工经验;

③完成类似工程中特殊工作的能力;

④过去完成类似工程的合同额。

所评价的各方面的因素所占评分权重应根据项目的性质以及它们在项目实施中的重要性而定。如系技术复杂的工程项目,人员素质与施工经验应占更大比重;一般的航道疏浚工程、道路土方工程等,施工设备应占更大比重。

六、资格预审评审报告

最后,资格预审评审委员会写出书面报告。报告的主要内容包括:工程项目概要,资格预审工作概况,资格预审评审程序、评价标准、评审细则、评审结果、评审委员会名单,资格预审评分汇总表、分项评分表等。

七、资格后审

对于一些工期要求紧、技术不太复杂的工程项目为了争取早日开工,有时不预先进行资格预审,而进行资格后审。

资格后审是在招标文件中加入资格审查的内容。投标人在填报投标文件的同时,按要求填写资格审查资料。评标委员会在正式评标前先对投标人进行资格审查,对资格审查合格的投标人进行评标,淘汰资格审查不合格的投标人,对其投标文件按废标处理。

资格后审的内容与资格预审的内容相同。

第三节 工程施工招标文件

一、招标文件的编制

招标文件的编制是招标准备工作中最为重要的一环。招标文件应完整、系统、准确、明了,使投标人能够充分了解自己应尽的职责和享有的权益,投标人根据招标文件的要求投标报价。同时,招标文件是签订工程合同的基础,招标文件的许多内容将成为合同文件的组成部分。

(一)招标文件的编制原则

(1)应遵守国家的法律和法规,如《招标投标法》、《建筑法》、《合同法》等多项有关的法律、法规。

(2)如果是国际组织贷款,还应符合该组织的各项规定和要求。

(3)要注意公正地处理招标人和承包人(或供货商)的权益,合理分担工程风险,使承包人(或供货商)通过努力能够获得合理的利润。

(4)招标文件应该正确地、详细地反映项目的客观情况，以使投标人的投标能建立在可靠的基础上,这样也可减少履约过程中产生争议。

(5)用于招标的各种文件内容应相互协调一致,防止彼此矛盾,文件用语应力求严谨、明确,以减少和避免由此产生的争端。

(二)工程的分标

根据我国的相关规定:当一个工程项目投资额很高,技术复杂,工程量特别大时,往往一个施工单位难以完成,为了加快工程进度,发挥各承包人的优势,降低工程造价,对一个建设项目进行合理分标是非常必要的。

根据分标应保证工程的整体性和专业性的原则,在分标时要注意以下问题。

(1)工程项目的特点。如果工程场地集中、工程量不大、技术上不复杂的工程一般不分标,由一家承包商施工,以便于管理。当场地分散、工程规模大、工程各部分要求不同的技术,且差别较大时,应考虑分标。如较长的高速公路的土建工程往往划分标段招标,而对道路的监控系统施工,则不宜分标。

(2)对工程目标控制的影响。对于大型、复杂的工程项目(如水利枢纽工程),由于施工周期长,投资额巨大,要求承包人有很强的施工能力和施工经验,并能解决施工中的各种技术难题。如果不分标,会使有资格参加投标的单位数目大为减少,从而缺乏竞争性,导致投标报价提高;而合理分标,就可以避免这种情况发生,使得有更多的承包商来参加投标,可以充分发挥不同投标人的专业技术特长,在得到比较合理的报价的同时,保证施工质量,加快施工进度。

(3)对资金筹措的安排。根据资金筹措情况和工程建设的次序进行分标,可以按资金情况,在不同时间分段招标。

(4)对工地现场的管理和工程各部分的衔接。分标应考虑对施工现场的管理,尽量避免各承包人之间的相互干扰,特别要对承包人的施工场地,包括各承包人的现场分配、生活营地、附属厂房、材料堆放场地、交通运输、弃渣场地进行细致而周密的安排。工程进度的衔接也很重要,特别是在关键线路上的项目一定要选择施工水平高、能力强、信誉好的承包人,以防止因工期、质量的问题影响其他承包人的工作。

(三)招标文件范本的利用

为规范招标文件的内容和格式,节约招标文件编写的时间,提高招标文件的质量,国家有关部门分别编制了工程施工招标文件范本。如财政部颁发的《世界银行贷款项目招标文件范本》,建设部颁发的《建设工程招标投标标准文件范本》,交通部颁发的《公路工程国际招标文件范本》和《公路工程国内招标文件范本》,建设部和国家工商行政管理总局颁发的《建设工程施工合同示范文本》等。这些"范本"在推进我国招标投标工作规范化进程中起着重要作用,使得编制的招标文件更加标准化,编写的工作量大大减少。

(四)招标文件的内容

工程施工招标文件一般包含:投标邀请书、投标人须知、合同条件、技术规范、投标书和投标保证金格式、工程量清单、合同协议书、各类保证、资料表、图纸等。

二、投标邀请书

投标邀请书是用来邀请资格预审合格的投标人,按招标人规定的条件和时间前来投标。它一般应说明以下各点:

(1)招标人单位,招标性质;

(2)资金来源;

(3)工程简况,分标情况,主要工程量,工期要求;

(4)承包人为完成本工程所需提供的服务内容,如施工、设备和材料采购、劳务等;

(5)发售招标文件的时间、地点、售价;

(6)投标文件送交的地点、份数和截止时间;

(7)提交投标保证金的规定额度和时间;

(8)开标的日期、时间和地点;

(9)现场考察和召开标前会议的日期、时间和地点。

三、投标须知

投标须知中首先列出前附表,将投标须知各条款中所述的投标的重要时间表、地址、投标书副本(份数)、工程项目资金来源、投标保证金数额等集中列在表中,便于投标人做好投标工作安排。前附表格式如表 3-1 所示。

表 3-1　前附表

项目	条款号	内容规定
1		工程综合说明: 工程名称: 建设地点: 承包方式: 质量标准: 要求工期:　　年　月　日开工,　　年　月　日竣工 　　工期为　　天(日历日) 招标范围:
2		合同名称:
3		资金来源:
4		投标单位资质等级:
5		投标有效期为　　天(日历日)
6		投标保证金数额为%或元
7		投标预备会 时间:　　地点:
8		投标文件副本份数为　　份
9		投标文件递交至 单位:　　地址:
10		投标截止日期: 　　时间:
11		开标 时间:　　地点:
12		评标办法:

以下对投标须知的有关内容作进一步介绍。

(一)总则

(1)工程说明。说明本工程的名称、地理位置、工程规模和性质、工程分标情况、本合同的工作范围等。

(2)资金来源。说明招标项目的资金来源。

(3)资质与合格条件的要求。投标人应提交独立法人资格和相应的施工资质证书,提供令招标人满意的资格文件,包括拟实施本合同的人员、机械情况、以往类似工程的施工经验、经过审计的主要财务报表等,以证明投标人具有履行合同的能力。两个或两个以上施工单位组成的联合体投标时,每一个成员均应提交上述资格与合格要求的资料,应指定其中一家联合体成员作为主办人,由联合体所有成员法人代表人签署提交一份授权书,以证明其主办人资格,联合体各成员之间签订的联合体协议书副本应随投标文件一起递交。协议书中应明确各个成员为实施合同所共同和分别承担的责任。

(4)投标费用。投标单位应承担其编制投标文件与递交投标文件所涉及的一切费用,不管投标结果如何,招标人对上述费用不负任何责任。

(二)招标文件

(5)招标文件的组成。招标文件包括下列格式与内容。

第一卷 商务条款

第一章 投标须知前附表和投标须知

第二章 合同通用条件

第三章 合同专用条件

第四章 合同格式:包括合同协议书格式,动员预付款银行保函与履约保证金格式

第二卷 技术规范

第五章 技术规范

第三卷 投标文件

第六章 投标书及投标书附录

第七章 工程量清单与报价表

第八章 辅助资料表

第九章 资格审查表(资格后审使用)

第四卷 图纸

第十章 图纸

(6)招标文件的解释。投标单位在收到招标文件后,若有问题需要澄清,应以书面形式向招标单位质询。招标单位以书面形式或标前会议的方式予以解答。书面答复所有质询的问题,送达全部投标单位,但不涉及问题的由来。

(7)招标文件的修改。招标人有权修改招标文件,不论是招标人一方认为必要时或是根据投标人质询提出的问题,均可以在投标截止日期前若干天对招标文件进行修改,如果发出的修改通知太晚则招标人应推迟投标截止日期。所有修改均应以书面文件形式送交全部投标人,并作为招标文件的组成部分,对投标人起约束作用。投标人收到此修改通知后应立即回执。

(三)投标报价说明

(8)投标价格。除非合同另有规定,具有标价的工程量清单中所报的单价、合价以及报价汇总表中的价格应包括施工设备、劳务、管理、材料、安装、维护、保险、利润、税金、政策性文件规定及合同包含的所有风险、责任等各项应有费用。

工程量清单中的每一单项均需计算填写单价和合价,投标单位没有填写单价和合价的项目将不予支付,并认为此项费用已包含在工程量清单的其他单价和合价中。

投标文件应明确规定投标人所填写的单价和合价在合同实施期间是否准许因市场变化因素而调整以及调整的限制条件,以便投标人在计算报价时考虑相应的风险系数。

投标文件报价中的单价和合价全部采用人民币表示。

(四)投标文件的编制

(9)投标文件的语言。投标文件及投标人和招标人之间与投标有关的来往通知、函件和文件均应使用中文。

(10)投标文件的组成。投标人提交的投标文件应由下列文件组成:投标书及其附录、投标保证金、法定代表人资格证明书、授权委托书、具有标价的工程量清单与报价表、辅助资料表、资格审查表(资格预审的不采用),以及本须知规定提交的其他资料。

(11)投标有效期。投标有效期是指从投标截止日到前附表第5项所列的日历日内有效。在原定投标有效期满之前,如果出现特殊情况,经招标管理机构核准,招标人可以书面形式向投标人提出延长投标有效期的要求。投标人应以书面形式予以答复,投标人有权拒绝这种要求而不被没收投标保证金。

同意延长投标有效期的投标人不允许在此期间修改其投标文件,而是需要相应地延长其投标保证金的有效期,对投标保证金的各项有关规定在延长期内同样有效。

(12)投标保证金。投标人应提供不少于前附表第6项规定数额的投标保证金。投标保证金可以是现金、支票、银行汇票,也可以是在中国注册的银行出具的银行保函。保函的格式应符合招标文件的格式,银行保函的有效期应超过投标有效期28天。未按规定提交投标保证金的投标文件被视为不响应投标而被拒绝。宣布中标者之后,未中标者的投标保证金将尽快退还,中标者的投标保证金在按要求提交履约保证金并签署合同协议书之后予以退还。

(13)标前会议。标前会议也称投标预备会。投标单位应派代表按前附表第7项所述时间和地点出席标前会议。标前会议召开的目的是澄清、解答投标人提出的问题和组织投标人考察现场,了解情况。

投标人按招标人的时间安排对施工现场和周围环境进行勘察,以获取编制投标文件和签订合同所需的资料,考察费用由投标人自己承担。

会议记录包括所有问题和答复的副本,应尽快提供给所有投标人。因标前会议产生的对招标文件内容的修改,应以补充通知的方式发给所有投标人并作为招标文件的组成部分。

(14)投标文件的份数与签署。投标单位应按本须知第10条的规定,编制一份投标文件"正本"和前附表第8项所述数份的副本,并在内包封上标明"投标文件正本"和"投标文件副本"。

内层和外层包封都应写明招标单位的名称和地址、合同名称、工程名称、招标编号,并注明开标时间以前不得开封。内层包封上还应写明正本、副本的每一页均应由投标人正式授权的全权代表签署确认。授权证书应一并递交。如果是由投标人造成的必要修改,修改处应由投标文件签字人签字。

(五)投标文件的递交

(15)投标文件的密封和标志。投标人应将投标文件的正本和每一份副本分别密封在内层包封中,正确注明"正本"和"副本"字样,再密封在一个外层包封中。外层、内层包封都应写明招标人的名称和地址、合同名称、工程名称、招标编号,并注明开标时间以前不得开封。在内层包封上还应注明投标人的名称与地址、邮政编码,以便投标出现逾期送达时能原封退回。

(16)投标截止期。投标人应按前附表第10项规定的日期和时间之前将投标文件递交给招标人,在投标截止日期之后收到的投标文件将被拒绝并原封退回。

(17)投标文件的修改和撤回。投标人在投标截止日期之前,可以书面形式向招标人递交修改或撤回其投标文件的通知。要求修改投标文件的通知,应按本须知第15条的规定编制、密封、标志和递交。

在投标截止日期后,投标人不能再对投标文件进行修改。在投标截止日至投标有效期终止日之间,投标人不能撤回投标文件,否则其投标保证金将被没收。

(六)开标

(18)开标。招标人将按照前附表规定的时间和地点在建设行政监督部门的监督下举行开标会议,在所有投标人、法定代表人或授权代表在场的情况下公开开标,同时检查投标文件的密封、签字盖章与完整性,包括检查是否按要求提交了投标保证金,但按规定提交合格撤回投标通知的投标文件不予开封。

凡是未按规定密封、签章(未经法定代表人签署或未加盖投标单位公章或未加盖法定代表人印鉴)、字迹不清、不完整、逾期送达的投标文件均视为无效投标。

招标人当众宣布核查结果,并宣读有效投标的投标人名称、投标报价、修改内容、工期、质量、主要材料用量、投标保证金以及招标人认为适当的其他内容。

(七)评标

(19)评标过程保密。开标之后,在评标过程中的有关信息应对与此工作无关的人员和投标人严格保密。

(20)资格审查。未经资格预审的,在评标前应进行资格审查,只有资格审查合格的投标人,其投标文件才参加评价与审查。

(21)投标文件的澄清。评标机构可以个别要求投标人澄清其投标文件。有关澄清的要求与答复,应以书面形式进行,但不允许修改投标报价和投标实质性内容。

(22)投标文件的符合性鉴定。在详细评标之前,评标机构将首先审定每份投标文件是否在实质上响应了招标文件的要求,有无显著差异或保留。所谓显著差异或保留是指对工程的发包范围、质量标准、工期等方面有重大改变,或者对招标人的权利和投标人的义务有重大限制。如果接受了这种有显著差异或保留的投标文件,将会影响其他投标人的竞争地位并产生不公正的影响。因此实质性不符合招标文件要求的投标文件将被拒绝。

(23)错误的修正。对于实质上响应的投标文件,评标机构将对其计算上或累计上的算数错误进行审核和修正。其原则为:如数字表示的数额与文字数额不一致,以文字数额为准;如单价乘以工程量不等于合价,一般以单价为准,除非发现有明显的小数点错位,此时以合价为准,并修改单价。修正后的投标文件须经投标人确认后,对投标人起约束作用。如投标人不接受修正后的投标报价,则投标文件将被拒绝,投标保证金也将被没收。

(24)投标文件的评价与比较。评标机构仅对实质上响应的投标文件进行评价与比较。评价与比较时,应根据前附表第12项的内容确定,对投标人的投标报价、工期、质量标准、主要材料用量、施工方案或施工组织设计、优惠条件、社会信誉及以往业绩等进行综合评价。

(八)授予合同

(25)授予合同标准。招标单位将把合同授予其投标文件在实质上响应招标文件的要求、经评价与比较选出的报价合理、有足够的能力和资源完成本合同的投标人。

(26)中标通知书。确定出中标人后,在投标有效期截止前,招标人以书面形式通知中标的投标人其投标被接受,并在通知书中给出中标标价、工期、质量和合同签订的日期、地点。

(27)合同协议书的签署。中标人按中标通知书规定的日期、时间和地点,由法定代表人或授权代表与招标人签署合同协议书。

(28)履约担保。中标人应按规定的金额和时间要求,向招标人提交履约担保。履约担保可以由在中国注册的银行出具保函(为合同价的5%),也可由具有独立法人资格的经济实体企业出具履约担保书(为合同价的10%)。

如果中标人未能按规定提交履约担保,招标人有权取消其中标资格,并没收其投标保证金。

四、合同条件

合同条件也称合同条款,它是合同中商务条款的重要组成部分。合同条件主要是论述在合同执行中,当事人双方的职责范围、权利和义务、监理工程师的职责和授权范围,遇到各类问题(诸如工程进度、质量、检验、支付、索赔、争议、仲裁等)时,各方应遵循的原则及采用的措施等。目前在国际上,由于承、发包双方的需要,根据多年积累的经验,已编写了许多合同条件,在这些合同条件中有许多通用条件已经标准化、国际化,无论在何处施工,都能适应承、发包双方的需要。

FIDIC编制的系列合同条件,不仅FIDIC成员国采用,世界银行、亚洲开发银行的贷款项目也采用。各国可以稍加修改后用于国内。因此,在熟悉了FIDIC的各种合同条件后,对于编制自己的合同条件和投标都是十分有用的。

我国国家工商行政管理局和建设部1999年12月颁发了《建设工程施工合同示范文本》(GF 99—0201),该文本适用于各类公共建筑、民用住宅、工业厂房、交通设施及线路、管道的施工和设备安装等工程。

《示范文本》由三部分组成,并附有三个附件,详见第六章。其内容包括:词语含义及合同文件,双方一般责任,施工组织设计和工期,质量与验收,合同价款与支付,材料设备供应,设计变更,竣工与结算,争议、违约和索赔等方面。

五、技术规范

技术规范是针对招标工程编制的技术要求说明文件,它是招标文件中一个非常重要的组成部分,技术规范和图纸两者反映了招标人对工程项目应达到的技术要求,也是施工过程中承包人控制质量和监理工程师检查验收的主要依据。严格按规范施工与验收才能保证最终获得合格的工程产品。

技术规范、图纸和工程量清单三者都是投标人在投标时必不可少的资料,因为依据这些资料,投标人才能拟定施工规划,包括施工方案、进度计划、施工工艺等,并进行工程估价和确定投标价。因此在拟定技术规范时,既要满足设计要求,保证工程的施工质量,又不能过于苛刻,因为太苛刻的技术要求必然导致投标人提高投标价格。

编写技术规范时一般可引用国家有关各部正式颁布的标准,同时还需要由咨询工程师编制具体适用于本工程的技术要求和规定。正式签订合同之后，承包人必须遵照合同文件中列入的规范要求。

技术规范一般包含下列内容：工程的全面描述、工程所采用材料的要求、施工质量要求、工程计量方法、验收标准和规定、其他不可预见因素的规定。技术规范可分为总体规定和各项规范两部分。

（一）总体规定

总体规定通常包括工程范围及说明、水文气象条件、工地内外交通、开工日期、完工日期、对承包人提供材料的质量要求、技术标准、工地内供水与排水、临建工程、安全、测量工作、环境卫生等。

（1）工程范围和说明。它包括工程总体介绍，分标情况，本合同工作范围、其他承包人完成工作范围，分配给各承包人使用的施工场地、生活区和交通道路等。

（2）技术标准。即为已选定的适用于本工程的技术规范，总体规定中应列出编制规范的部门和名称。

（3）一般现场设施。它包括施工现场道路等级、对外交通、桥梁设计、工地供电电压范围和供电质量、供水、生活及服务设施、工地保卫、照明通信、环保要求等。

（4）安全防护设施。对承包人在工地应采取的安全措施做出规定，安全措施包括安全员的任用、安全规程的考核和执行、安全拦网的设置、防火、照明、信号等。

（5）水土保持与环境。由于工程的大量土石方开挖，破坏了植被，影响了环境的美化，为此应提出有关水土保持和环境保护的要求。

（6）测量。监理工程师应向承包人提供水准基点、测量基线以及适当比例的地形图等，并应对这些资料的正确性负责。承包人应对现场测量放样精度、现场控制点设置与保护、人员、设备配备等负责。

（7）试验室与试验设备。按照惯例，土建工程的试验工作多由承包人承担，因此在规范中对要求进行试验的项目、内容及要求等应做出明确的规定，并对试验室的仪器设备等提出要求。

（二）各项规范

根据设计要求，各项规范应对工程每一个部位的材料和施工工艺提出明确的要求。

各项技术规范一般按照施工内容和性质来划分，例如一般土建工程包括临时工程、土方工程、基础处理、模板工程、钢筋工程、混凝土工程、污工结构、金属结构、装修工程等；水利工程还包括有施工导流、灌浆工程、隧洞开挖工程；港口工程则有基床工程、沉箱预制、板桩工程等。

各项技术规范中应对计量要求做出明确规定，因为这涉及实施阶段计算工程量与支付问题，以避免和减少争议。

六、图纸

图纸是招标文件和合同的重要组成部分，是投标人在拟定施工方案、确定施工方法以及提出替代方案、计算投标报价必不可少的资料。

图纸的详细程度取决于设计的深度与合同的类型。详细的设计图纸能使投标人比较准确地计算报价。但实际上，常常在工程实施中需要陆续补充和修改图纸，这些补充和修改的图纸均须经监理工程师签字后正式下达，才能作为施工及结算的依据。

七、工程量清单

（一）工程量清单作用

工程量清单就是对合同规定要实施的工程全部项目和内容按工程部位、性质等列在一系列表内。每个表中既有工程部位需实施的各个分项，又有每个分项的工程量和计价要求（单价与合价或包干价）以及每个表的总计等。

工程量清单的用途之一是便于投标人确定报价，它为投标人提供了一个共同的竞争性投标的基础。投标人根据施工图纸和技术规范的要求以及拟定的施工方法，通过单价分析并参照本公司以往的经验，对表中各栏目进行报价，并逐项汇总为各部位以及整个工程的投标报价；用途之二是工程实施过程中，每月结算时可按照表中已实施的项目的单价和价格来计算应付给承包人的款项；用途之三是在工程变更增加新项目或索赔时，可以选用或参照工程量清单中的单价来确定新项目或索赔项目的单价和价格。

工程量清单和招标文件中的图纸一样，是随着设计深度的不同而有粗细程度的不同，利用施工详图，就可以编得比较细致。

（二）工程量清单

根据《建设工程工程量清单计价规范》（GB 50500—2003）的规定，工程量清单采用统一格式，应由招标人填写，内容组成如下。

1. 封面

封面上应注明项目名称、招标人、法定代表人、中介机构法定代表人、造价工程师及注册证号、编制时间。

2. 填表须知

填表须知包括：

（1）工程量清单及计价格式中所有要求签字、盖章的地方，必须由单位和人员签字、盖章；

（2）工程量清单及计价格式中的任何内容不得随意删除和涂改；

（3）工程量清单及计价格式中列明的所有需要填报的单价和合价，投标人均应填报，未填报的单价和合价，视为此项费用已包含在工程量清单的其他单价和合价中；

（4）金额（价格）均应以______币表示。

3. 总说明

总说明按下列内容填写：

（1）工程概况，包括建设规模、工程特征、计划工期、施工现场实际情况、自然地理条件、环境保护要求等；

（2）工程招标和分包范围；

（3）工程量清单编制依据；

（4）工程质量、材料、施工等的特殊要求；

（5）招标人自行采购材料的名称、规格型号、数量等；

（6）预留金、自行采购材料的金额数量；

（7）其他需说明的问题。

4. 分部分项工程量清单

招标文件中的分部分项工程量清单应包括项目编码、项目名称、计量单位和工程数量四个部分。详见表3-2示例。

表3-2　某土方工程分部分项工程量清单(节录)

序号	项目编号	项目名称	计量单位	工程数量
		第一章土方工程		
1	01010100201	挖沟槽,二类土,深度2 m,运距20 m	m^3	2 500
2	01010100202	挖基础土方,二类土,深度6 m,运距10 km	m^3	10 000
3	01010100203	土回填夯实,一二类土,运距10 km	m^3	8 800
4	01010100204	人工挖空桩,三类土,深度10 m,运距10 km	m^3	1 000
		……		
		合计	元	

合计:

5. 措施项目清单

措施项目清单应根据拟建项目的具体情况列项。措施项目指为完成工程项目施工,发生于该工程施工前和工程施工过程中技术、生活、安全等方面的非工程实体项目。

6. 其他项目清单

其他项目清单应根据拟建项目的具体情况列项:

(1)招标人部分,包括预留金、材料购置费等;

(2)投标人部分,包括总承包服务费、零星工作项目费等。

7. 零星工作项目表

零星工作项目表应根据拟建项目的具体情况,列出人工、材料、机械的名称、计量单位和相应数量,并随工程量清单一起发给投标人。

八、投标书格式

投标书是由投标人充分授权的代表签署的一份投标文件。投标书是对招标人和承包人双方均有约束力的合同的一个重要组成部分。

投标书包含投标书及其附录,一般都是由招标人或咨询工程师拟定好固定的格式,由投标人填写。

下面列举《建设工程施工招标文件范本》中的投标书及其附录(表3-3)和投标保函的格式。投标人应填写此投标书格式及其附录中的所有空白。

投　标　书

建设单位:____________________

1. 根据已收到的招标编号为________的____________________工程的投标文件,遵照《工程建设施工招标投标管理办法》的规定,我单位经考察现场和研究上述工程招标文件的投标须知、合同条件、技术规范、图纸、工程量清单和其他有关文件后,我方愿以人民币________________元的总价,按上述合同条件、技术规范、图纸、工程量清单的条件承包上述工程的施工、竣工和保修。

2. 一旦我方中标,我方保证在______年____月____日开工,____年____月____日竣工,即________天(日历日)内竣工并移交整个工程。

3. 如果我方中标,我方将按照规定提交上述总价5%的银行保函或上述总价10%的由具有独立法人资格的经济实体企业出具的履约担保书,作为履约保证金,共同地和分别地承担责任。

4. 我方同意所递交的投标文件在“投标须知”第11条规定的投标有效期内有效,在此期间内我方的投标如有可能中标,我方将受此约束。

5. 除非另外达成协议并生效,你方的中标通知书和本投标文件将构成约束我们双方的合同。

6. 我方金额为人民币____________元的投标保证金与本投标书同时递交。

投标单位:(盖章)

单位地址:

法定代表人:(签字、盖章)

邮政编码:

电　　话:

传　　真:

开户银行名称:

银行账号:

开户行地址:

电　　话:

日期:____年____月____日

表3-3　投标书附录

序号	项目内容	协议条款号	
1	履约保证金: 银行保函金额 履约担保书金额	 8.1 8.1	 合同价格的　　%(5%) 合同价格的　　%(10%)
2	发出开工通知的时间	10.1	签订合同协议书后　　天内
3	误期赔偿费金额	12.5	元/天
4	误期赔偿费限额	12.5	合同价格的　　%
5	提前工期奖	13.1	元/天
6	工程质量达到优良标准补偿金	15.1	元
7	工程质量未达到要求优良标准时的赔偿费	15.2	元
8	预付款金额	20.1	合同价格的　　%
9	保留金金额	22.2.5	每次付款额的　%(10%)
10	保留金限额	22.2.5	合同价格的　　%(3%)
11	竣工时间	27.5	天(日历日)
12	保修期	29.1	天(日历日)

投标单位:(盖章)

法定代表人:(签字 盖章)

日期:____年____月____日

投标人提交的投标保证金可以是银行保函或是投标人须知中其他可接受的方式。

九、补充资料表

补充资料表是招标文件的一个组成部分，其作用是通过投标人填写招标文件中统一拟定好格式的各类表格，得到所需要的相当完整的信息。通过这些信息既可以了解投标人的各种安排和要求，便于在评标时进行比较，又便于在工程准备和施工过程中做好各种计划和安排。

常用的各类补充资料表如下：

(1)项目经理简历表；

(2)主要施工管理人员表；

(3)主要施工机械设备表；

(4)项目拟分包情况表；

(5)劳动力计划表；

(6)现金流动表；

(7)施工方案或施工组织设计；

(8)施工进度计划表；

(9)临时设施布置及临时用地表；

(10)其他。

十、合同协议书

由招标人在招标文件中拟定好具体的格式，然后在中标人与招标人谈判达成一致协议后签署，投标时不需填写。下面列举一份合同协议书格式：

合同协议书格式

本协议由__________(以下简称"发包方")与__________(以下简称"承包方")于____年____月____日商定并签署。

鉴于发包方拟修建____________(工程简述)，并通过____年____月____日的中标通知书接受了承包方以人民币__________元为本工程施工、竣工和保修所做的投标，双方达成如下协议：

1. 本协议中所用术语的含义与下文提到的合同条件中相应术语的含义相同。

2. 下列文件应作为本协议的组成部分：

(1)合同协议书；

(2)中标通知书；

(3)投标书及其附录；

(4)合同专用条件；

(5)合同通用条件；

(6)投标人须知；

(7)技术规范；

(8)图纸；

(9)已标价的工程量清单；

(10)辅助资料表；

(11)其他。

3. 上述文件应互为补充和解释，如有不明确或不一致之处，以上面所列顺序在前者为准。

4. 考虑到发包方将按下条规定付款给承包方，承包方在此与发包方立约，保证全面按合同规定承包本工程的施工、竣工和保修。

5. 考虑到承包方将进行本工程的施工、竣工和保修，发包方在此立约，保证按合同规定的方式和时间付款给承包方。

为此，双方代表在此签字并加盖公章。

发包方代表(签名、盖公章)：	承包方代表(签名、盖公章)：
发包方(公章)：	承包方(公章)：
地址：	地址：
法定代表人：	法定代表人：
委托代理人：	委托代理人：
开户银行：	开户银行：
账号：	账号：
电话：	电话：
电传：	电传：
邮政编码：	邮政编码：
建设行政主管部门意见：	
经办人：	审查机关(盖公章)：

年 月 日

另外，合同协议中还可列入一项“合同协议书附件”。可以将第2条中第(1)项改为“本合同协议书及其附件”。因为在签订合同协议书之前的谈判中，双方都可能提出对合同文件中的某些内容进行补充和修改，这些补充和修改意见整理成附件形式附在合同协议书后，由于附件是对原有文件的补充和修改，所以应该注明附件中的某一条款是原有文件哪一条的补充和修改，以后遇到矛盾时，则以此合同协议书附件为准。

十一、招标工程标底

(一)标底的概念及其作用

标底是工程造价的表现形式之一。由招标人自行编制或委托经建设行政主管部门批准具有编制标底价格能力的中介机构代理编制。标底是招标工程的预期价格，是招标人对招标工程所需费用的自我测算和控制，也是判断投标报价合理性的依据。制定标底是工程招标的一项重要准备工作。

标底的作用主要有以下几方面：

(1)使招标人预先明确自己在拟建工程上应承担的财务义务；

(2)给上级主管部门提供核实建设规模的依据；

(3)是衡量投标报价的准绳，评标的重要尺度。

只有制定了正确的标底，才能正确判断投标人所投报价的合理性、可靠性。因此，招标工程必须以严肃认真的态度和科学的方法来编制标底。

(二)标底编制的依据

标底价格的编制依据包括：

(1)招标文件的商务条款；

(2)工程施工图纸、工程量计算规则；

(3)施工现场地质、水文、地上情况的有关资料;

(4)施工方案或施工组织设计;

(5)现行工程预算定额、工期定额、工程项目计价类别及取费标准、国家或地方有关价格调整文件规定等。

(三)标底价格的编制原则

标底价格的编制原则包括:

(1)根据国家公布的统一工程项目划分、统一计量单位、统一计算规则以及施工图纸、招标文件,并参照国家制定的基础定额和国家、行业、地方规定的技术标准规范,以及生产要素市场的价格和确定工程量来编制标底价格;

(2)标底的计价内容、计价依据应与招标文件的规定完全一致;

(3)标底价格作为招标单位的期望计划价,应力求与市场的实际变化吻合,要有利于竞争和保证工程质量;

(4)标底价格应由成本、利润、税金等组成,一般应控制在批准的总概(预)算及投资包干的限额内;

(5)一个工程只能编制一个标底。

(四)标底价格的计价方法和需要考虑的因素

根据我国现行的工程造价计算方法,又考虑到与国际惯例靠拢,所以在工程量清单的配价上采用以下两种方法。

(1)工料单价。工程量清单的单价按照现行预算定额的工、料、机消耗标准及预算价格确定。其他直接费、间接费、利润、有关文件规定的调价、风险金、税金等费用计入其他相应标底价格计算表中。

(2)综合单价。工程量清单的单价综合了直接费、间接费、工程取费、有关文件规定的调价、材料差价、利润、税金、风险金等一切费用。

必须指出的是,招标工程的标底价格不能等同于工程概算或施工图预算。编制一个合理、可靠的标底还必须在此基础上考虑以下因素。

①标底必须适应目标工期的要求,对提前工期因素有所反映。实际上招标工程的目标工期往往不能等同于国家颁布的工期定额,而需要缩短工期。承包人此时要考虑相应的施工措施,如增加人员和设备数量,加班加点,付出比正常工期更多的人力、物力、财力,这样就会提高工程成本。因此编制招标工程的标底时,必须考虑这一因素,把目标工期对照工期定额,按提前天数给出必要的赶工费和奖励,并列入标底。

②标底必须适应招标方的质量要求,对高于国家验收规范的质量因素有所反映。标底中对工程质量的反映,应按国家相关的施工验收规范的要求作为合格的工程产品,按国家规范来检查验收。但招标方往往还要提出达到高于国家验收规范的质量要求,为此承包人要付出比合格水平更多的费用。例如,据某些地区测算,建筑产品从合格到优良,其人工和材料的消耗要使成本相应增加3%~5%,因此,标底的计算应体现优质优价。

③标底必须适应建筑材料采购渠道和市场价格的变化,考虑材料差价因素。目前,由于材料的价格不统一,在编制标底时所用的有变化的价格,应列出清单,随同招标文件、图纸发给投标人,供报价时参考。委托投标人办理的材料,须按市场价格,并将差价列入标底。

④标底必须合理考虑本招标工程的自然地理条件和招标工程范围等因素。将地下工程及

“三通一平”等招标工程范围内的费用正确地计入标底价格。由于自然条件导致的施工不利因素也应考虑,计入标底。

此外,编制一个比较合理的标底,还要把工程项目的施工组织设计做得深入、透彻,有一个比较先进、比较切合实际的施工规划,包括合理的施工方案、施工进度安排、施工总平面布置和施工资源估算,要认真分析业已颁布的各种定额,认真分析国内的施工水平和可能前来投标的承包人的实际水平,从而采用比较合理的标底编制定额;还要分析建筑市场的动态,比较切实地把握招标投标的形式。要正确处理招标方与投标方的利益关系,坚持客观、公平、公正的原则。

第四节　工程施工评标

一、评标机构

评标由评标委员会负责。评标委员由招标人的代表和有关技术、经济等方面的专家组成,成员为5人以上单数,其中技术、经济等方面的专家不得少于成员总数的2/3。这些专家应当从事相关领域工作满8年,并具有高级职称或具有同等专业水平,由招标人从国务院有关部门或者省、自治区、直辖市人民政府有关部门提供的专家名册或者招标代理机构的专家库内的相关专业的专家名单中确定,一般项目可以采取随机抽取的方式,特殊招标项目可以由招标人直接确定。与投标人有利害关系的人不得进入评标委员会,已经进入的应当更换。

评标委员会的评标工作受有关行政监督部门监督。

二、评标原则

评标工作应按照严肃认真、公平公正、科学合理、客观全面、竞争优选、严格保密的原则进行,保证所有投标人的合法权益。

招标人应当采取必要的措施,保证评标秘密进行,在宣布授予中标人合同之前,凡属于投标书的审查、澄清、评价和比较及有关授予合同的信息,都不应向投标人或与该过程无关的其他人泄露。

任何单位和个人不得非法干预、影响评标的过程和结果。如果投标人试图对评标过程或授标决定施加影响,则会导致其投标被拒绝;如果投标人以他人名义投标或者以其他方式弄虚作假,骗取中标的,则中标无效,并将依法受到惩处;如果招标人与投标人串通投标,损害国家利益、社会公共利益或者他人合法权益,则中标无效,并将依法受到惩处。

三、评标程序与内容

开标之后即进入评标阶段,评标通常要经过:评标的准备、初步评审、详细评审、推荐中标候选人与定标等几个步骤。

(一)初步评审

初步评审即对招标文件的符合性鉴定,检查投标文件是否实质上响应招标文件的要求,实质上响应的含义是投标文件应该与招标文件的所有条款、条件规定相符,无显著差异或保留。

1. 初步评审的内容

初步评审一般包括下列内容。

1)投标文件的有效性

(1)投标人以及联合体形式投标的所有成员是否已通过资格预审,获得投标资格。

(2)投标文件中是否提交了承包人的法人资格证书及对投标负责人的授权委托证书;如果是联合体,是否提交了合格的联合体协议书以及对投标负责人的授权委托证书。

(3)投标保证金的格式、内容、金额、有效期、开具单位是否符合招标文件要求。

(4)投标文件是否按要求进行了有效的签署,等等。

2)投标文件的完整性

投标文件中是否包括招标文件规定应递交的全部文件,如标价的工程量清单、报价汇总表、施工进度计划、施工方案、施工人员和施工机械设备的配备等,以及应该提供的必要的支持文件和资料。

3)与招标文件的一致性

(1)凡是招标文件中要求投标人填写的空白栏目是否全部填写并作出明确的回答,如投标书及其附录是否完全按要求填写。

(2)对于招标文件的任何条款、数据或说明是否有任何修改、保留和附加条件。

2. 对重大偏差的处理

评标委员会应当根据招标文件,审查并逐项列出投标文件的全部投标偏差。投标偏差分为重大偏差和细微偏差。

下列情况属于重大偏差:

(1)没有按照招标文件要求提供投标担保或者所提供的投标担保有瑕疵;

(2)投标文件没有投标人授权代表签字和加盖公章;

(3)投标文件载明的招标项目完成期限超过招标文件规定的期限;

(4)明显不符合技术规格、技术标准的要求;

(5)投标文件载明的货物包装方式、检验标准和方法等不符合招标文件的要求;

(6)投标文件附有招标人不能接受的条件;

(7)不符合招标文件中规定的其他实质性要求。

投标文件有上述情形之一的,为未能对招标文件作出实质性响应,并按本规定第二十三条规定作废标处理。

(二)详细评审

经初步评审合格的投标文件,评标委员会应当根据招标文件确定的评标标准和方法,对其技术部分和商务部分作进一步评审、比较。

评标方法包括经评审的最低投标价法、综合评估法或者法律与行政法规允许的其他评标方法。经评审的最低投标价法一般适用于具有通用技术、性能标准或者招标人对其技术、性能没有特殊要求的招标项目。不宜采用经评审的最低投标价法的招标项目,一般应当采取综合评估法进行评审。根据综合评估法,最大限度地满足招标文件中规定的各项综合评价标准的投标,应当推荐为中标候选人。

1. 技术评估

技术评估的目的是确认和比较投标人完成本工程的技术能力,以及他们的施工方案的可靠性。技术评估的主要内容如下。

1)施工方案的可行性

对各类分部分项工程的施工方法,施工人员和施工机械设备的配备、施工现场的布置和临时设施的安排、施工顺序及其相互衔接等方面的评审,特别是对该项目的关键工序的施工方法进行可行性论证,应审查其技术的最难点、先进性和可靠性。

2)施工进度计划的可靠性

审查施工进度计划是否满足对竣工时间的要求,是否科学合理、切实可行;同时还要审查保证施工进度计划的措施,例如施工机具、劳务的安排是否合理和可能等。

3)施工质量保证

审查投标文件中提出的质量控制和管理措施,包括质量管理人员的配备、质量检验仪器的配置和质量管理制度。

4)工程材料和机器设备的技术性能

审查投标文件中关于主要材料和设备的样本、型号、规格和制造厂家名称、地址等,判断其技术性能是否达到设计标准。

5)分包商的技术能力和施工经验

如果投标人拟在中标后将中标项目的部分工作分包给他人完成,应当在投标文件中载明。应审查确定拟分包的工作必须是非主体、非关键性工作;审查分包人应当具备的资格条件,完成相应工作的能力和经验。

6)对于投标文件中按照招标文件规定提交的建议方案作出技术评审

如果招标文件中规定可以提交建议方案,则应对投标文件中的建议方案的技术可靠性与优缺点进行评估,并与原招标方案进行对比分析。

2. 商务评估

商务评估的目的是从工程成本、财务和经验分析等方面评审投标报价的准确性、合理性、经济效益和风险等,比较授标给不同的投标人产生的不同后果。商务评估在整个评标工作中通常占有重要地位。商务评估的主要内容如下。

1)审查全部报价数据计算的正确性

通过对投标报价数据全面审核,看其是否有计算上或累计上的算术错误,如果有,则按“投标人须知”中的规定改正和处理。

2)分析报价构成的合理性

通过分析工程报价中直接费、间接费、利润和其他费用的比例关系,主体工程各专业工程价格的比例关系等,判断报价是否合理,注意审查工程量清单中的单价有无脱离实际的“不平衡报价”,计日工劳务和机械台班(时)报价是否合理等。

3)对建议方案的商务评估(如果有的话)

为了有助于投标文件的审查、评价和比较,在必要时,评标委员会可以要求投标人对其投标文件予以澄清,如对其具有某些特点的施工方案作出进一步的解释等。澄清和确认的问题必须以书面形式正式答复,由授权代表正式签字,将其作为投标文件的组成部分,但澄清问题的文件不允许变更投标价格或对原投标文件进行实质性修改。

(三)综合评价与比较

综合评价与比较是在以上工作的基础上,根据事先拟定好的评标原则、评价指标和评标办法,对筛选出来的若干个具有实质性响应的投标文件综合评价与比较,最后选定中标人。中标人的投标应当符合下列条件之一：

(1)能最大限度地满足招标文件中规定的各项综合评价标准；

(2)能满足招标文件各项要求，并且经评审的投标价格最低，但是投标价格低于成本的除外。

一般设置的评价指标包括：

(1)投标报价；

(2)施工方案(或施工组织设计)与工期；

(3)质量标准与质量管理措施；

(4)投标人的业绩、财务状况、信誉等。

评标可采用打分法或评议法。

打分法是由每一位评委独立地对各份投标文件分别打分，即对每一项指标采用百分制打分，并乘以该项权重，得出该项指标实际得分，各项指标实际得分之和为总得分。最后评标委员会统计打分结果，评出中标者。

评议法不量化评价指标，通过对投标人的投标报价、施工方案、业绩等内容进行定性的分析与比较，选择投标人在各项指标都较优良者为中标人，也可以用表决的方式确定中标人；或者选择能够满足招标文件各项要求，并且经过评审的投标价格最低、标价合理者为中标人。

(四)编写评标报告

评标委员会完成评标后，应当向招标人提出书面评标报告，并抄送有关行政监督部门。评标报告应当如实记载以下内容：

(1)基本情况和数据表；

(2)评标委员会成员名单；

(3)开标记录；

(4)符合要求的投标一览表；

(5)废标情况说明；

(6)评标标准、评标方法或者评标因素一览表；

(7)经评审的价格或者评分比较一览表；

(8)经评审的投标人排序；

(9)推荐的中标候选人名单与签订合同前要处理的事宜；

(10)澄清、说明、补正事项纪要。

(五)定标

招标人根据评标委员会提出的评标报告和推荐的中标候选人确定中标人。评标委员会推荐的中标候选人应当限定在一至三人，并标明排列顺序。招标人应当接受评标委员会推荐的中标候选人，不得在评标委员会推荐的中标候选人之外确定中标人。

依法必须进行招标的项目，招标人应当确定排名第一的中标候选人为中标人。排名第一的中标候选人放弃中标，因不可抗力提出不能履行合同，或者招标文件规定应当提交履约保证金而在规定的期限内未能提交的，招标人可以确定排名第二的中标候选人为中标人。

评标和定标应当在投标有效期结束日起三十个工作日前完成。不能在投标有效期结束日起三十个工作日前完成评标和定标的，招标人应当通知所有投标人延长投标有效期。拒绝延长投标有效期的投标人有权收回投标保证金；同意延长投标有效期的授标人应当相应延长其投标担保的有效期,但不得修改投标文件的实质性内容。因延长投标有效期造成投标人损失的,招标人应当给予补偿,但因不可抗力需延长投标有效期的除外。

评标委员会提出书面评标报告后,招标人一般应当在十五日内确定中标人,但最迟应当在投标有效期结束日起三十个工作日前确定。招标人可以授权评标委员会直接确定中标人。

中标通知书由招标人发出。招标人应当自发出中标通知书之日起十五日内,向有关行政监督部门提交招标投标情况的书面报告。书面报告至少应包括下列内容:

(1)招标范围;

(2)招标方式和发布招标公告的媒介;

(3)招标文件中投标人须知、技术条款、评标标准和方法、合同主要条款等内容;

(4)评标委员会的组成和评标报告;

(5)中标结果。

招标人和中标人应当自中标通知书发出之日起三十日内,按照招标文件和中标人的投标文件订立书面合同,招标人和中标人不得再行订立背离合同实质性内容的其他协议。

招标人与中标人签订合同后五个工作日内,应当向中标人和未中标的投标人退还投标保证金。

(六)废标

经评标委员会评审,当下述情况之一发生时,可以否决所有投标:

(1)最低投标报价大大超过标底(超过20%以上);

(2)所有投标文件均实质上不符合招标文件要求;

(3)投标人过少,没有竞争性(例如不超过三家)。

若发生招标失败,招标单位应认真审查招标文件及工程标底,修改后经政府建设行政监督部门同意可依法重新招标。

第五节 工程施工投标

一、组织投标班子

工程招标与投标是激烈的市场竞争活动,招标人希望通过招标以较低的价格在较短的工期内获得技术先进、品质优良的工程产品;投标人希望以自已在技术、经验、实力和信誉等方面的优势在竞争中获胜,占据市场,求得发展。因此,当一个公司进行工程投标时,组织一个强有力的、内行的投标班子是十分重要的。

一个好的投标班子的成员应由经济管理类人才、专业技术类人才、商务金融类人才以及合同管理类人才组成。所谓经济管理类人才,是指直接从事费用计算的人员,他们不仅熟悉本公司在各类分部分项工程中的工料消耗标准和水平,而且对本公司的技术特长与不足之处有客观的分析和认识,掌握生产要素的市场行情,了解竞争对手的情况,能运用科学的调查、分析、预测的方法,使投标报价工作建立在可靠的基础上;所谓专业技术人才,是指工程设计和施工中的各类技术人才,他们掌握本专业领域内的最新技术知识,具有较丰富的工程经验,能从本公司的实际技术水平出发,选择最经济合理的施工方案;所谓商务金融类人才,是指具有从事金融、贷款、保函、采购、保险等方面工作经验和知识的专业人员;所谓合同管理类人才,是指熟悉经济合同相关法律、法规,熟悉合同条件并能进行深入分析,提出应特别注意的问题,具有合同谈判和合同签订经验,善于发现和处理索赔等方面的敏感问题的人员。总之,投标班子应由方方面面的人才组成,同时要注意保持班子成员的相对稳定,积累和总结以往经验,不断提高其素质和水平,以形成一个高效率的工作集体,从而提高本公司投标报价的竞争力。

对于那些规模庞大、技术复杂的工程项目,可由几家工程公司联合起来投标,这样可以发挥各公司的特长和优势,补充技术力量的不足,增大融资能力,提高整体竞争能力。

联合投标可以是同一个国家的公司相互联合,也可以是来自不同国家的公司的联合。这类联合组织有许多形式,如合资公司、联合(营)体等。

联合投标和承包,有利于各公司相互学习、取长补短、相互促进、共同发展,但需要拟定完善的合作协议和严格的规章制度,并加强科学管理。

二、投标报价程序

工程施工投标报价程序如图 3-2 所示。

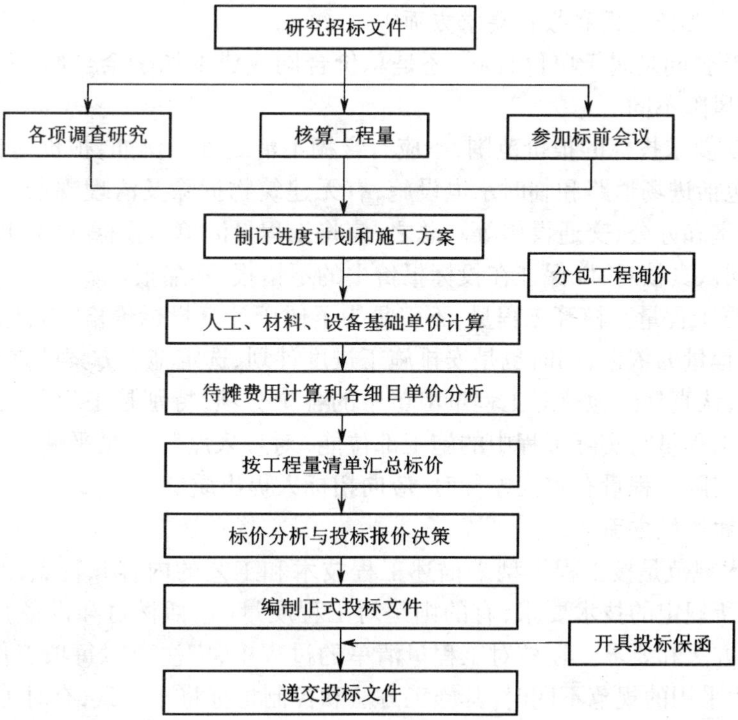

图 3-2　投标报价程序

三、投标报价前的准备工作

(一)研究招标文件

招标文件规定了承包人的职责和权利,必须高度重视,认真研读。招标文件内容虽然很多,但总的来说不外乎商务条款、招标的工程内容条款和技术要求条款。下面就其各个方面应注意的问题予以阐述。

1. 关于合同条件方面

(1)要核准下列日期:投标截止日期和时间、投标有效期、由合同签订到开工允许时间、总工期和分阶段验收的工期、工程保修期等。

(2)关于误期赔偿费的金额和最高限额的规定、提前竣工奖励的有关规定。

(3)关于保函或担保的有关规定、保函或担保的种类、保函额或担保额的要求、有效期等。

(4)关于付款条件,应搞清是否有动员预付款,其金额和扣还时间与办法;永久设备和材料预付款的支付规定;进行付款的方法;自签发支付证书至付款的时间;拖期付款是否支付利息;扣留保留金的比例、最高限额和退还条件。

(5)关于物价调整条款,应搞清有无对于材料、设备和工资的价格调整规定,其限制条件和调整公式如何。

(6)关于工程保险和现场人员事故保险等的规定,如保险种类、最低保险金额、保期和免赔额等。

(7)关于人力不可抗拒因素造成损害的补偿办法与规定、中途停工的处理办法与补救措施。

⑧关于争端解决的有关规定。

2. 关于承包人责任范围和报价要求方面

(1)应当注意合同是属于单价合同,还是总价合同或成本加酬金合同,不同的合同类型,承包人的责任和风险不同。

(2)认真落实要求投标的报价范围,不应有含糊不清之处。例如,报价是否含有勘察设计补充工作,是否包括进场道路和临时水电设施;有无建筑物拆除及清理现场工作,是否包括监理工程师的办公室和办公、交通设施等。总之,应将工程量清单与投标人须知、合同条件、技术规范、图纸等共同认真核对,以保证在投标报价中的不错报,不漏报。

(3)认真核算工程量。核算工程量,不仅是为了便于计算投标价格,而且是今后在实施工程中核对每项工程量的依据,同时也是安排施工进度计划、选定施工方案的重要依据。投标人应结合招标图纸,认真仔细地核对工程量清单中的各个分项,特别是工程量大的细目,力争做到这些细目中的工程量与实际工程中的施工部位能"对号入座",数量平衡。当发现工程量清单中的工程量与实际工程量有较大差异时,应向招标人提出质疑。

3. 技术规范和图纸方面

(1)工程技术规范是按工程类型来描述工程技术和工艺的内容和特点,对设备、材料、施工和安装方法等所规定的技术要求,有的则是对工程质量(包括材料和设备)进行检验、试验和验收所规定的方法和要求。在核对工程量清单的过程中,应注意对每项工作的技术要求及采用的规范,因为采用的规范不同时,其施工方法和控制指标将不一致,有时可能对施工方法、采用的机具设备和工时定额有很大影响。忽略这一点,不仅会对投标人的报价带来计算偏差,而且还会给未来的施工工作造成困难。

(2)要特别注意技术规范中有无特殊施工技术要求,有无特殊材料和设备的技术要求,有无允许选择代用材料和设备的规定,若有,则要分析其与常规方法的区别,合理估算可能引起的额外费用。

(3)图纸分析要注意平、立、剖面图之间尺寸、位置的一致性,结构图与设备安装图之间的一致性,当发现矛盾之处应及时提请招标人予以澄清并修正。

(二)工程项目所在地的调查

1. 自然条件调查

工程项目所在地自然条件,包括以下几个方面:

(1)气象资料,包括年平均气温、年最高和最低气温,风向图、最大风速和风压值,日照,年平均降雨(雪)量和最大降雨(雪)量,年平均湿度、年最高和最低湿度,其中尤其要分析全年不能和不宜施工的天数(如气温超过或低于某一温度持续的天数,雨量和风力大于某一数值的天数,台风频发季节及天数等);

(2)水文资料,包括地下水位、潮汐、风浪等;

(3)地震、洪水及其他自然灾害情况等;

(4)地质情况,包括地质构造及特征,承载能力,地基是否有大孔土、膨胀土,冬季冻土层厚度,等等。

2. 施工条件调查

工程项目所在地施工条件的调查包括以下几个方面:

(1)工程现场的用地范围、地形、地貌、地物、标高、地上或地下障碍物,现场的三通一平情况(是否可能按时达到开工要求);

(2)工程现场周围的道路、进出场条件(材料运输、大型施工机具)、有无特殊交通限制(如单向行驶、夜间行驶、转弯方向限制、货载重量、高度、长度限制等规定);

(3)工程现场施工临时设施、大型施工机具、材料堆放场地安排的可能性,是否需要二次搬运;

(4)工程现场临近建筑物与招标工程的间距、结构形式、基础埋深、新旧程度、高度;

(5)市政给水及污水、雨水排放管线的位置、标高、管径、压力,废水、污水的处理方式,市政消防供水管道的管径、压力、位置等;

(6)当地供电的方式、方位、距离、电压等;

(7)当地煤气供应能力,管线位置、标高等;

(8)工程现场通信线路的连接和铺设情况;

(9)当地政府有关部门对施工现场管理的一般要求、特殊要求及规定,是否允许节假日和夜间施工,等等。

3. 其他条件调查

工程项目所在地其他条件调查包括以下几个方面:

(1)建筑构件和半成品的加工、制作和供应条件,商品混凝土的供应能力和价格;

(2)是否可以在工程现场安排工人住宿,对现场住宿条件有无特殊规定和要求;

(3)是否可以在工程现场或附近搭建食堂,自己供应施工人员伙食,若不可能,通过什么方式解决施工人员餐饮问题,其费用如何;

(4)工程现场附近治安情况如何,是否需要采用特殊措施加强施工现场保卫工作;

(5)工程现场附近的生产厂家、商店、各种公司和居民的一般情况,本工程施工可能对他们所造成的不利影响的程度;

(6)工程现场附近各种社会服务设施和条件,如当地的卫生、医疗、保健、通信、公共交通、文化、娱乐设施情况及其技术水平、服务水平、费用,有无特殊的地方病、传染病,等等。

(三)市场状况调查

这里所说的市场状况调查是指与本工程项目相关的承包市场和生产要素市场等方面的调查。

1. 对招标方情况的调查

对招标方情况的调查包括以下几个方面：

(1)本工程的资金来源、额度、落实情况；

(2)本工程各项审批手续是否齐全；

(3)招标人员是第一次搞建设项目，还是有较丰富的工程建设经验，在已建工程和在建工程招标、评标过程中的习惯做法，对承包人的态度和信誉，是否及时支付工程款、合理对待承包人的索赔要求；

(4)监理工程师的资历，承担过监理任务的主要工程，工作方式和习惯，对承包人的基本态度，当出现争端时能否站在公正的立场上，提出合理解决方案等。

2. 对竞争对手的调查

首先了解有多少家公司获得本工程的投标资格，有多少家公司购买了标书，有多少家公司参加了标前会议和现场勘察，从而分析可能参与投标的公司。

再了解可能参与投标竞争的公司的有关情况，包括技术特长、管理水平、经营状况等。

3. 生产要素市场调查

承包人为实施工程购买所需工程材料，增置施工机械、零配件、工具和油料等，而它们的市场价格和支付条件是变化的，因此会对工程成本产生影响。投标时，要使报价合理并具有竞争力，就应对所购工程物资的品质、价格等进行认真的调查，即做好询价工作。不仅要了解当时的价格，还要了解过去的变化情况，预测未来施工期间可能发生的变化，以便在报价时加以考虑。此外，工程物资询价还涉及物资的种类、品质、支付方法、运输方式、供货计划等问题，也必须了解清楚。

如果工程施工需要雇用当地劳务，则应了解可能雇到的工人的工种、数量、素质、基本工资和各种补助费及有关社会福利、社会保险等方面的规定。

(四)参加标前会议和勘察现场

1. 标前会议

标前会议也称投标预备会，是招标人给所有投标人提供的一次答疑的机会，有利于加深对招标文件的理解，凡是想参加投标并希望获得成功的投标人，都应认真准备和积极参加标前会议。

在标前会议之前应事先深入研究招标文件，并将在研究过程中发现的各类问题整理成书面文件，寄给招标人要求给予书面答复或在标前会议上予以解释和澄清。参加标前会议时应注意以下几点：

(1)对工程内容范围不清的问题，应提请解释、说明，但不要提出任何修改设计方案的要求；

(2)对招标文件中的图纸、技术规范存在相互矛盾之处，可请求说明以何者为准，但不要轻易提出修改技术要求；

(3)对含糊不清、容易产生理解上歧义的合同条款，可以请求给予澄清、解释，但不要提出任何改变合同条件的要求；

(4)应注意提问的技巧，注意不使竞争对手从自己的提问中获悉本公司的投标设想和施工方案；

(5)招标人或咨询工程师在标前会议上对所有问题的答复均应发出书面文件，并作为招标文件的组成部分，投标人不能仅凭口头答复来编制自己的投标文件。

2. 现场勘察

现场勘察一般是标前会议的一部分，招标人会组织所有投标人进行现场参观并加以说明，投标人应准备好现场勘察提纲并积极参加这一活动。派往参加现场勘察的人员事先应认真研究招标文件的内容，特别是图纸和技术文件，同时应派经验丰富的工程技术人员参加。现场勘察中，除与施工条件和生活条件相关的一般性调查外，应根据工程专业特点有重点地结合专业要求进行勘察。

现场勘察费用可列入投标报价中，不中标则投标人得不到任何补偿。

（五）编制施工规划

在进行计算标价之前，首先应制订施工规划，即初步的施工组织计划。招标文件中要求投标人在报价的同时要附上其施工规划。施工规划内容一般包括工程进度计划和施工方案等，招标人将根据这些资料评价投标人是否采取了充分和合理的措施，保证按期完成工程施工任务。另外，施工规划对投标人自己也是十分重要的，因为进度安排是否合理，施工方案选择是否恰当，与工程成本和报价有密切关系。制订施工规划的依据是设计图纸、规范、经过复核的工程量清单、现场施工条件、开工与竣工的日期要求、机械设备来源、劳动力来源等。

编制一个好的施工规划可以大大降低标价，提高竞争力。编制的原则是在保证工期和工程质量的前提下，尽可能使工程成本最低，投标价格合理。

1. 工程进度计划

在投标阶段编制的工程进度计划不是工程施工计划，可以粗略一些，一般用横道图表示即可，除招标文件专门规定必须用网络图者外，不一定采用网络计划，但应考虑和满足以下要求：

（1）总工期符合招标文件的要求，如果合同要求分期、分批竣工交付使用，应标明分期、分批交付使用的时间和数量；

（2）给出各项主要工程的开始和结束时间，例如房屋建筑中的土方工程、基础工程、混凝土结构工程、屋面工程、装修工程、水电安装工程等的开始和结束时间；

（3）体现主要工序相互衔接的合理安排；

（4）有利于基本上均衡地安排劳动力，尽可能避免现场劳动力数量急剧起落，这样可以提高工效和节省临时设施；

（5）有利于充分有效地利用施工机械设备，减少机械设备占用周期；

（6）便于编制资金流动计划，有利于降低流动资金占用量，节省资金利息。

2. 施工方案

制订施工方案要从工期要求、技术可行性、保证质量、降低成本等方面综合考虑，其内容应包括下列几个方面。

（1）根据分类汇总的工程数量、工程进度计划中该类工程的施工周期以及招标文件的技术要求，选择和确定各项工程的主要施工方法和适用、经济的施工方案。

（2）根据上述各类工程的施工方法，选择相应的机具设备，并计算所需数量和使用周期；研究确定是采购新设备，还是调进现有设备或在当地租赁设备。

（3）研究决定哪些工程由自己组织施工，哪些分包，提出分包的条件设想，以便询价。

（4）用概略指标估算直接生产劳务数量，考虑其来源及进场时间安排。可从所需直接生产劳务的数量，结合以往经验估算所需间接劳务和管理人员的数量，并可估算生活临时设施的数量和标准等。

(5)用概略指标估算主要的和大宗的建筑材料的需用量,考虑其来源和分批进场的时间安排,从而可估算现场用于存储、加工的临时设施。如果有些建筑材料,如砂、石等拟就地自行开采,则应估计采砂、石场的设备、人员,并计算自采砂、石的单位成本价格。如有些构件拟在现场自制,应确定相应的设备、人员和场地面积,并计算自制构件的成本价格。

(6)根据现场设备、高峰人数和一切生产和生活方面的需要,估算现场用水、用电量,确定临时供电和供、排水设施。

(7)考虑外部和内部材料供应的运输方式,估计运输和交通车辆的需要和来源。

(8)考虑其他临时工程的需要和建设方案,例如进场道路、停车场地等。

(9)提出某些特殊条件下保证正常施工的措施。例如降低地下水位以保证基础或地下工程施工的措施,冬季、雨季施工措施等。

(10)其他必须的临时设施的安排,例如临时围墙或围篱、警卫设施、夜间照明,现场临时通信联络设施等。

如果招标文件规定承包人应当提供建设单位现场代表和驻现场监理工程师的办公室、车辆、测试仪器、办公家具、设备和服务设施时,可以根据招标文件的具体要求,将其作为一个相对独立的子项工程报价。如果招标文件对此并无特殊规定,则可将其包括在承包人的临时工程费用中,一并在工程量清单的项目中摊销。应注意上述施工方案中的各种数字都是按汇总工程量和概略定额指标估算的,在计算标价过程中,需要按后续计算得出的详细数字予以修正和补充。

四、投标报标的计算

(一)建筑安装工程费项目的组成

建筑安装工程费由直接费、间接费、计划利润、税金构成,如图 3-3 所示。直接费由直接工程费和措施费组成。直接工程费是指在工程施工中直接用于工程实体上的人工、材料、设备和施工机械使用费等费用之和;措施费是指为完成工程项目施工,发生于该工程施工前和施工过程中非工程实体项目的费用。间接费包括规费和企业管理费。规费是指政府有关管理部门做出规定实施工程建设项目必须缴纳的费用;企业管理费是指建筑安装企业组织施工生产和经营管理所需的费用。利润和税金是指按照政府有关部门的规定,工程施工企业在承担施工任务时应计取的利润以及按国家规定应计入工程造价内的税金。

投标报价时应以建筑安装工程费为基础,根据工程的特点和客观条件适当加入不可预见费(风险费)。

(二)各项费用的计算

1. 直接工程费的计算

1)人工工资单价

当前生产工人的日工资单价组成如下:

(1)基本工资;

(2)工资性补贴,是指为了补偿工人额外或特殊的劳动消耗以及为了保证工人的工资水平不受特殊条件影响,而以补贴形式支付给工人的劳动报酬,其中包括按规定标准发放的物价补贴、交通费补贴、流动施工津贴等;

(3)辅助工资,是指工人有效施工天数以外非作业天数的工资,包括按规定的探亲、节假

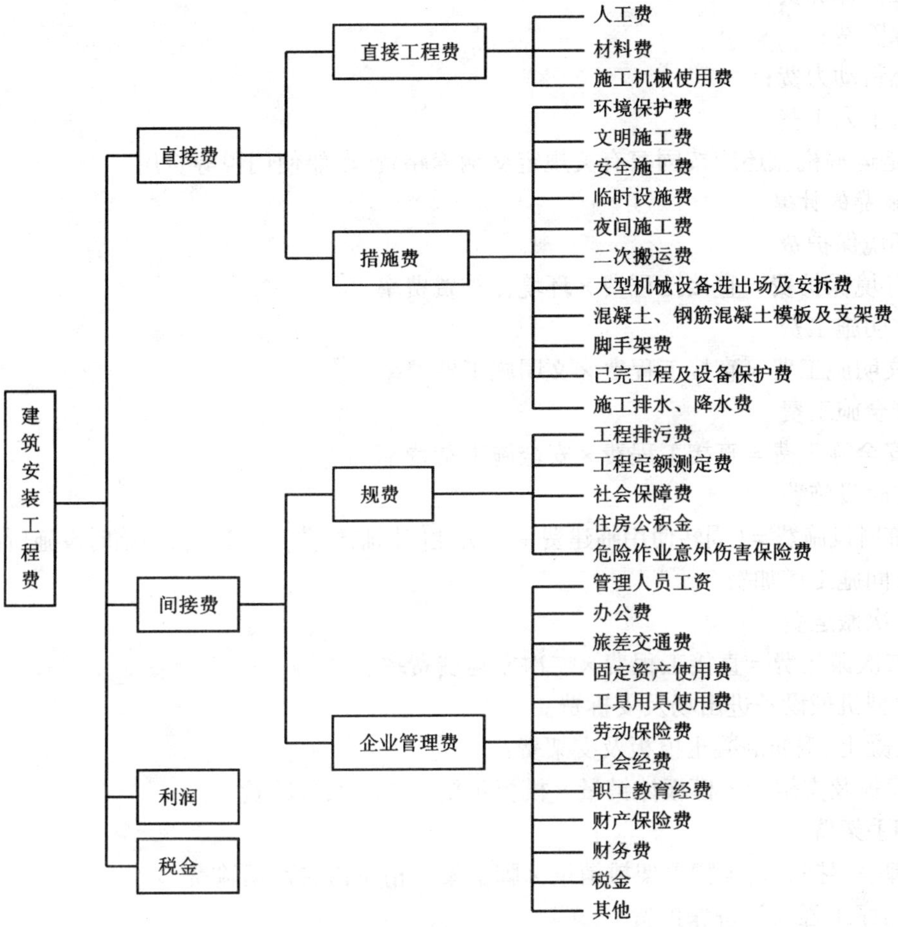

图 3-3　建筑安装工程费用项目的组成

日工资，学习培训以及因气候条件停工期间的工资等；

(4)职工福利费，是指按规定标准计提的职工福利费；

(5)劳动保护费，是指按规定发放的劳动保护用品购置及维修费、防暑降温费，在有碍身体健康环境中施工的保健费等。

2)材料单价

用于工程上的材料单价组成如下：

(1)材料的市场价；

(2)材料运杂费；

(3)材料运输损耗费；

(4)采购与保管费；

(5)检验试验费。

3)施工机械台班单价

施工机械台班单价一般由下列费用组成：

(1)基本折旧费；

(2)安装拆卸费及场外运输费；

(3)维修保养费;
(4)保险费;
(5)燃料动力费;
(6)机上人工费。

如果是运输机械还应按国家有关规定交纳养路费、车船使用税等费用。

2. 措施费的计算

(1)环境保护费

环境保护费 = 直接工程费 × 环境保护费费率

(2)文明施工费

文明施工费 = 直接工程费 × 文明施工费费率

(3)安全施工费

安全施工费 = 直接工程费 × 安全施工费费率

(4)临时设施费

临时设施费 =(周转使用临建费 + 一次性使用临建费)×(1 + 其他临时设施所占比例)

(5)夜间施工增加费。

(6)二次搬运费:

二次搬运费 = 直接工程费 × 二次搬运费费率

(7)大型机械设备进出场及安拆费。

(8)混凝土、钢筋混凝土模板及支架费:

模板及支架费 = 模板摊销量 × 模板价格 + 支、拆、运输费

(9)脚手架费

脚手架搭拆费 = 脚手架摊销量 × 脚手架价格 + 搭、拆、运输费

(10)已完工程及设备保护费:

已完工程及设备保护费 = 成品保护所需机械费 + 材料费 + 人工费

(11)施工排水降水费:

排水降水费 = $\sum$ 排水降水机械台班费 × 排水降水周期 + 排水降水使用材料费、人工费

3. 规费的计算

一般按国家有关部门规定的计算公式及费率标准执行,包括以下内容:

(1)工程排污费;
(2)工程定额测定费;
(3)社会保障费;
(4)住房公积金;
(5)危险作业意外伤害保险费。

4. 企业管理费的计算

(1)管理人员工资:包括管理人员的基本工资、工资性补助、福利、劳保等。
(2)办公费:包括复印、打字、文具纸张、邮电、办公家具以及水电、空调、采暖等开支。
(3)旅差交通费:包括因公出差费用、交通工具使用费、养路费、牌照费等。
(4)固定资产使用费:指办公使用的房屋、设备,办公和生活使用的交通车辆等的折旧摊

销、维修、租赁费等。

(5)工具用具使用费:包括生产用小型工具、器具、家具,检验、试验、消防用具等的使用费。

(6)劳动保险费:企业支付职工的退休金、病假工资、丧葬费及其他补助费等。

(7)工会经费:企业按职工工资总额计提工会费用。

(8)职工教育经费:按职工工资总额计提费用。

(9)财产保险费:施工管理用财产、车辆保险费。

(10)财务费:企业筹集资金所需费用。

(11)税金:企业应缴纳的房产税、土地使用税、印花税及车船使用税等

(12)其他:如技术转让费、法律顾问费、广告费、公证费、咨询费等。

5. 利润

利润 = 计价基数 × 利润率

6. 税金

税金包括营业税、城市建设维护税、教育税附加等。

税金 =(直接费 + 间接费 + 利润)× 税率(市区为 3.41%,县镇为 3.35%)

【例 3-1】 在当地采购水泥,出厂价为 300 元/t,运费为 0.5 元/(t · km),运距为 40 km,装卸费为 10 元/t,考虑运输、装卸损耗为 3%,采购、管理及杂费为 2%,水泥的预算价计算如下:

材料品名:普通硅酸盐水泥(标号 × × ×)

出厂价:300 元/t

运输费:水泥厂运输部用散装水泥车运送　40 km × 0.5 元/(t · km) = 20 元/t

装卸费:10 元/t

运输、装卸损耗费:

3% × (300 + 20 + 10) = 9.9 元/t

采购、管理及杂费:

2% × (300 + 20 + 10 + 9.9) = 6.8 元/t

水泥到现场价预算价:

300 + 20 + 10 + 9.9 + 6.8 = 346.7 元/t。

按此例计算方法可得出当地采购材料的预算单价,也可以要求供应商按照将货物运到现场的价格报价,计算中应去掉相应的费用。

【例 3-2】 新购推土机市场价为 400 000 元,在某工程中使用 2 年,在本工程中的折旧率为每年折旧 20%,其运输、安装、拆卸及退场等费用约等于设备原价的 5%,备件及维修 2 年的费用按设备原价的 20% 计算,计算该设备的台班费。

设备折旧:

400 000 × 40% = 160 000 元

运输、安装、拆卸等费用:

400 000 × 5 % = 20 000 元

备件及维修:

400 000 × 20% = 80 000 元

本工程中使用台班数:

12 月 ×25 班/月 ×2 ×0. 8(使用系数) =480 台班

台班设备费:

$$\frac{160\ 000+20\ 000+80\ 000}{480}=541.67\ \text{元}$$

每台班燃料费:

85 kg ×3. 5 元/kg =297. 5 元

故本台推土机台班使用费为 839. 17 元,或每小时为 104. 9 元(不含司机费用)。

(三)工程量清单计价方式

根据《建设工程工程量清单计价规范》(GB 50500—2003),投标人应按照工程量清单及其计价格式,完成投标报价计算。工程量清单计价格式及编写要求说明如下。

1. 封面

应按规定内容填写、签字、盖章。

2. 投标总价

填写工程的投标总价,投标人单位盖章、法定代表人签字盖章。

3. 工程项目总价表

工程项目总价表见表 3-4。

表 3-4 工程项目总价表

工程名称　　　　第　页　共　页

序号	单项工程名称	金　额(元)
	合计	

说明:①表中单项工程名称应按单项工程费汇总表的工程名称填写;

②表中金额应按单项工程费汇总表的合计金额填写。

4. 单项工程费汇总表

单项工程费汇总表见表 3-5。

表 3-5 单项工程费用表

工程名称　　　　第　页　共　页

序号	单项工程名称	金　额(元)
	合计	

说明:①表中单位工程名称应按单位工程费汇总表的工程名称填写;

②表中金额应按单位工程费汇总表的合计金额填写。

5. 单位工程费汇总表

单位工程费汇总表见表 3-6。

表 3-6　单位工程费汇总表

工程名称　　　　第　页　共　页

序号	项目名称	金额(元)
1	分部分项工程量清单合计	
2	措施项目清单合计	
3	其他项目清单合计	
4	规费	
5	税金	
	合计	

说明:单位工程费汇总表中的金额应分别按照分部分项工程量清单计价表、措施项目清单计价表和其他项目清单计价表的合计金额和按有关规定计算的规费、税金填写。

6. 分部分项工程量清单计价表

分部分项工程量清单计价表见表 3-7。

表 3-7　分部分项工程量清单计价表

工程名称　　　　第　页　共　页

序号	项目编码	项目名称	计量单位	工程数量	金额(元)	
					综合单价	合价
		本页小计				
		合计				

说明:①《建设工程工程量清单计价规范》(GB 50500—2003)规定,分部分项工程量清单采用综合单价计价,综合单价指完成工程量清单中一个规定计量单位项目所需的人工费、材料费、机械使用费、管理费和利润,并考虑适当的风险费,但不包含规费和税金;

②表中的序号、项目编码、项目名称、计量单位、工程数量必须按分部分项工程量清单中的相应内容填写。

7. 措施项目清单计价表

措施项目清单计价表见表 3-8。

表 3-8　措施项目清单计价表

工程名称　　　　第　页　共　页

序号	项目名称	金　额(元)
	合计	

说明:①表中序号、项目名称必须按措施项目清单中的相应内容填写;

②投标人可根据施工组织设计采取的措施增加项目。

8. 其他项目清单计价表

其他项目清单计价表见表3-9。

表3-9 其他项目清单计价表

工程名称　　　　　　　　　　　　　　　　　　　　　　第　页　共　页

序号	项目名称	金　额(元)
1	投标人部分	
	小计	
	招标人部分	
	小计	
	合计	

说明:①表中序号、项目名称必须按其他项目清单中的相应内容填写;

②投标人部分的金额必须按规范5.1.3条中招标人提出的数额填写。

9. 零星工作清单计价表

零星工作清单计价表见表3-10。

表3-10 零星工作项目计价表

工程名称　　　　　　　　　　　　　　　　　　　　　　第　页　共　页

序号	名称	计量单位	数量	金额(元)	
				综合单价	合价
1	人工				
	小计				
2	材料				
	小计				
3	机械				
	小计				
	合计				

说明:表中人工、材料、机械名称、计量单位和相应数量应按零星工作项目表中相应的内容填写,工程竣工后零星工作费应按实际完成的工作量所需费用结算。

10. 分部分项工程量清单综合单价分析表

分部分项工程量清单综合单价分析表见表3-11。

表 3-11　分部分项工程量清单综合单价分析表

工程名称　　　　　　　　　　　　　　　　　　　　　　　　　　第　页　共　页

序号	项目编码	项目名称	工程内容	综合单价组成					综合单价
				人工费	材料费	机械使用费	管理费	利润	

说明：分部分项工程量清单综合单价分析表，应由招标人根据需要提出要求后填写。

11. 措施项目费分析表

措施项目费分析表见表 3-12。

表 3-12　措施项目费分析表

工程名称　　　　　　　　　　　　　　　　　　　　　　　　　　第　页　共　页

序号	措施项目名称	单位	数量	金　额（元）					
				人工费	材料费	机械使用费	管理费	利润	小计
	合　计								

说明：措施项目费用分析表，应由招标人根据需要提出要求后填写。

12. 主要材料价格表

主要材料价格表见表 3-13。

表 3-13　主要材料价格表

工程名称　　　　　　　　　　　　　　　　　　　　　　　　　　第　页　共　页

序号	材料编号	材料名称	规格、型号等特殊要求	单位	单价（元）

说明：①招标人提供的主要材料价格表应包括详细的材料编码、材料名称、规格型号和计量单位等；

②所填的单价必须与工程量清单中采用的相应材料的单价一致。

五、标价的评估与决策

由算标人员算出初步计算标价之后，应当对这个标价进行多方面的分析和评估，其目的是探讨标价的经济合理性，从而作出最终报价决策。标价分析评估从以下几个方面进行。

（一）标价的宏观审核

标价的宏观审核是依据长期的工程实践中积累的大量经验数据，用类比的方法，从宏观上判断初步计算标价的合理性。可采用下列宏观指标和评审方法。

（1）首先应当分项统计计算书中的汇总数据，并计算其比例指标。以一般房屋建筑工程为例。

①统计建筑总面积与各单项建筑物面积。

②统计材料费总价及各主要材料数量和分类总价，计算单位面积的总材料费用指标及各主要材料消耗指标和费用指标，计算材料费占标价的比重。

③统计总劳务费及主要生产工人、辅助工人和管理人员的数量。算出单位建筑面积的用工数和劳务费；算出按规定工期完成工程时，生产工人和全员的平均人月产值和人年产值；计算劳务费占总标价的比重。

④统计临时工程费用、机械设备使用费以及模板、脚手架和工具等费用，计算它们占总标价的比重。

⑤统计各类管理费用，计算它们占总标价的比重特别是计划利润、贷款利息的总数和所占比例。

(2)通过对上述各类指标及其比例关系的分析，从宏观上分析标价结构的合理性。例如，分析总直接费和总的管理费的比例关系，劳务费和材料费的比例关系，临时设施和机具设备费与总的直接费的比例关系，利润、流动资金及其利息与总标价的比例关系，等等。承包过类似工程的有经验的承包人不难从这些比例关系中判断标价的构成是否基本合理。如果发现有不合理的部分，应当初步探讨其原因。首先研究本工程与其他类似工程是否存在某些不可比因素，如果考虑了不可比因素的影响后，仍存在不合理的情况，就应当深入探讨其原因，并考虑调整某些基价、定额或分摊系数。

(3)探讨上述平均人月产值和人年产值的合理性和实现的可能性。如果从本公司的实践经验角度判断这些指标过高或过低，就应当考虑所采用定额的合理性。

(4)参照同类工程的经验，扣除不可比因素后，分析单位工程价格及用工、用料量的合理性。

(5)从上述宏观分析得出初步印象后，对明显不合理的标价构成部分进行微观方面的分析检查。重点是在提高工效、改变施工方案、降低材料设备价格和节约管理费用等方面提出可行措施，并修正初步计算标价。

(二)标价的动态分析

标价的动态分析是假定某些因素发生变化，测算标价的变化幅度，特别是这些变化对计划利润的影响。

1. 工期延误的影响

由于承包人自身的原因，如材料设备交货拖延、管理不善造成工程延误以及质量问题造成返工等，承包人可能会增大管理费、劳务费、机械使用费以及占用的资金及利息，这些费用的增加不可能通过索赔得到补偿，而且还会导致误期罚款。一般情况下，可以测算工期延长某一段时间，上述各种费用增大的数额及其占总标价的比率。这种增大的开支部分只能用风险费和计划利润来弥补。因此，可以通过多次测算，得知工期拖延多久，利润将全部丧失。

2. 物价和工资上涨的影响

通过调整标价计算中材料设备和工资上涨系数，测算其对工程计划利润的影响。同时切实调查工程物资和工资的升降趋势和幅度，以便作出恰当判断。通过这一分析，可以得知投标计划利润对物价和工资上涨因素的承受能力。

3. 其他可变因素的影响

影响标价的可变因素很多，而有些是投标人无法控制的，如贷款利率的变化、政策法规的变化等。通过分析这些可变因素的变化，可以了解投标项目计划利润的受影响程度。

(三)标价的盈亏分析

初步计算标价经过宏观审核与进一步分析检查，可能对某些分项的单价做必要的调整，然后形成基础标价，再经盈亏分析，提出可能的低标价和高标价，供投标报价决策时选择。盈亏分析包括盈余分析和亏损分析两个方面。

1. 盈余分析

盈余分析是从标价组成的各个方面挖掘潜力、节约开支，计算出基础标价可能降低的数额，即所谓"挖潜盈余"，进而算出低标价。盈余分析主要从下列几个方面进行：

(1)定额和效率分析，即工料、机械台班消耗定额以及人工、机械效率分析；

(2)价格分析，即对劳务、材料设备、施工机械台班(时)价格三方面进行分析；

(3)费用分析，即对管理费、临时设施费等方面逐项分析；

(4)其他方面，如流动资金与贷款利息，保险费、维修费等方面逐项复核，找出有潜可挖之处。

考虑到挖潜不可能百分之百实现，尚需乘以一定的修正系数(一般取0.5～0.7)，据此求出可能的低标价，即

低标价 = 基础标价 -(挖潜盈余 × 修正系数)

2. 亏损分析

所谓亏损分析是分析在算标时由于对未来施工过程中可能出现的不利因素考虑不周和估计不足，可能产生的费用增加和损失。主要从以下几个方面分析：

(1)人工、材料、机械设备价格；

(2)自然条件；

(3)管理不善造成质量、工作效率等问题；

(4)建设单位、监理工程师方面问题；

(5)管理费失控。

以上分析估计出的亏损额，同样乘以修正系数(0.5～0.7)，并据此求出可能的高标价，即

高标价 = 基础标价 +(估计亏损 × 修正系数)

(四)报价决策

报价决策是投标人招集算标人员和本公司有关领导或高级咨询人员共同研究，就上述初步计算标价结果、标价宏观审核、动态分析及盈亏分析进行讨论，作出有关投标报价的最后决定。

为了在竞争中取胜，决策者应当对报价计算的准确度、期望利润是否合适、报价风险及本公司的承受能力、当地的报价水平以及对竞争对手优势的分析评估等进行综合考虑，这样才能决定最后的报价金额。在报价决策中应注意以下问题。

(1)作为决策的主要资料依据应当是本公司算标人员的计算书和分析指标。报价决策不是干预算标人员的具体计算，而是由决策人员同算标人员一起，对各种影响报价的因素进行分析，并作出果断和正确的决策。

(2)各公司算标人员获得的基础价格资料是相同或相近的，因此从理论上分析，各投标人报价同标底价格都应当相差不远。之所以出现差异，主要是由于以下原因造成的：a. 各公司期望利润和风险费不同；b. 各自拥有不同优势；c. 选择的施工方案不同；d. 管理费用有差别，等

等。鉴于以上情况，在进行投标决策研讨时，应当正确分析本公司和竞争对手情况，并进行实事求是的对比评估。

(3)报价决策也应考虑招标项目的特点，一般来说对于下列情况报价可高一些：a. 施工条件差、工程量小的工程；b. 专业水平要求高的技术密集型工程，而本公司在这方面有专长、声望高；c. 支付条件不理想的工程等。如果与上述情况相反且投标对手众多的工程，报价应低一些。

六、投标报价技巧

投标决策是承包商为实现其经营目标，针对建设工程招标项目，而寻求优化的投标方案。投标决策主要包括两方面：一是作出是否参加投标的决定；二是如果参加投标，如何进行报价。关键问题是要对投标的风险和效益进行分析、判断，对采用的策略和技巧作出正确抉择。

投标报价技巧是指采用什么方法计算价格既可使招标人接受，而且能够使承包人获得较多的收益。这里介绍一些报价技巧。

1. 不平衡报价法

不平衡报价法是指一个工程项目的投标报价，在总标价基本确定后，对内部各分项的单价进行调整，有些分部分项的单价调高一些，而另一些分部分项的单价则调低一些，其目的是在不提高总标价的前提下，能够在结算时得到较好的经济效益，即所谓“早拿钱和(或)多拿钱”。一般可以在以下几方面考虑采用不平衡报价法。

(1)对于早期完成的项目，如场地平整、基础工程等，可适当提高价格；而对于后期才能完成的项目，如机电设备安装、装饰工程等，可适当降低报价，这样做有利于承包商资金的周转。

(2)经过工程量核算，预计实际工程量比工程量清单上标出工程量会增加的分部分项工程，或者设计图纸不明确甚至有疏漏，估计修改后工程量会增加的分部分项工程，其单价适当提高一些，而将实际工程量可能减少的分部分项工程的单价适当调低一些，这样做可以比以正常单价报价多得到工程支付款。

(3)工程量清单中没有标定工程量，要求只填报单价的分项，可将单价适当提高，这样做有可能获得较多的支付款。

下面通过一个简单的例子加以说明。假设按图纸核算以下工程量清单中的工程量，发现“素混凝土垫层”分项的实际工程量应为 80 m^3，承包商采用不平衡报价法报价，对四个分项的原计算单价(见表 3-14)进行调整，在保持总价不变的前提下，将“素混凝土垫层”的单价提高 20%，以期将来按实际完成工程量支付时，多得到一些工程款。

表 3-14 工程量清单分项原计算单价

编号	项目名称	单位	工程量	单价	金额(元)
001	挖槽	m^3	100	6.00	600
002	素混凝土垫层	m^3	30	50.00	1 500
003	砌基础	m^3	50	40.00	2 000
004	回填土夯实	m^3	40	10.00	400
	合 计				4 500

提价后“素混凝土垫层”的新单价为

$$50\times(1+20\%)=60.00\text{ 元}$$

合价：

$$30\times60=1\ 800\text{ 元}$$

调整后总价上升：

$$1\ 800-1\ 500=300\text{ 元}$$

为了使得调整前后总价保持不变，将总价增加的300元按比例分配给其他三个分项。

计算下降系数和调值数：

$$\text{下降系数}=\frac{\sum\text{分项工程的调整额}}{\text{其余分项工程合价之和}}=\frac{300}{4\ 500-1\ 500}=0.1$$

$$\text{调值系数}=1-\text{下降系数}=1-0.1=0.9$$

其他三个分项调整后，单价＝原单价×调值系数，根据调值系数，可得到调整后的报价单，见表3-15。

表3-15　调整后的报价单

编号	项目名称	单位	工程量	单价	金额(元)
001	挖槽	m^3	100	5.40	540
002	素混凝土垫层	m^3	30	60.00	1 800
003	砌基础	m^3	50	36.00	1 800
004	回填土夯实	m^3	40	9.00	360
	合　计				4 500

预计多得工程支付款为

$$(60.0-50.0)\times(80-30)=500\text{ 元}$$

2. 突然降价法

承包商为了对投标价格严格保密，并以较低的标价突然击败竞争对手，可以采用突然降价法报价。首先按正常情况报价，在投标截止时间前很短时间，再递交投标补充材料，其中声明将标价降低。这样做既可以防止竞争对手通过各种渠道和手段获得本公司实际报价，也可以在正常报价后，当进一步了解到竞争对手情况时，采取紧急应对措施，击败对手。在激烈的国际竞争中不乏这样的先例。如我国鲁布革水电站引水系统工程竞标中，日本大成公司在开标前把总报价突然降低8.04%，以最低标价一举击败他的主要竞争对手日本前田公司而中标。

3. 降价系数法

应用该方法报价，必须事先考虑好降价的幅度，再根据情报分析判断，做出最后决定。

有时为了竞标策略上的需要，在计算标价时，事先预留出一定的降价空间，做出主动降价的姿态。具体做法是，先确定降价某一系数，如5%；然后将工程量表中各分项的单价都按此系数增加一个百分比或将原计算单价除以(1－5%)；最后根据投标最终决策，在投标补充材料中，提出标价降低某一百分数，并声称：“考虑到同业主的友好和长期合作的诚意，本投标人决定将报价单的汇总价格无条件地降低5%，即将总价降为××××(元)”。

4. 有条件的降价法

由于建设工程投标中不允许投标人自行修改招标文件,即使是改正招标文件中的错误。一些有经验的承包商除了按原招标文件填报标价之外,常在投标致函中对招标项目的某些部分提出合理化的建议,并做出相应的降价。当然,这些建议不是要求业主降低该局部的技术要求和标准,而应当是改进工艺流程或工艺方法,也可以是提高产品质量和降低生产成本等。如果属于改变材料和设备的建议,则应当说明绝不损害或降低原设计要求,但可起到降低建设费用的作用。

5. 低利润算标法

在激烈的市场竞争中,有时承包商出于自身的发展战略或为了生存和发展的目的,以低的利润去夺标。采用这种办法通常是处于以下情况:

(1)承包商为了打入某一地区目标市场,靠自身的实力,暂时放弃一定利润,以求中标后站住脚跟,逐步树立起良好的声誉,实现持续发展战略;

(2)承包商对于分期建设的项目,先以低价中标获得一期工程,而后在工程实施中以良好的表现扩大影响,创造后期工程中的竞争优势,并在以后的工程实施中获得合理利润;

(3)承包商经过认真调查研究和询价,认为以低价中标后,有可能将部分或大部分工程分包给一些分包商,而分包商的报价较低;

(4)承包商在较长时期内没有中标工程项目,继续维持目前状况已比较困难,急需获得工程,支付日常开支,因此,即使该工程利润再低或根本无利可言,也必须争取中标,克服暂时的困难,以图将来发展。

6. 联合投标法

当市场竞争非常激烈,估计单独夺标有困难或项目实施风险较大时,或对该地区环境比较陌生,缺乏在此类地区或气候条件的施工经验,或缺乏与该工程所在国家或地区的业主和政府部门打交道的经验时,应主动采取联合体投标方式,提高中标概率,减少工程风险。同发达国家公司联合,可以做到优势互补,便于学习他们先进的技术和管理经验;同发展中国家的当地公司联合,可以发挥他们熟悉情况、关系广泛、适应环境的优势,也为以后在该地区的长期发展奠定基础。

第四章　建设工程货物采购

第一节　概述

货物采购是指业主(或称购货方)为获得货物(一般指设备和工程材料)进行询价,或通过招标的形式选择合格的供货商(或称供货方),它包括了货物的获得及其整个获取方式和过程。对于一个工程项目,货物采购工作是建设工程项目的物质基础,它在项目实施中具有举足轻重的作用,是项目成败的关键因素之一。采购货物所花的经费约占工程合同总价的60%以上,因而货物采购既影响项目成本,也影响项目的经济效益。

由于工程货物采购具有种类多、数量不等、采购时间不一、采购批次多的特点,因此采购方式也有所不同,为建设项目采购材料、设备需要选择合适的供货商,并与其签订物资购销合同或加工订购合同,主要采用如下方式。

(1)招标选择供货商。这种方式大多适用于采购建设项目的大型货物或永久设备,标的金额较大、市场竞争激烈的情况。招标方式可以是公开招标,也可以是邀请招标,在招标程序上,与施工招标基本相同。

(2)询价选择供货商。这种方式是采用询价—报价—比较—签约的程序,即采购方对3家以上的供货商就采购的标的物进行询价,对其报价经过比较后,选择其中一家与其签订供货合同。这种方式实际上是一种议标的方式,无须采用复杂的招标程序,就可以保证价格有一定的竞争性。一般适用于采购建设材料或价值较小的标准规格产品。

(3)直接订购。这是一种非竞争性采购方式。由于这种方式缺乏产品质量和价格的竞争,一般适用于以下几种情况:为了使设备或零配件配套,向原经过招标或询价选择的供货商增加购货;为满足工程所需专利设备及材料,只能从具有专利权的制造商或供货商处订货;在工程施工中,由于某些特定材料设备要求早日使用,需要与某些有条件的供货商直接签订供货合同。

(4)单一来源采购。这种方式是采购小组向供应商直接采购的采购方式,当材料或设备只能从唯一供应商采购的,或发生了不可预见的紧急情况、不能从其他供应商采购的,采购原则是在保持采购货物的质量和双方商定的合理价格的基础上进行采购。

招标采购方式是目前国内外最普遍的工程货物采购方式。工程货物招标采购的一般程序为:根据工程所需要的材料设备制订采购计划,采购计划应明确采购材料设备的品种、质量标准、规格型号、数量等;对前来报名的各供应商进行资格审查;对资格审查合格的供应商进行招标、评标;最终确定供应商并签订采购合同。

第二节　货物采购计划

货物采购是一项复杂的工作,要把采购工作做好,购货方首先应清楚地了解所需采购货物的各种类型、性能、规格、质量、数量要求及投入使用的时间，要了解国内外市场价格、供求情况、货物来源、外汇市场、支付方式以及国际贸易管理等。因此有必要建立一个完善的市场信息机制，并制订一个完整的货物采购计划，保障建设工程物资以合理的价格，按质按量满足需求，保证建设项目按进度计划组织施工。

货物采购计划是反映完成建设工程所需物资情况的计划，它的编制依据主要包括：施工图纸、预算材料、工程合同、项目进度计划和各分包工程提交材料需求计划。它的主要目的是确认需求，对于施工过程中所涉及的大量建筑材料、构件、机具和设备，确定其需求的品种、型号、规格、数量及准确时间。

一般来说，货物采购计划的内容包括：

(1)货物种类、规格型号；

(2)质量要求(包括技术性能、技术标准、参数指标等)；

(3)数量要求；

(4)供货时间；

(5)供货地点；

(6)资金来源；

(7)货物运输；

(8)货物包装；

(9)货物保险；

(10)货物验收。

在涉及国际贸易时特别需要注意以下几点。

1. 关于货物的运输

卖方在发货前和发货后应通知买方的内容有：合同号、货物名称、数量、重量、体积、发货港、目的港、运输工具名称、发货时间、预计到达目的港的时间、所发运货物的单价和总价、卸货、转运注意事项等。在到岸价(CIF)合同中，货物从出厂至目的港的运输都是卖方负责安排并负责承担费用；在出厂价合同中，货物出厂后的运输是卖方按照买方的要求进行安排，费用由买方承担，即国内贸易中的“代办运输”。

2. 关于货物包装

材料的包装是保护材料在储运过程中免受损坏不可缺少的环节。包装质量应按国家和有关部门规定的标准，当事人有特殊要求的，可由双方商定标准，但应保证材料包装适合建设材料、设备的运输方式，并根据材料特点采取防潮、防雨、防锈、防震、防腐蚀的保护措施。在包装的重量和尺寸方面的要求，即单价货物的重量尽量不超 20 t，尺寸尽量不超过长 12 m、宽 2.7 m、高 3 m，否则卖方应在不晚于发货时将具体重量和尺寸特别通知买方，以便买方做好卸货和转运准备。包装箱内必须有装箱单、操作维修说明书等要求文件。包装箱外侧必须标明收货人、合同号、发货标记、收货人编号、目的港、货物名称、货物重量、货物体积(长×宽×高，单位：厘米)以及重心和箱号。另外，针对不同的货物的特点，尚需标出“小心轻放”、“此端向上”、“请勿倒置”“保持干燥”等字样和符号。

3. 关于货物保险

货物的保险在到岸价合同中，保险合同以卖方名义订立，费用由卖方承担；在出厂合同中，则是由买方以自身的费用投保或以自身的费用委托卖方投保，费用由买方承担。保险合同的收益人都是卖方，保险的货币应是合同货币或买方接受的其他可自由兑换货币，保险额应为发票金额的110%，投保险别至少为一切险。

第三节　招标文件

招标文件不但是投标和评标的重要依据，同时还是构成货物采购合同的依据和重要组成部分。

招标文件的编写是一项复杂而细致的基础工作，其编制质量的好坏直接关系到招标工作能否正常进行，甚至影响授标后能否顺利履行合同。因此招标文件要求内容完整、详尽，用词准确严谨，避免招投标双方对文件的理解和解释产生分歧，以致增加评标工作量，影响招标工作的顺利进行。

一、货物采购招标文件编制的准备工作

货物采购招标文件编制的主要准备工作如下：

(1)项目设计一般要求达到初步设计深度或相当于技术设计深度，才能确定货物采购的要求；

(2)确定分标和分包；

(3)确定需要技术服务的项目，以便列入招标要求；

(4)确定资金来源；

(5)确定交货进度要求和交货地点，并考虑有关运输；

(6)确定对供货商进行资格预审还是资格后审。

招标文件定稿前要反复推敲、审查、修改。对于关键设备和材料的选用，应在广泛了解市场及使用情况的基础上，在招标文件中应明确其规格、型号及其他供货要求。这样做有利于提高投标文件的响应性。

二、招标文件的内容

招标文件中应明确规定双方在采购过程中的权利和义务以及合同价格，其内容一般包括资格预审文件、投标邀请函、投标人须知、投标资料表、需求一览表、通用合同条件、专用合同条件、技术规格和合同格式。

(一)资格预审文件

资格预审，是指招标人出售招标文件或者发出投标邀请书前对潜在投标人进行的资格审查。资格预审一般适用于潜在投标人较多或者大型、技术复杂货物的公开招标以及需要公开选择潜在投标人的邀请招标。

采取资格预审的，招标人应当发布资格预审公告。采用公开招标方式的，招标人应当发布招标公告。依法必须进行货物招标的招标公告，应当在国家指定的报刊或者信息网络上发布。采用邀请招标方式的，招标人应当向三家以上具备货物供应的能力、资信良好的特定的法人或者其他组织发出投标邀请函。

采取资格预审的，招标人应当在资格预审文件中详细规定资格审查的标准和方法；招标人在进行资格审查时，不得改变或补充载明的资格审查标准和方法，或者以没有载明的资格审查标准和方法对潜在投标人或投标人进行资格审查。经资格预审后，招标人应当向资格预审合

格的潜在投标人发出资格预审合格通知书，告知获取招标文件的时间、地点和方法，并同时向资格预审不合格的潜在投标人告知资格预审结果。资格预审合格的潜在投标人不足三个的，招标人应当重新进行资格预审。

资格预审文件一般包括下列内容：

(1)资格预审邀请书；

(2)申请人须知；

(3)资格要求；

(4)其他业绩要求；

(5)资格审查标准和方法；

(6)资格预审结果的通知方式。

有时因招标时间紧迫，也可以采用资格后审，即对投标人的资格审查在评标阶段进行，资格后审的内容与资格预审的内容相同。经过评标选出的中标人必须是资格审查合格的投标人。

(二)投标邀请书

投标邀请书是购货方向投标者发出的投标邀请，邀请投标人对项目所需要的货物进行投标的书面文件。投标邀请书一般包括：招标编号、合同名称，邀请投标货物的名称，招标文件销售的时间期间和价格，投标文件送交地点、截止日期和时刻，开标时间和地点，购货方的详细地址、电传、传真、联系人等。

(三)投标人须知

投标人须知是指导投标人如何进行投标的重要文件。其主要内容包括以下几方面。

(1)总则，包括项目资金的来源、合格的投标人以及投标费用的相关规定。

(2)招标文件，包括招标文件的构成、澄清和修改的相关规定。

(3)投标文件的编制，包括投标文件的语言、构成，投标报价，投标保证金数额和有效期，投标函格式和货物简介与报价等相关规定。

(4)投标文件的递交，包括投标文件的密封和标记、投标截止日期、投标文件的修改和撤回等相关规定。

(5)开标与评标，包括开标的方式，评标过程保密，投标文件的初审、评价和比较的相关规定。

(6)授予合同，包括合同授予的标准，买方授标时更改采购货物数量的权利，中标通知书发出与退还投标保证金，签订合同与提交履约保证金的规定。

(四)投标人须知前附表

将投标人须知中一些重要内容以摘要的形式用表格列出，如：项目名称，买方与卖方的名称，投标保证金的数额、有效期，投标有效期，投标文件副本的份数，开标的日期、时间和地点，评标的因素和方法，交货地点等。投标人须知前附表与投标人须知的相关内容必须保持一致，如不一致以前附表为准。

(五)通用合同条款

通用合同条款规定了有关当事人的权利义务，主要包括以下内容。

(1)定义。对合同中专用的、基本的名词进行定义，如“合同”、“合同价”、“货物”、“服务”、“买方”、“卖方”、“项目现场”、“天”等。这里一般不列技术专用名词的定义。

(2)来源地。来源地是指货物开采、生长、生产地或提供服务的来源地,包括经过制造、加工的产品或经过实质上组装主要元部件而形成的产品等。

(3)专利权。卖方应保证买方在使用该货物或其任何一部分时免受第三方提出侵犯其专利权、商标权或工业设计权的起诉。

(4)质量要求。卖方应保证其货物在正确安装、正常使用和保养条件下,在其使用寿命期内应具有满意的性能。在货物最终验收后的 12 个月的质量保证期内,卖方应对由于设计、工艺或材料的缺陷而产生的故障负责。

(5)货物数量及计量方法。货物数量确定应由当事人协商,应以货物清单为依据,并规定交货数量的正负尾差、合理磅差和在途自然减(增)量及计量方法。

(6)包装要求。应保证材料包装适合建设材料、设备的运输方式,并根据材料特点采取防潮、防雨、防锈、防震、防腐蚀和防野蛮装卸的保护措施。每一个包装箱内应附一份详细包装单和质量保证书。

(7)包装标志。卖方应在每一包装箱的相邻四侧用不褪色的油漆以醒目的中文字样作出收货人、合同号、唛头、收货人代码、目的地、货物名称、品目号、箱号、毛重/净重、尺寸。

(8)货物交付方式。货物交付可采取送货、自提和代运三种不同方式。由于工程用料数量大、体积大、品种繁多、时间性强,当事人应采取合理的交付方式,明确交货地点,以便及时、准确、安全、经济地履行合同。

(9)货物的交货期限。货物的交货期限应以建设工程合同进度安排为前提,规定交货的批次和交货时间。

(10)货物价格及结算。货物的价格应在订立合同时明确定出,也可采用交货时市场价,但应以交货时全国性物资交易市场的成交价为标准。

(11)违约责任。在合同中,当事人应对违反合同的责任作出明确规定。

(六)专用合同条款

专用合同条款是针对特定项目及特定货物采购合同的具体情况,对通用合同条款进行的补充和修改,使合同条款符合买卖双方的具体要求。例如,对提供货物和服务的合格性要求,关于合同暂停、终止、争端的解决方法等。

(七)货物需求一览表

货物需求一览表是向投标者提供简要的货物名称、规格和具体的数量、到货港口或到货地点、交货期,此外,价格清单将作为授予合同时数量变更的依据。

(八)技术规格

技术规格是招标文件中的关键部分,也是投标人在投标时应遵循的主要条件。它对所要采购的货物进行详细的、清楚的、准确的和完整的叙述,并对包括货物性能在内的各方面提出具体要求。

(九)合同格式

向投标者提供投标函、投标报价、投标保证金、合同、履约保证书金、预付款银行保函、制造厂授权、资格证明文件、信用证样本等格式。

第四节 开标与评标

一、货物采购的开标

开标对于整个招标过程来说只是短暂的一刻,但是这个环节可称为是采购工作上的里程碑,是公开透明原则的具体体现,也是坚持了招标文件是评标和授予合同唯一依据这样一种法律原则。

开标的整个过程必须按照招标文件的有关规定进行。

(1)时间。开标应在招标通告中公布的时间准时进行,开标的时刻就是截标的时刻。

(2)地点。开标地点应在招标通告中公布的地点进行,开标地点应尽量与截标地点保持一致,最好不异地、异楼、异室进行。

(3)参与方。开标由招标人主持,投标人或其委托的代表参加,相关的设计部门及上级主管部门也可派人参加。

(4)内容。根据招标文件要求,在开标时,应当众宣读投标人名称、国籍、修改和撤回投标的通知、投标价格、折扣、是否提交了投标保证金、有无替代方案等。在整个开标过程中,主持开标的单位要做好开标记录,并进行录音。

(5)结果。将开标记录交在场的投标人或其授权代表签字认可,作为评标的依据之一。开标结束后要按有关规定,将开标记录立即报送相应单位备案。

投标文件有下列情形之一的,招标人不予受理:

(1)逾期送达的或者未送达指定地点的;

(2)未按招标文件要求密封的。

二、货物采购的评标

评标是指依据招标文件的规定和要求,对所有投标文件进行比较和选择的过程。

(一)评标委员会

评标委员会依法组建,负责评标活动,向招标人推荐中标候选人或者根据招标人的授权直接确定中标人。评标委员会由招标人负责组建,评标委员会成员名单一般应于开标前确定,评标委员会成员名单在中标结果确定前应当保密。

评标委员会由招标人或其委托的招标代理机构熟悉相关业务的代表,以及有关技术、经济等方面的专家组成,成员人数为5人以上单数,其中技术、经济等方面的专家不得少于成员总数的三分之二。评标委员会的专家成员应当从省级以上人民政府有关部门提供的专家库或者招标代理机构的专家库内的相关专家名单中确定。通常采取随机抽取的方式。对于技术特别复杂、专业性要求特别高或者国家有特殊要求的招标项目,采取随机抽取方式确定的专家难以胜任的,可以由招标人直接确定。

评标专家应符合下列条件:

(1)从事相关专业领域工作满8年并具有高级职称或者同等专业水平;

(2)熟悉有关招标投标的法律、法规,并具有与招标项目相关的实践经验;

(3)能够认真、公正、诚实、廉洁地履行职责。

有下列情形之一的,不得担任评标委员会成员:

(1)投标人或者投标人主要负责人的近亲属；

(2)项目主管部门或者行政监督部门的人员；

(3)与投标人有经济利益关系，可能影响对投标公正评审的；

(4)曾因在招标、评标以及其他与招标投标有关活动中从事违法行为而受过行政处罚或刑事处罚的。

评标委员会成员有上述规定情形之一的，应当主动提出回避。

(二)投标文件的澄清

在投标文件的审查和评比过程中，评标委员会可以书面方式要求投标人对投标文件中含义不明确、对同类问题表述不一致或者有明显文字和计算错误的内容作必要的澄清、说明或者补正。澄清、说明或者补正应以书面方式进行并不得超出投标文件的范围，或者改变投标文件的实质性内容。投标文件中的大写金额和小写金额不一致的，以大写金额为准；总价金额与单价金额不一致的，以单价金额为准，但单价金额小数点有明显错误的除外；对不同文字文本投标文件的解释发生异议的，以中文文本为准。

(三)评标

货物采购的评标阶段分为初步评审和详细评审两个阶段。

1. 初步评审

评标委员会应当审查每一投标文件是否对招标文件提出的所有实质性要求和条件作出响应。投标文件有下列情形之一的，属于重大偏差，由评标委员会经过初步评审并按废标处理：

(1)无单位盖章并无法定代表人或法定代表人授权的代理人签字或盖章的，或虽有代理人签章，但无法定代表人出具的授权委托书的；

(2)投标文件提供货物的技术规格、技术标准等不符合招标文件的要求；

(3)投标文件未按规定的格式填写，内容不全或关键字迹模糊、无法辨认的；

(4)投标人递交两份或多份内容不同的投标文件，或在一份投标文件中对同一招标货物报有两个或多个报价，且未声明哪一个为最终报价的，按招标文件规定提交备选投标方案的除外；

(5)投标人名称或组织结构与资格预审时不一致且未提供有效证明的；

(6)投标有效期不满足招标文件要求的；

(7)未按招标文件要求提交投标保证金的；

(8)联合体投标未附联合体各方共同投标协议的；

(9)不符合招标文件中规定的其他实质性要求。

评标委员会对一部分投标作废标处理后其他有效投标不足三个使得投标明显缺乏竞争，决定否决全部投标的，招标人应当重新招标。

有的投标文件虽存在偏差，但属于一般偏差，投标文件在实质上响应招标文件要求，但在个别地方存在疏漏或者提供的技术信息和数据不够完整的情况，并且补正这些遗漏或者不完整不会对其他投标人造成不公平的结果。一般偏差不影响投标文件的有效性。

如果有效投标不足三家，使得投标明显缺乏竞争性，或者所有投标文件基本上不符合招标文件的要求，评标委员会否决了全部投标，招标人应当依法重新招标。

2. 详细评标

详细评标是指经初步评审合格的投标文件，评标委员会应当根据招标文件确定的评标标准和方法,对其技术部分和商务部分作进一步评审、比较。

评标方法包括经评审的最低投标价法,综合评估法或者法律、行政法规允许的其他评标方法。

1)最低投标价法

经评审的最低投标价法一般适用于具有通用技术标准或者招标人对其技术、性能没有特殊要求的招标项目。根据经评审的最低投标价法,能够满足招标文件的实质性要求,并且经评审的最低投标价的投标应当推荐为中标候选人。评标委员会应当根据招标文件中规定的评标价格调整方法,对所有投标人的投标报价以及投标文件的商务部分作必要的价格调整。中标人的投标应当符合招标文件规定的技术要求和标准,但评标委员会无须对投标文件的技术部分进行价格折算。根据经评审的最低投标价法完成详细评审后,评标委员会应当拟定一份"标价比较表",连同书面评标报告提交招标人。"标价比较表"应当载明投标人的投标报价、对偏差的价格调整和说明以及经评审的最终投标价。

2)综合评估法

根据综合评估法,最大限度地满足招标文件中规定的各项综合评价标准的投标,应当推荐为中标候选人。衡量投标文件是否最大限度地满足招标文件中规定的各项评价标准,可以采取折算为货币的方法、打分的方法或者其他方法。需量化的因素及其权重应当在招标文件中明确规定。评标委员会对各个评审因素进行量化时,应当将量化指标建立在同一基础或者同一标准上,使各投标文件具有可比性。对技术部分和商务部分进行量化后,评标委员会应当对这两部分的量化结果进行加权,计算出每一投标的综合评估价或者综合评估分数。完成评标后,评标委员会应当拟定一份"综合评估比较表",连同书面评标报告提交招标人。"综合评估比较表"应当载明投标人的投标报价、所作的任何修正、对商务偏差的调整、对技术偏差的调整、对各评审因素的评估以及对每一投标的最终评审结果。对于划分有多个单项合同的招标项目,招标文件允许投标人为获得整个项目合同而提出优惠的,评标委员会可以对投标人提出的优惠进行审查,以决定是否将招标项目作为一个整体合同授予中标人。将招标项目作为一个整体合同授予的,整体合同中标人的投标应当最有利于招标人。

评标和定标应当在投标有效期结束日 30 个工作日前完成。不能在投标有效期结束日 30 个工作日前完成评标和定标的,招标人应当通知所有投标人延长投标有效期。拒绝延长投标有效期的投标人有权收回投标保证金。同意延长投标有效期的投标人应当相应延长其投标担保的有效期,但不得修改投标文件的实质性内容。因延长投标有效期造成投标人损失的,招标人应当给予补偿,但因不可抗力需延长投标有效期的除外。招标文件应当载明投标有效期。投标有效期从提交投标文件截止日起计算。

(四)合同的授予

招标人将合同授予被认为是基本符合招标文件要求的最低投标价,并且是招标人认为能圆满履行合同的投标者。

招标人与中标人应当在自中标通知书发出之日起规定时间(一般为 30 天)内,按照招标文件和中标人的投标文件订立书面合同,并根据合同提交履约保证金,中标人如不签订合同或提供履约保证金,招标人可没收其投标保证金,将合同授予评标排序第二的投标人。

第五节　工程设备采购案例

一、招标工程简介

M厂某工程是我国重点建设项目，建设项目规模大，分两期建设，计划××年建成投产后，成为我国重要的氧化铝生产基地。该厂决定对不同类型的47台高压容器进行招标。高压容器为非标准设备，制造工艺复杂，国内仅有少数专业化公司具备制造能力，决定采用邀请招标方式确定供货商。

二、招标工作的主要内容

（一）招标准备阶段

（1）委托招标代理机构。

（2）组建招标工作小组和领导小组。

（3）申请公证。市公证处派出两名公证员对招标全过程以及招标的全部文件实施了法律监督。招标结束后出具了公证书。

（4）召开技术交底会。对选定的10余家有制造条件且质量信誉高的厂商参加技术交底会。开会的目的是通过技术交底使投标人及早了解招标设备的情况，有充分时间考虑自身的投标能力。

（5）编制招标文件。

（6）计算标底。由M厂、P设计院及其他单位人员共同参与编制。

（二）招标投标阶段

（1）发投标邀请函，出售招标文件。招标工作小组最后向11家单位发出了投标邀请函，各单位均在邀请函规定的时间内购买了招标文件。

（2）组建评标小组。评标小组由9人组成，其中包括焊接压力容器方面和投资控制专家。评标小组审订了评标原则、程序及方法，并以此为依据进行工作。公证人员据此实施监督。

（3）编制和递交投标文件。在招标文件规定的投标截止日期之前，共有10个单位递交了投标文件。

（三）决标阶段

1. 开标

招标工作小组于招标文件规定的日期、地点组织召开了开标会议，设备需方、招标代理机构、市公证处、各投标人、评标小组、有关主管部门代表等出席了开标会。会上按投标顺序依次开标宣读各单位的主要报价等主要内容，市公证处实施了监督公证。

2. 评标

首先由招标工作小组负责对全部投标文件进行初审，初审内容为：

（1）投标人资格证明文件是否齐全、合格，如营业执照、压力容器制造许可证等；

（2）投标文件的内容、格式是否符合招标文件要求；

（3）投标文件是否齐全；

（4）投标文件以及对投标文件的补充修正是否都有授权代表的签字；

（5）价格计算是否有误；

(6)依照标底和投标价上限数,对投标文件进行初选。

然后评标小组本着严肃、公正、公平的原则,在招标工作小组的配合下,对通过初审的各单位的报价、措施方案、交货期、制造经验、质量信誉、企业装备等内容进行讨论、评议和比较,排出投标人的名次,推荐排名第一位的单位为中标人。在以上工作完成后,将评议情况和投标结果写成书面材料。

3. 决标

评标工作结束后,由领导小组进行决标。领导小组听取了评标小组的汇报后,对推荐方案进一步作认真细致的讨论,批准了评标小组的建议,确定了中标单位。

4. 签订合同

招标工作小组向中标人发出中标通知。同时,M厂和招标小组共同组织召开了落标单位座谈会,会上向各单位介绍了评标结果,听取各单位对招标工作的意见。最后,买方与中标人在招标文件规定的日期和地点举行了合同签字仪式。

三、招标文件的内容

(一)招标文件目录

第一部分:招标内容及要求

第二部分:投标人须知

第三部分:投标文件格式

第四部分:投标数量及价格表

第五部分:合同条款

附件:

(1)压力容器制造说明及技术要求

(2)设计图(略)

(3)焊条、焊丝、焊剂明细表(略)

(4)进口钢板及封头明细表(略)

(5)压煮器加热装置管束明细表(略)

(二)投标人须知

1. 招标文件

(1)招标文件包括目录所列5个部分及附件。

(2)投标人应按招标文件的全部要求提供投标文件和资料,否则投标文件无效。

2. 招标文件的解释

(1)招标人将于×年×月×日,在某地公开对招标文件进行说明,并解答投标人所提出的问题。

(2)投标人如对招标文件有疑问,可用信函、电报方式向招标人询问。但信函和电报最迟必须在开标日期前15天即×年×月×日送达。

3. 招标文件的补充

(1)招标人可以对招标文件用补充的方式进行修正,修正件必须在投标截止日期5天以前使投标人收到。

(2)当对招标文件作较多补充修正时,为使投标人有充分时间按补充的文件修正投标文件,招标人可以推迟投标截止日期。

(3)对招标文件的补充,应及时通知所有投标人。

4. 投标资格文件

投标人需作资格介绍,应将下列文件作为投标文件的一部分送交招标人:

(1)生产厂或公司全称、性质、地址、电话、电信、电挂、开户行账号;

(2)企业营业执照的复印件;

(3)压力容器生产许可证的复印件;

(4)法定代表人姓名。

5. 投标文件的编制要求

(1)投标人应按招标文件中所提供的投标文件格式和投标数量及价格以表格形式逐项填写。

(2)招标人不接受任何选择价,每项报价只能有一个不变价格。

(3)投标文件有效期:从招标人决定开标日期(包括推迟)30 天内,投标文件保持有效。

(4)投标文件如有修改,应有代表人的签字。

6. 投标文件的组成

投标文件的组成如下:

(1)按第 4 项规定,提供证明投标人有合法的投标资格的文件;

(2)投标文件和投标数量及价格表;

(3)投标人完成制造任务的设备能力、工艺方案和措施;

(4)其他说明。

7. 投标文件份数

投标人须准备投标文件一式五份,分别标以正本、副本 4 份。如正本和副本之间有任何差别以正本为准。

8. 投标文件的密封和标记

(1)投标人应分别把正本和副本投标文件用封套加以密封,并在封套上标明正本、副本。

(2)封套上须写明:

①招标人名称;

②招标人地址;

③标书编号;

④招标项目名称,即 M 厂二期工程压力容器;

⑤投标人名称、地址、电话、电挂。

(3)投标人需另备一份投标人投标资格文件(按第 4 项要求单独封签,并在投标时交招标人验证)。

9. 投标截止日期

投标文件必须在×年×月×日×时派人交到招标人指定地点。

10. 投标文件的修改、补充和撤回

投标后若对投标文件有修改、补充和撤回,必须在开标前两个小时内使招标人收到通知,并有法定代表人签字,否则以原标书为准。

经法定代表人正式签署的修改和补充文件组成投标文件内容的一部分,份数和密封要求与投标文件一致。

11. 开标

招标人定于×日×时在×地开标。

12. 投标文件的解释

应评标小组的要求,投标人可对投标文件进行解释,但不能对实质性的内容进行修改。

13. 标书的评定

招标人邀请有关单位的技术、经济专家组成评标小组,对全部投标文件进行评定。

14. 中标的标准

(1)标书基本符合招标文件的要求。

(2)具有良好的执行合同的能力和条件。

(3)报价应对需方有利。

(4)保证质量,保证交货期,并提供最佳售后服务。

15. 中标的通知

招标人在开标后15天内通知中标人,以交出信函的邮戳为准,同时通知所有其他未中标人。

16. 签订合同

中标人在收到中标通知后10天以内,以投标文件为依据,前来与需方签订合同。

(三)主要合同条款

根据××号招标文件及中标人投标文件,M厂(以下简称需方)与中标人(以下简称供方)就压力容器加工制造问题,同意按下列条款签订本合同。

1. 供货范围

压力容器供货明细及数量如下:容器技术要求按招标文件的规定和P设计院提供的制造图纸加工制造。

2. 关于加工制造图纸

招标文件所附图纸系基本设计图纸,加工制造图纸将由P设计院提供。

3. 关于材料

(1)主体设备所需封头毛坯、钢板、钢管以及制造所需的焊条、焊丝、焊剂由需方进口,按核定数量无偿提供给供方(附件)。

(2)除进口材料外,其他材料均由供方自行解决。

(3)材料的代用,供方需事先征得P设计院的同意,并出具材料代用通知单。

4. 价格与支付

(1)各类压力容器单价和总价按招标文件所附基本设计图纸上每台设备重量计价,如加工图纸提供的重量与基本设计的图纸的重量不一致,则按以下办法处理:单设备重量相差5%以内(含5%)时价格不动;超出正负5%时,按每吨单价调整。

(2)设备检验费、包装费等应计入设备价格,铁路发货保险费、运杂费另计。

(3)合同生效后一个月内需方付给供方合同总价15%的预付款,货到后10天内付给供方合同价的80%,余留的5%在设备质量保证期满后付清。

5. 交货条件

(1)交货期:按照招标文件压力容器明细表中要求的交货期交货,交货期以铁路运单戳记为准。

(2)由供方代办托运到站:××。

(3)供方对出厂的容器包装运输应按相关规定执行,如由于包装支撑不当造成损坏或丢失,由供方负责修复和补齐。

(4)设备交货应按国家标准的有关规定提供技术资料。

6. 质量与检验

(1)供方严格按照P设计院提供的加工制造图纸和有关技术要求进行生产和检验,确保产品质量。

(2)需方根据情况可派人或小组参加供方的设备出厂检查,供方于出厂检查前10天通知需方。这类检查并不代表安装调试阶段的检验,也不能解除供方在设备质量保证期内的责任。

(3)需方检验人员去供方检验时,供方应按有关规定,提供有关技术资料。

(4)对设备在质量保证期内出现的制造质量问题,供方应予保修、保换,费用由供方负责。如因需方保管不当造成的质量问题,供方也应负责修理,费用由需方负责。

7. 现场服务

(1)设备在安装调试阶段,根据需方的要求,供方及时派出现场服务人员,对出现的质量问题进行处理。

(2)如发现属供方责任范围内的设备有缺损或不合格的零部件,供方应及时换补或修理。

8. 违约罚款

供方延期交货,应向需方偿付延期违约金,按单台设备价每日0.03%支付,但总金额不能超过单台设备价的5%,交货期延期不能超过6个月。

需方延期付款时(正当拒付者除外)应向供方支付延期付款违约金,每日按托收金额的0.03%计算。

9. 合同生效及其他

(1)供需双方签字加盖公章后,本合同即行生效。

(2)合同在执行过程中出现未尽事宜,双方友好协商解决,协商结果以“纪要”的形式作为本合同的附件,与本合同有同等的效力。

第五章 建设工程合同条件

第一节 建设工程合同概述

一、建设工程合同的概念

建设工程合同,也称建设工程承包合同,是指建设单位与工程建设企业为完成约定的工程建设项目,明确双方权利、义务关系的协议。建设工程合同包括工程勘察合同、设计合同、施工合同。《合同法》第269条规定:“建设工程合同是承包人进行工程建设,发包人支付价款的合同。”

在建设工程合同中,发包人委托承包人进行建设工程的勘察、设计、施工,承包人接受委托并完成建设工程的勘察、设计、施工任务,发包人为此向承包人支付价款。由此可以看出,建设工程合同实质上就是一种承揽合同,或者说是承揽合同的一种特殊类型。

二、建设工程合同的分类

(一)根据承包的内容不同分类

建设工程合同根据承包的内容不同可分为:工程勘察合同、工程设计合同、工程施工合同。

1. 建设工程勘察合同

建设工程勘察合同是承包方进行工程勘察,发包人支付价款的合同。建设工程勘察单位称为承包方,建设单位或者有关单位称为发包方(也称为委托方)。

建设工程勘察合同的标的是为建设工程需要而作的勘察成果。工程勘察是工程建设的第一个环节,也是保证建设工程质量的基础环节。为了确保工程勘察的质量,勘察合同的承包方必须是经国家或省级主管机关批准,持有《勘察许可证》,具有法人资格的勘察单位。

建设工程勘察合同必须符合国家规定的基本建设程序,勘察合同由建设单位或有关单位提出委托,经与勘察部门协商,双方取得一致意见,即可签订。任何违反国家规定的建设程序的勘察合同均是无效的。

2. 建设工程设计合同

建设工程设计合同是承包方进行工程设计,委托方支付价款的合同。建设单位或有关单位为委托方,建设工程设计单位为承包方。

建设工程设计合同为建设工程需要而作的设计成果。工程设计是工程建设的第二个环节,是保证建设工程质量的重要环节。工程设计合同的承包方必须是经国家或省级主要机关批准,持有《设计许可证》,具有法人资格的设计单位。只有具备了上级批准的设计任务书,建设工程设计合同才能订立;小型单项工程必须具有上级机关批准的文件方能订立。如果单独委托施工图设计任务,应当同时具有经有关部门批准的初步设计文件方能订立。

3. 建设工程施工合同

建设工程施工合同是工程建设单位与施工单位,也就是发包方与承包方以完成商定的建设工程为目的,明确双方相互权利义务的协议。建设工程施工合同的发包方可以是法人,也可以是依法成立的其他组织或公民,而承包方必须是法人。

(二)根据合同联系结构不同分类

建设工程合同根据合同联系结构的不同,可分为总承包合同与分别承包合同,还可分为总包合同与分包合同。

1. 总承包合同与分别承包合同

总承包合同,是指发包人将整个建设工程承包给一个总承包人而订立的建设工程合同。总承包人就整个工程对发包人负责。

分别承包合同,是指发包人将建设工程的勘察、设计、施工工作分别承包给勘察人、设计人、施工人而订立的勘察合同、设计合同、施工合同。勘察人、设计人、施工人作为承包人,就其各自承包的工程勘察、设计、施工部分,分别对发包人负责。

2. 总包合同与分包合同

总包合同,是指发包人与总承包人或者勘察人、设计人、施工人就整个建设工程或者建设工程的勘察、设计、施工工作所订立的承包合同。总包合同包括总承包合同与分别承包合同,总承包人和承包人都直接对发包人负责。

分包合同,是指总承包人或者勘察人、设计人、施工人经发包人同意,将其承包的部分工作承包给第三人所订立的合同。分包合同与总包合同是不可分离的。分包合同的发包人就是总包合同的总承包人或者承包人(勘察人、设计人、施工人)。分包合同的承包人即分包人,就其承包的部分工作与总承包人或者勘察、设计、施工承包人向总包合同的发包人承担连带责任。

三、建设工程合同的特征

建设工程合同属于承揽合同的特殊类型,因此,建设工程合同适用法律对承揽合同的相关规定。由于建设工程自身的特点,该类合同对社会公共安全的影响较大,受到国家诸多方面的调控,所以,建设工程合同除具有与一般承揽合同相同的特征如均为诺成合同、双务合同、有偿合同外,更具有与一般承揽合同不同的特点,使得建设工程合同具有如下特征。

(一)建设工程合同的主体具有特定性,承包人只能是经过批准的具有相应资质的法人

这是建设工程合同在主体上不同于承揽合同的特点。承揽合同的主体没有限制,可以是公民个人,也可以是法人,而建设工程合同的主体是有限制的。建设工程合同的标的是建设工程,具有投资大、周期长、质量要求高、技术力量全面、影响国计民生等特点,作为公民个人是不能够独立完成的,所以,公民个人不能作为承建人。只有经过批准的持有相应资质证书的勘察、设计、施工单位等企业法人,才可以在其资质等级许可的范围内承揽工程,成为建设工程合同的主体。法律禁止企业无资质或超越本企业资质等级许可的范围承揽工程。

(二)建设工程合同的标的是特定的,仅限于完成建设工程工作的行为

建设工程合同的标的具有特殊性,只能是完成基本建设工程的行为而不能是其他事物,建设工程本身在属性上具有不可移动、长期存在的特点。建设工程合同是从承揽合同中分化出来的,也属于一种完成工作的合同。与承揽合同不同的是,建设工程合同的标的物为工程建设产品。也正由于此,使得建设工程合同又具有内容复杂、履行期限长、投资规模大、风险较大等特点。这里所说的建设工程,是指土木工程、建筑工程、线路管道和设备安装工程及装修工程,包括房屋、港口、矿井、水库、电站、桥梁涵洞、水利工程、铁路、机场、道路工程,等等,其工作要求比较高,而且价值较大。对于一些结构简单、价值较小的工程项目,如居民建造自住的住宅,

企业建造的临时设施等,并不作为建设工程,不适用建设工程合同的有关规定。

(三)建设工程合同具有一定的计划性和程序性

由于建设工程合同与国民经济建设和人民群众生活都有着密切的关系,因此该合同的订立和履行,必须符合国家基本建设计划的要求,国家对基建项目实行计划控制,这是实现国民经济高速有效、稳定发展的重要措施。建设工程合同的建设周期长、质量要求高、涉及的方面广,各阶段的工作之间有一定的严密顺序,因此,建设工程合同也就具有次序性强的特点。建设工程合同受有关政府部门的管理和监督。建设工程合同的订立和履行,受到国家的严格管理和监督。在我国,规范和调整建设工程合同的法律、法规,除了《合同法》、《建筑法》等法律外,还存在着大量的行政法规、行政规章、地方性法规以及地方性规章。

(四)建设工程合同是要式合同

建设工程合同必须采用书面形式是国家对建设工程进行监督管理的需要,也是建设工程合同履行的特点所决定的。建设工程合同应为要式合同,不采用书面形式的建设工程合同不能有效成立。法律、行政法规规定合同应当办理有关手续,还应当符合有关规定的要求。

第二节 建设工程勘察、设计合同条件

一、建设工程勘察、设计合同的概念

建设工程勘察设计合同是委托方与承包方为完成一定的勘察设计任务,明确相互权利、义务关系的协议。建设工程的发包人或承包人与勘察人、设计人之间订立的,由勘察人、设计人完成一定的勘察、设计工作,发包人或承包人支付相应价款的合同。其主要内容如下:提交勘察或者设计基础资料、设计文件的期限,勘察、设计的质量要求,勘察、设计费用,其他协作条件。

根据《中华人民共和国经济合同法》的有关规定,结合实行建设工程勘察设计合同制的经验,1983 年 8 月 8 日国务院制定并发布了《建设工程勘察设计合同条例》,作为委托方与承包方为完成一定的勘察设计任务而明确相互权利、义务关系的协议。在此基础之上,建设部(现住房与城乡建设部)与国家工商行政管理局联合制定了《建设工程勘察设计合同管理办法》、《建设工程勘察合同》(GF—96—0203)和《建设工程设计合同》(GF—96—0204)文本,并从 1996 年 10 月 1 日起在工程建设中组织试行,要求凡在我国境内进行城市建筑工程勘察设计的单位,一律按《建设工程勘察设计合同管理办法》的有关规定,接受建设行政主管部门和工商行政管理部门对建设工程项目勘察设计合同的管理与监督,并要求在我国境内承担建设工程勘察设计任务的单位,统一使用《建筑工程勘察合同》、《建设工程设计合同》文本。2000 年 3 月 1 日,建设部(现住房与城乡建设部)与国家工商行政管理局重新修订了《建设工程勘察设计合同管理办法》,同时修订了建设工程勘察设计合同,形成了我们沿用至今的四个示范文本,即《建设工程勘察合同(一)(示范文本)》(GF—2000—0203),用于岩土工程勘察、水文地质勘察(含凿井)、工程测量、工程物探等工程;《建设工程勘察合同(二)(示范文本)》(GF—2000—0204),用于岩土工程设计、治理、监测等工程;《建设工程设计合同(一)(示范文本)》(GF—2000—0209),用于民用建设工程设计;《建设工程设计合同(二)(示范文本)》(GF—2000—0210),用于专业建设工程设计。

二、建设工程勘察合同的订立

依据范本订立勘察合同时，双方通过协商，应根据工程项目的特点，在相应条款内明确以下方面的具体内容。

1. 发包人应提供的勘察依据文件和资料

(1)提供本工程批准文件(复印件)，以及用地(附红线范围)、施工、勘察许可等批件(复印件)。

(2)提供工程勘察任务委托书、技术要求和工作范围的地形图、建筑总平面布置图。

(3)提供勘察工作范围已有的技术资料及工程所需的坐标与标高资料。

(4)提供勘察工作范围地下已有埋藏物的资料(如电力、电信电缆、各种管道、人防设施、洞室等)及具体位置分布图。

(5)提供其他必要的相关资料。

2. 委托任务的工作范围

(1)工程勘察任务(内容)。可能包括：自然条件观测、地形图测绘、资源探测、岩土工程勘察、地震安全性评价、工程水文地质勘察、环境评价以及模型试验等。

(2)技术要求。

(3)预计的勘察工作量。

(4)勘察成果资料提交的份数。

3. 合同工期

合同约定的勘察工作开始和终止时间。

4. 勘察费用

勘察费用包括：

(1)勘察费用的预算金额；

(2)勘察费用的支付程序和每次支付的百分比。

5. 发包人应为勘察人提供的现场工作条件

根据项目的具体情况，双方可以在合同内约定由发包人负责保证勘察工作顺利开展应提供的条件，可能包括：

(1)落实土地征用，青苗、树木赔偿；

(2)拆除地上、地下障碍物；

(3)处理施工扰民及影响施工正常进行的有关问题；

(4)平整施工现场；

(5)修好通行道路、接通电源水源、挖好排水沟渠以及提供水上作业用船等。

6. 违约责任

(1)承担违约责任的条件。

(2)违约金的计算方法等。

7. 合同争议的最终解决方式、约定仲裁委员会的名称

明确约定解决合同争议的最终方式是采用仲裁或诉讼。采用仲裁时，需注明仲裁委员会的名称。

三、建设工程设计合同的订立

依据范本订立民用建筑设计合同时，双方通过协商，应根据工程项目的特点，在相应条款

内明确以下方面的具体内容。

1. 发包人应提供的文件和资料

1)设计依据文件和资料

设计依据文件和资料包括:

(1)经批准的项目可行性研究报告或项目建议书;

(2)城市规划许可文件;

(3)工程勘察资料等。

发包人应向设计人提交的有关资料和文件在合同内需约定资料和文件的名称、份数、提交的时间和有关事宜。

2)项目设计要求

项目设计要求包括:

(1)工程的范围和规模;

(2)限额设计的要求;

(3)设计依据的标准;

(4)法律、法规规定应满足的其他条件。

2. 委托任务的工作范围

(1)设计范围。合同内应明确建设规模,详细列出工程分项的名称、层数和建筑面积。

(2)建筑物的合理使用年限设计要求。

(3)委托的设计阶段和内容。可能包括方案设计、初步设计和施工图设计的全过程,也可以是其中的某几个阶段。

(4)设计深度要求。设计标准可以高于国家规范的强制性规定,发包人不得要求设计人违反国家有关标准进行设计。方案设计文件应当满足编制初步设计文件和控制概算的需要;初步设计文件应当满足编制施工招标文件、主要设备材料订货和编制施工图设计文件的需要;施工图设计文件应当满足设备材料采购、非标准设备制作和施工的需要,并注明建设工程合理使用年限。具体内容要根据项目的特点在合同内约定。

(5)设计人配合施工工作的要求。包括向发包人和施工承包人进行设计交底;处理有关设计问题;参加重要隐蔽工程部位验收和竣工验收等事项。

3. 设计人交付设计资料的时间

设计人向发包人交付设计文件的份数、地点及时间应在合同内约定。

4. 设计费用

合同双方不得违反国家有关最低收费标准的规定,任意压低勘察、设计费用。合同内除了写明双方约定的总设计费外,还需列明分阶段支付进度款的条件、占总设计费的百分比及金额。

5. 发包人应为设计人提供的现场服务

发包人应为设计人提供的现场服务可能包括施工现场的工作条件、生活条件及交通等方面的具体内容。

6. 违约责任

需要约定的内容,包括承担违约责任的条件和违约金的计算方法等。

7. 合同争议的最终解决方式

明确约定解决合同争议的最终方式是采用仲裁或诉讼。采用仲裁时，需注明仲裁委员会的名称。

四、建设工程勘察、设计合同中双方的义务

如同任何一份合同一样，在勘察、设计合同中也约定了发包人与承包人双方的义务。

(一)发包人的主要义务

发包人的主要义务有以下几方面：

(1)支付价款；

(2)按照合同约定提供开展勘察、设计工作所需要的基础资料、技术要求并对文件的时间、进度和资料的可靠性负责；

(3)按照合同约定提供必要的协作条件，在勘察设计人员进场工作时，发包人应当为其提供必要的工作和生活条件，以保证其正常开展工作；

(4)按照诚实信用原则的要求，一经签订合同，就不能随意变更计划。

(二)承包人的主要义务

承包人的主要义务应包括两个方面。

1. 按照合同约定按期完成勘察、设计工作，并向发包人提交勘察成果、设计成果

勘察合同的勘察人应当按照国家规定的或者合同约定的标准和技术条件进行工程测量、工程地质、水文地质等勘察工作。设计合同的设计人应当按照合同的约定根据发包人提供的文件和资料进行设计工作。勘察人、设计人应按照合同规定的进度完成勘察、设计任务，并在约定的期限内将勘察成果、设计图纸及说明和材料设备清单、概预算等设计成果按约定的方式交付给发包人。

2. 按合同约定完成协作的事项

设计人应当按照合同的约定对其承担设计任务的工程建设配合施工，进行设计交底，解决施工过程中有关设计的问题，负责设计变更和修改预算，参加试车考核和工程竣工验收等。

五、建设工程勘察、设计合同中承包人的违约赔偿

建设工程勘察、设计合同中承包人的违约赔偿分为以下三种情况。

(1)没有按约定完成工作并交付成果的违约赔偿。勘察人、设计人未按期完成工作并交付成果的，应承担违约责任。根据《合同法》第二百八十条的规定：勘察人、设计人未按照期限提供勘察、设计文件，拖延工期，造成发包人损失的，勘察人、设计人应当继续完善勘察、设计，减收或者免收勘察、设计费并赔偿损失。

(2)勘察、设计质量不符合要求的违约赔偿。勘察人、设计人完成和交付的工作成果应符合法律、行政法规的规定，符合建设工程质量、安全标准，符合建设工程勘察、设计的技术规范，符合合同的约定，否则该勘察成果、设计成果即为有瑕疵，勘察人、设计人应负瑕疵担保责任。即使在勘察合同、设计合同履行后，于工程建设中发现勘察质量问题、设计问题的，勘察人、设计人亦应负责。《合同法》第二百八十条规定：勘察、设计的质量不符合要求，造成发包人损失的，勘察人、设计人应当继续完善勘察、设计，减收或者免收勘察、设计费并赔偿损失。

(3)没有按约定完成协作事项的违约赔偿。勘察人、设计人应当按照合同的约定，完成约定的协作事项。没有按合同约定完成协作事项，造成发包人损失的，勘察人、设计人应承担赔

偿责任。

六、建设工程勘察合同示范文本的内容

如前所述,建设工程勘察合同示范文本有两种,示范文本(一)适用于岩土工程勘察、水文地质勘察(含凿井)工程测量、工程物探等工程;示范文本(二)适用于岩土工程设计、治理、监测等工程。

(一)建设工程勘察合同(一)(示范文本)(GF—2000—0203)的主要内容

建设工程勘察合同(一)(示范文本)分为工程概况、发包人责任与义务、勘察人责任与义务、开工及提交勘察成果资料的时间和收费标准及付费方式、违约责任、争议解决方式及合同的生效与终止条件等几个方面作了约定。

1. 工程概况

需写明工程名称、工程建设地点、工程规模、特征、工程勘察任务委托文号、日期、工程勘察任务(内容)与技术要求、承接方式、预计勘察工作量等。

2. 发包人的责任与义务

(1)发包人委托任务时,必须以书面形式向勘察人明确勘察任务及技术要求,并应及时向勘察人提供下列文件资料,并对其准确性、可靠性负责。

①提供本工程批准文件(复印件)以及用地(附红线范围)、施工、勘察许可等批件(复印件)。

②提供工程勘察任务委托书、技术要求和工作范围的地形图、建筑总平面布置图。

③提供勘察工作范围已有的技术资料及工程所需的坐标与标高资料。

④提供勘察工作范围地下已有埋藏物的资料(如电力、电信电缆、各种管道、人防设施、洞室等)及具体位置分布图。

如果发包人不能提供上述资料,由勘察人收集的,发包人需向勘察人支付相应费用。

(2)在勘察工作范围内,没有资料、图纸的地区(段),发包人应负责查清地下埋藏物,若因未提供上述资料、图纸,或提供的资料图纸不可靠、地下埋藏物不清,致使勘察人在勘察工作过程中发生人身伤害或造成经济损失,由发包人承担民事责任。

(3)发包人应及时为勘察人提供并解决勘察现场的工作条件和出现的问题(如:落实土地征用、青苗树木赔偿,拆除地上地下障碍物,处理施工扰民及影响施工正常进行的有关问题,平整施工现场,修好通行道路,接通电源水源,挖好排水沟渠以及提供水上作业用船等),并承担其费用。

(4)若勘察现场需要看守,特别是在有毒、有害等危险现场作业时,发包人应派人负责安全保卫工作,按国家有关规定,对从事危险作业的现场人员进行保健防护,并承担费用。

(5)工程勘察前,若发包人负责提供材料的,应根据勘察人提出的工程用料计划,按时提供各种材料及其产品合格证明,并承担费用和运到现场,派人与勘察人的人员一起验收。

(6)勘察过程中的任何变更,经办理正式变更手续后,发包人应按实际发生的工作量支付勘察费。

(7)为勘察人的工作人员提供必要的生产、生活条件,并承担费用;如不能提供时,应一次性付给勘察人临时设施费。

(8)由于发包人原因造成勘察人停、窝工,除工期顺延外,发包人应支付停、窝工费;发包人若要求在合同规定时间内提前完工(或提交勘察成果资料)时,发包人应向勘察人支付加班

费。

(9)发包人应保护勘察人的投标书、勘察方案、报告书、文件、资料图纸、数据、特殊工艺(方法)、专利技术和合理化建议,未经勘察人同意,发包人不得复制、不得泄露、不得擅自修改、传送或向第三人转让或用于本合同外的项目。如发生上述情况,发包人应负法律责任,勘察人有权索赔。

(10)合同有关条款规定和补充协议中发包人应负的其他责任。

3. 勘察人的责任与义务

(1)勘察人应按国家技术规范、标准、规程和发包人的任务委托书及技术要求进行工程勘察,按规定的时间提交质量合格的勘察成果资料,并对其负责。

(2)由于勘察人提供的勘察成果资料质量不合格,勘察人应负责无偿给予补充完善使其达到质量合格;若勘察人无力补充完善,需另委托其他单位时,勘察人应承担全部勘察费用;或因勘察质量造成重大经济损失或工程事故时,勘察人除应负法律责任和免收直接受损失部分的勘察费外,并根据损失程度向发包人支付赔偿金。

(3)在工程勘察前,提出勘察纲要或勘察组织设计,派人与发包人的人员一起验收发包人提供的材料。

(4)勘察过程中,根据工程的岩土工程条件(或工作现场地形地貌、地质和水文地质条件)及技术规范要求,向发包人提出增减工作量或修改勘察工作的意见,并办理正式变更手续。

(5)在现场工作的勘察人的人员,应遵守发包人的安全保卫及其他有关的规章制度,承担其有关资料保密义务。

(6)合同有关条款规定和补充协议中勘察人应负的其他责任。

4. 开工及提交勘察成果资料的时间和收费标准及付费方式

勘察工作有效期限以发包人下达的开工通知书或合同规定的时间为准,如遇特殊情况(设计变更、工作量变化、不可抗力影响以及非勘察人原因造成的停、窝工等)时,工期顺延。在合同内应注明收费标准及付费方式,如"本工程勘察按国家规定的现行收费标准计取费用",或以"预算包干"、"中标价加签证"、"实际完成工作量结算"等方式计取收费。国家规定的收费标准中没有规定的收费项目,由发包人、勘察人另行议定。

此外,在合同中应注明定金的比例及支付时间与支付方式。

5. 违约责任

(1)由于发包人未给勘察人提供必要的工作、生活条件而造成停、窝工或来回进出场地,发包人除应付给勘察人停、窝工费(金额按预算的平均工日产值计算),工期按实际工日顺延外,还应付给勘察人来回进出场费和调遣费。

(2)由于勘察人原因造成勘察成果资料质量不合格,不能满足技术要求时,其运工勘察费用由勘察人承担。

(3)合同履行期间,由于工程停建而终止合同或发包人要求解除合同时,勘察人未进行勘察工作的,不退还发包人已付定金。已进行勘察工作的:完成的工作量在50%以内时,发包人应向勘察人支付预算额50%的勘察费;完成的工作量超过50%时,则应向勘察人支付预算额100%的勘察费。

(4)发包人未按合同规定时间(日期)拨付勘察费,每超过一日,应偿付未支付勘察费的千分之一逾期违约金;由于勘察人原因未按合同规定时间(日期)提交勘察成果资料,每超过一日，应减收勘察费千分之一。

(5)合同签订后，发包人不履行合同时，无权要求退还定金；勘察人不履行合同时，双倍返还定金。

6. 争议解决方式

争议解决方式包括和解、调解、仲裁与诉讼四种。当合同发生争议时，发包人、勘察人应及时协商解决，也可由当地建设行政主管部门调解；协商或调解不成时，发包人、勘察人同意由合同中指定的仲裁委员会仲裁。发包人、勘察人未在合同中约定仲裁机构，事后又未达成书面仲裁协议的，可向人民法院起诉。

7. 合同的生效与终止条件

合同自发包人、勘察人签字盖章后生效；按规定到省级建设行政主管部门规定的审查部门备案；发包人、勘察人认为必要时，到项目所在地工商行政管理部门申请鉴证。发包人、勘察人履行完合同规定的义务后，合同终止。

(二)建设工程勘察合同(二)(示范文本)(GF—2000—0204)的主要内容

建设工程勘察合同(二)(示范文本)与建设工程勘察合同(一)(示范文本)相比，基本内容类似，但是在某些条款上规定得比建设工程勘察合同(一)(示范文本)更为细致，同时增加了工期、变更及费用调整、材料设备供应等条款的内容。

1. 工程概况

需写明工程名称、工程地点、工程立项批准文件号、日期、岩土工程任务委托文号、日期、工程规模、特征、岩土工程任务(内容)与技术要求、承接方式、预订的岩土工程工作量等内容。

2. 发包人的责任与义务

(1)除了约定发包人应在规定的时间内向承包人提供资料文件，并对其完整性、正确性及时限性负责之外，还特别约定了发包人提供上述资料、文件超过规定期限15天以内，承包人按合同规定交付报告、成果、文件的时间顺延，规定期限超过15天以上时，承包人有权重新确定交付报告、成果、文件的时间，示范文本中给出了发包人向承包人提供的有关资料文件的格式。

(2)发包人要求承包人在合同规定时间内提前交付报告、成果、文件时，发包人向承包人支付加班费。

(3)发包人应为承包人现场工作人员提供必要的生产、生活条件；如不能提供时，应一次性付给承包人临时设施费。

(4)开工前，发包人应办理完毕开工许可，工作场地使用，青苗、树木赔偿，坟地迁移，房屋构筑物拆迁，障碍物清除等工作，及解决扰民和影响正常工作进行的有关问题，并承担费用；发包人应向承包人提供工作现场地下已有埋藏物(如电力、电信电缆、各种管道、人防设施、洞室等)的资料及其具体位置分布图，若因地下埋藏物不清，致使承包人在现场工作中发生人身伤害或造成经济损失，由发包人承担民事责任；在有毒、有害环境中作业时，发包人应按有关规定，提供相应的防护措施，并承担有关的费用；以书面形式向承包人提供水准点和坐标控制点；发包人应解决承包人工作现场的平整，道路通行和用水、用电，并承担费用。

(5)发包人应对工作现场周围建筑物、构筑物，古树、名木以及地下管道、线路的保护负责，对承包人提出书面具体保护要求(措施)，并承担费用。

(6)发包人应保护承包人的投标书、报告书、文件、设计成果、专利技术、特殊工艺和合理化建议，未经承包人同意，发包人不得复制泄露或向第三人转让或用于本合同外的项目。如发生以上情况,发包人应负法律责任,承包人有权索赔。

(7)合同中有关条款规定和补充协议中发包人应负的责任。

3. 承包人的责任与义务

(1)承包人应按约定的内容、时间、数量向发包人交付报告、成果、文件,并对其质量负责。并给出了承包人应向发包人交付的报告、成果、文件的格式。

(2)承包人对报告、成果、文件出现的遗漏或错误负责修改补充;由于承包人的遗漏、错误造成工程质量事故,承包人除负法律责任和负责采取补救措施外,应减收或免收直接受损失部分的岩土工程费,并根据受损失程度向发包人支付赔偿金,赔偿金额由发包人、承包人商定。

(3)承包人不得向第三人扩散、转让合同中约定发包人提供的技术资料、文件。发生上述情况,承包人应负法律责任,发包人有权索赔。

(4)遵守国家及当地有关部门对工作现场的有关管理规定,做好工作现场保卫和环卫工作,并按发包人提出的保护要求(措施),保护好工作现场周围的建、构筑物,古树、名木和地下管线(管道)、文物等。

(5)合同有关条款规定和补充协议中承包人应负的责任。

4. 工期

在合同条件中明确约定了开、竣工时间及总工期的天数。

5. 收费标准及支付方式

在合同内应注明收费标准及付费方式,如"本岩土工程收费按国家规定的现行收费标准计取",或以"预算包干"、"中标价加签证"、"实际完成工作量结算"等方式计取收费。国家规定的收费标准中没有规定的收费项目,由发包人、勘察人另行议定。此外,在合同条件中还要明确写明工程费总额、定金额度及支付时间。如发包人不按时向承包人拨付工程费,从应拨付之日起承担应拨付工程费的滞纳金。

6. 变更及工程费的调整

在合同条件中还约定了若发包人对工程内容与技术要求提出变更,发包人应在变更前一定天数内向承包人发出书面变更通知,否则承包人有权拒绝变更;承包人接通知后于一定天数内提出变更方案的文件资料,发包人收到该文件资料之日起一定天数内予以确认,如不确认或不提出修改意见的,变更文件资料自行生效,除由此延误的工期顺延外,因变更导致承包人经济支出和损失,由发包人承担。具体天数由发包人与承包人在合同内约定。

7. 违约责任

(1)由于发包人提供的资料、文件错误或不准确,造成工期延误或返工时,除工期顺延外,发包人应向承包人支付停工费或返工费,造成质量、安全事故时,由发包人承担法律责任和经济责任。

(2)在合同履行期间,发包人要求终止或解除合同,承包人未开始工作的,不退还发包人已付的定金;已进行工作的,完成的工作量在50%以内时,发包人应支付承包人工程费的50%的费用;完成的工作量超过50%时,发包人应支付承包人工程费的100%的费用。

(3)发包人不按时支付工程费(进度款),承包人在约定支付时间10天后,向发包人发出书面催款的通知。发包人收到通知后仍不按要求付款,承包人有权停工,工期顺延,发包人还应承担滞纳金。

(4)由于承包人原因延误工期或未按规定时间交付报告、成果、文件,每延误一天应承担以工程费千分之一计算的违约金。

(5)交付的报告、成果、文件达不到合同约定条件的部分,发包人可要求承包人返工,承包人应按发包人要求的时间返工,直到符合约定条件。因承包人原因达不到约定条件,由承包人承担返工费,返工后仍不能达到约定条件,承包人承担违约责任,并根据因此造成的损失程度向发包人支付赔偿金,赔偿金额最高不超过返工项目的收费。

8. 材料设备供应

这一条是建设工程勘察合同(一)(示范文本)中所没有的,具体合同条件约定包括二方面。

(1)发包人、承包人应对各自负责供应的材料设备负责,提供产品合格证明,并经发包人、承包人代表共同验收认可。如与设计和规范要求不符的产品,应重新采购符合要求的产品,并经发包人、承包人代表重新验收认定,各自承担发生的费用。若造成停、窝工的,原因是承包人的,则责任自负;原因是发包人的,则应向承包人支付停、窝工费。

(2)承包人需使用代用材料时,须经发包人代表批准方可使用,增减的费用由发包人、承包人商定。

9. 报告、成果、文件检查验收

(1)由发包人负责组织对承包人交付的报告、成果、文件进行检查验收。

(2)发包人收到承包人交付的报告、成果、文件后,在约定的天数内检查验收完毕,并出具检查验收证明,以示承包人已完成任务,逾期未检查验收的,视为接受承包人的报告、成果、文件。

(3)隐蔽工程工序质量检查,由承包人自检后,书面通知发包人检查;发包人接通知后,当天组织质检,经检验合格,发包人、承包人签字后方能进行下一道工序;检验不合格,承包人在限定时间内修补后重新检验,直至合格;若发包人接通知后 24 小时内仍未能到现场检验,承包人可以顺延工程工期,发包人应赔偿停、窝工的损失。

(4)工程完工,承包人向发包人提交岩土治理工程的原始记录、竣工图及报告、成果、文件,发包人应在约定的天数内组织验收,如有不符合规定要求及存在质量问题,承包人应采取有效补救措施。

(5)工程未经验收,发包人提前使用和擅自动用,由此发生的质量、安全问题,由发包人承担责任,并以发包人开始使用日期为完工日期。

(6)完工工程经验收符合合同要求和质量标准,自验收之日起约定天数内,承包人向发包人移交完毕,如发包人不能按时接管,致使已验收工程发生损失,应由发包人承担;如承包人不能按时交付,应按逾期完工处理,发包人不得因此而拒付工程款。

10. 争议解决办法

合同发生争议时,发包人、承包人应及时协商解决,也可由当地建设行政主管部门调解,协商或调解不成时,发包人、承包人同意由约定的仲裁委员会仲裁。发包人、承包人未在合同中约定仲裁机构,事后又未达成书面仲裁协议的,可向人民法院起诉。

11. 合同生效与终止条件

合同自发包人、承包人签字盖章后生效;按规定到省级建设行政主管部门规定的审查部门备案;发包人、承包人认为必要时,到项目所在地工商行政管理部门申请鉴证。发包人、承包人履行完合同规定的义务后,本合同终止。

七、建设工程设计合同示范文本的内容

建设工程设计合同示范文本也有两种，示范文本（一）适用于民用建设工程，示范文本（二）适用于专业建设工程。

（一）建设工程设计合同（一）（示范文本）（GF—2000—0209）的主要内容

建设工程设计合同（一）（示范文本）对合同设计项目的名称、规模、阶段、投资及设计费以及发包人应向设计人提交的有关资料和文件、设计人应向发包人交付的设计资料及文件都作了详尽的规定，并给出了相关表格供合同双方填写。同时，在示范文本中尤其对双方责任和违约责任作了详细的描述。

1. 发包人责任

（1）发包人应在规定的时间内向设计人提交资料及文件，并对其完整性、正确性及时限负责，发包人不得要求设计人违反国家有关标准进行设计。发包人提交上述资料及文件超过规定期限15天以内，设计人可将交付设计文件时间顺延；超过规定期限15天以上时，设计人员有权重新确定提交设计文件的时间。

（2）发包人变更委托设计项目、规模、条件或因提交的资料错误，或所提交资料作较大修改，以致造成设计人设计需返工时，双方除需另行协商签订补充协议（或另订合同）、重新明确有关条款外，发包人应按设计人所耗工作量向设计人增付设计费。在未签合同前发包人已同意，设计人为发包人所做的各项设计工作，应按收费标准，相应支付设计费。

（3）发包人要求设计人比合同规定时间提前交付设计资料及文件时，如果设计人能够做到，发包人应根据设计人提前投入的工作量，向设计人支付赶工费。

（4）发包人应为派赴现场处理有关设计问题的工作人员提供必要的工作、生活及交通等方便条件。

（5）发包人应保护设计人的投标书、设计方案、文件、资料图纸、数据、计算软件和专利技术。未经设计人同意，发包人对设计人交付的设计资料及文件不得擅自修改、复制或向第三人转让或用于本合同外的项目。如发生以上情况，发包人应负法律责任，设计人有权向发包人提出索赔。

2. 设计人责任

（1）设计人应按国家技术规范、标准、规程及发包人提出的设计要求，进行工程设计，按合同规定的进度要求提交质量合格的设计资料，并对其负责。

（2）设计人采用的主要技术标准、设计合理使用年限应在合同中写明。

（3）设计人应按规定的内容、进度及份数向发包人交付资料及文件。

（4）设计人交付设计资料及文件后，按规定参加有关的设计审查，并根据审查结论负责对不超出原定范围的内容作必要调整补充。设计人按合同规定时限交付设计资料及文件，本年内项目开始施工的，负责向发包人及施工单位进行设计交底、处理有关设计问题和参加竣工验收；在一年内项目尚未开始施工的，设计人仍负责上述工作，但应按所需工作量向发包人适当收取咨询服务费，收费额由双方商定。

（5）设计人应保护发包人的知识产权，不得向第三人泄露、转让发包人提交的产品图纸等技术经济资料。如发生以上情况并给发包人造成经济损失，发包人有权向设计人索赔。

3. 违约责任

（1）在合同履行期间，发包人要求终止或解除合同，设计人未开始设计工作的，不退还发

包人已付的定金;已开始设计工作的,发包人应根据设计人已进行的实际工作量,不足一半时,按该阶段设计费的一半支付;超过一半时,按该阶段设计费的全部支付。

(2)发包人应按本合同第五条规定的金额和时间向设计人支付设计费,每逾期支付一天,应承担支付金额千分之二的逾期违约金。逾期超过30天以上时,设计人有权暂停履行下阶段工作,并书面通知发包人。发包人的上级或设计审批部门对设计文件不审批或本合同项目停缓建,发包人均应按规定支付设计费。

(3)设计人对设计资料及文件出现的遗漏或错误负责修改或补充。由于设计人员错误造成工程质量事故损失,设计人除负责采取补救措施外,应免收直接受损失部分的设计费。损失严重的根据损失的程度和设计人责任大小向发包人支付赔偿金,赔偿金由双方商定。

(4)由于设计人自身原因,延误了设计资料及设计文件的交付时间,每延误一天,应减收该项目应收设计费的千分之二。

(5)合同生效后,设计人要求终止或解除合同,设计人应双倍返还定金。

4. 其他有关内容

(1)发包人要求设计人派专人留驻施工现场进行配合与解决有关问题时,双方应另行签订补充协议或技术咨询服务合同。

(2)设计人为本合同项目所采用的国家或地方标准图,由发包人自费向有关出版部门购买。本合同规定设计人交付的设计资料及文件份数超过《工程设计收费标准》规定的份数,设计人另收工本费。

(3)本工程的设计资料及文件中,建筑材料、建筑构配件和设备,应当注明其规格、型号、性能等技术指标,设计人不得指定生产厂、供应商。发包人需要设计人的设计人员配合加工定货时,所需要费用由发包人承担。

(4)发包人委托设计配合引进项目的设计任务,从询价、对外谈判、国内外技术考察直至建成投产的各个阶段,应吸收承担有关设计任务的设计人参加。出国费用,除制装费外,其他费用由发包人支付。

(5)发包人委托设计人承担本合同内容之外的工作服务,另行支付费用。

(6)由于不可抗力因素致使合同无法履行时,双方应及时协商解决。

(7)本合同在履行过程中发生的争议,由双方当事人协商解决,协商不成的,提交当地仲裁委员会仲裁。

(8)对于合同中的未尽事宜,双方可签订补充协议,有关协议及双方认可的来往电报、传真、会议纪要等,均为合同组成部分,与合同具有同等法律效力。

5. 合同的生效与终止

合同经双方签章并在发包人向设计人支付定金后生效。合同生效后,应按规定到项目所在省级建设行政主管部门规定的审查部门备案。双方认为必要时,到项目所在地工商行政管理部门申请鉴证。双方履行完合同规定的义务后,本合同即行终止。

(二)建设工程设计合同(二)(示范文本)(GF—2000—0210)的主要内容

建设工程设计合同(二)(示范文本)与建设工程设计合同(一)(示范文本)在格式上有很大的不同,内容方面也有所区别,并且明确提出了合同文件的优先次序。

1. 合同文件的优先次序

构成合同的文件可视为是能互相说明的,如果合同文件存在歧义或不一致,则根据如下优先次序来判断:a.合同书;b.中标函(文件);c.发包人要求及委托书;d.投标书。

2.费用

双方在合同中明确约定设计费的金额,收费依据和计算方法按国家和地方有关规定执行,国家和地方没有规定的,由双方商定。如果上述费用为估算设计费,则双方在初步设计审批后,按批准的初步设计概算核算设计费。工程建设期间如遇概算调整,则设计费也应作相应调整。

3.支付方式

合同生效后三天内,发包人支付设计费总额的20%作为定金(合同结算时,定金抵作设计费);设计人提交设计文件后三天内,发包人支付设计费总额的30%;之后,发包人应按设计人所完成的施工图工作量比例,分期分批向设计人支付总设计费的50%;施工图完成后,发包人结清设计费,不留尾款。

4.发包人责任

(1)发包人应按合同在规定的时间内向设计人提交基础资料及文件,并对其完整性、正确性及时限负责。发包人不得要求设计人违反国家有关标准进行设计。发包人提交上述资料及文件超过规定期限15天以内,设计人按合同规定的交付设计文件时间顺延;发包人交付上述资料及文件超过规定期限15天以上时,设计人有权重新确定提交设计文件的时间。

(2)发包人变更委托设计项目、规模、条件或因提交的资料错误,或所提交资料作较大修改,以致造成设计人设计返工时,双方除另行协商签订补充协议(或另订合同)、重新明确有关条款外,发包人应按设计人所耗工作量向设计人支付返工费。在未签订合同前发包人已同意,设计人为发包人所做的各项设计工作,发包人应支付相应设计费。

(3)在合同履行期间,发包人要求终止或解除合同,设计人未开始设计工作的,不退还发包人已付的定金;已开始设计工作的,发包人应根据设计人已进行的实际工作量,不足一半时,按该阶段设计费的一半支付;超过一半时,按该阶段设计费的全部支付。

(4)发包人必须按合同规定支付定金,收到定金作为设计人设计开工的标志。未收到定金,设计人有权推迟设计工作的开工时间,且交付文件的时间顺延。

(5)发包人应按本合同规定的金额和日期向设计人支付设计费,每逾期支付一天,应承担应支付金额千分之二的逾期违约金,且设计人提交设计文件的时间顺延。逾期超过30天以上时,设计人有权暂停履行下阶段工作,并书面通知发包人。发包人的上级或设计审批部门对设计文件不审批或本合同项目停缓建,发包人均应支付应付的设计费。

(6)发包人要求设计人比合同规定时间提前交付设计文件时,须征得设计人同意,不得严重背离合理设计周期,且发包人应支付赶工费。

(7)发包人应为设计人派驻现场的工作人员提供工作、生活及交通等方面的便利条件及必要的劳动保护装备。

(8)设计文件中选用的国家标准图、部标准图及地方标准图由发包人负责解决。

(9)承担本项目外国专家来设计人办公室工作的接待费(包括传真、电话、复印、办公等费用)。

5.设计人责任

(1)设计人应按国家规定和合同约定的技术规范、标准进行设计,按合同规定的内容、时间及份数向发包人交付设计文件(出现规定有关交付设计文件顺延的情况除外),并对提交的设计文件的质量负责。

(2)应在合同中注明设计合理使用年限。

(3)负责对外商的设计资料进行审查,负责该合同项目的设计联络工作。

(4)设计人对设计文件出现的遗漏或错误负责修改或补充。由于设计人设计错误造成工程质量事故损失,设计人除负责采取补救措施外,应免收受损失部分的设计费,并根据损失程度向发包人支付赔偿金,赔偿金数额由双方商定。

(5)由于设计人原因,延误了设计文件交付时间,每延误一天,应减收该项目应收设计费的千分之二。

(6)合同生效后,设计人要求终止或解除合同,设计人应双倍返还发包人已支付的定金。

(7)设计人交付设计文件后,按规定参加有关上级的设计审查,并根据审查结论负责不超出原定范围的内容作必要调整补充。设计人按合同规定时限交付设计文件一年内项目开始施工,负责向发包人及施工单位进行设计交底、处理有关设计问题和参加竣工验收。在一年内项目尚未开始施工,设计人仍负责上述工作,可按所需工作量向发包人适当收取咨询服务费,收费额由双方商定。

6. 保密

双方均应保护对方的知识产权,未经对方同意,任何一方均不得对对方的资料及文件擅自修改、复制或向第三人转让或用于本合同项目外的项目。如发生以上情况,泄密方承担一切由此引起的后果并承担赔偿责任。

7. 仲裁

建设工程设计合同发生争议,发包人与设计人应及时协商解决。也可由当地建设行政主管部门调解,调解不成时,双方当事人同意由双方商定的仲裁委员会仲裁。双方当事人未在合同中约定仲裁机构,当事人又未达成仲裁书面协议的,可向人民法院起诉。

8. 合同生效及其他

(1)发包人要求设计人派专人长期驻施工现场进行配合与解决有关问题时,双方应另行签订技术咨询服务合同。

(2)设计人为合同项目的服务至施工安装结束为止。

(3)工程项目中,设计人不得指定建筑材料、设备的生产厂或供货商。发包人需要设计人配合建筑材料、设备的加工订货时,所需费用由发包人承担。

(4)发包人委托设计人配合引进项目的设计任务,从询价、对外谈判、国内外技术考察直至建成投产的各个阶段,应吸收承担有关设计任务的设计人员参加。出国费用,除制装费外,其他费用由发包人支付。

(5)发包人委托设计人承担本合同内容以外的工作服务,另行签订协议并支付费用。

(6)由于不可抗力因素致使合同无法履行时,双方应及时协商解决。

(7)合同双方签字盖章即生效。合同生效后,按规定应到项目所在地省级建设行政主管部门规定的审查部门备案;双方认为必要时,到工商行政管理部门鉴证。双方履行完合同规定的义务后,本合同即行终止。

(8)双方认可的来往传真、电报、会议纪要等,均为合同的组成部分,与本合同具有同等法律效力。

(9)未尽事宜,经双方协商一致,签订补充协议,补充协议与本合同具有同等效力。

第三节 建设工程施工合同条件

一、建设工程施工合同简介

《建设工程施工合同条件》(以下简称《合同条件》)和《建设工程施工合同协议条款》(以下简称《协议条款》)组成了《建设工程施工合同(示范文本)》(以下简称《示范文本》)。

《合同条件》是根据《中华人民共和国合同法》、《建筑安装工程承包合同条件》对承发包双方权利与义务作出的规定,基本上可以适用于各类建设工程,因而有相对的固定性。但由于合同标的以及建设工程的内容各不相同,工期造价也就随之变动,承发包双方的自身条件、能力、施工现场的环境和条件也都各异,双方的权利、义务也就各有特性。因此《合同条件》也就不可能完全适用于每个具体工程,需配之以《协议条款》进行必要的修改、补充。

《协议条款》是按《合同条件》的顺序拟定的,主要是为《合同条件》的修改补充提供一个协议的格式。承发包双方针对工程的实际情况,把对《合同条件》的修改补充和不予采用的一致意见按《协议条款》的格式形成协议,在《协议条款》中作具体的约定,将一致意见写入相应条款,就是双方统一意愿的体现,成为合同文件的组成部分。

我国1991年订立的《土木工程合同(示范文本)》(GF—91—0201)正值我国监理制度处于雏形阶段。按照FIDIC的惯例,1999年我国修订后的《建设工程施工合同(示范文本)》(GF—1999—0201)已弥补不少缺陷,正在逐步完善。1999版《建设工程施工合同(示范文本)》是在(GF—91—0201)版的基础上,参照国际惯例,听取了各方专家和技术人员的意见,经过多次反复讨论,对其中部分内容和结构作了较大幅度的修改和调整,突出了国际性、系统性、科学性等特点,更好地体现了《示范文本》具有完备性、平等性、合法性、协商性等原则。《示范文本》的出台,已为在市场经济下形成开放、统一、竞争、有序的建筑市场作出了巨大贡献。

二、建设工程施工合同的特点

1. 对合同承包方的主体资格要求严格

要审查承包方的资质证明、营业执照、安全生产合格证、企业等级证书。外地建设企业进驻当地施工,应当根据当地政府的有关规定办理必要的手续,如进省(市)许可证等。

2. 合同的标的物具有特殊性

合同标的物是建设产品,其特殊性表现为:建设产品的固定性和生产的流动性;建设产品类别庞杂,形成其产品个体性和生产的单件性;建设产品体积庞大,消耗的人力、物力、财力多,一次性投资数额大。

3. 施工合同执行周期长

由于建设产品的体积庞大,结构复杂,建设周期都比较长,因此,施工合同的执行期也较长。

4. 合同内容特殊

建设工程施工合同内容繁杂,合同执行周期长,许多内容均应当在合同中明确约定,因此建筑工程施工合同较其他类型合同的内容要多。合同除涉及双方当事人外,还要涉及地方政府、工程所在地单位和个人的利益等,因此建设工程施工合同涉及面较广且复杂。

三、《建设工程施工合同(示范文本)》条款

为了建筑市场健康发展,规范工程建设行为,建设部(现住房和城乡建设部)和国家工商

行政管理总局于1999年12月颁发了《建设工程施工合同示范文本(GF—99—0201)》,该合同文本适用于工业与民用建筑、基础设施工程和设备安装等工程。此后,根据各类工程中普遍存在的专业工程分包和劳务分包的具体情况,又于2003年8月颁发了《建设工程施工专业分包合同示范文本(GF—99—0214)》和《建设工程施工劳务分包合同示范文本(GF—99—0213)》,三个合同条件可以配套使用,形成了较为全面的建设工程施工合同示范文本体系。

目前在我国的建筑市场中,《建设工程施工合同示范文本(GF—99—0201)》得到了普遍的应用,其重要性不言而喻。因此,本书将《建设工程施工合同示范文本(GF—99—0201)》全文列示如下。

建设工程施工合同(示范文本)

第一部分　协议书

发包人(全称):________________

承包人(全称):________________

依照《中华人民共和国合同法》、《中华人民共和国建筑法》及其他有关法律、行政法规、遵循平等、自愿、公平和诚实信用的原则,双方就本建设工程施工项协商一致,订立本合同。

一、工程概况

工程名称:________________

工程地点:________________

工程内容:________________

群体工程应附承包人承揽工程项目一览表(附件1)工程立项批准文号:________

资金来源:________________

二、工程承包范围

承包范围:________________

三、合同工期:

开工日期:________________

竣工日期:________________

合同工期总日历天数________天

四、质量标准

工程质量标准:________________

五、合同价款

金额(大写):________________元(人民币)

¥:________________元

六、组成合同的文件

组成本合同的文件包括:

1. 本合同协议书
2. 中标通知书
3. 投标书及其附件
4. 本合同专用条款
5. 本合同通用条款
6. 标准、规范及有关技术文件

7. 图纸

8. 工程量清单

9. 工程报价单或预算书

双方有关工程的洽商、变更等书面协议或文件视为本合同的组成部分。

七、本协议书中有关词语含义与本合同第二部分《通用条款》中分别赋予它们的定义相同。

八、承包人向发包人承诺按照合同约定进行施工、竣工并在质量保修期内承担工程质量保修责任。

九、发包人向承包人承诺按照合同约定的期限和方式支付合同价款及其他应当支付的款项。

十、合同生效

合同订立时间:________年__________月__________日

合同订立地点:________________________________

本合同双方约定________________________________后生效。

发包人:(公章)________________　承包人:(公章)________________

住所:________________　住所:________________

法定代表人:________________　法定代表人:________________

委托代表人:________________　委托代表人:________________

电话:________________　电话:________________

传真:________________　传真:________________

开户银行:________________　开户银行:________________

账号:________________　账号:________________

邮政编码:________________　邮政编码:________________。

第二部分　通用条款

一、词语定义及合同文件

1　词语定义

下列词语除专用条款另有约定外,应具有本条所赋予的定义:

1.1　通用条款:是根据法律、行政法规规定及建设工程施工的需要订立,通用于建设工程施工的条款。

1.2　专用条款:是发包人与承包人根据法律、行政法规规定,结合具体工程实际,经协商达成一致意见的条款,是对通用条款的具体化、补充或修改。

1.3　发包人:指在协议书中约定,具有工程发包主体资格和支付工程价款能力的当事人以及取得该当事人资格的合法继承人。

1.4　承包人:指在协议书中约定,被发包人接受的具有工程施工承包主体资格的当事人以及取得该当事人资格的合法继承人。

1.5　项目经理:指承包人在专用条款中指定的负责施工管理和合同履行的代表。

1.6　设计单位:指发包人委托的负责本工程设计并取得相应工程设计资质等级证书的单位。

1.7　监理单位：指发包人委托的负责本工程监理并取得相应工程监理资质等级证书的单位。

1.8　工程师：指本工程监理单位委派的总监理工程师或发包人指定的履行本合同的代表，其具体身份和职权由发包人、承包人在专用条款中约定。

1.9　工程造价管理部门：指国务院有关部门、县级以上人民政府建设行政主管部门或其委托的工程造价管理机构。

1.10　工程：指发包人、承包人在协议书中约定的承包范围内的工程。

1.11　合同价款：指发包人、承包人在协议书中约定，发包人用以支付承包人按照合同约定完成承包范围内全部工程并承担质量保修责任的款项。

1.12　追加合同价款：指在合同履行中发生需要增加合同价款的情况，经发包人确认后按计算合同价款的方法增加的合同价款。

1.13　费用：指不包含在合同价款之内的应当由发包人或承包人承担的经济支出。

1.14　工期：指发包人、承包人在协议书中约定，按总日历天数（包括法定节假日）计算的承包天数。

1.15　开工日期：指发包人、承包人在协议书中约定，承包人开始施工的绝对或相对的日期。

1.16　竣工日期：指发包人、承包人在协议书约定，承包人完成承包范围内工程的绝对或相对的日期。

1.17　图纸：指由发包人提供或由承包人提供并经发包人批准，满足承包人施工需要的所有图纸（包括配套说明和有关资料）。

1.18　施工场地：指由发包人提供的用于工程施工的场所以及发包人在图纸中具体指定的供施工使用的任何其他场所。

1.19　书面形式：指合同书、信件和数据电文（包括电报、电传、传真、电子数据交换和电子邮件）等可以有形地表现所载内容的形式。

1.20　违约责任：指合同一方不履行合同义务或履行合同义务不符合约定所应承担的责任。

1.21　索赔：指在合同履行过程中，对于并非自己的过错，而是应由对方承担责任的情况造成的实际损失，向对方提出经济补偿和（或）工期顺延的要求。

1.22　不可抗力：指不能预见、不能避免并不能克服的客观情况。

1.23　小时或天：本合同中规定按小时计算时间的，从事件有效开始时计算（不扣除休息时间）；规定按天计算时间的，开始当天不计入，从次日开始计算。时限的最后一天是休息日或者其他法定节假日的，以节假日次日为时限的最后一天，但竣工日期除外。时限的最后一天的截止时间为当日24时。

2　合同文件及解释顺序

2.1　合同文件应能相互解释，互为说明。除专用条款另有约定外，组成本合同的文件及优先解释顺序如下：

（1）本合同协议书

(2)中标通知书

(3)投标书及其附件

(4)本合同专用条款

(5)本合同通用条款

(6)标准、规范及有关技术文件

(7)图纸

(8)工程量清单

(9)工程报价单或预算书

合同履行中,发包人、承包人有关工程的洽商、变更等书面协议或文件视为本合同的组成部分。

2.2　当合同文件内容含糊不清或不相一致时,在不影响工程正常进行的情况下,由发包人承包人协商解决。双方也可以提请负责监理的工程师作出解释。双方协商不成或不同意负责监理的工程师的解释时,按本通用条款第37条关于争议的约定处理。

3　语言文字和适用法律、标准及规范

3.1　语言文字

本合同文件使用汉语语言文字书写、解释和说明。如专用条款约定使用两种以上(含两种)语言文字时,汉语应为解释和说明本合同的标准语言文字。

在少数民族地区,双方可以约定使用少数民族语言文字书写和解释、说明本合同。

3.2　适用法律和法规

本合同文件适用国家的法律和行政法规。需要明示的法律、行政法规,由双方在专用条款中约定。

3.3　适用标准、规范

双方在专用条款内约定适用国家标准、规范的名称;没有国家标准、规范但有行业标准、规范的,约定适用行业标准、规范的名称;没有国家和行业标准、规范的,约定适用工程所在地地方标准、规范的名称。发包人应按专用条款约定的时间向承包人提供一式两份约定的标准、规范。

国内没有相应标准、规范的,由发包人按专用条款约定的时间向承包人提出施工技术要求,承包人按约定的时间和要求提出施工工艺,经发包人认可后执行。发包人要求使用国外标准、规范的,应负责提供中文译本。

本条所发生的购买、翻译标准、规范或制定施工工艺的费用,由发包人承担。

4　图纸

4.1　发包人应按专用条款约定的日期和套数,向承包人提供图纸。承包人需要增加图纸套数的,发包人应代为复制,复制费用由承包人承担。发包人对工程有保密要求的,应在专用条款中提出保密要求,保密措施费用由发包人承担,承包人在约定保密期限内履行保密义务。

4.2　承包人未经发包人同意,不得将本工程图纸转给第三人。工程质量保修期满后,除承包人存档需要的图纸外,应将全部图纸退还给发包人。

4.3　承包人应在施工现场保留一套完整图纸,供工程师及有关人员进行工程检查时使用。

二、双方一般权利和义务

5 工程师

5.1 实行工程监理的，发包人应在实施监理前将委托的监理单位名称、监理内容及监理权限以书面形式通知承包人。

5.2 监理单位委派的总监理工程师在本合同中称工程师，其姓名、职务、职权由发包人承包人在专用条款内写明。工程师按合同约定行使职权，发包人在专用条款内要求工程师在行使某些职权前需要征得发包人批准的，工程师应征得发包人批准。

5.3 发包人派驻施工场地履行合同的代表在本合同中也称工程师，其姓名、职务、职权由发包人在专用条款内写明，但职权不得与监理单位委派的总监理工程师职权相互交叉。双方职权发生交叉或不明确时，由发包人予以明确，并以书面形式通知承包人。

5.4 合同履行中，发生影响发包人承包人双方权利或义务的事件时，负责监理的工程师应依据合同在其职权范围内客观公正地进行处理。一方对工程师的处理有异议时，按本通用条款第37条关于争议的约定处理。

5.5 除合同内有明确约定或经发包人同意外，负责监理的工程师无权解除本合同约定的承包人的任何权利与义务。

5.6 不实行工程监理的，本合同中工程师专指发包人派驻施工场地履行合同的代表，其具体职权由发包人在专用条款内写明。

6 工程师的委派和指令

6.1 工程师可委派工程师代表，行使合同约定的自己的职权，并可在认为必要时撤回委派。委派和撤回均应提前7天以书面形式通知承包人，负责监理的工程师还应将委派和撤回通知发包人。委派书和撤回通知作为本合同附件。

工程师代表在工程师授权范围内向承包人发出的任何书面形式的函件，与工程师发出的函件具有同等效力。承包人对工程师代表向其发出的任何书面形式的函件有疑问时，可将此函件提交工程师，工程师应进行确认。工程师代表发出指令有失误时，工程师应进行纠正。

除工程师或工程师代表外，发包人派驻工地的其他人员均无权向承包人发出任何指令。

6.2 工程师的指令、通知由其本人签字后，以书面形式交给项目经理，项目经理在回执上签署姓名和收到时间后生效。确有必要时，工程师可发出口头指令，并在48小时内给予书面确认，承包人对工程师的指令应予执行。工程师不能及时给予书面确认的，承包人应于工程师发出口头指令后7天内提出书面确认要求。工程师在承包人提出确认要求后48小时内不予答复的，视为口头指令已被确认。

承包人认为工程师指令不合理，应在收到指令后24小时内向工程师提出修改指令的书面报告，工程师在收到承包人报告后24小时内作出修改指令或继续执行原指令的决定，并以书面形式通知承包人。紧急情况下，工程师要求承包人立即执行的指令或承包人虽有异议，但工程师决定仍继续执行的指令，承包人应予执行。因指令错误发生的追加合同价款和给承包人造成的损失由发包人承担，延误的工期相应顺延。

本款规定同样适用于由工程师代表发出的指令、通知。

6.3 工程师应按合同约定，及时向承包人提供所需指令、批准并履行约定的其他义务。由于工程师未能按合同约定履行义务造成工期延误，发包人应承担延误造成的追加合同价款，并赔偿承包人有关损失，顺延延误的工期。

6.4　如需更换工程师，发包人应至少提前7天以书面形式通知承包人，后任继续行使合同文件约定的前任的职权，履行前任的义务。

7　项目经理

7.1　项目经理的姓名、职务在专用条款内写明。

7.2　承包人依据合同发出的通知，以书面形式由项目经理签字后送交工程师，工程师在回执上签署姓名和收到时间后生效。

7.3　项目经理按发包人认可的施工组织设计（施工方案）和工程师依据合同发出的指令组织施工。在情况紧急且无法与工程师联系时，项目经理应当采取保证人员生命和工程、财产安全的紧急措施，并在采取措施后48小时内向工程师提交报告。责任在发包人或第三人，由发包人承担由此发生的追加合同价款，相应顺延工期；责任在承包人，由承包人承担费用，不顺延工期。

7.4　承包人如需要更换项目经理，应至少提前7天以书面形式通知发包人，并征得发包人同意。后任继续行使合同文件约定的前任的职权，履行前任的义务。

7.5　发包人可以与承包人协商，建议更换其认为不称职的项目经理。

8　发包人工作

8.1　发包人按专用条款约定的内容和时间完成以下工作：

(1)办理土地征用、拆迁补偿、平整施工场地等工作，使施工场地具备施工条件，在开工后继续负责解决以上事项遗留问题；

(2)将施工所需水、电、电讯线路从施工场地外部接至专用条款约定地点，保证施工期间的需要；

(3)开通施工场地与城乡公共道路的通道，以及专用条款约定的施工场地内的主要道路，满足施工运输的需要，保证施工期间的畅通；

(4)向承包人提供施工场地的工程地质和地下管线资料，对资料的真实准确性负责；

(5)办理施工许可证及其他施工所需证件、批件和临时用地、停水、停电、中断道路交通、爆破作业等的申请批准手续（证明承包人自身资质的证件除外）；

(6)确定水准点与坐标控制点，以书面形式交给承包人，进行现场交验；

(7)组织承包人和设计单位进行图纸会审和设计交底；

(8)协调处理施工场地周围地下管线和邻近建筑物、构筑物（包括文物保护建筑）、古树名木的保护工作，承担有关费用；

(9)发包人应做的其他工作，双方在专用条款内约定。

8.2　发包人可以将8.1款部分工作委托承包人办理，双方在专用条款内约定，其费用由发包人承担。

8.3 发包人未能履行8.1款各项义务，导致工期延误或给承包人造成损失的，发包人赔偿承包人有关损失，顺延延误的工期。

9　承包人工作

9.1　承包人按专用条款约定的内容和时间完成以下工作：

(1)根据发包人委托，在其设计资质等级和业务允许的范围内，完成施工图设计或与工程配套的设计，经工程师确认后使用，发包人承担由此发生的费用；

(2)向工程师提供年、季、月度工程进度计划及相应进度统计报表；

(3)根据工程需要,提供和维修非夜间施工使用的照明、围栏设施,并负责安全保卫;

(4)按专用条款约定的数量和要求,向发包人提供施工场地办公和生活的房屋及设施,发包人承担由此发生的费用;

(5)遵守政府有关主管部门对施工场地交通、施工噪音以及环境保护和安全生产等的管理规定,按规定办理有关手续,并以书面形式通知发包人,发包人承担由此发生的费用,因承包人责任造成的罚款除外;

(6)已竣工工程未交付发包人之前,承包人按专用条款约定负责已完工程的保护工作,保护期间发生损坏,承包人自费予以修复;发包人要求承包人采取特殊措施保护的工程部位和相应的追加合同价款,双方在专用条款内约定;

(7)按专用条款约定做好施工场地地下管线和邻近建筑物、构筑物(包括文物保护建筑)、古树名木的保护工作;

(8)保证施工场地清洁符合环境卫生管理的有关规定,交工前清理现场达到专用条款约定的要求,承担因自身原因违反有关规定造成的损失和罚款;

(9)承包人应做的其他工作,双方在专用条款内约定。

9.2 承包人未能履行9.1款各项义务,造成发包人损失的,承包人赔偿发包人有关损失。

三、施工组织设计和工期

10 进度计划

10.1 承包人应按专用条款约定的日期,将施工组织设计和工程进度计划提交修改意见,逾期不确认也不提出书面意见的,视为同意。

10.2 群体工程中单位工程分期进行施工的,承包人应按照发包人提供图纸及有关资料的时间,按单位工程编制进度计划,其具体内容双方在专用条款中约定。

10.3 承包人必须按工程师确认的进度计划组织施工,接受工程师对进度的检查、监督。工程实际进度与经确认的进度计划不符时,承包人应按工程师的要求提出改进措施,经工程师确认后执行。因承包人的原因导致实际进度与进度计划不符,承包人无权就改进措施提出追加合同价款。

11 开工及延期开工

11.1 承包人应当按照协议书约定的开工日期开工。承包人不能按时开工,应当不迟于协议书约定的开工日期前7天,以书面形式向工程师提出延期开工的理由和要求。工程师应当在接到延期开工申请后的48小时内以书面形式答复承包人。工程师在接到延期开工申请后48小时内不答复,视为同意承包人要求,工期相应顺延。工程师不同意延期要求或承包人未在规定时间内提出延期开工要求,工期不予顺延。

11.2 因发包人原因不能按照协议书约定的开工日期开工,工程师应以书面形式通知承包人,推迟开工日期。发包人赔偿承包人因延期开工造成的损失,并相应顺延工期。

12 暂停施工

工程师认为确有必要暂停施工时,应当以书面形式要求承包人暂停施工,并在提出要求后48小时内提出书面处理意见。承包人应当按工程师要求停止施工,并妥善保护已完工程。承包人实施工程师作出的处理意见后,可以书面形式提出复工要求,工程师作出处理意见后,可以书面形式提出复工要求,工程师应当在48小时内给予答复。工程师未能在规定时间内提出处理意见,或收到承包人复工要求后48小时内未予答复,承包人可自行复工。因发包人原因造成停工的，由发包人承担所发生的追加合同价款，赔偿承包人由此造成的损失，相应顺延工期；因承包人原因造成停工的，由承包人承担发生的费用，工期不予顺延。

13　工期延误

13.1　因以下原因造成工期延误，经工程师确认，工期相应顺延：

(1)发包人未能按专用条款的约定提供图纸及开工条件；

(2)发包人未能按约定日期支付工程预付款、进度款，致使施工不能正常进行；

(3)工程师未按合同约定提供所需指令、批准等，致使施工不能正常进行；

(4)设计变更和工程量增加；

(5)一周内非承包人原因停水、停电、停气造成停工累计超过 8 小时；

(6)不可抗力；

(7)专用条款中约定或工程师同意工期顺延的其他情况。

13.2　承包人在 13.1 款情况发生后 14 天内，就延误的工期以书面形式向工程师提出报告。工程师在收到报告后 14 天内予以确认，逾期不予确认也不提出修改意见，视为同意顺延工期。

14　工程竣工

14.1　承包人必须按照协议书约定的竣工日期或工程师同意顺延的工期竣工。

14.2　因承包人原因不能按照协议书约定的竣工日期或工程师同意顺延的工期竣工的，承包人承担违约责任。

14.3　施工中发包人如需提前竣工，双方协商一致后应签订提前竣工协议，作为合同文件组成部分。提前竣工协议应包括承包人为保证工程质量和安全采取的措施、发包人为提前竣工提供的条件以及提前竣工所需的追加合同价款等内容。

四、质量与检验

15　工程质量

15.1　工程质量应当达到协议书约定的质量标准，质量标准的评定以国家或行业的质量检验评定标准为依据。因承包人原因工程质量达不到约定的质量标准，承包人承担违约责任。

15.2　双方对工程质量有争议，由双方同意的工程质量检测机构鉴定，所需费用及因此造成的损失，由责任方承担。双方均有责任，由双方根据其责任分别承担。

16　检查和返工

16.1　承包人应认真按照标准、规范和设计图纸要求以及工程师依据合同发出的指令施工，随时接受工程师的检查检验，为检查检验提供便利条件。

16.2　工程质量达不到约定标准的部分，工程师一经发现，应要求承包人拆除和重新施工，承包人应按工程师的要求拆除和重新施工，直到符合约定标准。因承包人原因达不到约定标准，由承包人承担拆除和重新施工的费用，工期不予顺延。

16.3　工程师的检查检验不应影响施工正常进行。如影响施工正常进行，检查检验不合格时，影响正常施工的费用由承包人承担。除此之外，影响正常施工的追加合同价款由发包人承担，相应顺延工期。

16.4　因工程师指令失误或其他非承包人原因发生的追加合同价款，由发包人承担。

17　隐蔽工程和中间验收

17.1　工程具备隐蔽条件或达到专用条款约定的中间验收部位，承包人进行自检，并在隐蔽或中间验收前48小时以书面形式通知工程师验收。通知包括隐蔽和中间验收的内容、验收时间和地点。承包人准备验收记录,验收合格,工程师在验收记录上签字后,承包人可进行隐蔽和继续施工。验收不合格,承包人在工程师限定的时间内修改后重新验收。

17.2 工程师不能按时进行验收,应在验收前24小时以书面形式向承包人提出延期要求,延期不能超过48小时。工程师未能按以上时间提出延期要求,不进行验收,承包人可自行组织验收,工程师应承认验收记录。

17.3 经工程师验收,工程质量符合标准、规范和设计图纸等要求,验收24小时后,工程师不在验收记录上签字,视为工程师已经认可验收记录,承包人可进行隐蔽或继续施工。

18 重新检验

无论工程师是否进行验收,当其要求对已经隐蔽的工程重新检验时,承包人应按要求进行剥离或开孔,并在检验后重新覆盖或修复。检验合格,发包人承担由此发生的全部追加合同价款,赔偿承包人损失,并相应顺延工期。检验不合格,承包人承担发生的全部费用,工期不予顺延。

19 工程试车

19.1 双方约定需要试车的,试车内容应与承包人承包的安装范围相一致。

19.2 设备安装工程具备单机无负荷试车条件,承包人组织试车,并在试车前48小时以书面形式通知工程师。通知包括试车内容、时间、地点。承包人准备试车记录,发包人根据承包人要求为试车提供必要条件。试车合格,工程师在试车记录上签字。

19.3 工程师不能按时参加试车,须在开始试车前24小时以书面形式向承包人提出延期要求,不参加试车,应承认试车记录。

19.4 设备安装工程具备无负荷联动试车条件,发包人组织试车,并在试车前48小时以书面形式通知承包人。通知包括试车内容、时间、地点和对承包人的要求。承包人按要求做好准备工作。试车合格,双方在试车记录上签字。

19.5 双方责任

(1)由于设计原因试车达不到验收要求,发包人应要求设计单位修改设计,承包人按修改后的设计重新安装。发包人承担修改设计、拆除及重新安装的全部费用和追加合同价款,工期相应顺延。

(2)由于设备制造原因试车达不到验收要求,由该设备采购一方负责重新购置或修理,承包人负责拆除和重新安装。设备由承包人采购的,由承包人承担修理或重新购置、拆除及重新安装的费用,工期不予顺延;设备由发包人采购的,发包人承担上述各项追加合同价款,工期相应顺延。

(3)由于承包人施工原因试车达不到验收要求,承包人按工程师要求重新安装和试车,并承担重新安装和试车的费用,工期不予顺延。

(4)试车费用除已包括在合同价款之内或专用条款另有约定外,均由发包人承担。

(5)工程师在试车合格后不在试车记录上签字,试车结束24小时后,视为工程师已经认可试车记录,承包人可继续施工或办理竣工手续。

19.6 投料试车应在工程竣工验收后由发包人负责,如发包人要求在工程竣工验收前进行或需要承包人配合时,应征得承包人同意,另行签订补充协议。

五、安全施工

20　安全施工与检查

20.1　承包人应遵守工程建设安全生产有关管理规定，严格按安全标准组织施工，并随时接受行业安全检查人员依法实施的监督检查，采取必要的安全防护措施，消除事故隐患。由于承包人安全措施不力造成事故的责任和因此发生的费用，由承包人承担。

20.2　发包人应对其在施工场地的工作人员进行安全教育，并对他们的安全负责。发包人不得要求承包人违反安全管理的规定进行施工。因发包人原因导致的安全事故，由发包人承担相应责任及发生的费用。

21　安全防护

21.1　承包人在动力设备、输电线路、地下管道、密封防震车间、易燃易爆地段以及临街交通要道附近施工时，施工开始前应向工程师提出安全防护措施，经工程师认可后实施，防护措施费用由发包人承担。

21.2　实施爆破作业，在放射、毒害性环境中施工（含储存、运输、使用）及使用毒害性、腐蚀性物品施工时，承包人应在施工前14天以书面通知工程师，并提出相应的安全防护措施，经工程师认可后实施，由发包人承担安全防护措施费用。

22　事故处理

22.1　发生重大伤亡及其他安全事故，承包人应按有关规定立即上报有关部门并通知工程师，同时按政府有关部门要求处理，由事故责任方承担发生的费用。

22.2　发包人、承包人对事故责任有争议时，应按政府有关部门的认定处理。

六、合同价款与支付

23　合同价款及调整

23.1　招标工程的合同价款由发包人、承包人依据中标通知书中的中标价格在协议书内约定。非招标工程的合同价款由发包人、承包人依据工程预算书在协议书内约定。

23.2　合同价款在协议书内约定后，任何一方不得擅自改变。下列三种确定合同价款的方式，双方可在专用条款内约定采用其中一种。

(1)固定价格合同。双方在专用条款内约定合同价款包含的风险范围和风险费用的计算方法，在约定的风险范围内合同价款不再调整。风险范围以外的合同价款调整方法，应当在专用条款内约定。

(2)可调价格合同。合同价款可根据双方的约定而调整，双方在专用条款内约定合同价款调整方法。

(3)成本加酬金合同。合同价款包括成本和酬金两部分，双方在专用条款内约定成本构成和酬金的计算方法。

23.3　可调价格合同中合同价款的调整因素包括：

(1)法律、行政法规和国家有关政策变化影响合同价款；

(2)工程造价管理部门公布的价格调整；

(3)一周内非承包人原因停水、停电、停气造成停工累计超过8小时；

(4)双方约定的其他因素。

23.4　承包人应当在23.3款情况发生后14天内，将调整原因、金额以书面形式通知工程师，工程师确认调整金额后作为追加合同价款，与工程款同期支付。工程师收到承包人通知后

14 天内不予确认也不提出修改意见,视为已经同意该项调整。

24 工程预付款

实行工程预付款的,双方应当在专用条款内约定发包人向承包人预付工程款的时间和数额,开工后按约定的时间和比例逐次扣回。预付时间应不迟于约定的开工日期前7天。发包人不按约定预付,承包人在约定预付时间7天后向发包人发出要求预付的通知,发包人收到通知后仍不能按要求预付,承包人可在发出通知后7天停止施工,发包人应从约定应付之日起向承包人支付应付款的贷款利息,并承担违约责任。

25 工程量的确认

25.1 承包人应按专用条款约定的时间,向工程师提交已完工程量的报告。工程师接到报告后7天内按设计图纸核实已完工程量(以下称计量),并在计量前24小时通知承包人,承包人为计量提供便利条件并派人参加。承包人收到通知后不参加计量,计量结果有效,作为工程价款支付的依据。

25.2 工程师收到承包人报告后7天内未进行计量,从第8天起,承包人报告中开列的工程量即视为被确认,作为工程价款支付的依据。工程师不按约定时间通知承包人,致使承包人未能参加计量,计量结果无效。

25.3 对承包人超出设计图纸范围和因承包人原因造成返工的工程量,工程师不予计量。

26 工程款(进度款)支付

26.1 在确认计量结果后14天内,发包人应向承包人支付工程款(进度款)。按约定时间发包人应扣回的预付款,与工程款(进度款)同期结算。

26.2 本通用条款第23条确定调整的合同价款,第31条工程变更调整的合同价款及其他条款中约定的追加合同价款,应与工程款(进度款)同期调整支付。

26.3 发包人超过约定的支付时间不支付工程款(进度款),承包人可向发包人发出要求付款的通知,发包人收到承包人通知后仍不能按要求付款,可与承包人协商签订延期付款协议,经承包人同意后可延期支付。协议应明确延期支付的时间和从计量结果确认后第15天起应付款的贷款利息。

26.4 发包人不按合同约定支付工程款(进度款),双方又未达成延期付款协议,导致施工无法进行,承包人可停止施工,由发包人承担违约责任。

七、材料设备供应

27 发包人供应材料设备

27.1 实行发包人供应材料设备的,双方应当约定发包人供应材料设备的一览表,作为本合同附件(附件2)。一览表包括发包人供应材料设备的品种、规格、型号、数量、单价、质量等级、提供时间和地点。

27.2 发包人按一览表约定的内容提供材料设备,并向承包人提供产品合格证明,对其质量负责。发包人在所供材料设备到货前24小时,以书面形式通知承包人,由承包人派人与发包人共同清点。

27.3 发包人供应的材料设备,承包人派人参加清点后由承包人妥善保管,发包人支付相应保管费用。因承包人原因发生丢失损坏,由承包人负责赔偿。

发包人未通知承包人清点,承包人不负责材料设备的保管,丢失损坏由发包人负责。

27.4 发包人供应的材料设备与一览表不符时,发包人承担有关责任。发包人应承担责

任的具体内容,双方根据下列情况在专用条款内约定:

(1)材料设备单价与一览表不符,由发包人承担所有价差;

(2)材料设备的品种、规格、型号、质量等级与一览表不符,承包人可拒绝接收保管,由发包人运出施工场地并重新采购;

(3)发包人供应的材料规格、型号与一览表不符,经发包人同意,承包人可代为调剂串换,由发包人承担相应费用;

(4)到货地点与一览表不符,由发包人负责运至一览表指定地点;

(5)供应数量少于一览表约定的数量时,由发包人补齐,多于一览表约定数量时,发包人负责将多出部分运出施工场地;

(6)到货时间早于一览表约定时间,由发包人承担因此发生的保管费用;到货时间迟于一览表约定的供应时间,发包人赔偿由此造成的承包人损失,造成工期延误的,相应顺延工期;

27.5 发包人供应的材料设备使用前,由承包人负责检验或试验,不合格的不得使用,检验或试验费用由发包人承担。

27.6 发包人供应材料设备的结算方法,双方在专用条款内约定。

28 承包人采购材料设备

28.1 承包人负责采购材料设备的,应按照专用条款约定及设计和有关标准要求采购,并提供产品合格证明,对材料设备质量负责。承包人在材料设备到货前24小时通知工程师清点。

28.2 承包人采购的材料设备与设计标准要求不符时,承包人应按工程师要求的时间运出施工场地,重新采购符合要求的产品,承担由此发生的费用,由此延误的工期不予顺延。

28.3 承包人采购的材料设备在使用前,承包人应按工程师的要求进行检验或试验,不合格的不得使用,检验或试验费用由承包人承担。

28.4 工程师发现承包人采购并使用不符合设计和标准要求的材料设备时,应要求承包人负责修复、拆除或重新采购,由承包人承担发生的费用,由此延误的工期不予顺延。

28.5 承包人需要使用代用材料时,应经工程师认可后才能使用,由此增减的合同价款双方以书面形式议定。

28.6 由承包人采购的材料设备,发包人不得指定生产厂或供应商。

八、工程变更

29 工程设计变更

29.1 施工中发包人需对原工程设计变更,应提前14天以书面形式向承包人发出变更通知。变更超过原设计标准或批准的建设规模时,发包人应报规划管理部门和其他有关部门重新审查批准,并由原设计单位提供变更的相应图纸和说明。承包人按照工程师发出的变更通知及有关要求,进行下列需要的变更:

(1)更改工程有关部分的标高、基线、位置和尺寸;

(2)增减合同中约定的工程量;

(3)改变有关工程的施工时间和顺序;

(4)其他有关工程变更需要的附加工作。

因变更导致合同价款的增减及造成的承包人损失,由发包人承担,延误的工期相应顺延。

29.2 施工中承包人不得对原工程设计进行变更。因承包人擅自变更设计发生的费用和由此导致发包人的直接损失，由承包人承担，延误的工期不予顺延。

29.3 承包人在施工中提出的合理化建议涉及到对设计图纸或施工组织设计的更改及对材料、设备的换用，须经工程师同意。未经同意擅自更改或换用时，承包人承担由此发生的费用，并赔偿发包人的有关损失，延误的工期不予顺延。

工程师同意采用承包人合理化建议，所发生的费用和获得的收益，发包人、承包人另行约定分担或分享。

30 其他变更

合同履行中发包人要求变更工程质量标准及发生其他实质性变更，由双方协商解决。

31 确定变更价款

31.1 承包人在工程变更确定后14天内，提出变更工程价款的报告，经工程师确认后调整合同价款。变更合同价款按下列方法进行：

(1)合同中已有适用于变更工程的价格，按合同已有的价格变更合同价款；

(2)合同中只有类似于变更工程的价格，可以参照类似价格变更合同价款；

(3)合同中没有适用或类似于变更工程的价格，由承包人提出适当的变更价格，经工程师确认后执行。

31.2 承包人在双方确定变更后14天内不向工程师提出变更工程价款报告时，视为该项变更不涉及合同价款的变更。

31.3 工程师应在收到变更工程价款报告之日起14天内予以确认，工程师无正当理由不确认时，自变更工程价款报告送达之日起14天后视为变更工程价款报告已被确认。

31.4 工程师不同意承包人提出的变更价款，按本通用条款第37条关于争议的约定处理。

31.5 工程师确认增加的工程变更价款作为追加合同价款，与工程款同期支付。

31.6 因承包人自身原因导致的工程变更，承包人无权要求追加合同价款。

九、竣工验收与结算

32 竣工验收

32.1 工程具备竣工验收条件，承包人按国家工程竣工验收有关规定，向发包人提供完整竣工资料及竣工验收报告。双方约定由承包人提供竣工图的，应当在专用条款内约定提供的日期和份数。

32.2 发包人收到竣工验收报告后28天内组织有关单位验收，并在验收后14天内给予认可或提出修改意见。承包人按要求修改，并承担由自身原因造成修改的费用。

32.3 发包人收到承包人送交的竣工验收报告后28天内不组织验收，或验收后14天内不提出修改意见，视为竣工验收报告已被认可。

32.4 工程竣工验收通过，承包人送交竣工验收报告的日期为实际竣工日期。工程按发包人要求修改后通过竣工验收的，实际竣工日期为承包人修改后提请发包人验收的日期。

32.5 发包人收到承包人竣工验收报告后28天内不组织验收，从第29天起承担工程保管及一切意外责任。

32.6 中间交工工程的范围和竣工时间，双方在专用条款内约定，其验收程序按本通用条款32.1款至32.4款办理。

32.7 因特殊原因，发包人要求部分单位工程或工程部位甩项竣工的，双方另行签订甩项竣工协议，明确双方责任和工程价款的支付方法。

32.8　工程未经竣工验收或竣工验收未通过的，发包人不得使用。发包人强行使用时，由此发生的质量问题及其他问题，由发包人承担责任。

33　竣工结算

33.1　工程竣工验收报告经发包人认可后28天内，承包人向发包人递交竣工结算报告及完整的结算资料，双方按照协议书约定的合同价款及专用条款约定的合同价款调整内容，进行工程竣工结算。

33.2　发包人收到承包人递交的竣工结算报告及结算资料后28天内进行核实，给予确认或者提出修改意见。发包人确认竣工结算报告后通知经办银行向承包人支付工程竣工结算价款。承包人收到竣工结算价款后14天内将竣工工程交付发包人。

33.3　发包人收到竣工结算报告及结算资料后28天内无正当理由不支付工程竣工结算价款，从第29天起按承包人同期向银行贷款利率支付拖欠工程价款的利息，并承担违约责任。

33.4　发包人收到竣工结算报告及结算资料后28天内不支付工程竣工结算价款，承包人可以催告发包人支付结算价款。发包人在收到竣工结算报告及结算资料后56天内仍不支付的，承包人可以与发包人协议将该工程折价，也可以由承包人申请人民法院将该工程依法拍卖，承包人就该工程折价或者拍卖的价款优先受偿。

33.5　工程竣工验收报告经发包人认可后28天内，承包人未能向发包人递交竣工结算报告及完整的结算资料，造成工程竣工结算不能正常进行或工程竣工结算价款不能及时支付，发包人要求交付工程的，承包人应当交付；发包人不要求交付工程的，承包人承担保管责任。

33.6　发包人、承包人对工程竣工结算价款发生争议时，按本通用条款第37条关于争议的约定处理。

34　质量保修

34.1　承包人应按法律、行政法规或国家关于工程质量保修的有关规定，对交付发包人使用的工程在质量保修期内承担质量保修责任。

34.2　质量保修工作的实施。承包人应在工程竣工验收之前，与发包人签订质量保修书，作为本合同附件（附件3略）。

34.3　质量保修书的主要内容包括：

（1）质量保修项目内容及范围；

（2）质量保修期；

（3）质量保修责任；

（4）质量保修金的支付方法。

十、违约、索赔和争议

35　违约

35.1　发包人违约。当发生下列情况时：

（1）本通用条款第24条提到的发包人不按时支付工程预付款；

（2）本通用条款第26.4款提到的发包人不按合同约定支付工程款，导致施工无法进行；

（3）本通用条款第33.3款提到的发包人无正当理由不支付工程竣工结算价款；

（4）发包人不履行合同义务或不按合同约定履行义务的其他情况。

发包人承担违约责任，赔偿因其违约给承包人造成的经济损失，顺延延误的工期。双方在专用条款内约定发包人赔偿承包人损失的计算方法或者发包人应当支付违约金的数额或计算方法。

35.2 承包人违约。当发生下列情况时：

(1)本通用条款第14.2款提到的因承包人原因不能按照协议书约定的竣工日期或工程师同意顺延的工期竣工；

(2)本通用条款第15.1款提到的因承包人原因工程质量达不到协议书约定的质量标准；

(3)承包人不履行合同义务或不按合同约定履行义务的其他情况。

承包人承担违约责任，赔偿因其违约发包人造成的损失。双方在专用条款内约定承包人赔偿发包人损失的计算方法或者承包人应当支付违约金的数额或计算方法。

35.3 一方违约后，另一方要求违约方继续履行合同时，违约方承担上述违约责任后仍应继续履行合同。

36 索赔

36.1 当一方向另一方提出索赔时，要有正当索赔理由，且有索赔事件发生时的有效证据。

36.2 发包人未能按合同约定履行自己的各项义务或发生错误以及应由发包人承担责任的其他情况，造成工期延误和(或)承包人不能及时得到合同价款及承包人的其他经济损失，承包人可按下列程序以书面形式向发包人索赔：

(1)索赔事件发生后28天内，向工程师发出索赔意向通知；

(2)发出索赔意向通知后28天内，向工程师提出延长工期和(或)补偿经济损失的索赔报告及有关资料；

(3)工程师在收到承包人送交的索赔报告和有关资料后，于28天内给予答复，或要求承包人进一步补充索赔理由和证据；

(4)工程师在收到承包人送交的索赔报告和有关资料后28天内未予答复或未对承包人作进一步要求，视为该项索赔已经认可；

(5)当该索赔事件持续进行时，承包人应当阶段性向工程师发出索赔意向，在索赔事件终了后28天内，向工程师送交索赔的有关资料和最终索赔报告。索赔答复程序与(3)、(4)规定相同。

36.3 承包人未能按合同约定履行自己的各项义务或发生错误，给发包人造成经济损失，发包人可按36.2款确定的时限向承包人提出索赔。

37 争议

37.1 发包人、承包人在履行合同时发生争议，可以和解或者要求有关主管部门调解。当事人不愿和解、调解或者和解、调解不成的，双方可以在专用条款内约定以下一种方式解决争议。

第一种解决方式：双方达成仲裁协议，向约定的仲裁委员会申请仲裁。

第二种解决方式：向有管辖权的人民法院起诉。

37.2 发生争议后，除非出现下列情况的，双方都应继续履行合同，保持施工连续，保护好已完工程：

(1)单方违约导致合同确已无法履行，双方协议停止施工；

(2)调解要求停止施工，且为双方接受；

(3)仲裁机构要求停止施工;

(4)法院要求停止施工。

十一、其他

38　工程分包

38.1　承包人按专用条款的约定分包所承包的部分工程,并与分包单位签订分包合同。非经发包人同意,承包人不得将承包工程的任何部分分包。

38.2　承包人不得将其承包的全部工程转包给他人,也不得将其承包的全部工程肢解以后以分包的名义分别转包给他人。

38.3　工程分包不能解除承包人任何责任与义务。承包人应在分包场地派驻相应管理人员,保证本合同的履行。分包单位的任何违约行为或疏忽导致工程损害或给发包人造成其他损失,承包人承担连带责任。

38.4　分包工程价款由承包人与分包单位结算。发包人未经承包人同意不得以任何形式向分包单位支付各种工程款项。

39　不可抗力

39.1　不可抗力包括因战争、动乱、空中飞行物体坠落或其他非发包人、承包人责任造成的爆炸、火灾,以及专用条款约定的风雨、雪、洪、震等自然灾害。

39.2　不可抗力事件发生后,承包人应立即通知工程师,并在力所能及的条件下迅速采取措施,尽力减少损失,发包人应协助承包人采取措施。不可抗力事件结束后48小时内,承包人向工程师通报受害情况和损失情况,及预计清理和修复的费用。不可抗力事件持续发生,承包人应每隔7天向工程师报告一次受害情况。不可抗力事件结束后14天内,承包人向工程师提交清理和修复费用的正式报告及有关资料。

39.3　因不可抗力事件导致的费用及延误的工期由双方按以下方法分别承担:

(1)工程本身的损害、因工程损害导致第三人人员伤亡和财产损失以及运至施工场地用于施工的材料和待安装的设备的损害,由发包人承担;

(2)发包承包人人员伤亡由其所在单位负责,并承担相应费用;

(3)承包人机械设备损坏及停工损失,由承包人承担;

(4)停工期间,承包人应工程师要求留在施工场地的必要的管理人员及保卫人员的费用由发包人承担;

(5)工程所需清理、修复费用,由发包人承担;

(6)延误的工期相应顺延。

39.4　因合同一方迟延履行合同后发生不可抗力的,不能免除迟延履行方的相应责任。

40　保险

40.1　工程开工前,发包人为建设工程和施工场内的自有人员及第三人人员生命财产办理保险,支付保险费用。

40.2　运至施工场地内用于工程的材料和待安装设备,由发包人办理保险,并支付保险费用。

40.3　发包人可以将有关保险事项委托承包人办理,费用由发包人承担。

40.4　承包人必须为从事危险作业的职工办理意外伤害保险,并为施工场地内自有人员生命财产和施工机械设备办理保险,支付保险费用。

40.5 保险事故发生时,发包人、承包人有责任尽力采取必要的措施,防止或者减少损失。

40.6 具体投保内容和相关责任,发包人承包人在专用条款中约定。

41 担保

41.1 发包人、承包人为了全面履行合同,应互相提供以下担保:

(1)发包人向承包人提供履约担保,按合同约定支付工程价款及履行合同约定的其他义务。

(2)承包人向发包人提供履约担保,按合同约定履行自己的各项义务。

41.2 一方违约后,另一方可要求提供担保的第三人承担相应责任。

41.3 提供担保的内容、方式和相关责任,发包人、承包人除在专用条款中约定外,被担保方与担保方还应签订担保合同,作为本合同附件。

42 专利技术及特殊工艺

42.1 发包人要求使用专利技术或特殊工艺,就负责办理相应的申报手续,承担申报、试验、使用等费用;承包人提出使用专利技术或特殊工艺,应取得工程师认可,承包人负责办理申报手续并承担有关费用。

42.2 擅自使用专利技术侵犯他人专利权的,责任者依法承担相应责任。

43 文物和地下障碍物

43.1 在施工中发现古墓、古建筑遗址等文物及化石或其他有考古、地质研究等价值的物品时,承包人应立即保护好现场并于4小时内以书面形式通知工程师,工程师应于收到书面通知后24小时内报告当地文物管理部门,发包人承包人按文物管理部门的要求采取妥善保护措施。发包人承担由此发生的费用,顺延延误的工期。

如发现后隐瞒不报,致使文物遭受破坏,责任者依法承担相应责任。

43.2 施工中发现影响施工的地下障碍物时,承包人应于8小时内以书面形式通知工程师,同时提出处置方案,工程师收到处置方案后24小时内予以认可或提出修正方案。发包人承担由此发生的费用,顺延延误的工期。

所发现的地下障碍物有归属单位时,发包人应报请有关部门协同处置。

44 合同解除

44.1 发包人、承包人协商一致,可以解除合同。

44.2 发生本通用条款第26.4款情况,停止施工超过56天,发包人仍不支付工程款(进度款),承包人有权解除合同。

44.3 发生本通用条款第38.2款禁止的情况,承包人将其承包的全部工程转包给他人或者肢解以后以分包的名义分别转包给他人,发包人有权解除合同。

44.4 有下列情形之一的,发包人、承包人可以解除合同:

(1)因不可抗力致使合同无法履行;

(2)因一方违约(包括因发包人原因造成工程停建或缓建)致使合同无法履行。

44.5 一方依据44.2、44.3、44.4款约定要求解除合同的,应以书面形式向对方发出解除合同的通知,并在发出通知前7天告知对方,通知到达对方时合同解除。对解除合同有争议的,按本通用条款第37条关于争议的约定处理。

44.6 合同解除后,承包人应妥善做好已完工程和已购材料、设备的保护和移交工作,按发包人要求将自有机械设备和人员撤出施工场地。发包人应为承包人撤出提供必要条件,支付以上所发生的费用,并按合同约定支付已完工程价款。已经订货的材料、设备由订货方负责退货或解除订货合同,不能退还的货款和因退货、解除订货合同发生的费用,由发包人承担,因未及时退货造成的损失由责任方承担。除此之外,有过错的一方应当赔偿因合同解除给对方造成的损失。

44.7　合同解除后,不影响双方在合同中约定的结算和清理条款的效力。

45　合同生效与终止

45.1　双方在协议书中约定合同生效方式。

45.2　除本通用条款第34条外,发包人、承包人履行合同全部义务,竣工结算价款支付完毕,承包人向发包人交付竣工工程后,本合同即告终止。

45.3　合同的权利、义务终止后,发包人、承包人应当遵循诚实信用原则,履行通知、协助、保密等义务。

46　合同份数

46.1　本合同正本两份,具有同等效力,由发包人、承包人分别保存一份。

46.2　本合同副本份数,由双方根据需要在专用条款内约定。

47　补充条款

双方根据有关法律、行政法规规定,结合工程实际经协商一致后,可对本通用条款内容具体化、补充或修改,在专用条款内约定。

第三部分　专用条款(部分主要条款)

一、词语定义及合同文件

1　词语定义

2　合同文件及解释顺序

合同文件组成及解释顺序:____________________

3　语言文字和适用法律、标准及规范

3.1　本合同除使用汉语外,还使用的语言文字。

3.2　适用法律和法规需要明示的法律、行政法规:____________________

3.3　适用标准、规范

适用标准、规范的名称:____________________

发包人提供标准、规范的时间:____________________

国内没有相应标准、规范时的约定:____________________

4　图纸

4.1　发包人向承包人提供图纸日期和套数:____________________

发包人对图纸的保密要求:____________________

使用国外图纸的要求及费用承担:____________________

二、双方一般权利和义务

5　工程师

5.1　监理单位委派的工程师

姓名:__________职务:__________发包人委托的职权:__________

需要取得发包人批准才能行使的职权:____________________

5.2　发包人派驻的工程师

姓名：________ 职务：________

职权：________

6 不实行监理的，工程师的职权：________

7 项目经理

姓名：________ 职务：________

8 发包人工作

8.1 发包人应按约定的时间和要求完成以下工作：

(1)施工场地具备施工条件的要求及完成的时间：________

(2)将施工所需的水、电、电信线路接至施工场地的时间、地点和供应要求：________

____

____

(3)施工场地与公共道路的通道开通时间和要求：________

(4)工程地质和地下管线资料的提供时间：________

(5)由发包人办理的施工所需证件、批件的名称和完成时间：________

(6)水准点与坐标控制点交验要求：________

(7)图纸会审和设计交底时间：________

(8)协调处理施工场地周围地下管线和邻近建筑物、构筑物(含文物保护建筑)、古树名木的保护工作：________

(9)双方约定发包人应做的其他工作：________

8.2 发包人委托承包人办理的工作：________

9 承包人工作

9.1 承包人应按约定时间和要求，完成以下工作：

(1)需由设计资质等级和业务范围允许的承包人完成的设计文件提交时间：________

(2)应提供计划、报表的名称及完成时间：________

(3)承担施工安全保卫工作及非夜间施工照明的责任和要求：________

(4)向发包人提供的办公和生活房屋及设施的要求：________

(5)需承包人办理的有关施工场地交通、环卫和施工噪音管理等手续：________

(6)已完工程成品保护的特殊要求及费用承担：________

(7)施工场地周围地下管线和邻近建筑物、构筑物(含文物保护建筑)、古树名木的保护要求及费用承担：________

(8)施工场地清洁卫生的要求：________

(9)双方约定承包人应做的其他工作：________

三、施工组织设计和工期

10 进度计划

10.1 承包人提供施工组织设计(施工方案)和进度计划的时间：________

工程师确认的时间：________

10.2 群体工程中有关进度计划的要求：________

11 工期延误

11.1 双方约定工期顺延的其他情况：________

四、质量与验收

12　隐蔽工程和中间验收

12.1　双方约定中间验收部位:＿＿＿＿＿＿＿＿

13　工程试车

14　试车费用的承担:＿＿＿＿＿＿＿＿

五、安全施工

六、合同价款与支付

15　合同价款及调整

16　本合同价款采用＿＿＿＿＿＿＿＿方式确定。

(1)采用固定价格合同,合同价款中包括的风险范围:＿＿＿＿＿＿＿＿

风险费用的计算方法:＿＿＿＿＿＿＿＿

风险范围以外合同价款调整方法:＿＿＿＿＿＿＿＿

(2)采用可调价格合同,合同价款调整方法:＿＿＿＿＿＿＿＿

(3)采用成本加酬金合同,有关成本和酬金的约定:＿＿＿＿＿＿＿＿

17　双方约定合同价款的其他调整因素:＿＿＿＿＿＿＿＿

18　工程预付款

发包人向承包人预付工程款的时间和金额或占合同价款总额的比例:＿＿＿＿＿＿＿＿

扣回工程款的时间、比例:＿＿＿＿＿＿＿＿

19　工程量确认

20　承包人向工程师提交已完工程量报告的时间:＿＿＿＿＿＿＿＿

21　工程款(进度款)支付

双方约定的工程款(进度款)支付的方式和时间:＿＿＿＿＿＿＿＿

七、材料设备供应

22　发包人供应材料设备

23　发包人供应的材料设备与一览表不符时,双方约定发包人承担责任如下:

(1)材料设备单价与一览表不符:＿＿＿＿＿＿＿＿

(2)材料设备的品种、规格、型号、质量等级与一览表不符:＿＿＿＿＿＿＿＿

(3)承包人可代为调剂串换的材料:＿＿＿＿＿＿＿＿

(4)到货地点与一览表不符:＿＿＿＿＿＿＿＿

(5)供应数量与一览表不符:＿＿＿＿＿＿＿＿

(6)到货时间与一览表不符:＿＿＿＿＿＿＿＿

24　发包人供应材料设备的结算方法:＿＿＿＿＿＿＿＿

25　承包人采购材料设备

25.1　承包人采购材料设备的约定:＿＿＿＿＿＿＿＿

八、工程变更

九、竣工验收与结算

26　竣工验收

26.1　承包人提供竣工图的约定:＿＿＿＿＿＿＿＿

26.2　中间交工工程的范围和竣工时间：________________

十、违约、索赔和争议

27　违约

27.1　本合同中关于发包人违约的具体责任如下：

本合同通用条款第 24 条约定发包人违约应承担的违约责任：________________

本合同通用条款第 26.4 款约定发包人违约应承担的违约责任：________________

本合同通用条款第 33.3 款约定发包人违约应承担的违约责任：________________

双方约定的发包人其他违约责任：________________

27.2　本合同中关于承包人违约的具体责任如下：

本合同通用条款第 14.2 款约定承包人违约承担的违约责任：________________

本合同通用条款第 15.1 款约定承包人违约应承担的违约责任：________________

双方约定的承包人其他违约责任：________________

28　争议

双方约定，在履行合同过程中产生争议时：

(1)请________________调解；

(2)采取第　　种方式解决，并约定向　　　仲裁委员会提请仲裁或向　　　人民法院提起诉讼。

十一、其他

29　工程分包

29.1　本工程发包人同意承包人分包的工程：________________

29.2　分包施工单位为：________________

30　不可抗力

双方关于不可抗力的约定：________________

31　保险

本工程双方约定投保内容如下：

(1)发包人投保内容：________________

发包人委托承包人办理的保险事项：________________

(2)承包人投保内容：________________

32　担保

本工程双方约定担保事项如下：________________

(1)发包人向承包人提供履约担保，担保方式为：担保合同作为本合同附件。

(2)承包人向发包人提供履约担保，担保方式为：担保合同作为本合同附件。

(3)双方约定的其他担保事项：________________

33　合同份数________

33.1　双方约定合同副本份数：________________

34　补充条款

附件 1：承包人承揽工程项目一览表(略)

附件 2：发包人供应材料设备一览表(略)

附件3:工程质量保修书(略)

四、专业工程分包合同的主要内容

专业工程分包,是指施工总承包单位将其所承包工程中的专业工程发包给具有相应资质的其他建筑业企业完成的活动。

《建设工程施工专业分包合同(示范文本)》(GF—2003—0213)与《建设工程施工合同示范文本》(GF—99—0201)在合同条款的内容和结构上是非常接近的,所不同的主要是,原来应由施工总承包单位(合同中仍称为承包人)承担的权利、责任和义务依据分包合同部分地转移给了分包人,但对发包人来讲,不能解除施工总承包单位(承包人)的义务和责任。

(一)专业工程承包单位的资质

2001年7月1日起施行的、由建设部颁布的《建筑业企业资质管理规定》,规定了专业承包序列企业的资质设二至三个等级,60个资质类别。

(二)专业工程分包合同的主要内容

专业工程分包合同示范文本的结构和主要条款、内容与施工承包合同相似,包括词语定义与解释,双方的一般权利和义务,分包工程的施工进度控制、质量控制、费用控制,分包合同的监督与管理,信息管理,组织与协调,施工安全管理与风险管理等。

分包合同内容的特点是,既要保持与主合同条件中相关分包工程部分的规定的一致性,又要区分负责实施分包工程的当事人变更后的两个合同之间的差异。分包合同所采用的语言文字和适用的法律、行政法规及工程建设标准一般应与主合同相同。

(三)工程承包人(总承包单位)的主要责任和义务

1.分包人对总包合同的了解

承包人应提供总包合同(有关承包工程的价格内容除外)供分包人查阅。分包人应全面了解合同的各项规定(有关承包工程的价格内容除外)。

2.项目经理的工作

项目经理应按分包合同的约定,及时向分包人提供所需的指令、批准、图纸并履行其他约定的义务,否则分包人应在约定时间后24小时内将具体要求、需要的理由及延误的后果通知承包人,项目经理在收到通知后48小时内不予答复,应承担因延误造成的损失。

3.承包人的工作

(1)向分包人提供与分包工程相关的各种证件、批件和各种相关资料,向分包人提供具备施工条件的施工场地;

(2)组织分包人参加发包人组织的图纸会审,向分包人进行设计图纸交底;

(3)提供本合同专用条款中约定的设备和设施,并承担因此发生的费用;

(4)随时为分包人提供确保分包工程的施工所要求的施工场地和通道等,满足施工运输的需要,保证施工期间的畅通;

(5)负责整个施工场地的管理工作,协调分包人与同一施工场地的其他分包人之间的交叉配合,确保分包人按照经批准的施工组织设计进行施工。

(四)专业工程分包人的主要责任和义务

1.分包人对有关分包工程的责任

除本合同条款另有约定,分包人应履行并承担总包合同中与分包工程有关的承包人的所有义务与责任,同时应避免因分包人自身行为或疏漏造成承包人违反总包合同中约定的承包人义务的情况发生。

2. 分包人与发包人的关系

分包人须服从承包人转发的发包人或工程师与分包工程有关的指令。未经承包人允许，分包人不得以任何理由与发包人或工程师发生直接工作联系，分包人不得直接致函发包人或工程师，也不得直接接受发包人或工程师的指令。如分包人与发包人或工程师发生直接工作联系，将被视为违约，并承担违约责任。

3. 承包人指令

就分包工程范围内的有关工作，承包人随时可以向分包人发出指令，分包人应执行承包人根据分包合同所发出的所有指令。分包人拒不执行指令，承包人可委托其他施工单位完成该指令事项，发生的费用从应付给分包人的相应款项中扣除。

4. 分包人的工作

(1)按照分包合同的约定，对分包工程进行设计(分包合同有约定时)、施工、竣工和保修。

(2)按照合同约定的时间，完成规定的设计内容，报承包人确认后在分包工程中使用。承包人承担由此发生的费用。

(3)在合同约定的时间内，向承包人提供年、季、月度工程进度计划及相应进度统计报表。

(4)在合同约定的时间内，向承包人提交详细施工组织设计，承包人应在专用条款约定的时间内批准，分包人方可执行。

(5)遵守政府有关主管部门对施工场地交通、施工噪音以及环境保护和安全文明生产等的管理规定，按规定办理有关手续，并以书面形式通知承包人，承包人承担由此发生的费用，因分包人责任造成的罚款除外。

(6)分包人应允许承包人、发包人、工程师及其三方中任何一方授权的人员在工作时间内，合理进入分包工程施工场地或材料存放的地点，以及施工场地以外与分包合同有关的分包人的任何工作或准备的地点，分包人应提供方便。

(7)已竣工工程未交付承包人之前，分包人应负责已完分包工程的成品保护工作，保护期间发生损坏，分包人自费予以修复；承包人要求分包人采取特殊措施保护的工程部位和相应的追加合同价款，双方在合同专用条款内约定。

(五)合同价款及支付

(1)分包工程合同价款可以采用以下三种中的一种(应与总包合同约定的方式一致)：

①固定价格，在约定的风险范围内合同价款不再调整；

②可调价格，合同价款可根据双方的约定而调整，应在专用条款内约定合同价款调整方法；

③成本加酬金，合同价款包括成本和酬金两部分，双方在合同专用条款内约定成本构成和酬金的计算方法。

(2)分包合同价款与总包合同相应部分价款无任何连带关系。

(3)合同价款的支付规定如下：

①实行工程预付款的，双方应在合同专用条款内约定承包人向分包人预付工程款的时间和数额，开工后按约定的时间和比例逐次扣回；

②承包人应按专用条款约定的时间和方式，向分包人支付工程款(进度款)，按约定时间承包人应扣回的预付款，与工程款(进度款)同期结算；

③分包合同约定的工程变更调整的合同价款、合同价款的调整、索赔的价款或费用以及其他约定的追加合同价款，应与工程进度款同期调整支付；

④承包人超过约定的支付时间不支付工程款（预付款、进度款），分包人可向承包人发出要求付款的通知，承包人不按分包合同约定支付工程款（预付款、进度款），导致施工无法进行，分包人可停止施工，由承包人承担违约责任；

⑤承包人应在收到分包工程竣工结算报告及结算资料后28天内支付工程竣工结算价款，在发包人不拖延工程价款的情况下无正当理由不按时支付，从第29天起按分包人同期向银行贷款利率支付拖欠工程价款的利息，并承担违约责任。

（六）禁止转包或再分包

（1）分包人不得将工程转包给他人，也不得将其承包的分包工程的全部或部分再分包给他人，否则将被视为违约，并承担违约责任。

（2）分包人经承包人同意可以将劳务作业再分包给具有相应劳务分包资质的劳务分包企业。

（3）分包人应对再分包的劳务作业的质量等相关事宜进行督促和检查，并承担相关连带责任。

五、劳务分包合同的主要内容

劳务作业分包，是指施工承包单位或者专业分包单位（均可作为劳务作业的发包人）将其承包工程中的劳务作业发包给劳务分包单位（即劳务作业承包人）完成的活动。

（一）劳务分包单位的资质

根据《建筑业企业资质管理规定》等有关规定，劳务分包序列企业资质设一至三个等级，13个资质类别。如同时发生多类作业可划分为结构劳务作业、装修劳务作业、综合劳务作业等。

（二）劳务分包合同的重要条款

劳务分包合同不同于专业分包合同，《建设工程施工劳务分包合同（示范文本）（GF—2003—0214）的重要条款有：

（1）劳务分包人资质情况；

（2）劳务分包工作对象及提供劳务内容；

（3）分包工作期限；

（4）质量标准；

（5）工程承包人义务；

（6）劳务分包人义务；

（7）材料、设备供应；

（8）保险；

（9）劳务报酬及支付；

（10）工时及工程量的确认；

（11）施工配合；

（12）禁止转包或再分包等。

（三）承包人的主要义务

对劳务分包合同条款中规定的承包人的主要义务归纳如下。

(1)组建与工程相适应的项目管理班子,全面履行总(分)包合同,组织实施项目管理的各项工作,对工程的工期和质量向发包人负责。

(2)完成劳务分包人施工前期的下列工作:

①向劳务分包人交付具备本合同项下劳务作业开工条件的施工场地;

②满足劳务作业所需的能源供应、通信及施工道路畅通;

③向劳务分包人提供相应的工程资料;

④向劳务分包人提供生产、生活临时设施。

(3)负责编制施工组织设计,统一制定各项管理目标,组织编制年、季、月施工计划,物资需用量计划表,实施对工程质量、工期、安全生产、文明施工、计量检测、实验化验的控制、监督、检查和验收。

(4)负责工程测量定位、沉降观测、技术交底,组织图纸会审,统一安排技术档案资料的收集整理及交工验收。

(5)按时提供图纸,及时交付材料、设备,所提供的施工机械设备、周转材料、安全设施保证施工需要。

(6)按合同约定,向劳务分包人支付劳动报酬。

(7)负责与发包人、监理、设计及有关部门联系,协调现场工作关系。

(四)劳务分包人的主要义务

对劳务分包合同条款中规定的劳务分包人的主要义务归纳如下。

(1)对劳务分包范围内的工程质量向承包人负责,组织具有相应资格证书的熟练工人投入工作;未经承包人授权或允许,不得擅自与发包人及有关部门建立工作联系;自觉遵守法律、法规及有关规章制度。

(2)严格按照设计图纸、施工验收规范、有关技术要求及施工组织设计精心组织施工,确保工程质量达到约定的标准;科学安排作业计划,投入足够的人力、物力,保证工期;加强安全教育,认真执行安全技术规范,严格遵守安全制度,落实安全措施,确保施工安全;加强现场管理,严格执行建设主管部门及环保、消防、环卫等有关部门对施工现场的管理规定,做到文明施工;承担由于自身责任造成的质量修改、返工、工期拖延、安全事故、现场脏乱造成的损失及各种罚款。

(3)自觉接受承包人及有关部门的管理、监督和检查;接受承包人随时检查其设备、材料保管、使用情况,以及其操作人员的有效证件、持证上岗情况;与现场其他单位协调配合,照顾全局。

(4)劳务分包人须服从承包人转发的发包人及工程师的指令。

(5)除非合同另有约定,劳务分包人应对其作业内容的实施、完工负责,劳务分包人应承担并履行总(分)包合同约定的、与劳务作业有关的所有义务及工作程序。

(五)保险

(1)劳务分包人施工开始前,承包人应获得发包人为施工场地内的自有人员及第三人人员生命财产办理的保险,且不需劳务分包人支付保险费用。

(2)运至施工场地用于劳务施工的材料和待安装设备,由承包人办理或获得保险,且不需劳务分包人支付保险费用。

(3)承包人必须为租赁或提供给劳务分包人使用的施工机械设备办理保险,并支付保险费用。

(4)劳务分包人必须为从事危险作业的职工办理意外伤害保险,并为施工场地内所有人员生命财产和施工机械设备办理保险,支付保险费用。

(5)保险事故发生时,劳务分包人和承包人有责任采取必要的措施,防止或减少损失。

(六)劳务报酬

(1)劳务报酬可以采用以下方式中的任何一种:

①固定劳务报酬(含管理费);

②约定不同工种劳务的计时单价(含管理费),按确认的工时计算;

③约定不同工作成果的计件单价(含管理费),按确认的工程量计算。

(2)劳务报酬可以采用固定价格或变动价格。采用固定价格,则除合同约定或法律政策变化导致劳务价格变化以外,均为一次包死,不再调整。

(3)在合同中可以约定,下列情况下,固定劳务报酬或单价可以调整:

①以本合同约定价格为基准,市场人工价格的变化幅度超过一定百分比时,按变化前后价格的差额予以调整;

②后续法律及政策变化,导致劳务价格变化的,按变化前后价格的差额予以调整;

③双方约定的其他情形。

(七)工时及工程量的确认

(1)采用固定劳务报酬方式的,施工过程中不计算工时和工程量。

(2)采用按确定的工时计算劳务报酬的,由劳务分包人每日提供劳务人数报承包人,由承包人确认。

(3)采用按确认的工程量计算劳务报酬的,由劳务分包人按月(或旬、日)将完成的工程量报承包人,由承包人确认。对劳务分包人未经承包人认可,超出设计图纸范围和因劳务分包人原因造成返工的工程量,承包人不予计量。

(八)劳务报酬最终支付

(1)全部工作完成,经承包人认可后14天内,劳务分包人向承包人递交完整的结算资料,双方按照本合同约定的计价方式,进行劳务报酬的最终支付。

(2)承包人收到劳务分包人递交的结算资料后14天内进行核实,给予确认或者提出修改意见。承包人确认结算资料后14天内向劳务分包人支付劳务报酬尾款。

(3)劳务分包人和承包人对劳务报酬结算价款发生争议时,按合同约定处理。

(九)禁止转包或再分包

劳务分包人不得将合同项下的劳务作业转包或再分包给他人。

第六章 建设工程合同管理

第一节 建设工程合同管理概述

在市场经济中,财产的流转主要依靠合同。特别是工程项目,标的大、履行时间长、协调关系多,合同尤为重要。因此,合同管理是工程项目管理的重要内容之一。参与合同的各方主体,包括建设单位、勘察设计单位、施工单位、监理单位、材料设备供应单位、咨询单位等都要依靠合同确立相互之间的关系。在市场经济条件下,工程建设的管理应当严格按照法律和合同进行。

一、建设工程合同管理的作用

建设工程合同是承发包双方为实现建设工程目标,明确相互责任、权利、义务关系的协议。加强合同管理,是施工阶段造价控制的重要手段。市场经济机制的发育和完善,要求政府管理部门转变职能,更多地应用法律、法规和经济手段调节和管理市场,而不是用行政命令干预市场;承包商也必须按照市场规律要求,健全和完善内部各项管理制度,而合同管理制度是其管理制度的关键内容之一。

建设工程项目由于建设周期长、合同金额大、参建单位众多和项目之间接口复杂等特点,项目的工期和功能等主要质量控制点往往会反映在合同上。合同管理是工程项目管理的核心和灵魂,建设工程合同以《合同法》、《建筑法》、《招标投标法》等法律文件为主要管理依据,是工程建设质量控制、进度控制、投资控制的主要依据。《施工合同文本》由《协议书》、《通用条款》、《专用条款》三部分及相关附件文件组成。在市场经济条件下,建设市场主体之间相互的权利、义务关系主要是通过合同确定的,加强对施工合同的管理具有十分重要的意义。

二、建设工程合同管理的任务

(一)发展和完善建筑市场

作为社会主义市场经济的重要组成部分,建筑市场需要不断发展和完善。市场经济与计划经济的最主要区别在于:市场经济主要是依靠合同来规范当事人的交易行为,而计划经济主要是依靠行政手段来规范财产流转关系。因此,发展和完善建筑市场,必须有严格的建设工程合同管理制度。

在市场经济条件下,由于主要是依靠合同来规范当事人的交易行为,合同的内容将成为开展建筑活动的主要依据。依法加强建设工程合同管理,可以保障建筑市场的资金、材料、技术、信息、劳动力的管理,发展和完善建筑市场。

(二)推进建筑领域的改革

我国在建设领域推行项目法人负责制、招标投标制、工程监理制和合同管理制。在这些改革制度中,核心内容是合同管理制度。因为项目法人负责制是要建立能够独立承担民事责任的主体制度,而市场经济中的民事责任主要是基于合同义务的合同责任。招标投标制实际上是要确立一种公平、公正、公开的合同订立制度。工程监理法律关系也是依靠合同来规范业主、承包人、监理单位相互之间的关系，因此，建设领域的各项改革实际上是互相推进的，建设工程合同管理的健全完善无疑有助于推进建筑领域的其他各项改革。

（三）提高工程建设的管理水平

工程建设管理水平的提高体现在工程质量、进度和投资的三大控制目标上，这三大控制目标的水平主要是体现在合同中。在合同中规定三大控制目标后，要求合同当事人在工程管理中细化这些内容，在工程建设过程中严格执行这些规定。同时，如果能够严格按照合同的要求进行管理，工程的质量能够有效地得到保障，进度和投资的控制目标也能够实现。因此，建设工程合同管理能够有效地提高工程建设的管理水平。

（四）避免和克服建筑领域的经济违法和犯罪

建筑领域是我国经济犯罪的高发领域。出现这样的情况主要是由于工程建设中的公开、公正、公平做得不够好。而加强建设工程合同管理能够有效地做到公开、公正、公平。特别是健全重要的建设工程合同的订立方式——招标投标，能够将建筑市场的交易行为置于公开的环境之中，约束权力滥用行为，有效地避免和克服建筑领域的行贿受贿行为。加强建设工程合同履行的管理，也有助于政府行政管理部门对合同的监督，避免和克服建筑领域的经济违法和犯罪。

三、建设工程合同管理的内容

所谓合同管理，不仅包括对每个合同的订立、生效、履行、变更和解除等过程的控制和管理，还包括对所有合同进行筹划的过程。因此，合同管理的主要工作内容有：根据项目的特点和要求确定设计任务委托模式和施工任务承包模式（合同结构）、选择合同文本、确定合同计价方法和支付方法、合同履行过程的管理与控制、合同索赔等。

（一）合同的订立

合同的形式可分为书面形式、口头形式和其他形式。《合同法》规定，建设工程合同应当采用书面形式，当事人不能对合同形式加以选择。但是《合同法》在一般情况下对合同形式并无要求，只在法律、行政法规有规定和当事人有约定的情况下才要求采用书面形式。可以认为，《合同法》在合同形式上的要求是以不要式为原则的。因此，即使是法律、行政法规规定或当事人约定采用书面形式订立合同，在签字盖章之前，当事人一方已经履行主要义务，对方接受的，该合同成立。例如某施工合同，在施工任务完成后由于发包人拖欠工程款而发生纠纷，但双方一直没有签订书面合同，此时是否应当认定合同已经成立？答案应当是肯定的。又例如在施工合同履行中，如果工程师发布口头指令，最后没有以书面形式确认，但承包人有证据证明工程师确实发布过口头指令（当然需要经过一定的程序），一样可以认定口头指令的效力，构成合同的组成部分。

当事人订立合同，采用要约、承诺方式。合同的成立需要经过要约和承诺两个阶段，建设工程合同也不例外。要约是希望和他人订立合同的意思表示，承诺是受要约人作出的同意要约的意思表示。在建设工程合同的订立过程中，投标人发出的投标书是要约，招标人发出中标通知书的行为是承诺。经过要约和承诺两个阶段，合同就成立了。

（二）合同的生效

合同生效是指合同对双方当事人的法律约束力的开始。合同成立后，必须具备相应的法律条件才能生效，否则合同是无效的。一般说来，依法成立的合同，自成立时生效。对于附条件和附期限合同的生效时间，则根据合同中的约定生效。因此，附条件合同的成立与生效不是同一时间。应注意的是，当事人名称或者法定代表人变更不会对合同的效力产生影响。因此，合同生效后，合同的当事人不得因姓名、名称的变更或者法定代表人、负责人、承办人的变动而不履行合同义务。同样，由于资产的优化或重组而产生法人的合并或分立，也不应影响合同的效力。

(三)合同的履行

合同履行，是指合同各方当事人按照合同的规定，全面履行各自的义务，实现各自的权利，使各方的目的得以实现的行为。合同依法成立，当事人就应当按照合同的约定，全部履行自己的义务。签订建设工程合同的目的就是履行，因此合同订立后应当严格履行各自的义务。

合同履行应遵循全面履行的原则和诚实信用的原则。所谓全面履行，是指当事人应当按照合同约定的标的、价款、数量、质量、地点、期限、方式等全面履行各自的义务。按照约定履行自己的义务，既包括全面履行义务，也包括正确适当履行合同义务。建设工程合同订立后，双方应当严格履行各自的义务，不按期支付预付款、工程款，不按照约定时间开工、竣工，都是违约行为。合同有明确约定的，应当依约定履行。但是，合同约定不明确并不意味着合同无须全面履行或约定不明确部分可以不履行。合同生效后，当事人就质量、价款或者报酬、履行地点等内容没有约定或者约定不明的，可以协议补充。不能达成补充协议的，按照合同有关条款或者交易习惯确定。按照合同有关条款或者交易习惯确定，一般只能适用于部分常见条款欠缺或者不明确的情况，因为只有这些内容才能形成一定的交易习惯。如果按照上述办法仍不能确定合同如何履行的，适用下列规定进行履行。

①质量要求不明的，按国家标准、行业标准履行，没有国家、行业标准的，按通常标准或者符合合同目的的特定标准履行。作为建设工程合同中的质量标准，大多是强制性的国家标准，因此，当事人的约定不能低于国家标准。

②价款或报酬不明的，按订立合同时履行地的市场价格履行；依法应当执行政府定价或政府指导价的，按规定履行。在建设工程施工合同中，合同履行地是不变的，肯定是工程所在地。因此，约定不明确时，应当执行工程所在地的市场价格。

③履行地点不明确的，给付货币的，在接收货币一方所在地履行；交付不动产的，在不动产所在地履行；其他标的在履行义务一方所在地履行。

④履行期限不明确的，债务人可以随时履行，债权人也可以随时要求履行，但应当给对方必要的准备时间。

⑤履行方式不明确的，按照有利于实现合同目的的方式履行。

⑥履行费用的负担不明确的，由履行义务一方承担。

(四)合同的变更

所谓合同的变更是指当事人对已经发生法律效力，但尚未履行或者尚未完全履行的合同，进行修改或补充所达成的协议。《合同法》规定，当事人协商一致可以变更合同。协商一致是合同变更的必要条件，任何一方都不得擅自变更合同。由于合同签订的特殊性，有些合同需要有关部门的批准或登记，对于此类合同的变更需要重新登记或审批。

(五)合同的解除

合同解除是指对已经发生法律效力，但尚未履行或者尚未完全履行的合同，因当事人一方的意思表示或者双方的协议而使债权债务关系提前归于消灭的行为。合同解除可分为约定解除和法定解除两类。约定解除是当事人通过行使约定的解除权或者双方协商决定而进行的合同解除,法定解除是解除条件直接由法律规定的合同解除。

四、目前在建设工程合同管理中存在的主要问题

(一)合同双方法律意识淡薄

(1)少数合同有失公正。合同文件存在合同双方权利、义务不对等现象。从目前实施的建设施工合同文本看,施工合同中绝大多数条款是对发包方制定的,其中大多强调了承包方的义务,对业主的制约条款偏少,特别是对业主违约、赔偿等方面的约定不具体,也缺少行之有效的处罚办法。这不利于施工合同的公平、公正履行,成为施工合同执行过程中发生争议较多的一个原因。同时,由于目前建筑市场的激烈竞争和不规范管理,大量的施工队伍与建设规模严重失衡,致使业主在建设工程承包中占据主导地位,提出一些苛刻和不平等的条件,将自身的风险转移到承包商身上。由于建筑市场处于买方市场,承包商为了获得工程,只好接受。个别承包商在实施这样的工程合同时,为了使自己的利益不受损失,就会采取偷工减料或非法分包甚至非法转包等手段,给工程建设带来隐患。

(2)合同文本不规范。国家工商局和建设部为规范建筑市场的合同管理,制定了《建设工程施工合同(示范文本)》,以全面体现双方的责任、权利和风险。有些建设项目在签订合同时为了回避业主义务,不采用标准的合同文本,而采用一些自己编制的、不规范的文本进行签约。通过编制和使用笼统的、含糊的文本条件,避重就轻向对方转嫁工程风险。有的甚至仍然采用口头委托和政府命令的方式下达任务,待工程完工后,再补签合同,这样的合同根本起不到应有的约束作用。

(3)"阴阳合同"充斥市场,严重扰乱了建筑市场秩序。有些业主以各种理由、客观原因,除按招标文件签订"阳合同",供建设行政主管部门审查备案外,私下与承包商再签订一份在实际施工活动中被双方认可的"阴合同",在内容上与阳合同相违背,形成了一份违法的合同。这种工程承发包双方责任、利益不对等的"阴阳合同",违反国家有关法律、法规,严重损害承包商利益,为合同履行埋下了隐患,将直接影响工程建设目标的实现,进而给业主带来不可避免的损失。

(4)建设施工合同履约程度低,违约现象严重。有些工程合同的签约双方都不认真履行合同,随意修改合同,或违背合同规定。合同违约现象时有发生,如:业主暗中以垫资为条件,违法发包;在工程建设中业主不按照合同约定支付工程进度款;建设工程竣工验收合格后,发包人不及时办理竣工结算手续,甚至部分业主已使用工程多年,仍以种种理由拒付工程款,形成建设市场严重拖欠工程款的顽症;承包商不按期依法组织施工,不按规范施工,形成延期工程、劣质工程,严重影响工程建设市场。

(5)合同索赔工作难以实现。索赔是合同和法律赋予受损失者的权利,对于承包商来讲是一种保护自己、维护正当权益、避免损失、增加利润的手段。而建筑市场的过度竞争,不平等合同条件等问题,给索赔工作造成了许多干扰因素,再加上承包商自我保护意识差、索赔意识淡薄,导致合同索赔难以进行,受损害者往往是承包商。

(6)违法承包人利用其他承包商名义签订合同或超越本企业资质等级签订合同的情况普遍存在。有些不法承包商在自己不具备相应建设项目施工资质的情况下,为了达到承包工程的目的,非法借用他人资质参加工程投标,并以不法手段获得承包资格,签订无效合同。个别承包商通过租用他人资质证件,或利用其他不法手段获得承包资质,专门从事资质证件租用业

务，非法谋利，严重破坏了建筑市场的秩序。

(7)违法签订转包、分包合同情况普遍存在。一些承包商为了获得建设项目承包资格，不惜以低价中标。在中标之后又将工程肢解后以更低价格非法转包给一些没有资质的小的施工队伍。这些承包商对承包工程的实施不进行任何指导、监督和管理，对工程进度、质量造成严重影响。

(二)不重视合同管理体系和制度建设

一些建设项目不重视合同管理体系的建设。合同归口管理、分级管理和授权管理机制不健全，谁都可以签合同，合同管理程序不明确，或有制度不执行，应该履行的手续不履行，缺少必要的审查和评估步骤，缺乏对合同管理的有效监督和控制。

(三)专业人才缺乏

这是影响建设项目合同管理效果的一个重要因素。建设合同涉及内容多，专业面广，合同管理人员需要有一定的专业技术知识、法律知识和造价管理知识。很多建设项目管理机构中，没有专业技术人员管理合同，或合同管理人员缺少培训，将合同管理简单地视为一种事务性工作。甚至有时由领导直接敲定由一般办公人员办理合同。一旦发生合同纠纷，缺少必要的法律支援。

(四)不重视合同归档管理，合同管理手段落后

一些建设项目合同管理仍处于分散管理状态，合同的归档程序、要求没有明确规定，合同履行过程中没有严格监督控制，合同履行后没有全面评估和总结，合同管理粗放。很多单位合同签订仍然采用手工作业方式进行，合同管理信息的采集、存储加工和维护手段落后，合同管理应用软件的开发和使用相对滞后。没有按照现代项目管理理念对合同管理流程进行重构和优化，没能实现项目内部信息资源的有效开发和利用，建设项目合同管理的信息化程度偏低。

五、建设工程合同管理的方法

(一)严格执行工程合同管理法律法规

应当说，随着《民法通则》、《合同法》、《招标投标法》、《建筑法》的颁布，建设工程合同管理法律已基本健全。但是，在实践中，这些法律的执行还存在着很大的问题，其中既有勘察、设计、施工单位转包、违法分包、不认真执行工程建设强制性标准、偷工减料、忽视工程质量的问题，也有监理单位监理不到位的问题，还有建设单位不认真履行合同，特别是拖欠工程款的问题。市场经济条件下，要求我们在管理建设工程合同时要严格依照相关法律、法规进行。这样，我们的管理行为才能有效，也才能提高我们的建设工程合同管理的水平，也才能解决建设领域存在的诸多问题。

(二)普及相关法律知识，培训合同管理人才

在市场经济条件下，工程建设领域的从业人员应当增强合同观念和合同意识，这就要求我们普及相关法律知识，培训合同管理人才。不论是施工合同中的工程师，还是建设工程合同的当事人，以及涉及有关合同的各类人员，都应当熟悉合同的相关法律知识，增强合同观念和合同意识，努力做好建设工程合同管理工作。

(三)设立合同管理机构，配备合同管理人员

加强建设工程合同管理，应当设立合同管理机构，配备合同管理人员。一方面，建设工程合同管理工作，应当作为建设行政管理部门的管理内容之一；另一方面，建设工程合同当事人内部也要建立合同管理机构，不但应当建立合同管理机构，还应当配备合同管理人员，建立合

同台账、统计、检查和报告制度，提高建设工程合同管理的水平。

(四)建立合同管理目标

合同管理目标，是指合同管理活动应当达到的预期结果和最终目的。建设工程合同管理需要设立管理目标，并且可以分解为管理的各个阶段的目标。合同的管理目标应当落到实处。为此，还应当建立建设工程合同管理的评估制度。这样，才能有效地督促合同管理人员提高合同管理的水平。

(五)推行合同示范文本

推行合同示范文本制度，一方面有助于当事人了解、掌握有关法律、法规，使具体实施项目的建设工程合同符合法律、法规的要求，避免缺款少项，防止出现显失公平的条款，也有助于当事人熟悉合同的运行；另一方面，有利于行政管理机关对合同的监督，有助于仲裁机构或者人民法院及时裁判纠纷，维护当事人的利益。

1999 年 10 月 1 日实施《中华人民共和国合同法》(以下简称《合同法》)后，建设部与国家工商行政管理局及时联合颁布了《建设工程施工合同(示范文本)》、《建设工程勘察合同(示范文本)》、《建设工程设计合同(示范文本)》、《建设工程委托监理合同(示范文本)》。虽然合同的示范文本不属于法律、法规，是推荐使用的文本，但由于合同示范文本考虑到了建设工程合同在订立和履行中有可能涉及的各种问题，较为严谨公正地规定了合同双方的责任、权利和义务，能够有效减少合同的争议，因此对完善建设工程合同管理制度起到了极大的推动作用。

六、西方发达国家工程合同管理的主要途径

(一)制定法规

政府通过制定法规，对合同的主要内容、签订以及合同争议的解决等进行原则上的规定，如美国的《建筑统一条例》、日本的《建筑业法》等，对工程承包合同的主要内容等进行了原则规定。又如由德国建筑工程承发包委员会(DVA)编制，德国工业标准委员会(DIN)审定作为工业标准颁发，适用于建筑工程的“承发包条例”(简称 VOB)，成为工程承发包以及合同管理的依据。此外，一些国际性组织也制定了相应的合同条款，如 FIDIC(国际咨询工程师联合会)编制的 FIDIC 合同条件等。

(二)授权专业人士组织(学会)编制标准合同文件

制定标准的合同条件是政府对合同进行管理的重要措施。国际上较著名的一些标准合同条件一般是由代表各方利益的权威专业人士组织编制，由政府认可，工程参与各方可参照执行。经过长期的工程实践，再进行修改完善。这些标准合同条件能比较公平合理地划分风险责任和权利义务，一般较科学、严谨，易于为合同双方所接受；长期使用为广大工程管理人员所熟悉，便于理解和沟通，大大地减少了合同当事人之间的误解和冲突，节省招投标和合同管理的精力和费用。

(三)工程师对工程合同实施的管理

在发达国家和地区，对工程合同的具体管理任务一般由工程师即专业人士完成。在国际上通行的标准合同文本中，对工程师在合同管理中的地位均有具体规定，如 FIDIC 条款。这些具有丰富的工程合同管理经验的工程师，作为独立的第三方，比业主更能有效、科学地进行工程合同管理，有利于工程合同全面、正确地履行。

七、我国进一步完善建设工程合同管理应继续加强的工作

(1)加强对承包商的资质管理。通过严把建筑承包商资质管理关，从总量上控制建筑施

工队伍的规模，解决目前建筑市场上供求失衡与过度竞争问题，从根本上杜绝压级压价。同时，各级建设行政主管部门要加强对承包商参与市场行为的监督管理，对承包商的违法行为要严肃处理，维护正常的建设市场环境，确保建筑市场的规范、健康发展。

(2)加强工程招投标管理，建立与工程量清单相配套的工程管理制度、合同管理制度。国家已经出台了《招标投标法》，并全力推行工程量清单报价体制。但在招标形式和方法上要兼顾业主和承包商的双方利益，过分追求招标过程的严格、完善，并不一定能达到招标的最佳效果。建议在招标形式上应该重视原则，突出效果。同时，在工程量清单计价法推广实施后，没有新的计价办法配合相应的合同管理模式，使得招投标所确定的工程合同价在实施过程没有相应的合同管理措施。建议尽快研究相应配套措施和管理办法，健全体制，完善操作。

(3)借鉴国际经验，推行适用于市场经济的合同示范文本。随着我国加入 WTO，建筑市场同样面临对外开放问题，在工程管理的许多方面要与国际惯例接轨。因此，在合同管理方面，我们要不断借鉴国际先进经验，以加速建立和完善市场经济需求的合同管理模式。新的建设工程施工合同示范文本，很大程度地参考了 FIDIC 文本格式，较以往合同文本有较大的改进，有利于促进建筑市场的健康、有序发展，应该严格执行。

(4)推行合同管理人员持证上岗制度。加强建设项目合同管理队伍建设，加强合同管理人才的培养，实行合同管理人员持证上岗制度，亦是提高建设项目合同管理效果的重要举措。目前，我国已正式推行注册造价工程师制度，造价工程师的一项重要职责就是搞好建设项目的投资和合同管理。因此，建议在建设项目管理机构中设置注册造价工程师岗位，专司合同管理职责。

(5)加大合同管理力度，保证施工合同全面履约。为保证施工合同全面履行，建设行政管理部门应把施工合同管理工作列为整顿、规范市场工作的重要内容。要在严把审查关的基础上，加大合同履约管理力度，对资金不到位的项目不予办理工程报建手续，不得组织招投标，建设行政主管部门不予办理施工许可；坚决取缔垫资、带资施工现象，努力净化建筑市场，进一步维护承包商的合法利益。

(6)加强合同法律意识，减少合同纠纷产生。承包商由于缺乏法律和合同意识，在鉴订合同时，对其中合同条款往往未做详细推敲和认真约定，即草率签订，特别是对违约责任、违约条件未作具体约定，都直接导致了工程合同纠纷产生。因此，在签订合同过程中，承包商要对合同合法性、严密性进行认真审查，减少签订合同时产生纠纷的因素，把合同纠纷控制在最低范围内，以保证合同的全面履行。

(7)加强合同管理体系和制度建设。项目建设各方要重视合同管理机构设置、合同归口管理工作。做好合同签订、合同审查、合同授权、合同公证、合同履行的监督管理。建立健全合同管理制度，严格按照规定程序进行操作，以提高合同管理水平。

(8)加强施工合同索赔管理工作，是培育和发展建设市场的一项重要内容。我国工程承包双方在合同履行中对工程索赔认识不足，缺乏推行工程索赔所需的意识和动力。因此，提高索赔意识是承包商亟待解决的问题。施工合同是索赔的依据，索赔则是合同管理的延续。合同管理索赔要求承包商在签订合同时充分考虑各种不利因素，分析合同变更和索赔的可能性，采取最有效的合同管理策略和索赔策略；在合同整个履行过程中，要随时结合施工现场实际情况，结合法律、法规进行分析研究，以合理地履行合同。这不仅有利于保护自己的合法权益，更重要的是有利于企业尽快适应国际工程建设规范，提高企业未来生存能力。

(9)加强合同及相关文件归档管理工作,为合同顺利履行创造条件。合同文本及相关资料同属重要法律文件,发生之后应及时建账并妥善保存。重视合同文本而不重视相关资料归档的情况在建设领域普遍存在。由于建设项目周期长,涉及专业多,面临情况复杂,在经过一个长时间的建设过程之后,很多具体问题要依靠相应资料予以解决。为此,做好资料归档工作决不是简单的文档管理问题,应专人负责,负责到底。另外,要加快合同管理信息化步伐,及时应用先进管理手段,改善合同管理文件,不断提高管理水平。

第二节　建设工程施工合同管理

在工程项目的实施过程中,往往会涉及许多合同,比如勘察合同、设计合同、施工合同、监理合同、采购合同、咨询合同,等等。对于大型建设项目,合同数量可能达到成百上千。在各种类型的合同中,建设工程施工合同由于其合同标的的特殊性、合同履行期限的长期性及合同内容的复杂性,其合同管理方面是最具有代表性的。在上一章中,我们介绍了我国的《建设工程施工合同(示范文本)》,本节就《建设工程施工合同(示范文本)》在订立、履行过程中应如何管理作一说明。

一、建设工程施工合同的特点

建设工程施工合同是建设工程的主要合同之一,其标的是将设计图纸变为满足功能、质量、进度、投资等发包人投资预期目的的建筑产品。建设工程施工合同具有以下特点。

(一)合同标的的特殊性

施工合同的标的是各类建筑产品,建筑产品是不动产,建造过程中往往受到自然条件、地质水文条件、社会条件、人为条件等因素的影响。这就决定了每个施工合同的标的物不同于工厂批量生产的产品,具有单件性的特点。所谓"单件性"指不同地点建造的相同类型和级别的建筑,施工过程中所遇到的情况不尽相同,在甲工程施工中遇到的困难在乙工程不一定发生,而在乙工程施工中可能出现甲工程没有发生过的问题,相互间具有不可替代性。

(二)合同履行期限的长期性

建筑物产品与一般工业产品的生产相比,通常具有场地环境复杂、结构物体积大、使用建筑材料种类多、施工条件复杂、工作量大等特点,因此产品交付的时间(工期)都较长。在较长的期间内,由于双方履行义务往往会受到不可抗力,履行过程中法律、法规、政策的变化,市场价格的波动等因素的影响,合同的履行管理也往往都很复杂。

(三)合同内容的复杂性

虽然施工合同的当事人只有两方,但履行过程中涉及的主体却有许多种,内容的约定还需与其他相关合同相协调,如设计合同、供货合同、本工程的其他施工合同等。

二、《建设工程施工合同(示范文本)》

《建设工程施工合同(示范文本)》在上一章中已全文列出,在此不再赘述,需要注意的是,示范文本中的条款属于推荐使用,应结合具体工程的特点加以取舍、补充,以形成适用于各类不同工程需要的、适用性和针对性更强的、责任明确的、操作性强的合同条件。施工合同范本由"协议书"、"通用条款"、"专用条款"三部分组成,并附有三个附件。

"合同协议书"是施工合同的总纲性法律文件,经过双方当事人签字盖章后合同即成立。

标准化的协议书格式文字量不大，需要结合承包工程特点填写。

“通用条款”中“通用”的含义是，所列条款的约定不区分具体工程的行业、地域、规模等特点，只要属于建筑安装工程均可适用。“通用条款”是在广泛总结国内工程实施中成功经验和失败教训基础上，参考了 FIDIC 编写的《土木工程施工合同条件》相关内容的规定，编制的规范承发包双方履行合同义务的标准化条款。

“专用条款”是由于具体实施工程项目的工作内容各不相同，施工现场和外部环境条件各异，而制定的反映招标工程具体特点和要求的约定。合同范本中的“专用条款”部分只为当事人提供了编制具体合同时应包括内容的指南，具体内容由当事人根据发包工程的实际要求细化。具体工程项目编制专用条款的原则是，结合项目特点，针对通用条款的内容进行补充或修改，达到相同序号的通用条款和专用条款共同组成对某一方面问题内容完备的约定。因此，在“专用条款”中，条款的序号不必依次排列，通用条款中已构成完善的部分不需重复抄录，只需对其中需要补充、修改甚至弃用的条款作相应说明，并采用通用条款的编号即可。

范本中还为使用者提供了“承包人承揽工程项目一览表”、“发包人供应材料设备一览表”和“房屋建筑工程质量保修书”三个标准化附件，如果具体项目的实施为包工包料承包，则可以不使用发包人供应材料设备表。

三、建设工程施工合同管理涉及的有关各方

建设工程施工合同管理中涉及方面很多，但是最主要的是指合同当事人与工程师。

合同当事人在示范文本中指发包人与承包人。从示范文本中“通用条款”对发包人与承包人的定义可以看出，施工合同签订后，当事人任何一方均不允许转让合同。因为承包人是发包人通过复杂的招标选中的实施者；发包人则是承包人在投标前已对其信誉和支付能力表示信任，才参与竞争取得合同。因此，按照诚实信用原则，订立合同后，任何一方都不能将合同转让给第三者。所谓合法继承人是指因资产重组后，合并或分立后的法人或组织可以作为合同的当事人。

施工合同示范文本定义的工程师包括监理单位委派的总监理工程师或者发包人指定的履行合同的负责人两种情况。

所谓发包人委托的监理是指，发包人可以委托监理单位，全部或者部分负责合同的履行管理。监理单位委派的总监理工程师在施工合同中称为工程师。总监理工程师是经监理单位法定代表人授权，派驻施工现场监理组织的总负责人，行使监理合同赋予监理单位的权利和义务，全面负责受委托工程的监理工作。发包人应当将委托的监理单位名称、工程师的姓名、监理内容及监理权限以书面形式通知承包人。除合同内有明确约定或经发包人同意外，负责监理的工程师无权解除承包人的任何义务。

所谓发包人派驻代表是指，经发包人单位法定代表人授权，派驻施工现场的负责人。对于国家未规定实施强制监理的工程施工，发包人也可以派驻代表自行管理。发包人派驻施工场地履行合同的代表在施工合同中也称工程师。其姓名、职务、职责在“专用条款”内约定，但职责不得与监理单位委派的总监理工程师职责相互交叉。双方职责发生交叉或不明确时，由发包人明确双方职责，并以书面形式通知承包方。

如在施工过程中发包人需要撤换工程师，应至少于易人前 7 天以书面形式通知承包人。后任继续履行合同文件的约定及前任的权利和义务，不得更改前任作出的书面承诺。

四、建设工程施工合同的订立

(一)工期和合同价格

1. 工期

在合同协议书内应明确注明开工日期、竣工日期和合同工期总日历天数。如果是招标选择的承包人,工期总日历天数应为投标书内承包人承诺的天数,不一定是招标文件要求的天数。因为招标文件通常规定本招标工程最长允许的完工时间,而承包人为了竞争,申报的投标工期往往短于招标文件限定的最长工期,此项因素通常也是评标比较的一项内容。因此,在中标通知书中已注明发包人接受的投标工期。

合同内如果有发包人要求分阶段移交的单位工程或部分工程时,在专用条款内还需明确约定中间交工工程的范围和竣工时间。此项约定也是判定承包人是否按合同履行了义务的标准。

2. 合同价款

1)合同约定的合同价款

在合同协议书内同样要注明合同价款。虽然中标通知书中已写明了来源于投标书的中标合同价款,但考虑到某些工程可能不是通过招标选择的承包人,如合同价值低于法规要求必须招标的小型工程或出于保密要求直接发包的工程等,因此,标准化合同协议书内仍要求填写合同价款。非招标工程的合同价款,由当事人双方依据工程预算书协商后,填写在协议书内。

2)追加合同价款

在合同的许多条款内涉及“费用”和“追加合同价款”两个专用术语。追加合同价款是指,合同履行中发生需要增加合同价款的情况,经发包人确认后,按照计算合同价款的方法,给承包人增加的合同价款。费用指不包含在合同价款之内的应当由发包人或承包人承担的经济支出。

3)合同的计价方式

“通用条款”中规定有三类可选择的计价方式,本合同采用哪种方式需在专用条款中说明。可选择的计价方式如下。

(1)固定价格合同,是指在约定的风险范围内价款不再调整的合同。这种合同的价款并不是绝对不可调整,而是约定范围内的风险由承包人承担。如工程承包中采用的固定总价合同和固定单价合同。双方需在专用条款内约定合同价款包含的风险范围、风险费用的计算方法和承包风险范围以外对合同价款影响的调整方法,在约定的风险范围内合同价款不再调整。

(2)可调价格合同,是针对固定价格而言,通常用于工期较长的施工合同。如工期在18个月以上的合同,发包人和承包人在招投标阶段和签订合同时不可能合理预见到一年半以后物价浮动和后续法规变化对合同价款的影响,为了合理分担外界因素影响的风险,应采用可调价合同。对于工期较短的合同,专用条款内也约定因外部条件变化对施工产生成本影响可以调整合同价款的内容。可调价合同的计价方式与固定价格合同基本相同,只是增加可调价的条款,因此在专用条款内应明确约定调价的计算方法。

(3)成本加酬金合同,是指发包人负担全部工程成本,对承包人完成的工作支付相应酬金的计价方式。这类计价方式通常用于紧急工程施工,如灾后修复工程;或采用新技术、新工艺施工,双方对施工成本均心中无底,为了合理分担风险采用此种方式。合同双方应在专用条款内约定成本构成和酬金的计算方法。

具体工程承包的计价方式不一定是单一的方式，只要在合同内明确约定具体工作内容采用的计价方式，也可以采用组合计价方式。如工期较长的施工合同，主体工程部分采用可调价的单价合同；而某些较简单的施工部位采用不可调价的固定总价承包；涉及使用新工艺施工部位或某项工作，用成本加酬金方式结算该部分的工程款。

4）工程预付款的约定

施工合同的支付程序中是否有预付款，取决于工程的性质、承包工程量的大小以及发包人在招标文件中的规定。预付款是发包人为了帮助承包人解决工程施工前期资金紧张的困难，提前给付的一笔款项。在专用条款内应约定预付款总额、一次或分阶段支付的时间及每次付款的比例（或金额）、扣回的时间及每次扣回的计算方法、是否需要承包人提供预付款保函等相关内容。

5）支付工程进度款的约定

在"专用条款"内约定工程进度款的支付时间和支付方式。工程进度款支付可以采用按月计量支付、按里程碑完成工程的进度分阶段支付或完成工程后一次性支付等方式。对合同内不同的工程部位或工作内容可以采用不同的支付方式，只要在专用条款中具体明确即可。

（二）对双方有约束力的合同文件

1. 合同文件的组成

在"协议书"和"通用条款"中规定，对合同当事人双方有约束力的合同文件包括签订合同时已形成的文件和履行过程中构成对双方有约束力的文件两大部分。

1）订立合同时已形成的文件

（1）施工合同协议书；

（2）中标通知书；

（3）投标书及其附件；

（4）施工合同专用条款；

（5）施工合同通用条款；

（6）标准、规范及有关技术文件；

（7）图纸；

（8）工程量清单；

（9）工程报价单或预算书。

2）合同履行过程中形成的文件

合同履行过程中，双方有关工程的洽商、变更等书面协议或文件也构成对双方有约束力的合同文件，将其视为协议书的组成部分。

2. 对合同文件中矛盾或歧义的解释

1）合同文件的优先解释次序

"通用条款"规定，上述合同文件原则上应能够互相解释、互相说明。但当合同文件中出现含糊不清或不一致时，上面各文件的序号就是合同的优先解释顺序。由于履行合同时双方达成一致的洽商、变更等书面协议发生时间在后，且经过当事人签署，因此作为协议书的组成部分，排序放在第一位。如果双方不同意这种次序安排，可以在专用条款内约定本合同的文件组成和解释次序。

2)合同文件出现矛盾或歧义的处理程序

按照“通用条款”的规定,当合同文件内容含糊不清或不一致时,在不影响工程正常进行的情况下,由发包人和承包人协商解决。双方也可以提请负责监理的工程师作出解释。双方协商不成或不同意监理的工程师的解释时,按合同约定的解决争议的方式处理。对于实行“小业主、大监理”的工程,可以在“专用条款”中约定工程师作出的解释对双方都有约束力。如果任何一方不同意工程师的解释,再按合同争议的方式解决。

(三)标准和规范

标准和规范是检验承包人施工应遵循的技术准则以及判定工程质量是否满足要求的标准。国家规范中的标准是强制性标准,合同约定的标准不得低于强制性标准,但发包人从建筑产品功能要求出发,可以对工程或部分工程部位提出更高的质量要求。在专用条款内必须明确规定本工程及主要部位应达到的质量要求,以及施工过程中需要进行质量检测和试验的时间、试验内容、试验地点和方式等具体约定。

对于采用新技术、新工艺施工的部分,如果国内没有相应标准、规范时,在合同内也应约定对质量检验的方式、检验的内容及应达到的指标要求,否则无从判定施工的质量是否合格。

(四)发包人和承包人的工作

“通用条款”和“专用条款”中均对发包人和承包人应完成的工作做了约定,在此不赘述。需要注意的是,虽然通用条款内规定的一些工作内容属于发包人的义务,但发包人可以将部分工作委托承包方办理,具体内容可以在专用条款内约定,其费用由发包人承担。属于合同约定的发包人义务,如果出现不按合同约定完成,导致工期延误或给承包人造成损失的,发包人应赔偿承包人的有关损失,拖延的工期相应顺延。而承包人不履行其义务,造成发包人损失的,应对发包人的损失给予赔偿。

(五)材料和设备的供应

目前很多工程采用包工、部分包料承包的合同,主材由发包人提供的,在专用条款中应明确约定发包人提供这些材料和设备的合同责任。施工合同范本附件提供了标准化的格式如表6-1所示。

表6-1　发包人供应材料设备一览表

序号	材料设备品种	规格型号	单位	数量	单价	质量等级	供应时间	送达地点	备注

(六)担保和保险

1.履行合同的担保

合同是否有履约担保不是合同有效的必要条件,应按照合同具体约定来执行。如果合同约定有履约担保和预付款担保,则需在专用条款内明确说明担保的种类、担保方式、有效期、担保金额以及担保书的格式。担保合同将作为施工合同的附件。

2. 保险责任

工程保险是转移工程风险的重要手段，如果合同约定有保险的话，在专用条款内应约定投保的险种、保险的内容、办理保险的责任以及保险金额。

（七）解决合同争议的方式

发生合同争议时，应按如下程序解决：双方协商和解解决；达不成一致时请第三方调解解决；调解不成，则需通过仲裁或诉讼最终解决。因此在专用条款内需要明确约定双方共同接受的调解人，以及最终解决合同争议是采用仲裁还是诉讼方式、仲裁委员会或法院的名称。

五、施工准备阶段的合同管理

（一）施工图纸

1. 发包人提供的图纸

我国目前的建设工程项目通常由发包人委托设计单位负责，在工程准备阶段应完成施工图设计文件的审查。施工图纸经过工程师审核签认后，在合同约定的日期前发放给承包人，以保证承包人及时编制施工进度计划和组织施工。施工图纸可以一次提供，也可以各单位工程开始施工前分阶段提供，只要符合专用条款的约定，不影响承包人按时开工即可。

发包人应免费按专用条款约定的份数供应承包人图纸。承包人要求增加图纸套数时，发包人应代为复制，但复制费用由承包人承担。发放承包人的图纸中，应在施工现场保留一套完整图纸供工程师及有关人员进行工程检查时使用。

2. 承包人负责设计的图纸

有些情况下承包人享有专利权的施工技术，若具有设计资质和能力，可以由其完成部分施工图的设计，或由其委托设计分包人完成。在承包工作范围内，包括部分由承包人负责设计的图纸，则应在合同约定的时间内将按规定的审查程序批准的设计文件提交工程师审核，经过工程师签认后才可以使用。但工程师对承包人设计的认可，不能解除承包人的设计责任。

（二）施工进度计划

就合同工程的施工组织而言，招标阶段承包人在投标书内提交的施工方案或施工组织设计的深度相对较浅，签订合同后通过对现场的进一步考察和工程交底，对工程的施工有了更深入的了解，因此，承包人应当在专用条款约定的日期，将施工组织设计和施工进度计划提交工程师。群体工程中采取分阶段进行施工的单项工程，承包人则应按照发包人提供图纸及有关资料的时间，按单项工程编制进度计划，分别向工程师提交。

工程师接到承包人提交的进度计划后，应当予以确认或者提出修改意见，时间限制则由双方在专用条款中约定。如果工程师逾期不确认也不提出书面意见，则视为已经同意。工程师对进度计划和对承包人施工进度的认可，不免除承包人对施工组织设计和工程进度计划本身的缺陷所应承担的责任。进度计划经工程师予以认可的主要目的，是作为发包人和工程师依据计划进行协调和对施工进度控制的依据。

（三）双方做好施工前的有关准备工作

开工前，合同双方还应当做好其他各项准备工作。如发包人应当按照专用条款的规定使施工现场具备施工条件、开通施工现场公共道路，承包人应当做好施工人员和设备的调配工作。

对工程师而言，特别需要做好水准点与坐标控制点的交验，按时提供标准、规范。为了能够按时向承包人提供设计图纸，工程师可能还需要做好设计单位的协调工作，按照专用条款的约定组织图纸会审和设计交底。

(四)开工

承包人应在专用条款约定的时间按时开工,以便保证在合理工期内及时竣工。但在特殊情况下,工程的准备工作不具备开工条件,则应按合同的约定区分延期开工的责任。

1. 承包人要求的延期开工

如果是承包人要求的延期开工,则工程师有权批准是否同意延期开工。

承包人不能按时开工,应在不迟于协议书约定的开工日期前7天,以书面形式向工程师提出延期开工的理由和要求。工程师在接到延期开工申请后的48小时内未予答复,视为同意承包人的要求,工期相应顺延。如果工程师不同意延期要求,工期不予顺延。如果承包人未在规定时间内提出延期开工要求,工期也不予顺延。

2. 发包人原因的延期开工

因发包人的原因施工现场尚不具备施工的条件,影响了承包人不能按照协议书约定的日期开工时,工程师应以书面形式通知承包人推迟开工日期。发包人应当赔偿承包人因此造成的损失,相应顺延工期。

(五)工程的分包

《建设工程施工合同(示范文本)》的"通用条件"规定,未经发包人同意,承包人不得将承包工程的任何部分分包;工程分包不能解除承包人的任何责任和义务。

发包人通过复杂的招标程序选择了综合能力最强的投标人,要求其来完成工程的施工,因此合同管理过程中对工程分包要进行严格控制。承包人出于自身能力考虑,可能将部分工作内容分包,如自己没有实施资质的特殊专业工程,或部分较简单的工作内容,这些应包括在承包人投标书内的分包计划中,发包人通过接受投标书已表示了认可。如果合同签订后承包人又提出分包要求,则需要经过发包人的书面同意。发包人控制工程分包的基本原则是,主体工程的施工任务不允许分包,主要工程量必须由承包人完成。

经过发包人同意的分包工程,承包人选择的分包人需要提请工程师同意。工程师主要审查分包人是否具备实施分包工程的资质和能力,未经工程师同意的分包人不得进入现场参与施工。

虽然对分包的工程部位而言涉及两个合同,即发包人与承包人签订的施工合同和承包人与分包人签订的分包合同,但工程分包不能解除承包人对发包人应承担在该工程部位施工的合同义务。同样,为了保证分包合同的顺利履行,发包人未经承包人同意,不得以任何形式向分包人支付各种工程款项,分包人完成施工任务的报酬只能依据分包合同由承包人支付。

(六)支付工程预付款

合同约定有工程预付款的,发包人应按规定的时间和数额支付预付款。为了保证承包人如期开始施工前的准备工作和开始施工,预付时间应不迟于约定的开工日期前7天。

发包人不按约定预付,承包人在约定预付时间7天后向发包人发出要求预付的通知。发包人收到通知后仍不能按要求预付,承包人可在发出通知后7天停止施工,发包人应从约定应付之日起向承包人支付应付款的贷款利息,并承担违约责任。

六、施工过程的合同管理

(一)对材料和设备的质量控制

为了保证工程项目达到投资建设的预期目的,确保工程质量至关重要。对工程质量进行严格控制，应从使用的材料质量控制开始。

1. 材料设备的到货检验

工程项目使用的建筑材料和设备按照专用条款约定的采购供应责任，可以由承包人负责，也可以由发包人提供全部或部分材料和设备。示范文本中通用条款部分对发包人供应的材料设备和承包人采购的材料设备两种情况作了约定，详见“通用条款”第七部分。

2. 材料和设备的使用前检验

为了防止材料和设备在现场储存时间过长或保管不善而导致质量的降低，应在用于永久工程施工前进行必要的检查试验。按照材料设备的供应义务《示范文本》中“通用条款”部分对合同责任作了区分，详见“通用条款”第七部分。

（二）对施工质量的监督管理

工程师在施工过程中应采用巡视、旁站、平行检验等方式监督检查承包人的施工工艺和产品质量，对建筑产品的生产过程进行严格控制。

承包人施工的工程质量应当达到合同约定的标准。发包人对部分或者全部工程质量有特殊要求的，应支付由此增加的追加合同价款，对工期有影响的应给予相应顺延。

工程师依据合同约定的质量标准对承包人的工程质量进行检查，达到或超过约定标准的，给予质量认可（不评定质量等级）；达不到要求时，则予拒收。

不论何时，工程师一经发现质量达不到约定标准的工程部分，均可要求承包人返工。承包人应当按照工程师的要求返工，直到符合约定标准。因承包人的原因达不到约定标准的，由承包人承担返工费用，工期不予顺延。因发包人的原因达不到约定标准，由发包人承担返工的追加合同价款，工期相应顺延。因双方原因达不到约定标准的，责任由双方分别承担。

如果双方对工程质量有争议，由专用条款约定的工程质量监督部门鉴定，所需费用及因此造成的损失，由责任方承担。双方均有责任的，由双方根据其责任分别承担。

关于施工过程中的检查和返工的有关约定详见示范文本通用条款第三部分第 16 条。若使用专利技术及特殊工艺施工，则参考通用条款第十一部分第 42 条的有关约定。

（三）隐蔽工程与重新检验

由于隐蔽工程在施工中一旦完成隐蔽，将很难再对其进行质量检查（这种检查往往成本很大），因此必须在隐蔽前进行检查验收。对于中间验收，应在专用条款中约定，对需要进行中间验收的单项工程和部位要及时进行检查、试验，不应影响后续工程的施工。发包人应为检验和试验提供便利条件。

隐蔽工程的检验程序分为承包人自检和工程师与承包人共同检验两步。关于这两部的具体约定详见“通用条款”第四部分第 17 条。关于重新检验的有关约定详见“通用条款”第四部分第 18 条。

（四）施工进度管理

工程开工后，合同履行即进入施工阶段，直至工程竣工。这一阶段工程师进行进度管理的主要任务是控制施工工作按进度计划执行，确保施工任务在规定的合同工期内完成。

1. 按计划施工

开工后，承包人应按照工程师确认的进度计划组织施工，接受工程师对进度的检查、监督。一般情况下，工程师每月均应检查一次承包人的进度计划执行情况，由承包人提交一份上月进度计划执行情况和本月的施工方案和措施。同时，工程师还应进行必要的现场实地检查。

2. 承包人修改进度计划

实际施工过程中，由于受到外界环境条件、人为条件、现场情况等的限制，经常出现与承包人开工前编制施工进度计划时预计的施工条件有出入的情况，导致实际施工进度与计划进度不符。不管实际进度是超前还是滞后于计划进度，只要与计划进度不符时，工程师都有权通知承包人修改进度计划，以便更好地进行后续施工的协调管理。承包人应当按照工程师的要求修改进度计划并提出相应措施，经工程师确认后执行。

因承包人自身的原因造成工程实际进度滞后于计划进度，所有的后果都应由承包人自行承担。工程师不对确认后的改进措施效果负责，这种确认并不是工程师对工程延期的批准，而仅仅是要求承包人在合理的状态下施工。因此，如果修改后的进度计划不能按期完工，承包人仍应承担相应的违约责任。

3. 暂停施工

1）工程师指示的暂停施工

（1）暂停施工的原因。在施工过程中，有些情况会导致暂停施工。虽然暂停施工会影响工程进度，但在工程师认为确有必要时，可以根据现场的实际情况发布暂停施工的指示。发出暂停施工指示的起因可能源于以下情况。

①外部条件的变化。例如：后续法规政策的变化导致工程停、缓建；地方法规要求在某一时段内不允许施工等。

②发包人应承担责任的原因。例如：发包人未能按时完成后续施工的现场或通道的移交工作；发包人订购的设备不能按时到货；施工中遇到了有考古价值的文物或古迹需要进行现场保护等。

③协调管理的原因。如同时在现场的几个独立承包人之间出现施工交叉干扰，工程师需要进行必要的协调。

④承包人的原因。例如：发现施工质量不合格；施工作业方法可能危及现场或毗邻地区建筑物或人身安全等。

（2）暂停施工的管理程序。不论发生上述何种情况，工程师应当以书面形式通知承包人暂停施工，并在发出暂停施工通知后的 48 小时内提出书面处理意见。承包人应当按照工程师的要求停止施工，并妥善保护已完工工程。

承包人实施工程师作出的处理意见后，可提出书面复工要求。工程师应当在收到复工要求后的 48 小时内给予相应的答复。如果工程师未能在规定的时间内提出处理意见，或收到承包人复工要求后 48 小时内未予答复，承包人可以自行复工。

如果停工责任在发包人，则由发包人承担所发生的追加合同价款，赔偿承包人由此造成的损失，并相应顺延工期；如果停工责任在承包人，则由承包人承担发生的费用，工期不予顺延；如果因工程师未及时作出答复，导致承包人无法复工，则由发包人承担违约责任。

2）由于发包人不能按时支付的暂停施工

《建设工程施工合同（示范文本）》“通用条款”中对以下两种情况，给予了承包人暂时停工的权利。

（1）延误支付预付款。当合同规定有工程预付款，而发包人不按时支付预付款时，承包人在约定时间 7 天后向发包人发出预付通知。发包人收到通知后仍不能按要求预付，承包人可在发出通知后 7 天停止施工。发包人应从约定应付之日起，向承包人支付应付款的贷款利息。

(2)拖欠工程进度款。发包人不按合同规定及时向承包人支付工程进度款且双方又未达成延期付款协议时,导致施工无法进行,承包人可以停止施工,由发包人承担违约责任。

4. 工期延误

施工过程中,由于社会条件、人为条件、自然条件和管理水平等因素的影响,可能导致工期延误不能按时竣工。是否应给承包人合理延长工期,应依据合同责任来判定。

《建设工程施工合同(示范文本)》的"通用条款"中明确规定了可以顺延工期的条件,详见"通用条款"第三部分第13条。这些情况工期可以顺延的根本原因在于:这些情况属于发包人违约或者是应当由发包人承担的风险。反之,如果造成工期延误的原因是承包人的违约或者应当由承包人承担的风险,则工期不能顺延。

工期顺延要遵循一定的确认程序,承包人在工期可以顺延的情况发生后14天内,应将延误的工期向工程师提出书面报告。工程师在收到报告后14天内予以确认答复,逾期不予答复,视为报告要求已经被确认。工程师确认工期是否应予顺延,应当首先考察事件实际造成的延误时间,然后依据合同、施工进度计划、工期定额等进行判定。经工程师确认顺延的工期应纳入合同工期,作为合同工期的一部分。如果承包人不同意工程师的确认结果,则按合同规定的争议解决方式处理。

5. 发包人要求提前竣工

施工中如果发包人出于某种考虑要求提前竣工,应与承包人协商。双方达成一致后签订提前竣工协议,作为合同文件的组成部分。提前竣工协议应包括以下几方面的内容:

(1)提前竣工的时间;

(2)发包人为赶工应提供的方便条件;

(3)承包人在保证工程质量和安全的前提下,可能采取的赶工措施;

(4)提前竣工所需的追加合同价款等。

承包人按照协议修订进度计划和制定相应的措施,经工程师同意后执行。发包方为赶工应提供必要的方便条件。

(五)设计变更管理

《建设工程施工合同(示范文本)》中将工程变更分为工程设计变更和其他变更两类。其他变更是指,合同履行中发包人要求变更工程质量标准及其他实质性变更。发生这类情况后,由当事人双方协商解决。工程施工中经常发生设计变更,对此"通用条款"作出了较详细的规定。

工程师在合同履行管理中应严格控制变更,施工中承包人未得到工程师的同意也不允许对工程设计随意变更。如果由于承包人擅自变更设计,发生的费用和因此而导致的发包人的直接损失,应由承包人承担,延误的工期不予顺延。

1. 发包人要求的设计变更

施工中发包人若需对原工程设计变更,则需要通过工程师下达指示。《建设工程施工合同(示范文本)》"通用条款"中明确规定,工程师依据工程项目的需要和施工现场的实际情况,可以就四个方面向承包人发出变更通知:

(1)更改工程有关部分的标高、基线、位置和尺寸;

(2)增减合同中约定的工程量;

(3)改变有关工程的施工时间和顺序;

(4)其他有关工程变更需要的附加工作。

发包人应提前14天以书面形式向承包人发出变更通知。变更超过原设计标准或批准的建设规模时,发包人应报规划管理部门和其他有关部门重新审查批准,并由原设计单位提供变更的相应图纸和说明。工程师向承包人发出设计变更通知后,承包人按照工程师发出的变更通知及有关要求,进行所需的变更。因设计变更导致合同价款的增减及造成的承包人损失由发包人承担,延误的工期相应顺延。

2. 承包人要求的设计变更

《建设工程施工合同(示范文本)》"通用条款"中明确规定,施工中承包人不得因施工方便而要求对原工程设计进行变更。但承包人可以提出合理化建议,若承包人在施工中提出的合理化建议被发包人采纳,如果建议涉及对设计图纸或施工组织设计的变更及对材料、设备的换用,则须经工程师同意。未经工程师同意承包人擅自更改或换用,承包人应承担由此发生的费用,并赔偿发包人的有关损失,延误的工期不予顺延。工程师同意采用承包人的合理化建议,所发生费用和获得收益的分担或分享,由发包人和承包人另行约定。

3. 变更价款的确定

确定变更价款的方法与程序在"通用条款"第八部分第31条中作了详细的规定,需要注意的是,因承包人自身原因导致的工程变更,承包人无权要求追加合同价款。如由于承包人原因实际施工进度滞后于计划进度,某工程部位的施工与其他承包人的施工发生干扰,工程师发布指示改变了他的施工时间和顺序导致施工成本的增加或效率降低,承包人无权要求补偿。

(六)工程量的确认

由于签订合同时在工程量清单内开列的工程量是估计工程量,实际施工可能与其有差异,因此发包人支付工程进度款前应对承包人完成的实际工程量予以确认或核实,按照承包人实际完成永久工程的工程量进行支付。关于工程量的确认原则详见《建设工程施工合同(示范文本)》"通用条款"第六部分第25条的规定。在计量工程量时,工程师对照设计图纸,只对承包人完成的永久工程合格工程量进行计量。因此,属于承包人超出设计图纸范围(包括超挖、涨线)的工程量不予计量;因承包人原因造成返工的工程量不予计量。

(七)支付管理

1. 调整合同价款

一般来讲,合同价款在协议书内约定后,任何一方不得擅自改变。但由于确定合同价款的方式包括固定价格合同、可调价格合同和成本加酬金合同三种,因此若采用可调价合同,在"通用条款"第六部分第23条中规定出现的四种情况时,可以对合同价款进行相应的调整。

2. 工程进度款的支付

1)工程进度款的计算

计算本期应支付承包人的工程进度款的款项计算内容包括:

(1)经过确认核实的完成工程量对应工程量清单或报价单的相应价格计算应支付的工程款;

(2)设计变更应调整的合同价款;

(3)本期应扣回的工程预付款;

(4)根据合同允许调整合同价款原因应补偿承包人的款项和应扣减的款项;

(5)经过工程师批准的承包人索赔款等。

2)工程进度款的支付程序

在"通用条款"第六部分第26条中有详细规定,在此不赘述。

(八)不可抗力

不可抗力,是指合同当事人不能预见、不能避免并且不能克服的客观情况。建设工程施工中的不可抗力包括因战争、动乱、空中飞行物坠落或其他非发包人和承包人责任造成的爆炸、火灾以及专用条款约定的风、雨、雪、洪水、地震等自然灾害。对于自然灾害形成的不可抗力,当事人双方订立合同时应在专用条款内予以约定,如多少级以上的地震、多少级以上持续多少天的大风等。

不可抗力事件发生后,对施工合同的履行会造成较大的影响。工程师应当有较强的风险意识,包括:及时识别可能发生不可抗力风险的因素;督促当事人转移或分散风险(如投保等);监督承包人采取有效的防范措施(如减少发生爆炸、火灾等隐患);不可抗力事件发生后能够采取有效手段尽量减少损失等。

不可抗力事件发生后,承包人应在力所能及的条件下迅速采取措施,尽量减少损失,并在不可抗力事件结束后48小时内,向工程师通报受灾情况和损失情况以及预计清理和修复的费用。发包人应尽力协助承包人采取措施。不可抗力事件继续发生,承包人应每隔7天向工程师报告一次受害情况,并于不可抗力事件结束后14天内,向工程师提交清理和修复费用的正式报告及有关资料。

不可抗力又分为合同约定工期内发生的不可抗力和迟延履行合同期间发生的不可抗力两种情况。对于不可抗力导致的费用及延误的工期应按照"通用条款"第十一部分第39条的有关规定执行。

投保"建筑工程一切险"、"安装工程一切险"和"人身意外伤害险"是转移风险的有效措施。如果工程是发包人负责办理的工程险,当承包人有权获得工期顺延的时间内,发包人应在保险合同有效期届满前办理保险的延续手续;若因承包人原因不能按期竣工,承包人也应自费办理保险的延续手续。对于保险公司的赔偿不能全部弥补损失的部分,则应由合同约定的责任方承担赔偿义务。

(九)施工环境与安全管理

工程师应监督现场的正常施工工作符合行政法规和合同的要求,做到文明施工。

1. 遵守法规对环境的要求

施工应遵守政府有关主管部门对施工场地、施工噪声以及环境保护和安全生产等的管理规定。承包人按规定办理有关手续,并以书面形式通知发包人,发包人承担由此发生的费用。

2. 保持现场的整洁

承包人应保证施工场地清洁,符合环境卫生管理的有关规定。交工前清理现场,达到"专用条款"约定的要求。

3. 重视施工安全

"通用条款"第五部分对安全施工作了详尽的规定,包括安全施工与检查、安全防护、事故处理等方面。

七、竣工阶段的合同管理

(一)工程试车

若施工合同中包括设备安装工程,设备安装工作完成后,要对设备运行的性能进行检验。

1. 竣工前的试车

竣工前的试车工作分为单机无负荷试车和联动无负荷试车两类。双方约定需要试车的，试车内容应与承包人承包的安装范围相一致。由于单机无负荷试车所需的环境条件在承包人的设备现场范围内，因此，安装工程具备试车条件时，由承包人组织试车。进行联动无负荷试车时，由于需要外部的配合条件，因此具备联动无负荷试车条件时，由发包人组织试车。具体的试车组织及双方应承担的责任详见“通用条款”第四部分第19条的有关规定。

2. 竣工后的试车

竣工后的试车又称为投料试车，属于竣工验收后的带负荷试车，不属于承包的工作范围，一般情况下承包人不参与此项试车。如果发包人要求在工程竣工验收前进行或需要承包人在试车时予以配合，应征得承包人同意，另行签订补充协议。试车组织和试车工作由发包人负责。

(二)竣工验收

工程验收是合同履行中的一个重要工作阶段，工程未经竣工验收或竣工验收未通过的，发包人不得使用。发包人强行使用时，由此发生的质量问题及其他问题，由发包人承担责任。竣工验收分为分项工程竣工验收和整体工程竣工验收两大类，视施工合同约定的工作范围而定。

1. 竣工验收需满足的条件

依据《建设工程施工合同(示范本本)》的“通用条款”和法规的规定，竣工工程必须符合下列基本要求。

(1)完成工程设计和合同约定的各项内容。

(2)施工单位在工程完工后对工程质量进行了检查，确认工程质量符合有关工程建设强制性标准，符合设计文件及合同要求，并提出工程竣工报告。工程竣工报告应经项目经理和施工单位有关负责人审核签字。

(3)对于委托监理的工程项目，监理单位对工程进行了质量评价，具有完整的监理资料，并提出工程质量评价报告。工程质量评价报告应经总监理工程师和监理单位有关负责人审核签字。

(4)勘察、设计单位对勘察、设计文件及施工过程中由设计单位签署的设计变更通知书进行了确认。

(5)有完整的技术档案和施工管理资料。

(6)有工程使用的主要建筑材料、建筑构配件和设备合格证及必要的进场试验报告。

(7)有施工单位签署的工程质量保修书。

(8)有公安消防、环保等部门出具的认可文件或准许使用文件。

(9)建设行政主管部门及其委托的工程质量监督机构等有关部门责令整改的问题全部整改完毕。

2. 竣工验收程序

工程具备竣工验收条件，应由发包人按国家工程竣工验收有关规定组织验收工作。具体程序如下。

1)承包人申请验收

工程具备竣工验收条件后，承包人向发包人申请工程竣工验收，递交竣工验收报告并提供完整的竣工资料。实行监理的工程，工程竣工报告必须经总监理工程师签署意见。

2)发包人组织验收组

对符合竣工验收要求的工程,发包人收到工程竣工报告后28天内,组织勘察、设计、施工、监理、质量监督机构和其他有关方面的专家组成验收组,制订验收方案。

3)验收过程

(1)发包人、承包人、勘察、设计、监理单位分别向验收组汇报工程合同履约情况以及在工程建设各个环节执行法律、法规和工程建设强制性标准的情况。

(2)验收组审阅建设、勘察、设计、施工、监理单位提供的工程档案资料。

(3)查验工程实体质量。

(4)验收组通过查验后,对工程施工、设备安装质量和各管理环节等方面作出总体评价,形成工程竣工验收意见。参与工程竣工验收的发包人、承包人、勘察、设计、施工、监理等各方不能形成一致意见时,应报当地建设行政主管部门或监督机构进行协调,待意见一致后,重新组织工程竣工验收。

4)验收后的管理

(1)发包人在验收后14天内给予认可或提出修改意见。竣工验收合格的工程移交给发包人运行使用,承包人不再承担工程保管责任。需要修改缺陷的部分,承包人应按要求进行修改,并承担由自身原因造成修改的费用。

(2)发包人收到承包人送交的竣工验收报告后28天内不组织验收,或验收后14天内不提出修改意见,视为竣工验收报告已被认可。同时,从第29天起,发包人承担工程保管及一切意外责任。

(3)因特殊原因,发包人要求部分单位工程或工程部位甩项竣工的,双方另行签订甩项竣工协议,明确双方责任和工程价款的支付方法。

(4)中间竣工工程的范围和竣工时间,由双方在专用条款内约定,其验收程序与上述规定相同。

3. 竣工时间的确定

在施工合同管理中,竣工时间的确定有着特殊的意义,这个日期的重要作用是用于计算承包人的实际施工期限,与合同约定的工期比较,是提前竣工还是延误竣工。工程竣工验收通过,承包人送交竣工验收报告的日期为实际竣工日期。工程按发包人要求修改后通过竣工验收的,实际竣工日期为承包人修改后提请发包人验收的日期。

合同约定的工期是指协议书中写明的时间与施工过程中遇到合同约定可以顺延工期条件情况后,经过工程师确认应给予承包人顺延工期之和。

承包人的实际施工期限,从开工日起到上述确认为竣工日期之间的日历天数。开工日正常情况下为专用条款内约定的日期,也可能是由于发包人或承包人要求延期开工,经工程师确认的日期。

(三)工程保修

承包人应当在工程竣工验收之前,与发包人签订质量保修书,作为合同附件。质量保修书的主要内容包括工程质量保修范围和内容、质量保修期、质量保修责任、保修费用和其他约定5个部分:

1. 工程质量保修范围和内容

双方按照工程的性质和特点,具体约定保修的相关内容。房屋建筑工程的保修范围包括:

地基基础工程、主体结构工程,屋面防水工程、有防水要求的卫生间和外墙面的防渗漏,供热与供冷系统,电气管线、给排水管道、设备安装和装修工程以及双方约定的其他项目。

2. 质量保修期

保修期从竣工验收合格之日起计算。当事人双方应针对不同的工程部位,在保修书内约定具体的保修年限。当事人协商约定的保修期限,不得低于法规规定的标准。国务院颁布的《建设工程质量管理条例》明确规定,在正常使用条件下的最低保修期限为:

(1)基础设施工程、房屋建筑的地基基础工程和主体工程,为设计文件规定的该工程的合理使用年限;

(2)屋面防水工程,有防水要求的卫生间、房间和外墙面的防渗漏,为5年;

(3)供热与供冷系统,为2个采暖期、供冷期;

(4)电气管线、给排水管道、设备安装和装修工程,为2年。

3. 质量保修责任

(1)属于保修范围、内容的项目,承包人应在接到发包人的保修通知起7天内派人保修。承包人不在约定期限内派人保修,发包人可以委托其他人修理。

(2)发生紧急抢修事故时,承包人接到通知后应当立即到达事故现场抢修。

(3)涉及结构安全的质量问题,应当按照《房屋建筑工程质量保修办法》的规定,立即向当地建设行政主管部门报告,采取相应的安全防范措施。由原设计单位或具有相应资质等级的设计单位提出保修方案,承包人实施保修。

(4)质量保修完成后,由发包人组织验收。

(四)竣工结算

工程竣工验收报告经发包人认可后,承发包双方应当按协议书约定的合同价款及专用条款约定的合同价款调整方式,进行工程竣工结算。关于竣工结算的程序与双方责任,详见“通用条款”第九部分第33条。

八、建设行政主管部门及相关部门对建设工程施工合同的监督管理

虽然发包人和承包人订立和履行合同属于当事人自主的市场行为,但建筑工程涉及国家和地区国民经济发展计划的实现,与人民生命财产的安全密切相关,因此必须符合法律和法规的有关规定。

(一)建设行政主管机关对施工合同的监督管理

建设行政主管部门通过对建设活动的监督,主要从质量和安全的角度对工程项目进行管理。主要有以下职责。

1. 颁布规章

依据国家的法律颁布相应的规章,规范建筑市场有关各方的行为,包括推行合同范本制度。

2. 批准工程项目的建设

工程项目的建设,发包人必须履行工程项目报建手续,获取施工许可证以及取得规划许可和土地使用权的许可。建设项目申请施工许可证应具备以下条件。

(1)已经办理该建筑工程用地批准手续。

(2)在城市规划区的建筑工程,已经取得建设工程规划许可证。

(3)施工场地已经基本具备施工条件,需要拆迁的,其拆迁进度符合施工要求。

(4)已经确定施工企业。按照规定应该招标的工程没有招标,应该公开招标的工程没有公开招标,或者肢解发包工程,以及将工程发包给不具备相应资质条件的,所确定的施工企业无效。

(5)已满足施工需要的施工图纸及技术资料,施工图设计文件已按规定进行了审查。

(6)有保证工程质量和安全的具体措施。施工企业编制的施工组织设计中有根据建筑工程特点制定的相应质量、安全技术措施,专业性较强的工程项目编制的专项质量、安全施工组织设计,并按照规定办理了工程质量、安全监督手续。

(7)按照规定应该委托监理的工程已委托监理。

(8)建设资金已经落实。建设工期不足一年的,到位资金原则上不得少于工程合同价的50%;建设工期超过1年的,到位资金原则上不得少于工程合同价的30%。建设单位应当提供银行出具的到位资金证明,有条件的可以实行银行付款保函或者其他第三方担保。

(9)法律、行政法规规定的其他条件。

3. 对建设活动实施监督

(1)对招标申请报送材料进行审查。

(2)对中标结果和合同的备案审查。

(3)对工程开工前报送的发包人指定的施工现场总代表人和承包人指定的项目经理的备案材料审查。

(4)竣工验收程序和鉴定报告的备案审查。

(5)竣工的工程资料备案等。

所谓备案是指这些活动由合同当事人在行政法规要求的条件下自主进行,并将报告或资料提交建设行政主管部门。行政主管部门审查未发现存在违法、违规情况,则当事人的行为有效,将其资料存档;如果发现有问题,则要求当事人予以改正。因此备案不同于批准,当事人享有更多的自主权。

(二)质量监督机构对合同履行的监督

工程质量监督机构是接受建设行政主管部门的委托,负责监督工程质量的中介组织。工程招标工作完成后,领取开工证之前,发包人应到工程所在地的质量监督机构办理质量监督登记手续。质量监督机构对合同履行的工作的监督,分为对工程参建各方质量行为的监督和对建设工程的实体质量监督两个方面。

1. 对工程参建各方主体质量行为的监督

1)对建设单位质量行为的监督

对建设单位质量行为的监督,主要包括:

(1)工程项目报建审批手续已经齐全;

(2)基本建设程序符合有关要求并按规定进行了施工图审查,按规定委托监理单位或建设单位自行管理的工程建立工程项目管理机构,配备了相应的专业技术人员;

(3)无明示或者暗示勘察、设计单位、监理单位、施工单位违反强制性标准、降低工程质量和迫使承包商任意压缩合理工期等行为;

(4)按合同规定,由建设单位采购的建材、构配件和设备必须符合质量要求。

2)对监理单位质量行为的监督

对监理单位质量行为的监督,主要包括:

(1)监理的工程项目有监理委托手续及合同,监理人员资格证书与承担的任务相符;

(2)工程项目的监理机构专业人员配套,责任制落实;

(3)现场监理采取旁站、巡视和平行检验等形式;

(4)制订监理规划,并按照监理规划进行监理;

(5)按照国家强制性标准或操作工艺对分项工程或工序及时进行验收签认;

(6)对现场发现的使用不合格材料、构配件、设备的现象和发生的质量事故,及时督促、配合责任单位调查处理。

3)对施工单位质量行为的监督

对施工单位质量行为的监督,主要包括:

(1)所承担的任务与其资质相符,项目经理与中标书中相一致,有施工承包手续及合同;

(2)项目经理、技术负责人、质检员等专业技术管理人员配套,并具有相应资格及上岗证书;

(3)有经过批准的施工组织设计或施工方案并能贯彻执行;

(4)按有关规定进行各种检测,对工程施工中出现的质量事故按有关文件要求及时、如实上报和认真处理;

(5)无违法分包、转包工程项目的行为。

2. 对建设工程的实体质量的监督

实体质量监督以抽查方式为主,并辅以科学的检测手段。地基基础实体必须经监督检查后方可进行主体结构施工;主体结构实体必须经监督检查后方可进行后续工程施工。

1)地基及基础工程抽查

地基及基础工程抽查的主要内容包括:

(1)质量保证及见证取样送检检测资料;

(2)分项、分部工程质量或评定资料及隐蔽工程验收记录;

(3)地基检测报告和地基验槽记录;

(4)抽查基础砌体、混凝土和防水等施工质量。

2)主体结构工程抽查

主体结构工程抽查的主要内容包括:

(1)质量保证及见证取样送检检测资料;

(2)分项、分部工程质量评定资料及隐蔽工程验收记录;

(3)结构安全重点部位的砌体、混凝土、钢筋施工质量抽查情况和检测报告;

(4)混凝土构件、钢结构构件制作和安装质量。

3)竣工工程抽查

竣工工程抽查的主要内容包括:

(1)工程质量保证资料及有见证取样检测报告;

(2)分项、分部和单位工程质量评定资料和隐蔽工程验收记录;

(3)地基基础、主体结构及工程安全检测报告和抽查检测;

(4)水、电、暖、通等工程重要部位使用功能试验资料及使用功能抽查检测记录;

(5)工程观感质量。

3. 工程竣工验收的监督

建设工程质量监督机构在工程竣工验收监督时，重点对工程竣工验收的组织形式、验收程序、执行验收规范情况等实行监督。

(三)金融机构对施工合同的管理

金融机构对施工合同的管理，是通过对信贷管理、结算管理、当事人的账户管理进行的。金融机构还有义务协助执行已生效的法律文书，保护当事人的合法权益。

第三节　建设工程委托监理合同管理

建设工程委托监理合同简称监理合同，是指委托人与监理人就委托的工程项目管理内容签订的明确双方权利、义务的协议。

一、建设工程委托监理合同的特征

监理合同是委托合同的一种，除具有委托合同的共同特点外，还具有以下特点。

(1)监理合同的当事人双方应当是具有民事权利能力和民事行为能力、取得法人资格的企事业单位、其他社会组织，个人在法律允许的范围内也可以成为合同当事人。委托人必须是具有国家批准的建设项目，落实投资计划的企事业单位、其他社会组织及个人，作为受托人必须是依法成立具有法人资格的监理企业，并且所承担的工程监理业务应与企业资质等级和业务范围相符合。

(2)监理合同委托的工作内容必须符合工程项目建设程序，遵守有关法律、行政法规。监理合同是以对建设工程项目实施控制和管理为主要内容，因此监理合同必须符合建设工程项目的程序，符合国家和建设行政主管部门颁发的有关建设工程的法律、行政法规、部门规章和各种标准、规范要求。

(3)委托监理合同的标的是服务，建设工程实施阶段所签订的其他合同，如勘察设计合同、施工承包合同、物资采购合同、加工承揽合同的标的物是产生新的物质成果或信息成果，而监理合同的标的是服务，即监理工程师凭据自己的知识、经验、技能受业主委托为其所签订其他合同的履行实施监督和管理。

二、建设工程委托监理合同示范文本

目前我国大多使用《建设工程委托监理合同示范文本》，由“工程建设委托监理合同”(下称“合同”)、“建设工程委托监理合同标准条件”(下称“标准条件”)、“建设工程委托监理合同专用条件”(下称“专用条件”)组成。

(一)工程建设委托监理合同

“合同”是一个总的协议，是纲领性的法律文件。其中明确了当事人双方确定的委托监理工程的概况(工程名称、地点、工程规模、总投资)，委托人向监理人支付报酬的期限和方式，合同签订、生效、完成时间，双方愿意履行约定的各项义务的表示。“合同”是一份标准的格式文件，经当事人双方在有限的空格内填写具体规定的内容并签字盖章后，即发生法律效力。

对委托人和监理人有约束力的合同，除双方签署的“合同”协议外，还包括以下文件：

(1)监理委托函或中标函；

(2)建设工程委托监理合同标准条件；

(3)建设工程委托监理合同专用条件;

(4)在实施过程中双方共同签署的补充与修正文件。

(二)建设工程委托监理合同标准条件

“建设工程委托监理合同标准条件”,其内容涵盖了合同中所用词语定义、适用范围和法规,签约双方的责任、权利和义务,合同生效变更与终止,监理报酬,争议的解决以及其他一些情况。它是委托监理合同的通用文件,适用于各类建设工程项目监理。各个委托人、监理人都应遵守。

(三)建设工程委托监理合同的专用条件

由于“标准条件”适用于各种行业和专业项目的建设工程监理,因此其中的某些条款规定得比较笼统,需要在签订具体工程项目监理合同时,结合地域特点、专业特点和委托监理项目的工程特点,对标准条件中的某些条款进行补充、修正。

所谓“补充”是指标准条件中的条款明确规定,在该条款确定的原则下,“专用条件”的条款中进一步明确具体内容,使两个条件中相同序号的条款共同组成一条内容完备的条款。如“标准条件”中规定“建设工程委托监理合同适用的法律是国家法律、行政法规,以及专用条件中议定的部门规章或工程所在地的地方法规、地方章程。”就具体工程监理项目来说,就要求在“专用条件”的相同序号条款内写入履行本合同必须遵循的部门规章和地方法规的名称,作为双方都必须遵守的条件。如国家大剧院建设工程委托监理合同对合同适用的法规及监理依据在专用条件中作了如下规定。

(1)国家及北京市有关工程建设法规、规章、规定。执行时按北京市、国家的、国外的(经有关方协商确认的)、双方协商的顺序执行。

(2)国家施工验收规范、规程、工程质量验收标准,北京市有关建筑安装工程技术资料管理的规定,国家、北京市档案馆的工程竣工资料规定。

(3)北京市的工程建设概预算定额及有关费用标准、招投标工程中标通知及中标费用标准。

(4)业主与监理公司签订的监理合同文件。

(5)业主与总承包单位签订的施工总承包合同文件。

(6)业主与工程分包单位签订的分包合同、业主与材料设备供应商签订的材料设备采购供应合同。

(7)施工总承包与分包单位所签订的分包合同、施工总承包单位与材料设备供应商签订的材料设备采购供应合同。

(8)本工程的设计文件、设计合同,包括工程施工过程的设计变更洽商文件。

(9)建设施工过程中业主与工程总承包之间签署有关影响工程进度、费用、质量的函件。

(10)本合同在实施过程中如与国家及本市颁布的新法规有抵触时,按国家当时颁布的新法规执行。

所谓“修改”是指标准条件中规定的程序方面的内容,如果双方认为不合适,可以协议修改。如标准条件中规定“委托人对监理人提交的支付通知书中酬金或部分酬金项目提出异议,应在收到支付通知书24小时内向监理人发出异议的通知。”如果委托人认为这个时间太短,在与监理人协商达成一致意见后,可在专用条件的相同序号条款内另行写明具体的延长时间,如改为48小时。

三、监理合同的订立管理

(一)委托的监理业务

1. 委托工作的范围

监理合同的范围是监理工程师为委托人提供服务的范围和工作量。委托人委托监理业务的范围可以非常广泛。从工程建设各阶段来说,可以包括项目前期立项咨询、设计阶段、实施阶段、保修阶段的全部监理工作或某一阶段的监理工作。在每一阶段内,又可以进行投资、质量、工期的三大控制,及信息、合同两项管理。但就具体项目而言,要根据工程的特点,监理人的能力,建设不同阶段的监理任务等诸方面因素,将委托的监理任务详细地写入合同的“专用条件”之中。如进行工程技术咨询服务,工作范围可确定为进行可行性研究,各种方案的成本效益分析,建筑设计标准、技术规范准备,提出质量保证措施,等等。施工阶段监理可包括:

(1)协助委托人选择承包人,组织设计、施工、设备采购等招标;

(2)技术监督和检查,包括检查工程设计、材料和设备质量,对操作或施工质量的监理和检查等;

(3)施工管理,包括质量控制、成本控制、计划和进度控制等。

通常施工监理合同中“监理工作范围”条款,一般应与工程项目总概算、单位工程概算所涵盖的工程范围相一致,或与工程总承包合同、单项工程承包所涵盖的范围相一致。

2. 对监理工作的要求

在监理合同中明确约定的监理人执行监理工作的要求,应当符合《建设工程监理规范》的规定。例如,针对工程项目的实际情况派出监理工作需要的监理机构及人员,编制监理规划和监理实施细则,采取实现监理工作目标相应的监理措施,从而保证监理合同得到真正的履行。

(二)监理合同的履行期限、地点和方式

订立监理合同时约定的履行期限、地点和方式是指合同中规定的当事人履行自己的义务完成工作的时间、地点以及结算酬金。在签订《建设工程委托监理合同》时,双方必须商定监理期限,标明何时开始,何时完成。合同中注明的监理工作开始实施和完成日期是根据工程情况估算的时间,合同约定的监理酬金是根据这个时间估算的。如果委托人根据实际需要增加委托工作范围或内容,导致需要延长合同期限,双方可以通过协商,另行签订补充协议。

监理酬金支付方式也必须明确:首期支付多少,是每月等额支付还是根据工程形象进度支付,支付货币的币种等。

(三)监理合同订立时需注意的问题

1. 坚持按法定程序签署合同

监理委托合同的签订,意味着委托关系的形成,委托方与被委托方的关系都将受到合同的约束。因而签订合同必须是双方法定代表人或经其授权的代表签署并监督执行。在合同签署过程中,应检验代表对方签字人的授权委托书,避免合同失效或不必要的合同纠纷。另外,不可忽视来往函件。

在合同洽商过程中,双方通常会用一些函件来确认双方达成的某些口头协议或书面交往文件,后者构成招标文件和投标文件的组成部分。为了确认合同责任以及明确双方对项目的有关理解和意图以免将来分歧,签订合同时双方达成一致的部分应写入合同附录或专用条款内。

2. 其他应注意的问题

监理委托合同是双方承担义务和责任的协议，也是双方合作和相互理解的基础，一旦出现争议，这些文件也是保护双方权利的法律基础。因此在签订合同中应做到文字简洁、清晰、严密，以保证意思表达准确。

四、监理合同的履行管理

(一)监理人应完成的监理工作

虽然监理合同的"专用条件"内注明了委托监理工作的范围和内容，但从工作性质而言属于正常的监理工作。作为监理人必须履行的合同义务，除了正常监理工作之外，还应包括附加监理工作和额外监理工作。这两类工作属于订立合同时未能或不能合理预见，而合同履行过程中发生需要监理人完成的工作。

1. 附加工作

"附加工作"是指与完成正常工作相关，在委托正常监理工作范围以外监理人应完成的工作。可能包括以下两方面。

(1)由于委托人、第三方原因，使监理工作受到阻碍或延误，以致增加了工作量或延续时间。

(2)增加监理工作的范围和内容等。如由于委托人或承包人的原因，承包合同不能按期竣工而必须延长的监理工作时间。又如委托人要求监理人就施工中采用新工艺施工部分编制质量检测合格标准等都属于附加监理工作。

2. 额外工作

"额外工作"是指正常工作和附加工作以外的工作，即非监理人自己的原因而暂停或终止监理业务，其善后工作及恢复监理业务前不超过42天的准备工作时间。

如合同履行过程中发生不可抗力，承包人的施工被迫中断，监理工程师应完成的确认灾害发生前承包人已完成工程的合格和不合格部分、指示承包人采取应急措施等工作，以及灾害消失后恢复施工前必要的监理准备工作。

由于附加工作和额外工作是委托正常工作之外要求监理人必须履行的义务，因此委托人在其完成工作后应另行支付附加监理工作报告酬金和额外监理工作酬金，但酬金的计算办法应在"专用条件"内予以约定。

(二)合同有效期

尽管双方签订《建设工程委托监理合同》中注明"本合同自×年×月×日开始实施，至×年×月×日完成"，但此期限仅指完成正常监理工作预定的时间，并不就一定是监理合同的有效期。监理合同的有效期即监理人的责任期，不是用约定的日历天数为准，而是以监理人是否完成了包括附加和额外工作的义务来判定。因此"通用条件"规定，监理合同的有效期为双方签订合同后，工程准备工作开始，到监理人向委托人办理完竣工验收或工程移交手续，承包人和委托人已签订工程保修责任书，监理收到监理报酬尾款，监理合同才终止。如果保修期间仍需监理人执行相应的监理工作，双方应在"专用条件"中另行约定。

(三)双方的权利

合同履行的根本目的就是为了实现合同的标的，明确双方的权利和义务。在合同中的每一条款当中，都反映了这种关系。

1. 委托人权利

1)授予监理人权限的权利

监理合同是要求监理人对委托人与第三方签订的各种承包合同的履行实施监理,监理人在委托人授权范围内对其他合同进行监督管理,因此在监理合同内除需明确委托的监理任务外,还应规定监理人的权限。在委托人授权范围内,监理人可对所监理的合同自主地采取各种措施进行监督、管理和协调,当超越权限时,应首先征得委托人同意后方可发布有关指令。委托人授予监理人权限的大小,要根据自身的管理能力、建设工程项目的特点及需要等因素考虑。监理合同内授予监理人的权限,在执行过程中可随时通过书面附加协议予以扩大或减小。

2)对其他合同承包人的选定权

委托人是建设资金的持有者和建筑产品的所有人,因此对设计合同、施工合同、加工制造合同等的承包单位有选定权和订立合同的签字权。监理人在选定其他合同承包人的过程中仅有建议权而无决定权。监理人协助委托人选择承包人的工作可能包括:邀请招标时提供有资格和能力的承包人名录,帮助起草招标文件,组织现场考察,参与评标,以及接受委托代理招标等。但标准条件中规定,监理人对设计和施工等总包单位所选定的分包单位,拥有批准权或否决权。

3)委托监理工程重大事项的决定权

委托人有对工程规模、规划设计、生产工艺设计、设计标准和使用功能等要求的认定权,工程设计变更审批权。

4)对监理人履行合同的监督控制权

委托人对监理人履行合同的监督权利体现在以下三个方面。

(1)对监理合同转让和分包的监督。除了支付款的转让外,监理人不得将所涉及的利益规定义务转让给第三方。监理人所选择的监理工作分包单位必须事先征得委托人的认可。在没有取得委托人的书面同意前,监理人不得开始实行、更改或终止全部或部分服务的任何分包合同。

(2)对监理人员的控制监督。合同"专用条件"或监理人的投标书内,应明确总监理工程师人选、监理机构派驻人员计划。合同开始履行时,监理人应向委托人报送委派的总监理工程师及其监理机构主要成员名单,以保证完成监理合同"专用条件"中约定的监理工作范围内的任务。当监理人调换总监理工程师时,须经委托人同意。

(3)对合同履行的监督权。监理人有义务按期提交月、季、年度的监理报告,委托人也可以随时要求其对重大问题提交专项报告,这些内容应在"专用条件"中明确约定。委托人按照合同约定检查监理工作的执行情况,如果发现监理人员不按监理合同履行职责或与承包方串通,给委托人或工程造成损失,有权要求监理人更换监理人员,直至终止合同,并承担相应责任。

2. 监理人权利

监理合同中涉及监理人权利的条款可分为两大类,一类是监理人在委托合同中应享有的权利,另一类是监理人履行委托人与第三方签订的承包合同的监理任务时可行使的权利。

1)委托监理合同中赋予监理人的权利

(1)完成监理任务后获得酬金的权利。监理人不仅可获得完成合同内规定的正常监理任务酬金,如果合同履行过程中因主、客观条件的变化,完成附加工作和额外工作后,也有权按照

“专用条件”中约定的计算方法,得到额外工作的酬金。正常酬金的支付程序和金额,以及附加与额外工作酬金的计算办法,应在“专用条件”内写明。监理人还有获得奖励的权利。监理人在工作过程中做出了显著成绩,如由于监理人提出的合理化建议,使委托人获得实际经济利益,则应按照合同中规定的奖励办法,得到委托人给予的适当物质奖励。奖励办法通常参照国家颁布的合理化建议奖励办法,写明在“专用条件”相应的条款内。

(2)终止合同的权利。如果由于委托人违约严重拖欠应付监理人的酬金,或由于非监理人责任而使监理暂停的期限超过半年以上,监理人可按照终止合同规定程序,单方面提出终止合同,以保护自己的合法权益。

2)监理人执行监理业务可以行使的权利

按照示范文本通用条件的规定,监理委托人和第三方签订承包合同时可行使的权利包括以下几个方面。

(1)建设工程有关事项和工程设计的建议权,建设工程有关事项包括工程规模、设计标准、规划设计、生产工艺设计和使用功能要求。在设计标准和使用功能等方面,监理人有向委托人和设计单位的建议权。工程设计是指按照安全和优化方面的要求,就某些技术问题自主向设计单位提出建议。但如果由于提出的建议提高了工程造价,或延长工期,应事先征得委托人的同意,如果发现工程设计不符合建筑工程质量标准或约定的要求,应当报告委托人要求设计单位更改,并向委托人提出书面报告。

(2)对实施项目的质量、工期和费用的监督控制权。主要表现为:对承包人报的工程施工组织设计和技术方案,按照保质量、保工期和降低成本要求,自主进行审批和向承包人提出建议;征得委托人同意,发布开工令、停工令、复工令;对工程上使用的材料和施工质量进行检验;对施工进度进行检查、监督,未经监理工程师签字,建筑材料、建筑构配件和设备不得在工地上使用,施工单位不得进行下一道工序的施工;工程实施竣工日期提前或延误期限的鉴定;在工程承包合同方定的工程范围内,工程款支付的审核和签认权,以及结算工程款的复核确认与否定权。未经监理人签字确认,委托人不支付工程款,不进行竣工验收。

(3)工程建设有关协作单位组织协调的主持权。

(4)在业务紧急情况下,为了工程和人身安全,尽管变更指令已超越了委托人授权而又不能事先得到批准时,也有权发布变更指令,但应尽快通知委托人。

(5)审核承包人索赔的权利。

(四)双方的义务

1. 委托人义务

(1)委托人应负责建设工程的所有外部关系的协调工作,满足开展监理工作所需提供的外部条件。

(2)与监理人做好协调工作。委托人要授权一位熟悉建设工程情况,能迅速作出决定的常驻代表,负责与监理人联系。更换此人要提前通知监理人。

(3)为了不耽搁服务,委托人应在合理的时间内就监理人以书面形式提交并要求作出决定的一切事宜作出书面决定。

(4)为监理人顺利履行合同义务,做好协助工作。协助工作包括以下几方面内容。

①将授予监理人的监理权利,以及监理人监理机构主要成员的职能分工、监理权限及时书面通知已选定的第三方,并在第三方签订的合同中予以明确。

②在双方议定的时间内,免费向监理人提供与工程有关的监理服务所需要的工程资料。

③为监理人驻工地监理机构开展正常工作提供协助服务。服务内容包括信息服务、物质服务和人员服务三个方面。

所谓信息服务,是指协助监理人获取工程使用的原材料、构配件、机构设备等生产厂家名录,以掌握产品质量信息,向监理人提供与本工程有关的协作单位、配合单位的名录,以方便监理工作的组织协调。

所谓物质服务,是指免费向监理人提供合同“专用条件”约定的设备、设施、生活条件等。一般包括检测试验设备、测量设备、通信设备、交通设备、气象设备、照相录像设备、打字复印设备、办公用房及生活用房等。这些属于委托人财产的设备和物品,在监理任务完成和终止时,监理人应将其交还委托人。如果双方议定某些本应由委托人提供的设备由监理人自备,则应给监理人合理的经济补偿。对于这种情况,要在“专用条件”的相应条款内明确经济补偿的计算方法,通常为:补偿金额 = 设施在工程使用时间占折旧年限的比例 × 设施原值 + 管理费

所谓人员服务,是指如果双方议定,委托人应免费向监理人提供职员和服务人员,也应在“专用条件”中写明提供的人数和服务时间。当涉及监理服务工作时,委托人所提供的职员只应从监理工程师处接受指示。监理人应与这些提供服务人员密切合作,但不对他们的失职行为负责。如委托人选定某一科研机构的实验室负责对材料和工艺质量进行检测试验,并与其签订委托合同,试验机构的人员应接受监理工程师的指示完成相应的试验工作,但监理人既不对检测试验数据的错误负责,也不对由此而导致的判断失误负责。

2. 监理人义务

(1)监理人在履行合同的义务期间,应运用合理的技能认真勤奋地工作,公正地维护有关方面的合法权益。当委托人发现监理人员不按监理合同履行监理职责,或与承包人串通给委托人或工程造成损失时,委托人有权要求监理人更换监理人员,直到终止合同并要求监理人承担相应的赔偿责任或连带赔偿责任。

(2)合同履行期间应按合同约定派驻足够的人员从事监理工作。开始执行监理业务前向委托人报送派往该工程项目的总监理工程师及该项目监理机构的人员情况。合同履行过程中如果需要调换总监理工程师,必须首先经过委托人同意,并派出具有相应资质和能力的人员。

(3)在合同期内或合同终止后,未征得有关方同意,不得泄露与本工程、合同业务有关的保密资料。

(4)任何由委托人提供的供监理人使用的设施和物品都属于委托人的财产,监理工作完成或中止时,应将设施和剩余物品归还委托人。

(5)非经委托人书面同意,监理人及其职员不应接受委托监理合同约定以外的与监理工程有关的报酬,以保证监理行为的公正性。

(6)监理人不得参与可能与合同规定的与委托人利益相冲突的任何活动。

(7)在监理过程中,不得泄露委托人申明的秘密,亦不得泄露设计、承包等单位申明的秘密。

(8)负责合同的协调管理工作。在委托工程范围内,委托人或承包人对对方的任何意见和要求(包括索赔要求),均必须首先向监理机构提出,由监理机构研究处置意见,再同双方协商确定。当委托人和承包人发生争议时,监理机构应根据自己的职能,以独立的身份判断,公正地进行调解。当双方的争议由政府行政主管部门调解或仲裁机构仲裁时,应当提供作证的

事实材料。

(五)合同履行的违约责任

1. 违约赔偿

合同履行过程中,由于当事人一方的过错,造成合同不能履行或者不能完全履行,由有过错的一方承担违约责任;如属双方的过错,根据实际情况,由双方分别承担各自的违约责任。为保证监理合同规定的各项权利、义务的顺利实现,在《委托监理合同示范文本》中,制定了约束双方行为的条款:“委托人责任”,“监理人责任”。这些规定归纳起来有如下几点。

(1)在合同责任期内,如果监理人未按合同中要求的职责勤恳认真地服务,或委托人违背了他对监理人的责任时,均应向对方承担赔偿责任。

(2)任何一方对另一方负有责任时的赔偿原则是:

①委托人违约应承担违约责任,赔偿监理人的经济损失;

②因监理人过失造成经济损失,应向委托人进行赔偿,累计赔偿额不应超出监理酬金总额(除去税金);

③当一方向另一方的索赔要求不成立时,提出索赔的一方应补偿由此所导致的对方各种费用支出。

2. 监理人的责任限度

由于建设工程监理,是以监理人向委托人提供技术服务为特性,在服务过程中,监理人主要凭借自身知识、技术和管理经验,向委托人提供咨询、服务,替委托人管理工程。

同时,在工程项目的建设过程中,会受到多方面因素限制,鉴于上述情况,在责任方面作了如下规定:监理人在责任期内,如果因过失而造成经济损失,要负监理失职的责任;监理人不对责任期以外发生的任何事情所引起的损失或损害负责,也不对第三方违反合同规定的质量要求和完工(交图、交货)时限承担责任。

(六)监理合同的酬金与支付管理

1. 正常监理工作的酬金

正常的监理酬金的构成,是监理单位在工程项目监理中所需的全部成本,再加上合理的利润和税金。具体应包括以下内容。

1)直接成本

直接成本包括:

(1)监理人员和监理辅助人员的工资,包括津贴、附加工资、奖金等;

(2)用于该项工程监理人员的其他专项开支,包括差旅费、补助费等;

(3)监理期间使用与监理工作相关的计算机和其他检测仪器、设备的摊销费用;

(4)所需的其他外部协作费用。

2)间接成本

间接成本包括全部业务经营开支和非工程项目的特定开支:

(1)管理人员、行政人员、后勤服务人员的工资;

(2)经营业务费,包括为招揽业务而支出的广告费等;

(3)办公费,包括文具、纸张、账表、报刊、文印费用等;

(4)交通费、差旅费、办公设施费(公司使用的水、电、气、环卫、治安等费用);

(5)固定资产及常用工器具、设备的使用费;

(6)业务培训费、图书资料购置费;

(7)其他行政活动经费。

我国现行的监理费计算方法主要有四种,即国家物价局、建设部颁发的价费字479号文《关于发布工程建设监理费有关规定的通知》中规定的:

(1)按照监理工程概预算的百分比计收;

(2)按照参与监理工作的年度平均人数计算;

(3)不宜按(1)、(2)两项办法计收的,由委托人和监理人按商定的其他方法计收;

(4)中外合资、合作、外商独资的建设工程,工程建设监理收费由双方参照国际标准协商确定。

上述4种取费方法,其中第(3)、(4)种的具体适用范围,已有明确的界定,第(1)、(2)两种的使用范围,按照我国目前情况,有如下规定。

第(1)种方法,即按监理工程概预算百分比计收,这种方法比较简便、科学,在国际上也是一种常用的方法,一般情况下,新建、改建、扩建的工程,都应采用这种方式。

第(2)种方法,即按照参与监理工作的年度平均人数计算收费,1994年5月5日建设部监理司以建监工便(1994)第5号文作了简要说明。这种方法,主要适用于单工种或临时性,或不宜按工程概预算的百分比取监理费的监理项目。

2. 附加监理工作的酬金

1)增加监理工作时间的补偿酬金

增加监理工作时间的补偿酬金按下式计算:

$$报酬=附加工作天数\times\frac{合同约定的报酬}{合同中约定的监理服务天数}$$

2)增加监理工作内容的补偿酬金

增加监理工作的范围或内容属于监理合同的变更,双方应另行签订补充协议,并具体商定报酬额或报酬的计算方法。

3. 额外监理工作的酬金

额外监理工作酬金按实际增加工作的天数计算补偿金额,可参照上式计算。

4. 奖金

监理人在监理过程中提出的合理化建议使委托人得到了经济效益,有权按"专用条件"的约定获得经济奖励。奖金的计算办法是:

$$奖励金额=工程费用节省额\times报酬比率$$

5. 支付

(1)在监理合同实施中,监理酬金支付方式可以根据工程的具体情况双方协商确定。一般采取首期支付多少,以后每月(季)等额支付,工程竣工验收后结算尾款。

(2)支付过程中,如果委托人对监理人提交的支付通知书中酬金或部分酬金项目提出异议,应在收到支付通知书24小时内向监理人发出表示异议的通知,但不得拖延其他无异议酬金项目支付。

(3)当委托人在议定的支付期限内未予支付的,自规定之日起向监理人补偿应支付酬金的利息。利息按规定支付期限最后1日银行贷款利息率乘以拖欠酬金时间计算。

(七)双方关系协调管理

委托监理合同中对合同履行期间甲乙双方的有关联系、工作程序都作了严格周密的规定,便于双方协调有序地履行合同。这些条款集中在“合同生效、变更与终止”、“其他”和“争议的解决”几节当中。主要内容如下。

1. 合同的生效、变更与终止

1）生效

自合同签字之日起生效。

2）开始和完成

以“专用条件”中订明的监理准备工作开始和完成时间为准。如果合同履行过程中双方商定延长时间时，完成时间相应顺延。自合同生效时起至合同完成之间的时间为合同的有效期。

3）变更

任何一方申请并经双方书面同意时，可以对合同进行变更。

如果委托人要求，监理人可提出更改监理工作的建议，这类建议的工作和移交应看作一次附加的工作。建设工程中难免出现许多不可预见的事项，因而经常会出现要求修改或变更合同条件的情况。例如改变工作服务范围、工作深度、工作进程等，特别是当出现需要改变服务范围和费用问题时，监理企业应该坚持要求修改合同，口头协议或者临时性交换函件等都是不可取的。在实际履行中，可以采取正式文件、信件协议或委托单等几种方式对合同进行修改，如变动范围太大，也可重新制订一个合同取代原有合同。

4）延误

如果由于委托人或第三方的原因使监理工作受到阻碍或延误，以致增加了工程量或持续时间，监理人应将此情况与可能产生的影响及时通知委托人。增加的工作量应视为附加的工作，完成监理业务的时间应相应延长，并得到附加工作酬金。

5）情况的改变

如果在监理合同签订后，出现了不应由监理人负责的情况导致监理人不能全部或部分执行监理任务时，监理人应立即通知委托人。在这种情况下，如果不得不暂停执行某些监理任务，则该项服务的完成期限应予以延长，直到这种情况不再持续。当恢复监理工作时，还应增加不超过42天的合理时间，用于恢复执行监理业务，并按双方约定的数量支付监理酬金。

6）合同的暂停或终止

（1）监理人向委托人办理完竣工验收或工程移交手续，承包人和委托人已签订工程保修合同，监理人收到监理酬金尾款结清监理酬金后，本合同即告终止。

（2）当事人一方要求变更或解除合同时，应当在42日前通知对方，因变更或解除合同使一方遭受损失的，除依法可免除责任者外，应由责任方负责赔偿。

（3）变更或解除合同的通知或协议必须采取书面形式，协议未达成之前，原合同仍然有效。

（4）如果委托人认为监理人无正当理由而又未履行监理义务，可向监理人发出指明其未履行义务的通知。若委托人在21天内没收到答复，可在第1个通知发出后35日内发出终止监理合同的通知，合同即行终止。

（5）监理人在应当获得监理酬金之日起30日内仍未收到支付单据，而委托人又未对监理人提出任何书面解释，或暂停监理业务期限已超过半年时，监理人可向委托人发出终止合同通知。如果14日内未得到委托人答复，可进一步发出终止合同的通知。如果第2份通知发出后

42日内仍未得到委托人答复,监理人可终止合同,也可自行暂停履行部分或全部监理业务。

合同协议的终止并不影响各方应有权利和应承担责任。

2. 争议的解决

因违反或终止合同而引起的对损失或损害的赔偿,委托人与监理人应协商解决。如协商未能达成一致,可提交主管部门协调。如仍不能达成一致,则根据双方约定提交仲裁机构仲裁或向人民法院起诉。

第四节 建设工程物资采购合同管理

建设工程物资采购合同,是指平等主体的自然人、法人、其他组织之间,为实现建设工程物资买卖,设立、变更、终止相互权利与义务关系的协议。

一、建设工程物资采购合同的特点

建设工程物资采购合同属于买卖合同,又与项目的建设密切相关,其特点主要表现为以下几个方面。

(一)建设工程物资采购合同的当事人

建设工程物资采购合同的买受人即采购人,可以是发包人,也可以是承包人,应依据施工合同的承包方式来确定。永久工程的大型设备一般情况下由发包人采购。施工中使用的建筑材料采购责任,按照施工合同专用条款的约定执行。通常分为发包人负责采购供应,承包人负责采购、包工包料承包。

采购合同的出卖人即供货人,可以是生产厂家,也可以是从事物资流转业务的供应商。

(二)物资采购合同的标的

建设工程物资采购合同的标的品种繁多,供货条件差异较大。

(三)物资采购合同的内容

建设物资采购合同视标的的特点,合同涉及的条款繁简程度差异较大。建筑材料采购合同的条款一般限于物资交货阶段,主要涉及交接程序、检验方式和质量要求、合同价款的支付等。大型设备的采购,除了交货阶段的工作外,往往还需包括设备生产阶段、设备安装调试阶段、设备试运行阶段、设备性能达标检验和保修等方面的条款约定。

(四)货物供应的时间

建设物资采购供应合同与施工进度密切相关,出卖人必须严格按照合同约定的时间交付订购的货物。延误交货将导致工程施工的停工待料,不能使建设项目及时发挥效益。提前交货通常买受人也不同意接受,一方面货物将占用施工现场有限的场地影响施工,另一方面增加了买受人的仓储保管费用。如出卖人提前将500吨水泥发运到施工现场,而买受人仓库已满,只好露天存放,为了防潮则需要投入很多物资进行维护保管。

二、材料采购合同管理

(一)材料采购合同的主要内容

按照《合同法》的分类,材料采购合同属于买卖合同。国内物资购销合同的示范文本规定,合同条款应包括以下几方面内容:

(1)产品名称、商标、型号、生产厂家、订购数量、合同金额、供货时间及每次供应数量;

(2)质量要求的技术标准、供货方对质量负责的条件和期限;

(3)交(提)货地点、方式;

(4)运输方式及到站、港和费用的负担责任;

(5)合理损耗及计算方法;

(6)包装标准、包装物的供应与回收;

(7)验收标准、方法及提出异议的期限;

(8)随机备品、配件工具数量及供应办法;

(9)结算方式及期限;

(10)如需提供担保,另立合同担保书作为合同附件;

(11)违约责任;

(12)解决合同争议的方法;

(13)其他约定事项。

(二)订购产品的交付

1. 产品的交付方式

订购物资或产品的供应方式,可以分为采购方到合同约定地点自提货物和供货方负责将货物送达指定地点两大类,而供货方送货又可细分为将货物负责送抵现场或委托运输部门代运两种形式。为了明确货物的运输责任,应在相应条款内写明所采用的交(提)货方式、交(接)货物的地点、接货单位(或接货人)的名称。

2. 交货期限

货物的交(提)货期限,是指货物交接的具体时间要求。它不仅关系到合同是否按期履行,还可能会出现货物意外灭失或损坏时的责任承担问题。合同内应对交(提)货期限写明月份或更具体的时间(如旬、日)。如果合同内规定分批交货时,还需注明各批次交货的时间,以便明确责任。

合同履行过程中,判定是否按期交货或提货,依照约定的交(提)货方式的不同,可能有以下几种情况。

(1)供货方送货到现场的交货日期,以采购方接收货物时在货单上签收的日期为准。

(2)供货方负责代运货物,以发货时承运部门签发货单上的戳记日期为准。合同内约定采用代运方式时,供货方必须根据合同规定的交货期、数量、到站、接货人等,按期编制运输作业计划,办理托运、装车(船)、查验等发货手续,并将货运单、合格证等交寄对方,以便采购方在指定车站或码头接货。如果因单证不齐导致采购方无法接货,由此造成的站场存储费和运输罚款等额外支出费用,应由供货方承担。

(3)采购方自提产品,以供货方通知提货的日期为准。但供货方的提货通知中,应给对方合理预留必要的途中时间。采购方如果不能按时提货,应承担逾期提货的违约责任。当供货方早于合同约定日期发出提货通知时,采购方可根据施工的实际需要和仓储保管能力,决定是否按通知的时间提前提货。他有权拒绝提前提货,也可以按通知时间提货后仍按合同规定的交货时间付款。

实际交(提)货日期早于或迟于合同规定的期限,都应视为提前或逾期交(提)货,由有关方承担相应责任。

(三)交货检验

1. 验收依据

按照合同的约定,供货方交付产品时,可以作为双方验收依据的资料包括:

(1)双方签订的采购合同;

(2)供货方提供的发货单、计量单、装箱单及其他有关凭证;

(3)合同内约定的质量标准,应写明执行的标准代号、标准名称;

(4)产品合格证、检验单;

(5)图纸、样品或其他技术证明文件;

(6)双方当事人共同封存的样品。

2. 交货数量检验

1)供货方代运货物的到货检验

由供货方代运的货物,采购方在站场提货地点应与运输部门共同验货,以便发现灭失、短少、损坏等情况时,能及时分清责任。采购方接收后,运输部门不再负责。属于交运前出现的问题,由供货方负责;运输过程中发生的问题,由运输部门负责。

2)现场交货的到货检验

(1)数量验收的方法。数量验收的方法主要包括以下几种。

①衡量法。即根据各种物资不同的计量单位进行检尺、检斤,以衡量其长度、面积、体积、重量是否与合同约定一致。如胶管衡量其长度,钢板衡量其面积,木材衡量其体积,钢筋衡量其重量等。

②理论换算法。如管材等各种定尺、倍尺的金属材料,量测其直径和壁厚后,再按理论公式换算验收。换算依据为国家规定标准或合同约定的换算标准。

③查点法。采购定量包装的计件物资,只要查点到货数量即可。包装内的产品数量或重量应与包装物标明的一致,否则应由厂家或封装单位负责。

(2)交货数量的允许增减范围。合同履行过程中,经常会发生发货数量与实际验收数量不符,或实际交货数量与合同约定的交货数量不符的情况。其原因可能是供货方的责任,也可能是运输部门的责任,或运输过程中的合理损耗。前两种情况要追究有关方的责任。第三种情况则应控制在合理的范围之内。有关行政主管部门对通用的物资和材料规定了货物交接过程中允许的合理磅差和尾差界限,如果合同约定供应的货物无规定可循,也应在条款内约定合理的差额界限,以免交接验收时发生合同争议。交付货物的数量在合理的尾差和磅差内,不按多交或少交对待,双方互不退补。超过界限范围时,按合同约定的方法计算多交或少交部分的数量。

合同内对磅差和尾差规定出合理的界限范围,既可以划清责任,还可为供货方合理组织发运提供灵活变通的条件。如果超过合理范围,则按实际交货数量计算。不足部分由供货方补齐或退回不足部分的货款;采购方同意接受的多交付部分,进一步支付溢出数量货物的货款。但在计算多交或少交数量时,应按订购数量与实际交货数量比较,均不再考虑合理磅差和尾差因素。

3. 交货质量检验

1)质量责任

不论采用何种交接方式,采购方均应在合同规定的由供货方对质量负责的条件和期限内,对交付产品进行验收和试验。某些必须安装运转后才能发现内在质量缺陷的设备,应于合同内规定缺陷责任期或保修期。在此期限内,凡检测不合格的物资或设备,均由供货方负责。如果采购方在规定时间内未提出质量异议,或因其使用、保管、保养不善而造成质量下降,供货方不再负责。

2)质量要求和技术标准

产品质量应满足规定用途的特性指标,因此合同内必须约定产品应达到的质量标准。约定质量标准的一般原则是:

(1)按颁布的国家标准执行;

(2)无国家标准而有部颁标准的产品,按部颁标准执行;

(3)没有国家标准和部颁标准作为依据时,可按企业标准执行;

(4)没有上述标准,或虽有上述某一标准但采购方有特殊要求时,按双方在合同中商定的技术条件、样品或补充的技术要求执行。

3)验收方法

合同内应具体写明检验的内容和手段,以及检测应达到的质量标准。对于抽样检查的产品,还应约定抽检的比例和取样的方法,以及双方共同认可的检测单位。质量验收可以采用以下几种方法:

(1)经验鉴别法,即通过目测、手触或以常用的检测工具量测后,判定质量是否符合要求;

(2)物理试验,根据对产品的性能检验目的,可以进行拉伸试验、压缩试验、冲击试验、金相试验及硬度试验等;

(3)化学实验,即抽出一部分样品进行定性分析或定量分析的化学试验,以确定其内在质量。

4)对产品提出异议的时间和办法

合同内应具体写明采购方对不合格产品提出异议的时间和拒付货款的条件。采购方提出的书面异议中,应说明检验情况,出具检验证明和对不符合规定产品提出具体处理意见。凡因采购方使用、保管、保养不善原因导致的质量下降,供货方不承担责任。在接到采购方的书面异议通知后,供货方应在10天内(或合同商定的时间内)负责处理,否则即视为默认采购方提出的异议和处理意见。

如果当事人双方对产品的质量检测、试验结果发生争议,应按《标准化法》的规定,请标准化管理部门的质量监督检验机构进行仲裁检验。

(四)合同的变更或解除管理

合同履行过程中,如需变更合同内容或解除合同,都必须依据《合同法》的有关规定执行。一方当事人要求变更或解除合同时,在未达成新的协议前,原合同仍然有效。要求变更或解除合同一方应及时将自己的意图通知对方,对方也应在接到书面通知后的15天或合同约定的时间内予以答复,逾期不答复的视为默认。

物资采购合同变更的内容可能涉及订购数量的增减、包装物标准的改变、交货时间和地点的变更等方面。采购方对合同内约定的订购数量不得少要或不要,否则要承担中途退货的责任。只有当供货方不能按期交付货物,或交付的货物存在严重质量问题而影响工程使用时,采购方认为继续履行合同已成为不必要,才可以拒收货物,甚至解除合同关系。如果采购方要求变更到货地点或接货人,则应在合同规定的交货期限届满前40天通知供货方,以便供货方修改发运计划和组织运输工具。迟于上述规定期限，双方应当立即协商处理。如果已不可能变更或变更后会发生额外费用支出，其后果均应由采购方负责。

(五)支付结算管理

1. 货款结算

1)支付货款的条件

合同内需明确是验单付款还是验货后付款，然后再约定结算方式和结算时间。验单付款是指委托供货方代运的货物，供货方把货物交付承运部门并将运输单证寄给采购方，采购方在收到单证后合同约定的期限内即应支付的结算方式。尤其对分批交货的物资，每批交付后应在多少天内支付货款也应明确注明。

2)结算支付的方式

结算方式可以是现金支付、转账结算或异地托收承付。现金结算只适用于成交货物数量少，且金额小的购销合同；转账结算适用于同城市或同地区内的结算；托收承付适用于合同双方不在同一城市的结算方式。

2. 拒付货款

采购方拒付货款，应当按照中国人民银行结算办法的拒付规定办理。采用托收承付结算时，如果采购方的拒付手续超过承付期，则银行不予受理。采购方对拒付货款的产品必须负责接收，并妥为保管不准动用。如果发现动用，则由银行代供货方扣收货款，并按逾期付款对待。

采购方有权部分或全部拒付货款的情况大致包括：

(1)交付货物的数量少于合同约定，拒付少交部分的货款；

(2)拒付质量不符合合同要求部分货物的货款；

(3)供货方交付的货物多于合同规定的数量且采购方不同意接收部分的货物，在承付期内可以拒付。

(六)违约责任

1. 违约金的规定

当事人任何一方不能正确履行合同义务时，均应以违约金的形式承担违约赔偿责任。双方应通过协商，将具体采用的比例数写在合同条款内。

2. 供货方的违约责任

1)未能按合同约定交付货物

这类违约行为可能包括不能供货和不能按期供货两种情况。由于这两种错误行为给对方造成的损失不同，因此承担违约责任的形式也不完全一样。

(1)如果因供货方的原因导致不能全部或部分交货，则应按合同约定的违约金比例乘以不能交货部分货款计算违约金。若违约金不足以偿付采购方所受到的实际损失时，可以修改违约金的计算方法，使实际受到的损害能够得到合理的补偿。如施工承包人为了避免停工待料，不得不以较高价格紧急采购不能供应部分的货物而受到的价差损失等。

(2)供货方不能按期交货的行为，又可以进一步区分为逾期交货和提前交货两种情况。

①逾期交货。不论合同内规定由供货方将货物送达指定地点交接，还是由采购方去自提，均要按合同约定依据逾期交货部分货款总价计算违约金。对约定由采购方自提货物而不能按期交付时，若发生采购方的其他额外损失，这笔实际开支的费用也应由供货方承担。如采购方已按期派车到指定地点接收货物，而供货方又不能交付时，则派车损失应由供货方支付费用。

发生逾期交货事件后，供货方还应在发货前与采购方就发货的有关事宜进行协商。采购方仍需要时，可继续发货照数补齐，并承担逾期交货责任；如果采购方认为已不再需要，则有权在接到发货协商通知后的15天内，通知供货方办理解除合同手续。但逾期不予答复视为同意供货方继续发货。

②提前交付货物。对于属于约定由采购方自提货物的合同，采购方接到对方发出的提前提货通知后，可以根据自己的实际情况拒绝提前提货；对于供货方提前发运或交付的货物，采购方仍可按合同规定的时间付款，而且对多交货部分，以及品种、型号、规格、质量等不符合合同规定的产品，在代为保管期内实际支出的保管、保养等费用由供货方承担。代为保管期内，不是因采购方保管不善原因而导致的损失，仍由供货方负责。

(3)交货数量与合同不符。交付的数量多于合同规定，且采购方不同意接受时，可在承付期内拒付多交部分的货款和运杂费。合同双方在同一城市，采购方可以拒收多交部分；双方不在同一城市，采购方应先把货物接收下来并负责保管，然后将详细情况和处理意见在到货后的10天内通知对方。当交付的数量少于合同规定时，采购方凭有关的合法证明在承付期内可以拒付少交部分的货款，也应在到货后的10天内将详情和处理意见通知对方。供货方接到通知后应在10天内答复，否则视为同意对方的处理意见。

2)产品的质量缺陷

交付货物的品种、型号、规格、质量不符合合同规定，如果采购方同意利用，则应当按质论价；当采购方不同意使用时，由供货方负责包换或包修。不能修理或调换的产品，按供货方不能交货对待。

3)供货方的运输责任

供货方的运输责任主要涉及包装责任和发运责任两个方面。

(1)合理的包装是安全运输的保障，供货方应按合同约定的标准对产品进行包装。凡因包装不符合规定而造成货物运输过程中的损坏或灭失，均由供货方负责赔偿。

(2)供货方如果将货物错发到货地点或接货人时，除应负责运交合同规定的到货地点或接货人外，还应承担对方因此多支付的一切实际费用和逾期交货的违约金。供货方应按合同约定的路线和运输工具发运货物，如果未经对方同意私自变更运输工具或路线，要承担由此增加的费用。

3. 采购方的违约责任

1)不按合同约定接受货物

合同签订以后或履行过程中，采购方要求中途退货，应向供货方支付按退货部分货款总额计算的违约金。对于实行供货方送货或代运的物资，采购方违反合同规定拒绝接货，要承担由此造成的货物损失和运输部门的罚款。约定为自提的产品，采购方不能按期提货，除需支付按逾期提货部分货款总值计算延期付款的违约金之外，还应承担逾期提货时间内供货方实际发生的代为保管、保养费用。逾期提货，可能是未按合同约定的日期提货；也可能是已同意供货方逾期交付货物，而接到提货通知后未在合同规定的时限内去提货两种情况。

2)逾期付款

采购方逾期付款，应按照合同内约定的计算办法，支付逾期付款利息。按照中国人民银行有关延期付款的规定，延期付款利率一般按每天万分之五计算。

3)货物交接地点错误的责任

不论是由于采购方在合同内错填到货地点或接货人,还是未在合同约定的时限内及时将变更的到货地点或接货人通知对方,导致供货方送货或代运过程中不能顺利交接货物,所产生的后果均由采购方承担。责任范围包括,自行运到所需地点或承担供货方及运输部门按采购方要求改变交货地点的一切额外支出。

三、大型设备采购合同管理

(一)设备采购合同的主要内容

大型设备采购合同指采购方(通常为业主,也可能是承包人)与供货方(大多为生产厂家,也可能是供货商)为提供工程项目所需的大型复杂设备而签订的合同。大型设备采购合同的标的物可能是非标准产品,需要专门加工制作,也可能虽为标准产品,但技术复杂而市场需求量较小,一般没有现货供应,待双方签订合同后由供货方专门进行加工制作,因此属于承揽合同的范畴。一个较为完备的大型设备采购合同,通常由合同条款和附件组成。

1. 合同条款的主要内容

当事人双方在合同内根据具体订购设备的特点和要求,约定以下几方面的内容:合同中的词语定义,合同标的,供货范围,合同价格,付款,交货和运输,包装与标记,技术服务,质量监造与检验,安装、调试、试运行和验收,保证与索赔,保险,税费,分包与外购,合同的变更、修改、中止和终止,不可抗力,合同争议的解决,其他。

2. 主要附件

为了对合同中某些约定条款涉及内容较多部分做出更为详细的说明,还需要编制一些附件作为合同的一个组成部分。附件通常可能包括:技术规范,供货范围,技术资料的内容和交付安排,交货进度,监造、检验和性能验收试验,价格表,技术服务的内容,分包和外购计划,大部件说明表等。

(二)承包的工作范围

大型复杂设备的采购在合同内约定的供货方承包范围可能包括:

(1)按照采购方的要求对生产厂家定型设计图纸的局部修改;

(2)设备制造;

(3)提供配套的辅助设备;

(4)设备运输;

(5)设备安装(或指导安装);

(6)设备调试和检验;

(7)提供备品、备件;

(8)对采购方运行的管理和操作人员的技术培训等。

(三)合同价格与支付管理

1. 合同价格

设备采购合同通常采用固定总价合同,在合同交货期内为不变价格。合同价内包括合同设备(含备品备件、专用工具)、技术资料、技术服务等费用,还包括合同设备的税费、运杂费、保险费等与合同有关的其他费用。

2. 付款

支付的条件、支付的时间和费用内容应在合同内具体约定。目前大型设备采购合同较多采用如下的程序。

1)支付条件

合同生效后,供货方提交金额为约定的合同设备价格某一百分比不可撤销的履约保函,作为采购方支付合同款的先决条件。

2)支付程序

(1)合同设备款的支付。订购的合同设备款分三次支付:

①设备制造前供货方提交履约保函和金额为合同设备价格10%的商业发票后,采购方支付合同设备价格的10%作为预付款;

②供货方按交货顺序在规定的时间内将每批设备(部组件)运到交货地点,并将该批设备的商业发票、清单、质量检验合格证明、货运提单提供给采购方,支付该批设备价格的80%;

③剩余合同设备价格的10%作为设备保证金,待每套设备保证期满没有问题,采购方签发设备最终验收证书后支付。

(2)技术服务费的支付。合同约定的技术服务费分二次支付:

①第一批设备交货后,采购方支付给供货方该套合同设备技术服务费的30%;

②每套合同设备通过该套机组性能验收试验,初步验收证书签署后,采购方支付该套合同设备技术服务费的70%。

(3)运杂费的支付

运杂费在设备交货时由供货方分批向采购方结算,结算总额为合同规定的运杂费。

3)采购方的支付责任

付款时间以采购方银行承付日期为实际支付日期,若此日期晚于规定的付款日期,即从规定的日期开始,按合同约定计算迟付款违约金。

(四)违约责任

为了保证合同双方的合法权益,虽然在前述条款中已说明责任的划分,如修理、置换、补足短少部件等规定,但还应在合同内约定承担违约责任的条件、违约金的计算办法和违约金的最高赔偿限额。违约金通常包括以下几方面内容。

1.供货方的违约责任

1)延误责任的违约金

(1)设备延误到货的违约金计算办法。

(2)未能按合同规定时间交付严重影响施工的关键技术资料的违约金的计算办法。

(3)因技术服务的延误、疏忽或错误,导致工程延误违约金的计算办法。

2)质量责任的违约金

经过2次性能试验后,一项或多项性能指标仍达不到保证指标时,各项具体性能指示违约金的计算办法。

3)由于供货方责任采购方人员的返工费

如果供货方委托采购方施工人员进行加工、修理、更换设备,或由于供货方设计图纸错误以及因供货方技术服务人员的指导错误造成返工,供货方应承担因此所发生合理费用的责任。向采购方支付的费用可按发生时的费率水平用如下公式计算:

$$P = ah + M + cm$$

式中:P——总费用,元;

a——人工费,元/(h·人);

h——人员工时,h·人;

M——材料费,元;

c——机械台班数,台·班;

m——每台机械设备的台班费,元/(台·班)。

4)不能供货的违约金

合同履行过程中,如果因供货方原因不能交货,按不能交货部分设备约定价格的某一百分比计算违约金。

2. 采购方的违约责任

(1)延期付款违约金的计算办法。

(2)延期付款利息的计算办法。

(3)如果采购方中途要求退货,按退货部分设备约定价格的某一百分比计算违约金。

在违约责任条款内还应分别列明任何一方严重违约时,对方可以单方面终止合同的条件、终止程序和后果责任。

第五节 建设工程项目总承包合同管理

一、建设工程项目总承包模式的含义

业主方把建设工程项目的设计任务和施工任务进行综合委托的模式可称为建设工程项目总承包或工程总承包,《建筑法》第 24 条明确规定,“建筑工程的发包单位可以将建筑工程的勘察、设计、施工、设备采购一并发包给一个工程总承包单位,也可以将建筑工程勘察、设计、施工、设备采购的一项或者多项发包给一个工程总承包单位;但是,不得将应当由一个承包单位完成的建筑工程肢解成若干部分发包给几个承包单位”。

建设工程项目总承包模式起源于欧洲,是对传统承发包模式的变革,是为了解决设计与施工分离的弊端而产生的一种新模式。建设工程项目总承包的基本出发点是借鉴工业生产组织的经验,实现建设生产过程的组织集成化,以克服由于设计与施工的分离致使投资增加,以及克服由于设计和施工的不协调而影响建设进度等弊端。

在建设工程项目总承包模式中,项目总承包单位的工作范围除了全部的工程施工任务以外,还包括设计任务和物资(包括设备)采购任务。在以房屋建筑为主的民用建设工程项目中,又称为设计和施工总承包(D + B,即 Design-Build),而在以大型装置或工艺过程为主要核心技术的工业建设领域,如大型石化、化工、橡胶、冶金、制药、能源等建设工程项目,工艺设备的设计、制造、采购与安装是建设工程项目实施中的最重要、最关键的环节,而工艺设备的设计、制造、采购与安装又与整个工艺的设计紧密相关,因此,在这些类型的建设工程项目中,建设工程项目总承包模式又称为设计、采购、施工总承包(EPC,即 Engineering, Procurement, Construction)。

二、合同示范文本

目前我国有关主管部门或行业协会尚未发布用于建设工程项目总承包的合同示范文本。在国际上,有的专业组织(如 FIDIC)对建设工程项目总承包进行了专门研究,并发布了有关合

同示范文本,可作为参考。

三、建设工程项目总承包合同管理的主要内容

建设工程项目总承包与施工承包的最大不同之处在于承包商要负责全部或部分的设计,并负责物资设备的采购。因此,在建设工程项目总承包合同管理中,要重点关注以下几个方面的内容。

(一)项目总承包的任务

建设工程项目总承包的任务应该明确规定。从时间范围上,一般可包括从工程立项到交付使用的工程建设全过程,具体可包括勘察设计、设备采购、施工、试车(或交付使用)等内容。从具体的工程承包范围看,可包括所有的主体和附属工程、工艺、设备等。

(二)开展项目总承包的依据

合同中应该将业主对工程项目的各种要求描述清楚,承包商可以据此开展设计、采购和施工。开展工程总承包的依据可能包括以下几个方面:

(1)业主的功能要求;

(2)业主提供的部分设计图纸;

(3)业主自行采购设备清单及采购界面;

(4)业主采用的工程技术标准和各种工程技术要求;

(5)工程所在地有关工程建设的国家标准、地方标准或者行业标准。

(三)项目总承包单位的义务和责任

在项目总承包合同中,需要明确项目总承包单位可能具有与一般施工承包单位不同的以下义务和责任。

(1)承包商进行并负责工程的设计。设计应由合格的设计人员进行。对于工程的每一部分,设计人员或设计分包者如属未在本合同条件中指定者,则必须事先征得业主代表的同意。合同中的任何规定均不应导致任何设计人员或设计分包者与业主之间产生任何合同关系或专业义务。

(2)承包商应使自己、其设计人员和设计分包者具备从事设计所必需的经验与能力。承包商应保证其设计人员在合同期限内的所有合理时间,能随时参与同业主代表的讨论。

(3)承包商应在业主每次确认设计文件后若干时间内向业主免费提供若干套修改后的设计文件以备核查。

(4)业主自行采购清单所列设备及材料的采购及交运以外的所有工作为总承包工作,所有设备的安装必须达到业主工程技术标准的要求,其费用已包括在总包价格之内。

(5)承包商购买材料必须符合工程技术标准及建设实施要求、工程材料及设备可选清单。

(6)承包商拟提供的全部工程设备和材料以及准备进行的所有工作,均应按照合同规定的方法制造、加工与实施。

(7)承包商采购的材料在工程材料及设备可选清单之外,需业主确认时,样品须在采购期限前提交业主确认。

第六节 国际工程承包合同管理

一、国际工程承包合同的概念

国际工程通常是指一项由多个国家的公司参与工程建设，并且按照国际通用的项目管理理念和方法进行管理的建设工程项目。在许多发展中国家，根据项目建设资金的来源（例如外国政府贷款、国际金融机构贷款等）和技术复杂程度，以及本国公司的能力具有局限性等情况，允许外国公司承担某些工程任务。国际工程包括咨询和承包等业务领域。

国际工程承包包括对工程项目进行施工、设备采购及安装调试等，既包括建设工程项目总承包或施工总承包，又包括专业工程分包、劳务分包等。按照业主的要求，有时也作施工详图设计和部分永久工程的设计。

国际工程承包合同即指参与国际工程的不同国家的有关法人之间，为了实现某个工程项目中的施工、设备供货、安装调试以及提供劳务等特定目的，而签订的明确彼此权利、义务关系的协议。在国际工程中，许多业主方都聘请专业化的项目管理公司负责或者协助其进行项目管理。项目管理公司代表业主的利益进行管理，实行项目管理的专业化。

国际工程承包合同通常使用国际通用的合同示范文本，比如 FIDIC 合同条件、NEC 合同条件、AIA 合同条件等。合同管理是整个项目管理的核心，合同双方对合同的内容和条款非常重视。国际工程承包合同通常采用总价合同或单价合同，有时也采用成本加酬金合同。

二、国际建设工程承包合同的订立

招标是国际工程承包合同订立的最主要形式。

世界银行贷款项目的工程招标方式主要包括国际竞争性招标（ICB）、国内竞争性招标（NCB）、有限国际招标（LIB）等。

（一）国际竞争性招标（ICB）

国际竞争性招标就是将招标人的要求及时、充分地通知所有合格的潜在的投标人，为他们提供对所需工程进行投标的平等机会。

招标的程序应该包括公开开标、公布评标结果和合同授予以及投标人的投诉程序等。合同应该授予具有最低评标价的投标人，而不一定是报价最低的投标人。

如果采用国际竞争性招标不是最经济、最有效的采购方式，可以采用其他更加适宜的采购方式，如国内竞争性招标（NCB）或者有限国际招标（LIB）。

（二）国内竞争性招标（NCB）

国内竞争性招标用于采购那些因其性质、规模或范围不大可能吸引外国厂商和承包商参与竞争的货物或工程，比如合同的金额小、工程地点分散或工期长、工程为劳动密集型、当地可获得的货物或工程的价格低于国际市场价格等。

（三）有限国际招标（LIB）

有限国际招标实质上是一种不公开刊登广告而直接邀请投标人参加投标的国际竞争性招标。当供货商的数量有限或其他例外情况下可以采用，招标人应从一份列有足够广泛的供货商的名单中寻求投标人，以保证价格具有竞争性。

三、国际建设工程承包合同的履行管理

国际工程承包合同订立后，即进入合同的履行阶段，对于国际工程承包人来说，实施阶段的中心任务就是按照合同的要求，认真负责和保质保量地按规定的工期完成工程并负责维修。

(一)按时提交各类担保

应该根据合同要求，及时提供履约保证、预付款保函等。

(二)按时开工

根据工程师的开工命令或合同条件规定的日期按时开工，避免因工期拖延造成违约。

(三)提交施工进度计划

在规定的时间内应向工程师提交施工进度计划，并根据批准的进度计划组织施工。在有的工程中，合同可能要求承包商提交每月的施工进度计划并需获得工程师的事先批准。

如果工程师根据批准的进度计划进行检查后认为进度太慢，不符合施工工期的要求，工程师有权下令赶工，由此引起的各种开支由承包商承担。

(四)保证工程质量

检验工程质量的标准是合同中规定的规范和图纸中的规定。承包商应制定各种有效措施保证工程质量，并且在需要时，根据工程师的指示，提出有关质量检查办法的建议，经工程师批准后执行。承包商应负责按工程进度及工艺要求进行各项有关现场及试验室的试验，所有的试验成果均须报工程师审核批准，但承包商应对试验成果的正确性负责。

承包商应负责施工放样及测量。所有测量原始数据、图纸均须经工程师检查并签字批准，但承包商应对测量数据和图纸的正确性负责。

在订购材料之前，如工程师认为必要，应将材料样品送工程师审核，或将材料送工程师指定的试验室进行检验，检验成果报请工程师审核批准。对进场材料的质量，承包商应随时抽样检验。

承包商应按照合同要求，负责设备的采购、检验、运输、验收、安装调试以及试运行。

如果工程师认为材料或工程设备有缺陷或不符合合同规定，可以拒收并要求承包商采取措施纠正。工程师有权要求将不合格的材料或设备运走并用合格的产品替换，或要求将之拆除并适当地重新施工。如果承包商拒不执行这些要求将构成违约。

(五)设计

承包商应根据合同规定或工程师的要求，进行全部或部分永久工程的设计或绘制施工详图，报工程师批准后实施，但承包商应对所设计的永久工程负责。如果工程按照批准的设计图纸施工后暴露出设计中的问题，在工程师要求时，承包商应该拆除并重新施工，否则将构成违约。

(六)分包、协调和联营体

1. 分包

按照合同约定，不得将整个工程分包出去，在进行分包之前，一定要取得工程师的同意。

2. 协调

如果承包商是工地中的主要承包商，则应按合同规定和工程师的要求为其他承包商及分包商提供方便和服务，但可以收取相应的费用。

3. 联营体

如果采用联营体形式承包工程，要写明联营体中各成员共同的责任和各自的责任。

(七)保险

承包商应按照合同的要求及时办理保险(包括对自己的工作人员和施工机械的保险)。在工程条件发生变化时(如延期、增加新项目等),也应及时补办保险以免造成意外的损失。

(八)安全

承包商应按合同要求和工程师批准的安全计划,全面负责工地的安全工作,包括安装各种安全设施、采取安全措施等。在移交证书颁发前,负责保护工程、材料和未安装的工程设备。

四、国际工程承包合同争议的解决

国际工程承包合同争议解决的方式一般包括和解、调解、仲裁或诉讼等。

(一)和解

和解是解决争议最常见也是最有效的方式,而且是应该首选的最基本的方式。双方依据合同,通过友好磋商和谈判,互相让步,解决合同争议。

和解方式对合同双方都有利,按合同原则达成和解,为继续履行合同以及为将来进一步友好合作创造条件。

(二)调解

如果合同双方经过和解达不成一致意见,则可以邀请中间人进行调解。调解人通过调查分析,了解有关情况,根据争议双方的有关合同作出自己的判断,并对双方进行协调和劝说,仍以和平的方式解决合同争议。

通过调解解决合同争议有如下优点:

(1)提出调解能使合同双方充分地表达对协商谈判结果的意见和要求调节争议的意愿与决心;

(2)由于调解人为合同双方认可的声誉较高的业内专家,他们提出的意见和解决方案具有一定的权威性和公正性,双方都会顾及声誉和影响,调解意见容易被双方接受;

(3)程序简单,灵活性强,节约时间、精力和费用;

(4)调解不成,不影响采取其他途径解决;

(5)调解气氛比较友好,双方不易伤感情。

(三)仲裁

1. 仲裁的概念

由于诉讼在解决工程承包合同争议方面存在明显的缺陷,国际工程承包合同的争议,尤其是较大规模项目的施工承包合同争议,双方即使和解或调解不成功,也很少采用诉讼的方式解决。当和解或调解不成时,仲裁是国际工程承包合同争议解决的常用方式。

2. 仲裁的地点

国际工程承包合同争议解决的仲裁地点,通常有以下三种选择。

(1)在工程所在国仲裁,这是比较常见的选择。有些国家规定,承包合同在本国实施,则只准使用本国法律,在本国仲裁,裁决结果要符合本国法律,拒绝其他第三国或国际仲裁机构裁决,这对外国承包商很不利。

(2)在被诉方所在国仲裁。

(3)在合同中约定的第三国仲裁。

3. 仲裁的效力

在双方的合同中应该约定仲裁的效力,即仲裁决定是否为终局性的。如果合同一方或双方对裁决不服，是否可以提起诉讼，是否可以强制执行等。在我国，仲裁实行一裁终局制。

4. 仲裁的特点

与诉讼方式相比，采用仲裁方式解决合同争议具有以下特点。

1）高效率

仲裁程序效率高，周期短，费用少。

2）保密性

仲裁程序一般都是保密的。从开始到终结的全过程中，双方当事人和仲裁员及仲裁机构都负有保密的责任。

3）专业化

建设工程承包合同争议的双方往往会指定那些具有建设工程技术、管理和法规等知识的专业人士担任仲裁员，从而可以更加快捷、更加公正地审理和解决合同争议。

（四）DAB（Dispute Adjudication Board——争端裁决委员会）解决

在许多国际工程承包合同中，合同双方往往愿意采用 DAB 或 DRB（Dispute Review Board——纠纷审议委员会）方式解决争议。在 FIDIC 合同中采用的是 DAB 方式。

1. DAB 方式的概念

合同双方经过协商，选定一个独立公正的争端裁决委员会（DAB），当发生合同争议时，由该委员会对其争议作出决定。合同双方在收到决定后 28 天内，均未提出异议，则该决定即是最终的，对双方均具有约束力。

2. DAB 的任命

根据工程项目的规模和复杂程度，争端裁决委员会可以由一人、三人或者五人组成，其任命通常有三种方式。

（1）常任争端裁决委员会，在施工前任命一个委员会，通常在施工过程中定期视察现场。在视察期间，DAB 也可以协助双方避免发生争端。

（2）特聘争端裁决委员会，由只在发生争端时任命的一名或三名成员组成，他们的任期通常在 DAB 对该争端发出其最终决定时期满。

（3）由工程师兼任，其前提是，工程师是具有必要经验和资源的独立专业咨询工程师。DAB 的成员一般为工程技术和管理方面的专家，他不应是合同任何一方的代表，与业主、承包商没有任何经济利益及业务联系，与本工程所裁决的争端没有任何联系。DAB 成员必须公正行事，遵守合同。

3. DAB 的报酬

对争端裁决委员会及其每位成员的报酬以及支付的条件应由业主、承包商及争端裁决委员会的每位成员协商确定。业主和承包商应该按照支付条件各自支付其中的一半。

4. DAB 的优点

采用 DAB 方式解决争端的优点在于以下几个方面。

（1）DAB 委员可以在项目开始时就介入项目，了解项目管理情况及其存在的问题。

（2）DAB 委员公正性、中立性的规定通常情况下可以保证他们的决定不带有任何主观倾向或偏见。DAB 的委员有较高的业务素质和实践经验，特别是具有项目施工方面的丰富经验。

（3）周期短，可以及时解决争议。

(4)DAB 的费用较低。

(5)DAB 委员是发包人和承包人自己选择的,其裁决意见容易为他们所接受。

(6)由于 DAB 提出的裁决不是强制性的,不具有终局性,合同双方或一方对裁决不满意,仍然可以提请仲裁或诉讼。

第七章 工程索赔

第一节 工程索赔概述

一、索赔和工程索赔的概念

(一)索赔的概念

在现代经济社会中,索赔是经常发生且随处可见的现象。从字面理解,“索”即求取,讨取;“赔”即赔偿;索赔即索要赔偿。

在《辞海》中,索赔一词是指:交易一方因对方不履行或未正确履行契约上所规定的义务而受到损失,向对方提出赔偿的要求。赔偿要求可以是权利、财产、金钱等方面的。索赔已成为合同双方维护其自身经济利益的手段。

(二)工程索赔的概念

工程索赔是在工程承包合同履行中,当事人一方要求另一方履行合同所规定的义务或者出现了应当由对方承担的风险而使己方遭受损失时,向另一方提出补偿的要求。索赔是签订承发包合同双方的法定权利,“索赔”应是双向的,既包括承包人向发包人的索赔,也包括发包人向承包人的索赔。但在工程实践中,习惯将承包人向发包人的索赔称之为工程索赔,而将发包人向承包人的索赔称之为反索赔。这是因为工程承包市场多为“买方市场”,发包人占据主导的地位,发包人索赔数量较小,且可以通过扣发工程款、没收履约保函、扣保证金等方式实现对承包人的索赔。在本章中,除特别注明外,工程索赔是指承包人向发包人的索赔。

承包人向发包人提出索赔主要包括两种情形:

(1)发包人未能切实履约,如未按合同规定按时交付施工场地、未及时提供设计图纸、未按照合同约定的期限支付工程款等;

(2)发包人未违反合同规定,但是存在其他原因,如地质情况与勘察报告不符、恶劣的气候条件、国家法令的修改等。

(三)工程索赔的特征

1. 工程索赔是因非自身原因导致的或者是应由对方承担的风险

这一特征是索赔成功的重要条件之一,即承包人所受损失可能是发包人的一定行为造成,也可能是其他事件引起的。如物价大幅上涨、发生不可抗力事件,均不是发包人的行为造成的,但这些风险应由发包人承担,因而若此类事件给承包人造成损失,承包人可以向发包人索赔。

2. 工程索赔必须以一方有实际损失为前提

工程索赔必须以一方有实际损失为前提,没有损失的工程索赔不可能成功,因为索赔具有补偿性。实际损失包括经济损失和权利损害。经济损失是指发生了合同外的额外支出,如人工费、材料费、机械费、管理费等额外开支;权利损害是指虽然没有经济上的损失,但造成了一方权利上的损害,如由于罕见的特大暴雨造成了该地区供电全面中断,工程停工 20 天,则承包人有权要求工期延长等。因此发生了实际的经济损失或权利损害，是一方提出索赔的一个基本前提条件。

3. 工程索赔是单方行为

工程索赔与工程签证不同。工程签证是承发包双方在施工过程中就额外费用补偿或工期延长等达成一致的书面证明材料和补充协议，它可以直接作为工程款结算依据；而工程索赔是一种单方的意愿和要求，未经认可，工程索赔所涉及的工期延长或赔偿款项，不能直接作为对方付款的依据。这种索赔要求的最终实现，必须要通过确认（如双方协商、调解或仲裁、诉讼）。

4. 工程索赔必须有翔实有效的证据

索赔事件的确立必须有正当的索赔理由，而正当的索赔理由必须由有效证据来说明。证据不足或没有证据，索赔是不能成立的。证据又往往是对方审查的重点之一，所以承包商必须有足够的证据来说明自己的索赔要求。

5. 工程索赔要有充分的依据

工程索赔的依据是法律法规、合同文件及工程建设惯例，但主要是合同文件。

综上所述，一项成功的工程索赔，必须以一方的实际损失为前提，严格按照相关程序进行，做到计算准确，依据充分，证据确凿。

很多人认为应尽可能避免索赔，担心因索赔影响到双方的合作或感情。其实不然，索赔同守约、合作既不矛盾也不对立，索赔本身就是市场经济中合作的一部分。只要索赔要求是符合有关规定的、合法的或者符合有关惯例的，一方就可以向对方索赔。大部分索赔都可以通过和解或调解等方式获得解决，只有在双方坚持己见而无法达成一致意见时，索赔才会提交仲裁或诉诸法律解决。

二、工程索赔的分类

工程索赔可依据不同标准和角度进行分类，有如下几种。

（一）按照索赔有关当事人分类

按照索赔有关当事人，工程索赔可分为以下两类：

（1）承包人与发包人之间的索赔；

（2）总承包人与分包人之间的索赔。

（二）按照索赔要求分类

按照索赔要求，工程索赔可分为工期索赔和费用索赔。

（1）工期索赔。即要求业主顺延合同工期，推迟竣工日期。工期索赔形式上是对权利的要求，最终反映在经济利益上。工期索赔可以避免在原定合同竣工日不能按时完工时，被发包人追究拖期违约责任。一旦调整合同工期的要求被批准，承包人不仅免除了承担拖期违约赔偿的风险，而且可能提前完工获得奖励。

（2）费用索赔。即要求业主补偿费用损失，调整合同价格。

（三）按照索赔依据分类

按照索赔依据，工程索赔可分为合同内索赔、合同外索赔、道义索赔。

（1）合同内索赔。即发生的干扰事件在合同约定给予承包人补偿范围内，承包人根据合同约定提出索赔要求。这类索赔最为常见。

（2）合同外索赔。即发生的干扰事件已经超过合同约定范围，在合同中找不出具体的依据，索赔依据需要延伸到相关法律、法规，如民法、建筑法等。

（3）道义索赔。此类索赔没有合同和法律依据，而是取决于发包人的道义。例如，承包人环境调查失误，造成承包人重大损失，这将极大影响承包人的财务能力、履约积极性。承包人提出要求，希望发包人从道义或从工程整体利益的角度给予一定补偿。

（四）按照索赔事件的性质分类

索赔事件即干扰事件，是指那些使实际情况与合同约定不符，最终引起工期和费用变化的那类事件。按照索赔事件的性质，工程索赔可分为工程延期索赔、工程变更索赔、工程加速索赔、意外风险和不可预见因素索赔、工程终止索赔和其他索赔。

（1）工程延误索赔。由于发包人未按合同规定提供施工条件，如未及时交付施工现场、设计图纸、道路等；或非承包人原因发包人指令暂停工程实施；或不可抗力事件造成工程中断或工程进度缓慢，使得工期延误。承包人据此提出索赔，这是工程中最常见的一类索赔。

（2）工程变更索赔。由于发包人或工程师指令增加或减少工程量、增加或删除部分工程、变更工程施工顺序等，造成工期延长和费用增加，承包人据此提出索赔。

（3）工程加速索赔。由于发包人或工程师指令承包人加快施工速度、缩短工期，引起承包人费用额外增加而提出的索赔。

（4）意外风险和不可预见因素索赔。在工程实施过程中，因自然灾害、特殊风险以及一个有经验的承包人通常不能合理预见的外界障碍或不利施工条件而提出的索赔，例如出现未预见的地下水、地质断层、地下障碍物等。

（5）工程终止索赔。由于发包人违约或不可抗力事件等原因造成工程被迫在竣工前停止实施，并不再继续进行，使承包人蒙受经济损失，承包人据此提出的索赔。

（6）其他索赔。如由于货币贬值、物价和工资上涨、政策法令变化、汇率变化等原因引起的索赔。

（五）按照索赔的处理方式和处理时间分类

按照索赔的处理方式和处理时间，工程索赔可分为单项索赔和总索赔。

1. 单项索赔

单项索赔是针对某一干扰事件提出的。索赔的处理是在合同实施过程中，干扰事件发生时或发生后立即进行。此项索赔由合同管理人员处理，并在合同规定的索赔有效期内向工程师提交索赔意向书和索赔报告，由工程师审核后交发包人，再由发包人作出答复。

单项索赔通常原因和责任较为单一，处理起来比较简单。例如工程师指令将基础工程中当地供应的钢材改为进口钢材，对此只需提出与钢材有关的费用增加索赔即可。

2. 总索赔

总索赔又称为一揽子索赔或综合索赔。一般在工程竣工前，承包人将工程施工过程中未解决的单项索赔集中起来，提出一份总索赔报告。合同双方在工程交付前或交付后进行最终谈判，一揽子解决索赔问题。通常在以下几种情况下采用总索赔。

（1）在工程实施过程中，某些单项索赔原因和影响比较复杂，无法立即解决，或合同双方对合同解释有争议，但又忙于合同实施，协商将单项索赔留到工程后期解决。

（2）发包人拖延答复单项索赔，使工程实施过程中的单项索赔得不到及时解决，最终不得已提出一揽子索赔。在国际工程中，许多业主就以拖的方法对待承包人的索赔要求，常常是索赔和索赔谈判旷日持久，使许多单项索赔集中起来。

（3）在一些复杂工程中，当干扰事件较多，或几个干扰事件一起发生或相互影响，难以逐一分清，则可以综合在一起提出索赔。

总索赔具有如下主要特点：

（1）索赔的处理和解决都比较复杂；

（2）索赔谈判很艰难，花费大量的时间和金钱；

（3）承包商必须保存全部工程资料和其他证据资料，使得工程项目的文档管理任务繁重。

总索赔由于具有上述特点，因而在实践中最好能及时解决单项索赔，尽量不采用一揽子索赔。在现代国际工程中，为了避免或减少一揽子索赔情况的发生，FIDIC 合同明确规定工程师（或发包人）对承包商提出索赔报告的答复期限。

三、工程索赔的作用

在工程建设活动中，工程索赔与工程承包合同同时存在，它的主要作用有以下几方面。

（一）加强索赔管理有助于提高承发包双方的工程项目管理水平

工程索赔和处理索赔的过程实质上是承发包双方项目管理水平的综合体现。作为承包人，要想取得索赔成功，必须加强工程项目管理，确保自身没有违约行为，保证工程质量和进度。同样，作为发包人，就必须加强自身管理，做好资金、技术等相关工作，及时处理和解决索赔，保证工程顺利进行。

（二）加强索赔管理有利于承包商改善经营收入加强索赔管理为了维护应得的权利

在国际承包工程中，工程索赔已成为许多承包人的经营策略之一。这是因为国际建筑市场竞争激烈，承包人为取得工程，只能压低报价，以低价中标，而发包人为了节约投资，千方百计与承包人讨价还价，通过在招标文件中提出一些苛刻条件，使承包人处于不利地位。承包人主要对策之一就是通过工程实施中的工程索赔，保护自己、维护自身正当权益，避免亏损，增加利润。如果承包人不注重工程索赔，不熟悉索赔业务，在现代承包工程中，特别是在国际承包工程中，势必处于劣势，甚至被淘汰。

（三）加强索赔管理有利于国内工程建设管理与国际惯例接轨

我国承包企业要想顺利参与国际工程承包，必须加强索赔管理，而索赔工作涉及工程项目管理的各方面，因此我们应尽快学习、掌握国际工程建设管理的通用做法，提高我国承包企业的管理水平。

下面举两个实例。

【实例 1】 中国某施工企业承建了孟加拉国某桥梁项目，该项目资金 80% 由科威特发展基金提供，20% 为政府配套资金。该工程包括新建两座桥梁及其内连外引的 3 段公路，总长 14.563 km，双向四车道，总价为 3 202.042 万美元。路基施工特点是全部为土方填筑，回填量较大，约为 90 万 m^3。因为当地为平原地带，地势又低，平均海拔只有 1.8 m；受当地土地属于私人的实际情况影响，只能小面积逐步购买土方，致使填筑用土的购买速度和数量根本达不到施工的要求。业主为了确保施工进度，要求中方公司提出新的实施方案。中方公司抓住这个机会，提出以沙代土的方案，具体就是采用黏土包边沙填心路堤，填心沙就地取材利用两条河流蓄沙采用吹填的方法获得。中方公司为此提出如下项目所发生的费用索赔：a. 除了获得填心沙填筑的所有费用外，另外支付沙、土边界整理机械台班费；b. 吹沙船、管道租赁和使用及进退场费；c. 吹填池租赁和恢复费；d. 吹沙区河岸加固费；e. 吹沙过程中发生的人工费和辅助材料费；f. 管理人员工资等。施工方案确定后，中方公司利用一切机会宣讲和解释新施工方案的优势,首先做通工程师的工作,同时特别注重联络业主的感情;业主在工程师的极力推荐下同意了中方公司的方案和索赔请求。在实际施工中,中方公司除了节省了买土的钱(当地人多地稀,土价相当昂贵),还大大缩短了运距;吹填池就利用桥背高填方区围堰而成根本没有另外租场地;吹沙设备就在中国公司间借用,费用极低。最终测算,这一项自身创造的索赔不仅确保了工程能够按期完工,还给中方公司带来近40万美元的收益。

【实例2】 孟加拉国某桥梁项目由中国对外工程承包公司以987.116万美元的投标价格中标。该项目由亚洲发展银行提供贷款,主要包括总长15.866 km、双向四车道的旧路改造和扩建。按照合同约定,中方公司采取半幅交替施工并维持正常交通,即可获得相应的工程款和便道维护费。但由于与项目相接的另外方向一条路(由伊朗一家公司承建)提前开工且无法维护通行的便道,致使项目范围内交通流量骤增,年久失修的旧路根本无法承受而遭到严重破坏,增加了维护难度和成本,中方公司被迫向工程师和业主提出索赔。在索赔报告中,中方公司列出了如下项目所发生的费用:a. 人工、材料、机械成本费;b. 路面施工机械租赁费;c. 中方人员工资及派遣费(需要另外从国内派人);d. 施工过程中发生的人工费和辅助材料费;e. 干扰施工损失费;f. 承包商的利润。上述索赔得到工程师的认可和业主的确认。而在实际操作中,利用破除旧路面的废料填充坑洞再在上面人工增补沥青,砂找平就完成了,较好地维持了交通。最终使支付维护费增加了近19万美元,而实际仅花费了8 000美元的直接费用,取得了很好的经济效益。

以上两个实例都表明,有经验的承包商会抓住一切可能机会,甚至积极创造条件进行索赔,提高工程承包的收益。及时、有效地进行工程索赔已经成为承包商规避风险、确保利益的有效手段。

四、工程索赔产生的原因

(一)当事人违约

当事人违约常常表现为没有按照合同约定履行自己的义务。当事人违约包括发包人违约、工程师违约、承包人违约。

1. 发包人违约

发包人违约主要包括以下三种情况。

(1)发包人在合同规定的期限内没有向承包人提供符合要求的施工场地。

【案例1】 某承包人和发包人签订了物流货物堆放场地平整工程合同。在履行合同过程中,因发包人未解决好征地问题,使承包人7台推土机无法进入场地,窝工200天。承包商提出了索赔,工程师批准工期延长100天,以及对推土机窝工费和人员费的补偿,共计140万元。

(2)发包人没有按照合同的约定向承包人提供建筑材料、机械设备。

【案例2】 某单位(甲方)与某建筑公司(乙方)签订了桩基础施工合同,合同约定预制混凝土桩由甲方供应,按照施工进度计划,6月10日开工,6月30日完工。因为甲方供应的预制桩由于运输问题,迟至6月13日才运到,6月14日开工。建筑公司提出了工期延长3天,以及打桩机械闲置费及人员窝工费共计2万元,最终得到了工程师批准。

(3)发包人未按合同约定的时间和数量支付工程款等。一般合同中都有支付预付款和工程款的时间限制以及延期付款按约定利率计息的规定。如果发包人不按时支付,承包人可据此规定向发包人索要拖欠的款项并索赔利息,督促发包人迅速偿付。对于严重拖欠工程款,导致承包人资金周转困难，影响工程进度，甚至引起中止合同的严重后果的情况，承包人则必须提出索赔，甚至仲裁或诉讼。

2. 工程师的失误

工程师的失误视为发包人的问题。如：工程师发出的不正确的数据、通知、指令；工程师未按合同规定及时向承包商发出指令、图纸或未履行其他义务；工程师对承包商的施工组织进行不合理干预等。以上原因如对工程施工造成影响，承包商可提出索赔。

【案例3】 某大型办公楼进行地基基础施工，承包商在开挖过程中遇到了原招标钻探资料中未标注的倾斜岩层，承包商认为如果采用原施工方案，会造成地质塌陷，即刻上报监理工程师，但监理工程师现场考察后，认为原施工方案可行，结果在基础施工完成后，复测时发现地基沉陷 4 cm，发包商要求承包商进行修复，承包商提出索赔，要求延长工期和给予费用补偿，因为承包商及时通知了监理工程师，由于监理工程师指令错误造成工程返工，结果承包商索赔成功。

3. 承包人违约

承包人违约主要指承包人未能按合同约定的质量、进度完成施工，或者由于不当行为给发包人造成其他损害。

【案例4】 某业主和承包商按我国《建设工程施工合同（示范文本）》签订了某办公楼的施工合同。在施工过程中检查出用于二楼楼板的一批钢筋是从其他工地运来的旧钢筋，经检验不符合质量标准。工程师指令承包商在 10 天内运出旧钢筋，并重新为该工地购入新钢筋。可是承包商拒不执行指令，认为该批旧钢筋满足质量要求。后与业主协商，聘请双方合同中约定的质量检测机构进行鉴定，结论仍然是不符合质量标准，必须更换，对此鉴定的费用，业主向承包商提出索赔，从支付给承包商的进度款中扣回，延误工期不予延长。

（二）不利的自然条件和客观障碍

“不利的自然条件”是指除气候条件外，招投标时经过现场调查无法发现，根据发包人所提供的资料无法预料到的其他不利自然条件，如地下水、地质断层、溶洞、沉陷等。

“客观障碍”是指经现场调查未发现、发包人提供的资料中也未提到的地下（上）人工建筑物及其他客观存在的障碍物，如下水道、公共设施、坑、井、隧道、废弃的旧建筑物、其他地下构筑物等。

但要注意的是，不利的自然条件和客观障碍必须是有经验的承包商无法合理预料到的。

由于不利的自然条件及客观障碍，常常导致设计变更、工期延长或成本大幅度增加，承包人可以据此提出索赔要求。

【案例5】 某物流园土方工程在开挖过程中，承包商遇到坚硬岩石，开挖工作变得更加困难，由此造成了实际生产率比原计划降低得多，经测算影响工期 3 个月。而发包人提供的地质勘测报告当中并没有标明。承包人为此提出工期延长 3 个月，费用补偿 20 万元。这属于不利自然条件，属于发包人应承担的风险，应给予承包人工期顺延和费用补偿。

（三）合同缺陷

合同缺陷常常表现为合同文件规定不严谨甚至前后矛盾、合同规定过于笼统、合同中的遗漏或错误。这不仅包括商务条款中的缺陷，也包括技术规范和图纸中的缺陷。在这种情况下，一般工程师有权作出解释，但如果承包人执行工程师的解释后引起成本增加或工期延长，则承包人可以索赔，工程师应给予证明，发包人应给予补偿。

合同变更常常由于修改工程设计、增加或减少工程量、增加工作内容、变更施工顺序、提高质量标准等原因引起。当工程变更减少的工程量超过了合同约定的标准,也可进行索赔。比如在道路施工中,发包人提出将原来总长40公里的道路修复减少到20公里,承包人可以对管理费、保险费、设备费、材料费(如已订货)、人工费(多余人员已到)等进行索赔。

(四)加速施工

如果业主要求承包商比合同规定的工期提前,或者因工程前一阶段的工期拖延,要求后一阶段工程弥补已经损失的工期,使整个工程按期完工,这就迫使承包商加速施工,有时也称为“赶工”。如果发包人或工程师指令加速施工,承包人就要雇用额外劳动力、采用额外设备、改变施工方法、提供额外监督管理人员,承受由于拥挤、干扰、加班引起的劳动生产率损失等。承包人为此增加的工程成本和遭受的损失,理应向发包人索赔。

(五)国家政策、法律变化引起的索赔

工程建设周期一般都比较长,在此期间内,不可避免地会出现影响工程造价的某些国家政策、法律的变化,从而对工程造价产生一定的影响。而国家政策、法律的变化是承包人在工程投标阶段所无法合理预见的,因此,一旦出现新法律、法规的执行使承包人对工程投入费用增加时,承包人可向发包人提出索赔。

【案例6】 某加工厂要建设一附属车间,按设计图纸标明在加工厂和附属车间之间要埋设一条直经4英寸的电缆管道,当工程完成到1/2时,市政府颁布了新的建筑法规,应埋设直径5英寸的管道,造成工程返工。承包商清除原管道,重新购置新管道,使工程拖延10天,劳务成本、材料成本、设备租金、现场管理费增加10万美元。承包商为此提出索赔请求,得到了工程师批准。

(六)其他第三方原因

其他第三方原因常常表现为与工程有关的第三方的问题而引起的对本工程的不利影响。

第二节　工程索赔程序和索赔报告

一、工程索赔程序

工程索赔程序一般指从出现索赔事件到最终处理全过程所包括的工作内容及工作步骤。《建设工程施工合同(示范文本)》与《FIDIC施工合同条件》最主要的区别在于工程索赔程序。

(一)《建设工程施工合同(示范文本)》规定的工程索赔程序

《建设工程施工合同(示范文本)》规定:当合同当事人一方向另一方提出索赔时,要有正当的索赔理由,且有索赔事件发生时的有效证据。

发包人未能按合同约定履行自己的各项义务或发生错误以及第三方原因,给承包人造成延期支付合同价款、延误工期或其他经济损失,包括不可抗力延误的工期,均属索赔理由。索赔程序见图7-1。

(1)承包人提出索赔申请。索赔事件发生28天内,承包人向工程师发出索赔意向通知。逾期申报时,工程师有权拒绝承包人的索赔要求。

(2)发出索赔意向通知后28天内,承包人向工程师提出补偿经济损失和(或)延长工期的索赔报告及有关资料。

(3)工程师审核承包人的索赔申请。工程师在收到承包人送交的索赔报告和有关资料后，于28天内给予答复，或要求承包人进一步补充索赔理由和证据。工程师在28天内未予答复或未对承包人作进一步要求，视为该项索赔已经认可。

(4)当该索赔事件持续进行时，承包人应当阶段性向工程师发出索赔意向，在索赔事件终了后28天内，向工程师提供索赔的有关资料和最终索赔报告。

(5)工程师与承包人谈判。双方若能通过谈判达成一致意见，则该事件较容易解决。工程师与承包人谈判达不成共识时，工程师有权确定一个他认为合理的单价或价格作为最终的处理意见，报送业主并相应通知承包人。

(6)发包人审批工程师的索赔处理证明。

(7)承包人是否接受最终的索赔决定。承包人同意了最终的索赔决定，这一索赔事件即告结束。若承包人不接受最终的索赔决定，就会导致合同纠纷。处理纠纷的理想方式是通过谈判和协调双方达成谅解。如果双方不能达成谅解，就只能申请仲裁或提起诉讼。

承包人未能按合同约定履行自己的各项义务和发生错误给发包人造成损失的，发包人也可按上述时限向承包人提出索赔。

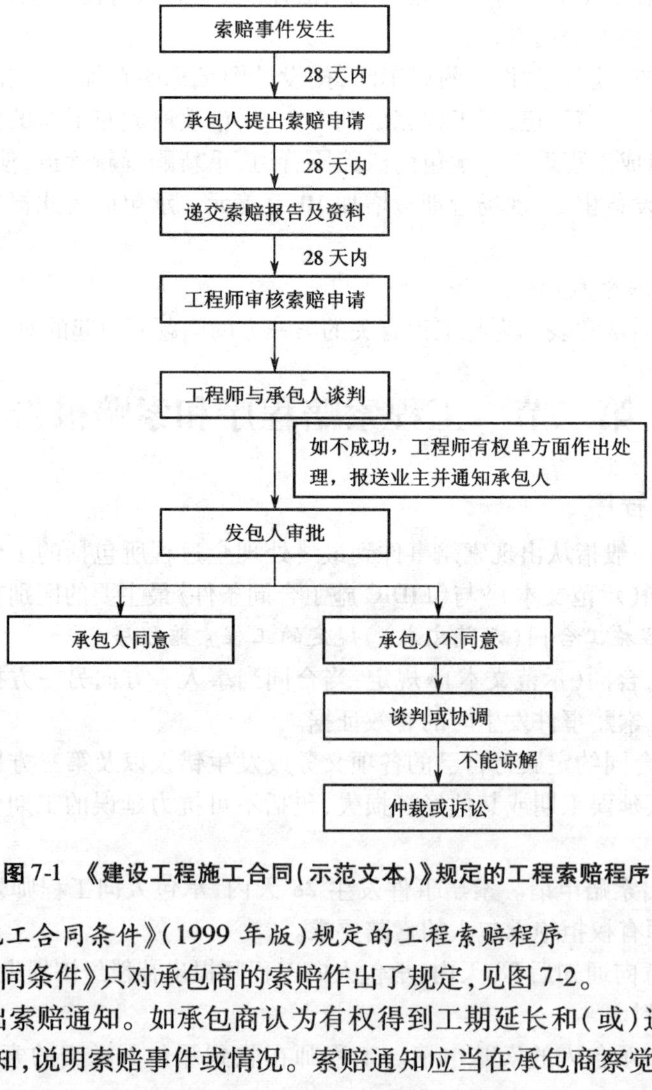

图7-1 《建设工程施工合同(示范文本)》规定的工程索赔程序

(二)《FIDIC施工合同条件》(1999年版)规定的工程索赔程序

《FIDIC施工合同条件》只对承包商的索赔作出了规定，见图7-2。

(1)承包商发出索赔通知。如承包商认为有权得到工期延长和(或)追加付款，承包商应当向工程师发出通知，说明索赔事件或情况。索赔通知应当在承包商察觉或者应当察觉该事件或情况后 28 天内发出。如承包商未能在上述 28 天期限内发出索赔通知,则竣工时间不得延长,承包商无权获得追加付款,而业主免除有关该索赔的全部责任。

(2)承包商递交详细的索赔报告。在承包商察觉或应当察觉该事件或情况后 42 天内,或在承包商建议并经工程师认可的其他期限内,承包商应当向工程师递交一份详细的索赔报告,包括索赔的依据、要求延长的时间和(或)追加付款的详细资料。

(3)如果索赔事件或情况持续影响,则:

①上述详细索赔报告应当视为中间索赔报告;

②承包商应当按月提交进一步的中间索赔报告,说明累计索赔延误时间和(或)金额,以及能说明其合理要求的进一步详细资料;

③承包商应当在索赔事件或情况产生影响结束 28 天内,或在承包商建议并经工程师认可的其他期限内,递交一份最终索赔报告。

(4)工程师的答复。工程师在收到索赔报告或对过去索赔的任何进一步证明资料后 42 天内,或在工程师建议并经承包商认可的其他期限内作出回应,表示批准,或不批准并附具体意见。工程师应当商定或者确定给予竣工时间延长期及承包商有权得到的追加付款。

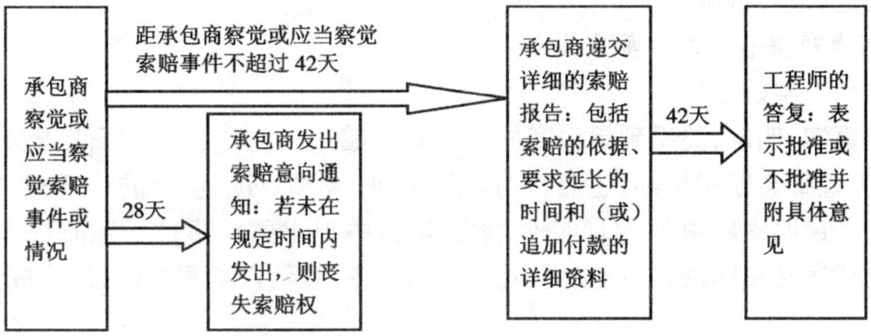

图 7-2　《FIDIC 施工合同条件》规定的工程索赔程序

二、索赔报告

(一)索赔报告内容

索赔报告是承包商向业主索赔的正式书面材料,也是业主审议承包商索赔请求的主要依据。调解人和仲裁人也是通过索赔报告了解和分析合同实施情况和承包商的索赔权利要求,并据此作出决定。索赔报告的质量和水平,决定着索赔成败。对于重大的索赔事件,有必要聘请合同法专家或技术权威人士担任咨询,以保证索赔成功。

在正式发出索赔通知后,承包商应抓紧时间准备索赔资料,计算索赔额,撰写索赔报告。索赔报告的具体内容,应根据索赔事件的性质和特点而有所不同。但一份完整的索赔报告至少包括如下四部分。

1. 总论部分

总论部分一般包括序言、索赔事项概述、具体索赔要求等内容。该部分的阐述要简明扼要。

2. 索赔依据部分

索赔依据是索赔能否成立的关键,其目的是说明自己具有索赔权利。索赔依据来自合同条款、技术规范、工程量清单、来往函件等,当然也应参照相关法律、法规。但如果承包商的索赔要求有合同文件的支持，应直接应用合同条款，这会使索赔理由更充分。除此之外，如清楚类似的索赔案例，承包商可以作为例证提出，进一步支持自己的索赔要求。

索赔依据部分的撰写应遵循索赔事件的发生、发展、处理和最终解决这一过程，使得业主和工程师能清楚地了解索赔事件始末以及承包商为该索赔事件付出的努力和代价。论述应明确引用资料名称和编号，便于查阅。

3. 索赔计算

索赔计算的目的是说明自己应索赔工期和(或)索赔费用。索赔计算部分一般包括：

(1)说明计算结果(延长工期和(或)索赔总金额)；

(2)各项索赔款的计算过程，如额外开支的人工费、材料费、管理费和所损失的利润；

(3)各项开支的计算依据及证据资料，应注意每项开支的合理性，并指出相应的证据资料的名称及编号。

4. 索赔证据

索赔证据是索赔报告的重要组成部分，没有翔实可靠的证据，索赔是不可能成功的。索赔证据的范围很广，证据选择可根据索赔内容来定，但在选择索赔证据时，承包商要考虑哪些证据最能说明问题，最有说服力。

(二)编写索赔报告的基本要求

1. 索赔事件真实、明确

索赔事件真实、明确，关系到承包商的信誉和索赔成功与否。承包商提出不切实际、不合情理的要求，工程师会断然拒绝，还会影响到业主和工程师对承包商的信任，给后期索赔工作带来困难。为了说明索赔事件的真实性，索赔报告中提出索赔事件必须有翔实可靠的证据。对索赔事件的描述必须明确，避免采用"可能"、"也许"等估计猜测性语言，造成索赔说服力不强。

2. 责任划分明确

依据相关合同条款或法律条文，索赔报告应清楚划分索赔事件责任，并严格按照合同规定的索赔程序进行。索赔报告中应明确说明索赔事件应由对方承担责任，或客观条件引起的。不可用含糊的字眼和自我批评式的语言，否则会丧失自己在索赔中的有利地位。

3. 明确索赔事件与实际损失关系

工程索赔必须以一方有实际损失为前提，所以索赔报告中应强调索赔事件与实际损失之间的直接因果关系；报告中还应说明承包商在干扰事件发生后已立即将情况通知了工程师，听取并执行工程师的处理指令，或承包商为了避免、减轻事件的影响和损失已尽了最大的努力，采用所有能够采取的措施，在报告中详细叙述所采取的措施以及效果。

4. 索赔计算合理、正确

采用合理的计算方法和数据，正确计算出应得的经济补偿款额和(或)工期延长期。计算中应力求避免漏项或重复计算，不出现计算上的错误。索赔费用计算方法目前还没有统一认可的计算方法。而选用不同计算方法，对索赔值影响很大，承包商应注意采用合适的计价方法，至于采用哪一种计价方法，应根据索赔事件的特点及自己所掌握的证据资料等因素来确定。切忌采用笼统的计价方法和不实的开支款额。

5. 文字简洁，用词准确

索赔报告文字要精练、条理要清楚、语气要中肯，必须做到简洁明了、结论明确、富有逻辑性。同时在索赔报告中,忌用强硬或命令的口气。

第三节　工程索赔的计算

一、索赔事件影响分析

(一)事件责任分析

在工程实施过程中,会发生诸多事件,这些事件的发生原因比较复杂,正确区分事件责任类型是索赔事件影响分析的基础。事件责任类型可以分成如下三类。

1. 业主承担责任

这类事件是由业主引起的,或合同规定应由业主负责。例如根据《FIDIC 施工合同条件》(1999 版),包括:

(1)业主(工程师)延期发放图纸;

(2)业主(工程师)延期移交施工现场;

(3)发生一个有经验的承包商也无法合理预见的现场气候条件以外的外界障碍或条件;

(4)施工中发掘出文物和古迹,承包商执行工程师指令采取保护措施;

(5)业主没能及时支付工程款,承包商放慢施工速度;

(6)工程师指令暂停施工等。

2. 承包人承担责任

这类事件是由承包人引起的,或合同规定应由承包人负责,常见的有以下几种。

(1)承包商自身管理不善、施工技术和施工组织失误等。

【案例 7】　某项目施工过程中,现场周围居民因承包商施工噪声过大,阻止承包商施工,为此该项目停工 3 天。承包商为此提出工期延长 3 天和费用补偿 2 万元。

责任分析:该事件系由承包商因自身组织失误引起的,属于承包商承担责任,不予补偿。

(2)承包人投标前失误引起的相关风险。

【案例 8】　某项目配套道路工程,工程招标文件中提供了地质勘察资料,路基基底是淤泥,根据设计文件要求,必须进行换填。承包商计划使用隧道出碴作为填料换填,并据此报价。但施工中发现隧道出碴级配不符合设计要求,需要进一步破碎才能达到级配要求,承包商为此提出按原合同价支付不合理,要求另行延长工期 15 天和费用补偿 15 万元。

责任分析:作为一个有经验的承包商应在投标前进行现场踏勘,充分了解施工现场,根据招标文件要求进行投标报价,若承包商通过现场踏勘没有发现问题,其相关风险应由承包商承担。

(3)分包人违约。

(4)工程质量不合格等。

3. 承发包双方承担责任

这类事件既非业主引起的,也非承包商引起的,典型事件是异常不利的气候条件。在我国,不可抗力引起的事件也属于此类情况。

【案例 9】　某项目施工期间,连续 4 天出现 50 年一遇特大暴雨,承包商提出工期延期 4 天和费用补偿 5 万元。

责任分析:特大暴雨引起损失,业主应给予工期延长,但对于不可抗力引起的费用损失不予补偿。

(二)索赔事件影响分析

通常,索赔事件影响从以下三种状态进行分析,从而准确地计算工期和费用索赔值。

1. 计划状态分析

计划状态分析,又称为合同状态或报价状态分析,即不考虑任何实施中干扰事件的影响,仅对合同签订时的状态进行分析,从而确定相应的工期和价格。

计划状态分析的计算方法和计算基础极为重要,制约着可能状态分析和实际状态分析。它的计算结果是整个索赔值计算的基础。这是因为计划状态确定的工期和价格是针对合同签订时的合同条件、工程环境和实施方案,而在工程实施中,由于干扰事件的发生,使得实际状态与计划状态之间产生偏差,往往需要重新确定合同工期和合同价格,新的工期和价格必须在"计划状态"基础上进行分析。

2. 可能状态分析

可能状态,是计划状态在受到干扰事件影响后的可能状态,即在计划状态的基础上加上干扰事件的影响。但要注意的是,在进行可能状态分析前,必须划分干扰事件责任类型,这里考虑的干扰事件必须是非承包商承担责任的。因此,可能状态分析所得到的工期和价格是承包商完成合同任务时,业主应支付给承包商的工期和价格。

3. 实际状态分析

实际状态分析,即考虑所有干扰事件影响,按照实际的工程量、施工进度、施工方案确定的实际的工期和价格。

4. 三种状态对比分析

(1)可能状态和计划状态结果之差即为按合同规定承包商有理由提出索赔的部分,此差值即为索赔值,也是索赔计算主要内容。

(2)实际状态和可能状态结果之差通常应由承包商应承担相应的损失。

(3)实际状态和计划状态之差即为工期延长和成本的实际增加。这里包括所有干扰事件的影响,且不考虑干扰事件的责任承担问题。

【案例10】 某工程基础为筏板基础,底板的底面标高为 -6 m,底板混凝土工程量为 800 m^3,由于发生许多干扰事件,造成人工费的增加,现对人工费索赔分析如下。

(1)合同状态分析。预算配合用工 1 工日/10 m^3,人工单价为 47.2 元/工日,则基础报价中人工费为

47.2 元/工日 ×1 工日/10 m^3 ×800 m^3 =3 776 元

(2)实际状态分析。

①基础开挖至 -6 m 仍为软土地基,与地质报告不符。监理工程师指令变更,最终确定局部基础深度增加到 -7 m,混凝土工程量增加 100 m^3。

②浇筑小组 20 人共工作 6 天,每天 8 小时,其中因等待变更停工 1 天,则实际人工费

47.2 元/工日 ×20 ×6 工日 =5 664 元

实际状态与合同状态的总差额为

5 664 元 -3 776 元 =1 888 元

(3)可能状态分析。由于设计变更和等待变更指令属于业主的责任和风险,因此:

①设计变更引起的人工费变化

47.2 元/工日 ×1 工日/10 m^3 ×100 m^3 =472 元

②停工等待变更指令引起的人工费增加

47.2 元/工日 ×20 工日 =944 元

可能状态人工费增加总额

472 元 +944 元 =1 416 元

则承包商有理由提出费用索赔的数量为 1 416 元。

(4)由于劳动效率降低是由承包商自己负责,则:

承包商实际使用工日 =6 工日 ×20 =120 工日

承包商用工超量 =120 工日 -1 工日/10 m^3 ×900 m^3 -1 工日 ×20 =10 工日

相应人工费增加 =47.2 元/工日 ×10 工日 =472 元

二、工期索赔的计算

(一)工期索赔的原因及目的

在工程实施过程中,由于干扰事件的发生,预定的施工进度计划受到影响,造成整个工程拖延甚至停工,则总工期延长。工期延长对承发包双方都是极为不利的。发包人因工期延长不能按计划将工程投入使用,失去赢利机会,并增加各种管理费的支出。承包人因工期延长需增加人工费、机械闲置费、现场管理费等支出,甚至要支付工期延误的赔偿金。因此承包人必然进行工期索赔。承包人进行工期索赔的目的在于:

(1)尽量免去或减轻自己对已经产生的工期延长的合同责任,使自己不支付或尽可能少支付工期延长的赔偿金;

(2)进行因工期延长而造成费用损失的索赔。

(二)工期索赔的计算方法

工期索赔计算方法主要有网络图分析法和比例计算法两种。但要注意的是,在进行工期索赔计算之前,首先要正确区分干扰事件的责任类型,即划清施工进度拖延的责任。若由承包商承担责任或风险的事件造成延误,则不能进行工期索赔,只有由业主应承担责任或风险及不可抗力事件造成的延期,才能进行工期索赔。

1. 网络图分析法

网络图分析法是一种科学的、合理的分析方法,适用于各种干扰事件引起的工期索赔,但采用此方法的前提是采用计算机网络分析技术进行工期计划和控制。

1)基本思路

网络图分析法的基本思路是在执行原网络计划的过程中,发生了一个或一些干扰事件,使得网络中的某个或某些工作受到干扰,如延长持续时间、工作之间逻辑关系发生变化、增加新的工作等,将这些影响输入原网络中,重新进行网络分析,得到新工期。则新工期与原工期之差即为工期索赔值。

简而言之,网络图分析法就是利用网络计划,分析其关键线路。如果拖延的工作为关键工作,则拖延的时间为索赔的工期;如果拖延的工作为非关键工作,当该工作由于延误影响而成为关键工作时,可以对拖延时间与总时差的差值进行索赔;如果拖延后该工作仍然为非关键工作,则不影响总工期,不能进行工期索赔。

2)分析步骤

(1)划清施工进度拖延的责任,这是进行干扰事件影响分析的前提。

(2)计算计划状态下的工期 T_j。

(3)计算可能状态下的工期 T_k,即考虑非承包商承担责任或风险的干扰事件对工期的影响,从而确定的工期值。

(4)计算实际状态下的工期 T_s,即考虑所有干扰事件对工期的影响而确定的工期值。

(5)计算工期索赔值 $\Delta T = T_k - T_j$。

(6)计算因承包商承担责任或风险的干扰事件延误工期值 $\Delta t = T_s - T_k$,若:

$\Delta t < 0$,则提前竣工;

$\Delta t = 0$,则按时完工;

$\Delta t > 0$,则延误工期,承包商可能支付工期延误赔偿金。

【案例 11】 某工程的主要活动实施计划见图 7-3。

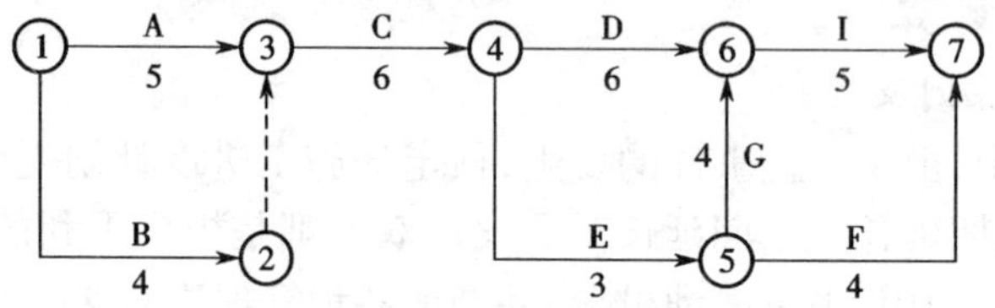

图 7-3 某工程网络计划图

在合同实施中,受到非承包商承担责任或风险的干扰事件的影响发生如下变化:

(1)活动 B 工期延长 2 周,实际工期为 6 周;

(2)活动 D 工期延长 1 周,实际工期为 7 周;

(3)活动 F 工期延长 3 周,实际工期为 7 周。

试分析承包商可提出的工期索赔值。

解 (1)由题意知,上述干扰事件均为非承包商承担责任或风险;

(2)计划状态下的工期 T_j,采用网络标号法,求得计划工期为 23 周(图 7-4),得出关键线路为

A →C →E→G→I

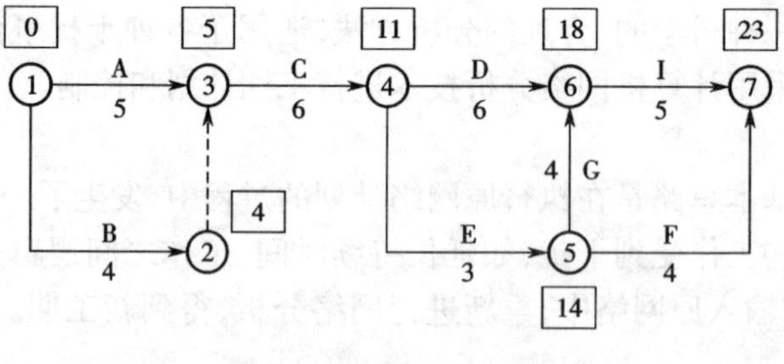

图 7-4 某工程网络计划工期计算图

(3)将上述活动变化一起输入网络计划中,得到一个新的网络图,计算分析得出总工期 T_k =24 周(图 7-5)得出关键线路为

B →C →E→G→I;B →C →D→I

(4)工期延误值

$\Delta T = T_k - T_j = 24 - 23 = 1$ 周

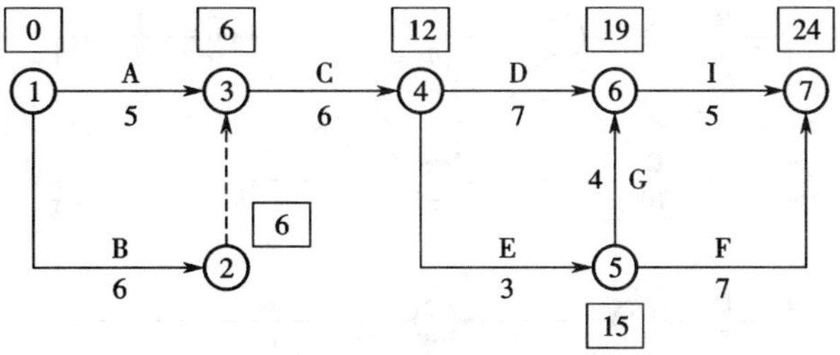

图 7-5　某工程网络计划(非承包方责任)工期计算图

通过上述分析,总工期延长 1 周,它为承包商有理由提出索赔的工期拖延。

案例解析　进一步分析可以得到:

(1)总工期延长 1 周主要是活动 B 延长造成。因为发生干扰后,活动 B 成为关键线路上的关键活动;

(2)活动 D 的延长不影响总工期,该活动在干扰前为非关键活动,在干扰发生后与活动 E 和 G 并列在关键线路上。

(3)活动 F 的延长也不影响总工期,它处于非关键线路上。

【案例 12】　某高校(甲方)与某建筑公司(乙方)签订了教学楼施工合同。施工合同规定:采用单价合同;施工中每一分项工程的实际工程量增加超过招标文件中工程量的 10% 以上时,超过部分按原单价的 90% 计算;由于甲方责任造成总工期拖延,甲方向乙方赔偿 2 万元/天,若乙方责任造成总工期延误,应扣除乙方工程款 2 万元/天,经双方确认的施工进度网络计划如图 7-6 所示。

施工过程中发生如下事件。

事件 1:A 工作(基础土方)原计划土方量为 400 m^3,因为设计变更实际土方量为 500 m^3,工期拖延 2 天,增加费用 7 520 元。

事件 2:B 工作施工中乙方为保证施工安全,扩大施工范围边缘,土方量由 360 m^3增加到 420 m^3,工期延误 1 天,费用增加 5 000 元。

事件 3:C 工作施工结束后,监理工程师认为基础桩内管线放线位置与设计图纸不符,经过剥落检查后,放线位置无误,拖延工期 2 天,发生费用 4 万元。

事件 4:G 工作施工中,发现甲方提供的设计图纸有严重错误,等待图纸变更 3 天,发生费用 6 万元。

事件 5:I 工作施工中乙方租赁的设备未按时到达现场,影响乙方施工拖延 1 天,发生费用 1 万元。

问题:(1)上述哪些事件乙方可以提出索赔要求?哪些不能提出索赔要求?并说明其原因。

(2)承包商可索赔总工期为多少天?

(3)该工程实际工期为多少天?甲方应向乙方支付工期补偿费为多少?

解　(1)分析如下:

对于事件 1,可提出索赔要求,因为设计变更是甲方的责任,且工作 A 实际工程量超过招标文件中工程量的 10%;

对于事件 2,不可提出索赔要求,因为保证施工质量技术措施费应由乙方承担;

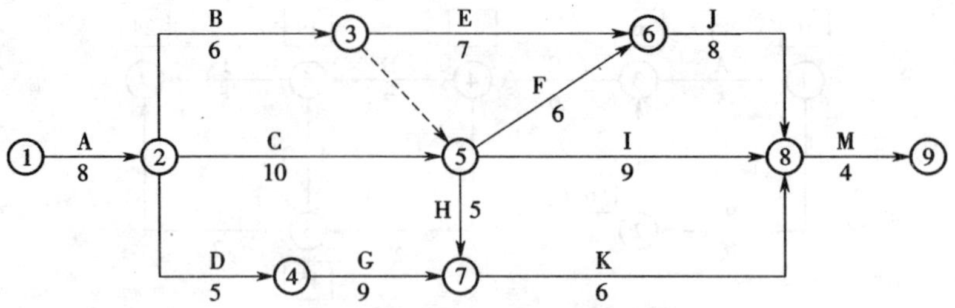

图 7-6 某工程网络计划图

对于事件 3，可提出索赔要求，因为对已经检验合格的施工部位进行复检仍合格，相关费用以及工期拖延应由甲方负责；

对于事件 4，可提出索赔要求，因为设计图纸错误是甲方责任；

对于事件 5，不可提出索赔要求，因为承包商设备未到场，属于承包商应承担的风险。

(2)计算索赔总工期天数

①求计划状态下的工期 T_j。利用网络计划的标号法，可求得该工程的计划工期 $T_j=36$ 天，如图 7-7 所示。

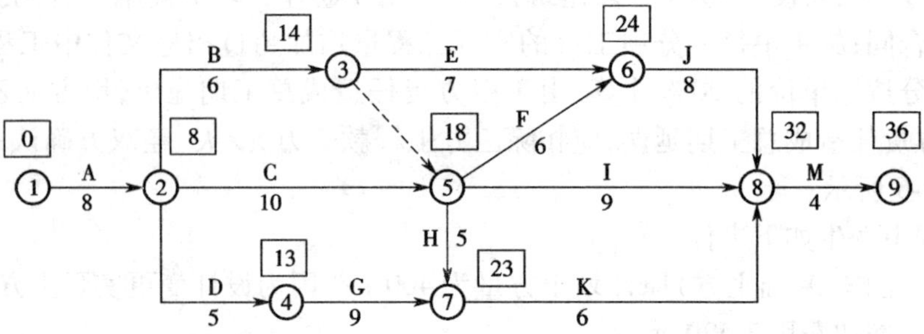

图 7-7 某工程网络（计划状态）工期计算图

②求可能状态下的工期 T_k。通过上述分析，非承包商承担责任的干扰事件为事件 1、事件 3、事件 4，将这三个事件影响输入原网络计划中，求得可能工期 $T_k=40$ 天，见图 7-8。

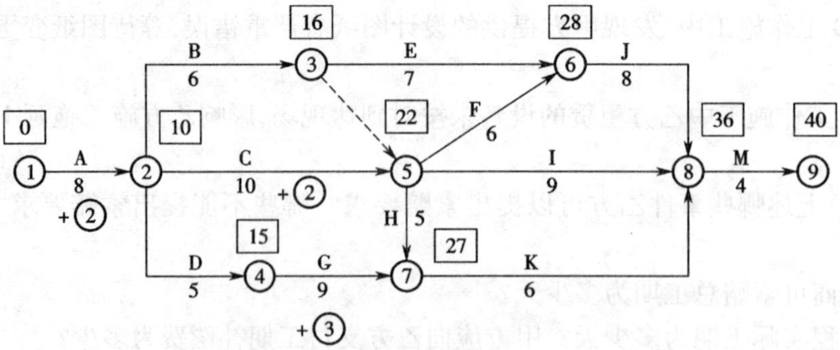

图 7-8 某工程网络（可能状态）工期计算图

③求工期索赔值

$\Delta T=T_k-T_j=40$ 天 -36 天 $=4$ 天

(3)计算实际工期及补偿费。

①将所有干扰事件影响输入原网络计划,得到实际工期 $T_s=40$ 天,见图 7-9。

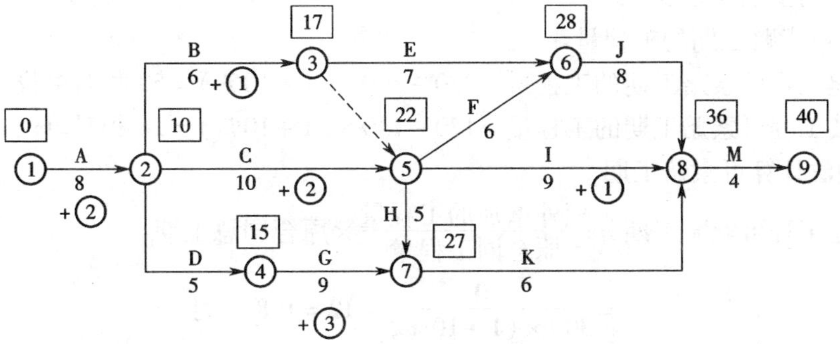

图 7-9　某工程网络(实际状态)工期计算图

②因乙方原因延误工期值

$$\Delta t = T_s - T_k = 40\text{ 天} - 40\text{ 天} = 0$$

则项目能按时完工,乙方原因延误工期为 0 天。

③根据以上分析可知,该项目工期索赔值为 4 天,即由于甲方原因延误工期为 4 天,而乙方原因延误工期为 0 天,则甲方应向乙方支付工期补偿费 $=4\times2=8$ 万元。

案例解析　从上面的分析可知,总工期延长 4 天是由于工作 A 和 C 延长造成的,因为工作 A 和 C 在原网络计划中即为关键工作,它们的延长导致总工期的延长。而工作 G 的延长不影响总工期,该工作在原网络计划中为非关键活动,在干扰事件发生后仍然为非关键工作。

2. 比例计算法

网络图分析法是最科学、合理的,通常需要采用计算机网络分析技术,以提高工作效率。当实际工程网络计划中的工作往往较多,甚至达到几百个,乃至上千个工作时,采用人工分析和计算是非常困难的,几乎是不可能。

在实际工程中,如果干扰事件仅影响某些单项工程、单位工程或分部分项工程的工期,可采用比较简单的比例计算法分析它们对工期的影响。

1)按合同价比例计算

【案例 13】　某工程施工中,业主延期交付办公楼桩基础设计图纸,使得该单项工程延期 6 周,该单项工程的合同价为 100 万元,而整个工程合同价为 500 万元,则承包商应提出工期索赔多少周?

解

$$\text{总工期索赔值} = \frac{\text{受干扰部分的合同价}}{\text{整个合同总价}} \times \text{受干扰部分的工期延长量}$$

$$= 100/500 \times 6 = 1.2\text{ 周}$$

即承包商应提出 1.2 周的工期索赔。

2)按工程量增加比例计算

【案例 14】　某工程项目,业主通过招标与甲建筑公司签订了总承包合同,合同约定:土建工程工期为 12 个月,安装工程工期为 6 个月。假定以一定的劳动力需要量作为相对单位,合同规定的土建工程量可折算为 300 个相对单位,安装工程工程量可折算为 140 个相对单位,同时合同约定，在工程量增加或减少10%的范围内，承包商承担工期风险，不予补偿。在工程施工过程中，土建工程量增加到380个相对单位，安装工程工程量增加到170个相对单位，对此，承包商可索赔的工期为多少？

解 (1)可索赔工期的工程量

土建工程可索赔工期的工程量 $=380-300\times(1+10\%)=50$ 相对单位

安装工程可索赔工期的工程量 $=170-140\times(1+10\%)=16$ 相对单位

(2)比例法计算可索赔工期

$$土建工程可索赔工期=\frac{额外增加的工程量}{原合同工程量}\times 原合同总工期$$

$$=\frac{50}{300\times(1+10\%)}\times 12=1.8\ 个月$$

$$安装工程可索赔工期=\frac{额外增加的工程量}{原合同工程量}\times 原合同总工期$$

$$=\frac{16}{140\times(1+10\%)}\times 6=0.6\ 个月$$

即承包商可索赔总工期为2.4个月。

3)平均值计算法

【案例15】 某工程有A、B、C、D四个单项工程，合同规定由业主提供钢材，在实际施工中，业主没能按合同规定的日期提供钢材，造成工程停工待料。根据现场工程有关资料和合同双方的有关文件等证明，由于业主钢材供应不及时造成影响如下：

A单项工程推迟10天；

B单项工程推迟14天；

C单项工程推迟12天；

D单项工程推迟8天。

承包商在一揽子索赔中，对业主材料供应不及时造成工期延长提出工期索赔，分析如下：

总延长天数 $=10+14+12+8=44$ 天

平均延长天数 $=44/4=11$ 天

故工期索赔为11天。

4)比例计算法特点

(1)计算简便，人们也容易理解和接受，所以实际工程当中使用得较多。

(2)计算方法缺乏科学性，计算结果难以符合实际。因为从前面网络图分析中可知，关键工作的延误，才引起总工期的延长，而非关键工作的延误，不一定引起总工期的延长，所以采用统一按合同价比例计算肯定是不合理的。同样，按工程量增加比例和单项工程平均值计算也存在这个问题。

(3)比例计算法适用范围有限。它对变更工程施工顺序、删减工程量或部分工程、加速施工等事件不适用。

3. 共同延误

在实际工程中，影响因素甚多，常常在同一时间段内，延误由二三种因素(或几方面的原因)共同起作用(或相互作用)引起，这称之为“共同延误”。共同延误下的工期索赔和由此引起的费用索赔非常困难，容易引起争执。处理这种情况的常见原则和方法是“首先发生原则”，具体如下。

(1)首先判断造成工期拖延的哪一种原因先发生，即确定“初始延误者”，它应对工期拖延负责。在初始延误发生作用期间，其他并发的延误者不承担拖延责任。

(2)如果初始延误者是发包人，则在发包人原因造成的延误期内，承包人既可得到工期补偿，也可得到经济补偿。

(3)如果初始延误者是客观因素，则在客观原因造成的延误期内，承包人可以得到工期延长，但很难得到经济补偿。

(4)如果初始延误者是承包人，则在承包人原因造成的延误期内，承包人既不能得到工期补偿，也不能得到经济补偿。

【案例 16】 某工程项目采用了固定价格合同。工程招标文件中提供的用砂地点距工地 6 km。但是开工后，检查该砂质量不符合要求，承包商只得从另一距工地 30 km 的供砂地点采购。在工程施工中，一个关键工作面上发生了几种原因造成的临时停工：5 月 14 日至 5 月 20 日承包商的施工设备出现了从未出现过的故障；应于 5 月 16 日交给承包商的后续图纸直到 6 月 5 日才交给承包商；6 月 3 日至 6 月 10 日施工现场下了罕见的特大暴雨，造成了 6 月 8 日到 6 月 12 日的该地区的供电全面中断。

问题：(1)由于供砂距离的增大，必然引起费用的增加，承包商经过仔细、认真计算后，在业主指令下达的第 3 天，向工程师提交了将原用砂单价每吨提高 10 元人民币的索赔要求。试问工程师能批准该索赔要求吗？为什么？

(2)由于几种情况造成的临时停工，承包商在 6 月 20 日向工程师提出延长工期 30 天，成本损失费人民币 3 万元/天(此费率已经造价工程师核准)和利润损失费 3 千元/天的索赔要求，共计索赔款 99 万元。试问工程师应批准延长工期多少天，索赔款额多少万元？为什么？

解　(1)因供砂距离增大提出的索赔不能被批准，原因是：

①承包商应对自己就招标文件的解释负责；

②承包商应对自己报价的正确性与完备性负责；

③作为一个有经验的承包商可以通过现场踏勘确认招标文件参考资料中提供的用砂质量是否合格，若承包商没有通过现场踏勘发现用砂质量问题，其相关风险应由承包商承担。

(2)事件搭接关系分析如图 7-10，分析得出，可以批准的工期为 23 天，费用索赔额为 54 万元人民币，原因如下。

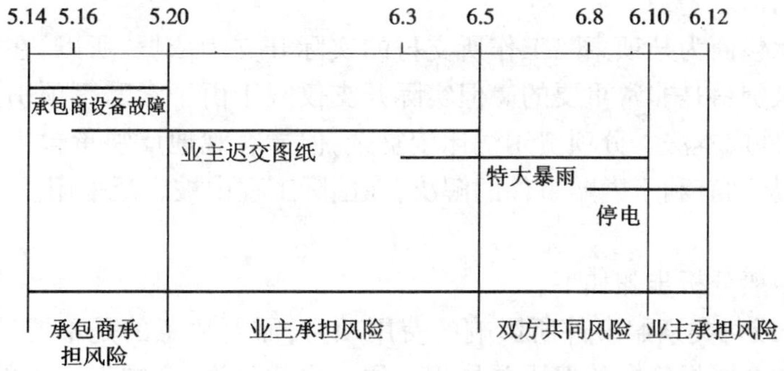

图 7-10　事件关系分析图

①5 月 14 日至 5 月 20 日承包商的施工设备出现故障，属于承包商应承担的风险，不应考虑延长工期和费用索赔要求。

②5 月 21 日至 6 月 5 日是由于业主迟交图纸引起的，为业主应承担的风险，应延长工期 16 天。成本损失额为 16 天 ×3 万/天 =48 万元，但不应考虑承包商的利润要求。

③6 月 6 日至 6 月 10 日的特大暴雨属于双方共同的风险，应延长工期 5 天，但不应考虑承包商的费用索赔要求。

④6 月 11 日至 6 月 12 日的停电为业主应承担的风险，应延长工期 2 天，索赔额为 2 天 ×3 万/天 =6 万元，但不应考虑承包商的利润要求。

三、费用索赔的计算

(一)费用索赔的计算原则

费用索赔是整个合同索赔的重点和最终目标，工期索赔在很大程度上也是为了费用索赔。费用索赔计算是否合理，是索赔要求能否被业主、工程师、调解人或仲裁人接受的至关重要原因。但目前还没有统一认可、通用的费用索赔计算方法。而选用不同的计算方法，对索赔值影响很大。因此选用的计算方法应符合大家所公认的基本原则，具体介绍以下几种。

1. 实际损失原则

实际损失原则即索赔费用的计算只考虑干扰事件对承包商工程成本和费用的实际影响，而不应使其额外收益。且实际损失及其计算必须要有具体的证明，否则索赔要求不予成立。

2. 合同原则

合同原则即费用索赔计算方法应符合合同规定的补偿条件，扣除承包商自己的责任和应承担的风险。

3. 合理性原则

合理性原则即计算索赔费用值时实际成本核算符合规定的或通用的会计核算原则。

4. 符合工程惯例

符合工程惯例即费用索赔计算应采用工程中常用的计算方法。

(二)费用索赔的计算方法

费用索赔的计算方法有分项费用法、总费用法、修正总费用法。

1. 分项费用法

分项费用法是根据每个索赔事件引起的费用项目损失，按费用项目逐项进行分析计算，从而得到总索赔费用值。

这种方法以承包商为某项索赔工作所支付的实际开支为依据，所以，在施工过程中，系统而准确地积累记录资料是非常重要的。但实际开支仅限于由于索赔事项引起的、超过原计划的费用，故也称额外成本法。分项费用法比较复杂，但能客观地反映承包人的实际损失，也易于被当事人接受，从而有利于索赔事件的解决，在国际工程中被广泛采用。

1)分析步骤

分项费用法一般分析步骤如下。

(1)分析每个或每类索赔事件所影响的费用项目，需要注意的是不要遗漏费用项目。这些费用项目通常与合同报价中的费用项目相一致。也就是说，合同报价中的各个费用项目都可以进行索赔。

(2)计算每个费用项目因索赔事件而引起的损失。

(3)汇总各费用项目的索赔值,即得到总费用索赔值。

2)可索赔的费用项目构成及计算

按理说,合同报价中的各个费用项目都可以进行索赔,常见的索赔费用项目如下。

(1)人工费。人工费包括增加工作内容而增加的人工费、非承包商原因引起的停工损失费及工作效率降低的损失费、工资上涨增加的人工费等。

①增加工作内容而增加的人工费应按照计日工费计算,即

人工费索赔=增加工日数×报价单中人工工日单价(或预算单价)

②停工损失费和工作效率降低的损失费按窝工费计算,即

人工费索赔=窝工时间×约定的窝工费(降效费)标准

③工资上涨增加的人工费,这主要是指由于增加工作内容或非承包人原因造成工期拖延,同时工资上涨,从而引起未完工程人工费的增加,承包商可要求得到补偿。但具体补偿标准与合同类型相关。

对于可调价格合同,如果合同规定了人工费可以调整,则可利用合同规定的方法对后期完成的工程价款进行调整。在国际工程中,常用调值公式按价格指数变化情况对工资进行调整。在国内工程中,可以参照有关造价管理部门规定的方法和系数进行调整。

对于固定价格合同,一般不进行由于工资上涨引起的价格调整。

(2)材料费。材料费包括材料用量增加、客观原因材料单价大幅上涨、材料超期仓储增加的费用等。

①材料用量增加的费用,按照材料用量的增加量乘以合同中约定的材料单价或实际的材料单价计算。确定材料增加量是将实际消耗的材料用量与计划的材料用量进行比较,即

材料费索赔=材料增加量×合同约定的材料单价(或实际的材料单价)

②材料单价上涨增加的费用。此项费用补偿与合同约定的风险分担相关。对于可调价格合同,如果合同规定了材料费可以调整,则可利用合同规定的方法对后期完成的工程价款进行调整。在国际工程中,常用调值公式按价格指数变化情况对各种材料进行调整。在国内工程中,可以参照有关造价管理部门规定的方法和系数进行调整。对于固定价格合同,只有超过承包商承担的价格风险范围,才能进行材料费调整,具体调整方式参照合同约定的价格调整条款。

③材料超期仓储增加的费用,按实际发生费用计算。

需要注意的是,材料费的索赔需要承包商提供准确的数据和充分的证据。

(3)设备费。设备费包括完成增加工作内容而增加的机械使用费、非承包商责任引起的机械闲置或工作效率降低的损失费、台班费上涨而增加的费用等。

①增加工作内容而增加的机械费,按照机械台班费计算,即

设备费索赔=增加台班数×报价单中机械台班费(或预算单价)

②机械闲置或效率降低损失费,与施工机械获得方式有关。如果施工机械属于施工企业自有,按照机械折旧费计算索赔费用;如果施工机械是施工企业租赁的,按照设备租赁费计算索赔费用。

【案例17】 某建设项目业主与承包商签订了可调价格合同。合同中约定:主导施工机械一台为施工企业自有设备,台班单价为600元/台班,折旧费为200元/台班,人工单价为37元/工日,窝工费为15元/工日。在合同实施中,发生了如下事件。

事件1:合同履行到20天,业主指令增加一项临时工作,经过核准,完成该工作需要4天时间,机械4台班,人工40工日,材料费6 000元。

事件2:合同履行到40天,因业主延误发放图纸,停工3天,造成人工窝工30工日。

事件3:合同履行到70天,因公网停电现场停工2天,造成人员窝工35工日。

问题:施工单位可获得多少直接工程费索赔额?

解 (1)事件1因增加新工作导致的直接工程费索赔

人工费 $=40\times37=1\ 480$ 元

材料费 $=6\ 000$ 元

机械费 $=4\times600=2\ 400$ 元

小计:$1\ 480+6\ 000+2\ 400=9\ 880$ 元

(2)事件2因业主延误发放图纸导致的直接工程费索赔

人工费 $=30\times15=450$ 元 (按窝工费计算)

机械费 $=3\times200=600$ 元 (按折旧费计算)

小计:$450+600=1\ 050$ 元

(3)事件3因公网停电导致的直接工程费索赔

人工费 $=35\times15=525$ 元 (按窝工费计算)

机械费 $=2\times200=400$ 元 (按折旧费计算)

小计:$525+400=925$ 元

(4)可获得直接工程费索赔

可获得直接工程费索赔 $=9\ 880+1\ 050+925=11\ 855$ 元

(4)管理费。管理费包括现场管理费和总部管理费两部分。

Ⅰ.现场管理费。现场管理费包括因工期延误、增加工作内容,而增加的管理人员和后勤服务人员工资、现场办公费、通信费等费用。其中:

①增加工作内容的现场管理费索赔的计算方法为

$$\text{现场管理费}=\frac{\text{原合同的直接费}\times\text{费率}}{\text{合同工程量}}\times\text{增加工程量}$$

②延误工期的现场管理费索赔的计算方法为

$$\text{现场管理费}=\frac{\text{原合同的直接费}\times\text{费率}}{\text{合同工期}}\times\text{延误天数}$$

其中费率的确定可选用合同百分比法(即在合同中规定的现场管理费比率)。

Ⅱ.总部管理费。总部管理费包括工期延长期间增加的总部员工工资、总部办公楼折旧、通信费等费用。总部管理费与现场管理费相比,数额比较确定。目前国际上总部管理费计算方法应用最广的是Eichealy公式。

A.获得工期索赔的Eichealy公式应用。Eichealy公式是在获得工期延期索赔后分析总部管理费索赔的方法。应用该公式计算总部管理费索赔的假设是:若工程延期,占用了本应调往其他工程的施工力量,影响了企业在这一时期内获得其他合同的收入,因此总部管理费应该在延期合同中得以补偿。获得该索赔应能证明公司在延期期间须向其他工程投入施工力量。计算步骤如下。

①计算延期合同应分摊的总部管理费：

$$延期合同应分摊的总部管理费=\frac{延期合同价}{同期承包商所有合同价之和}\times 同期承包商的总部管理费$$

②计算单位时间应分摊的总部管理费：

$$单位时间应分摊的总部管理费=\frac{延期合同应分摊的管理费}{计划合同工期}$$

③计算总部管理费索赔：

总部管理费索赔 = 单位时间应分摊的总部管理费 × 工期延长索赔

【案例 18】 某建筑公司承包某办公楼项目，原计划合同工期为 300 天，在合同实施中，发生干扰事件，使得实际工期为 360 天。原计划工期内，建筑公司经营状况见表 7-1，计算总部管理费索赔额。

表 7-1　建筑公司经营状况　　单位：万元

项目	延期合同		总计
合同额	30	60	90
直接成本	24	48	72
总部管理费			9

解　(1) 延期合同应分摊的总部管理费 = 30/90 × 9 = 3 万元；

(2) 单位时间应分摊的总部管理费 = 3/300 = 0.01 万元；

(3) 总部管理费索赔 = 0.01 × (360 − 300) = 0.6 万元。

B. 获得工程直接成本的 Eichealy 公式应用。获得工程直接成本索赔后，也可参照 Eichealy 公式分析总部管理费索赔。计算步骤如下。

①计算该索赔合同应分摊的总部管理费：

$$该索赔合同应分摊的总部管理费=\frac{该索赔合同的计划直接成本}{同期承包商所有合同的直接成本之和}\times 同期承包商的总部管理费$$

②计算单位直接成本应包括的总部管理费：

$$单位直接成本应包括的总部管理费=\frac{该索赔合同应分摊的总部管理费}{被索赔合同的计划直接成本}$$

③计算总部管理费索赔：

总部管理费索赔 = 单位直接成本应包括的总部管理费 × 工程直接成本索赔值

(5) 保函手续费。保函手续费指工程延期而增加的保函手续费。即保函费用随实际施工时间的延长而增加。反之，取消部分工程且发包人与承包人达成提前竣工协议时，承包人的保函金额相应减少，则计入合同价内的保函手续费也应扣减。

保函手续费索赔 = 保函金额 × 保函手续费率/365 × 工期延期天数

(6) 贷款利息。贷款利息主要指业主延迟付款应支付的利息。延迟付款的利息以合同约定的利率计算，合同约定的利率通常为银行同期贷款利率。

(7)利润。利润一般在工程范围变更和施工条件变化引起的费用索赔中才可列入。不同国家和地区对利润的理解和规定有所不同,有的将利润归入总部管理费中,这种情况则不能单独索赔利润。如可以索赔利润,索赔事件利润率采用原报价中的利润率。

【案例19】 某建设工程系世行贷款项目,业主与承包商按照FIDIC《施工合同条件》签订了施工合同。施工合同中规定:钢材、木材、水泥由业主供货到现场仓库,其他材料由承包商自行采购;合同价为3 000万元,履约保证金为合同价的10%;窝工情况下,人工费补偿标准按每工日25元计,机械设备费补偿标准按台班单价的70%计算。施工过程中发生了如下事件。

事件1:当工程施工至第四层框架梁钢筋绑扎时,因业主提供的模板迟到,使框架梁支模工人停工14天(该项工作的总时差为零),用工人数为30人;塔吊和混凝土搅拌机各一台,各闲置14天。

事件2:因公网停水、停电使得第二层的砌砖停工5天(该项工作的总时差为3天,自由时差为2天),用工人数为40人,配备砂浆搅拌机1台。

事件3:因砂浆搅拌机发生故障使第一层抹灰延迟开工3天(该项工作的总时差为2天),用工人数为35人。

问题:(1)应批准的索赔工期为多少天?

(2)已知塔吊台班单价为500元/台班,混凝土搅拌机台班单价为150元/台班,砂浆搅拌机台班单价为90元/台班,且管理费、利润损失不予补偿,保函手续费费率为每年6‰,试确定费用索赔为多少?

解 (1)应批准的索赔工期为16天,分析如下。

事件1:框架梁钢筋绑扎停工14天,应给予工期补偿14天,这是由于业主原因造成的,且该项工作的总时差为零,位于关键线路上。

事件2:砌砖停工,应给予工期补偿2天,因为该项停工是由于业主原因造成的,且该项工作超过工作总时差2天。

事件3:抹灰停工,不应给予工期补偿,因为该项停工属于承包商自身原因造成。故

批准的工期索赔 = 14 + 2 + 0 = 16 天

(2)事件1:业主原因造成的,人工费和机械费损失按窝工计算。

事件2:业主原因造成的,人工费和机械费损失按窝工计算。

事件3:承包商责任,不给予费用补偿。计算如下。

①人工费索赔如下。

事件1:30 × 14 × 25 = 10 500 元

事件2:40 × 5 × 25 = 5 000 元

②机械费索赔如下。

事件1:塔吊1台,索赔

14 × 500 × 0.7 = 4 900 元

混凝土搅拌机1台,索赔

14 × 150 × 0.7 = 1 470 元

事件2:砂浆搅拌机1台,索赔

5 × 90 × 0.7 = 315 元

上述事件人工费、机械费索赔小计:

10 500 + 5 000 + 4 900 + 1 470 + 315 = 22 185 元

(3)保函费补偿

3 000 × 10% × 6‰ ÷ 365 × 16 ≈ 0.078 9 万元 = 789 元

费用补偿合计 = 22 185 + 789 = 22 974 元

【案例20】 某城市地下工程,业主与承包商参照FIDIC《施工合同条件》签订了施工合同,除税金外的合同总价为9 800万元,其中现场管理费费率为12%,总部管理费费率为10%,利润率为8%,合同工期为680天;为保证施工安全,合同中规定:承包商应安装满足最小排水能力2.0 t/min的排水设施,并安装2.0 t/min的备用排水设施,两套设施合计24 000元;施工中窝工或停工情况下,窝工人工费为20元/工日,对施工单位自有机械台班按台班单价的70%给予补偿,对施工单位租赁机械按租赁费给予补偿(但不包括运转费用)。在施工过程中发生了如下事件。

事件1:因承包商租赁的履带吊车大修,延期开工2天,造成人员窝工20工日。

事件2:施工中由于某分项工程设计图纸修改,停工8天(该项工作总时差为10天)。

事件3:施工过程中遇到了罕见的特大暴雨,由于地下断层相互贯通及地下水位不断上升,原有排水设施满足不了排水要求,施工区涌水量增加,施工单位被迫停工,并造成施工设备被淹没。为保证施工安全和施工进度,业主指令施工单位紧急增添额外排水设施,尽快恢复施工,施工单位按照业主要求增添了两套2.0 t/min的排水设施。

事件4:施工中发现文物,为保护文物施工现场停工,造成工期拖延30天。

就上述四项事件,承包商按合同规定的索赔程序向业主提出如下索赔。

事件1:因施工机械大修,索赔费用

人员窝工费 = 20 × 20 = 400 元

事件2:因修改设计图纸造成机械设备窝工费用索赔见表7-2。

表7-2　因修改设计图纸造成机械设备窝工费用索赔

项目	机械台班单价(元/台班)	时间(天)	金额(元)
9 m^3空压机	310	8	2 480
25t履带吊车(租赁)	1 500	8	12 000
塔吊	1 000	8	8 000
混凝土泵车	600	8	4 800
合计			27 280

现场管理费:

27 280 × 12% = 3 273.6 元

总部管理费:

(27 280 + 3 273.6) × 10% = 3 055.36 元

利润:

(27 280 + 3 273.6 + 3 055.36) × 8% = 2 688.72 元

小计:

27 280 + 3 273.6 + 3 055.36 + 2 688.72 = 36 297.68 元

事件3:由于罕见的特大暴雨,费用索赔如下。

①备用排水设施及额外增加排水设施费:$24\ 000/2 \times 3 = 36\ 000$ 元。

②被地下水淹没的机械设备费损失费18 000元。

③额外排水工作的人工费9 400元。

小计:

$$36\ 000 + 18\ 000 + 9\ 400 = 63\ 400 \text{ 元}$$

事件4:保护地下文物延长工期30天,

$$\text{索赔现场管理费} = (9\ 800 \times 10\ 000 \times 12\% \div 680) \times 30 = 518\ 823.53 \text{ 元}$$

业主方造价工程师对承包商索赔计算中的施工机械台班费进行核定,最终核定结果:9 m^3 空压机为193元/台班,25t履带吊车1500/台班(含运转费300元),塔吊为800元/台班,混凝土泵车为560元/台班。

问题:试对施工单位提出的费用索赔进行分析,确定工期延长时间和合理的费用索赔。

解 对各事件分析如下。

事件1:人工费索赔不合理,因为承包商租赁的履带吊车大修为承包商应承担的风险。

事件2:①自有机械索赔要求不合理,因为合同规定施工单位自有机械窝工按台班单价的70%给予补偿。

②租赁机械索赔要求不合理,因为合同规定租赁机械按租赁费给予补偿,但不包括运转费。

③现场管理费、总部管理费索赔要求不合理,因为分项工程停工时间小于该工作总时差,并没有使总工期延长。

④利润索赔要求不合理,因窝工并没有造成利润减少。

⑤承包商费用索赔中施工机械台班费过高,业主重新核定,核定结果为:9 m^3 空压机为193元/台班,25 t履带吊车1 500/台班(含运转费300元),塔吊为800元/台班,混凝土泵车为560元/台班。另合同规定对施工单位租赁机械按租赁费给予补偿(但不包括运转费用)。最终审定费用如下。

9 m^3空压机

$$193 \times 70\% \times 8 = 1\ 080.8 \text{ 元}$$

25t履带吊车(租赁):

$$(1\ 500 - 300) \times 8 = 9\ 600 \text{ 元}$$

塔吊:

$$800 \times 70\% \times 8 = 4\ 480 \text{ 元}$$

混凝土泵车:

$$560 \times 70\% \times 8 = 3\ 136 \text{ 元}$$

小计:

$$1\ 080.8 + 9\ 600 + 4\ 480 + 3\ 136 = 18\ 296.8 \text{ 元}$$

事件3:①可索赔额外增加的排水设施费,备用排水设施已经包括在原合同价中。

②不可索赔被地下水淹没的机械设备费。罕见的特大暴雨属于不可抗力,承包人机械设备损害,由承包人自己承担。

③可索赔额外增加的排水工作劳务费。最终审定费用如下。

额外增添两套2.0 t/min的排水设施费用为12 000×2=24 000元。

承包商费用索赔中的额外排水人工费经审定合理，应支付

24 000(额外排水设施)+9 400(额外排水人工费)=33 400元

事件4：应同意工期延长30天。因为施工中遇到文物是业主应承担的风险。

现场管理费索赔额审定如下：

由题知，原合同总价为9 800万元，其中现场管理费费率为12%，总部管理费费率为10%，利润率为8%，故

$$原合同的直接费=9\ 800\times10\ 000\div(1+8\%)\div(1+10\%)\div(1+12\%)$$
$$=73\ 653\ 198.65\ 元$$

$$现场管理费=\frac{原合同的直接费\times费率}{合同工期}\times延误天数$$
$$=73\ 653\ 198.65\times12\%\div680\times30$$
$$=389\ 928.7\ 元$$

综合上述分析，可得

工期延长=30天(事件4确定的工期延长部分)

可索赔费用共计=18 296.8(事件2审定费用索赔部分)+33 400(事件3审定费用索赔部分)+389 928.7(事件4审定费用索赔部分)=441 625.5元

3)索赔事件与索赔费用关系

不同索赔事件可以索赔的费用是不同的。

(1)《FIDIC施工合同条件》中规定的主要索赔事件可索赔的内容。根据《FIDIC施工合同条件》，不同索赔事件可以索赔的费用区别见表7-3。

表7-3　FIDIC施工合同条件中有关承包商索赔的部分条款

序号	条款号	主要内容	可索赔内容		
			工期	费用	利润
1	1.9	延误发放图纸	√	√	√
2	2.1	延误移交施工现场	√	√	√
3	4.7	承包商依据工程师提供的错误数据导致放线错误	√	√	√
4	4.12	不可预见的外界条件	√	√	×
5	4.24	施工中遇到的文物和古迹	√	√	×
6	7.4	非承包商原因检验导致施工的延误	√	√	√
7	8.4(a)	变更导致工程延期	√	×	×
8	8.4(c)	异常不利的气候条件	√	×	×
9	8.4(d)	由于传染病或其他政府行为导致工程延期	√	×	×
10	8.4(e)	业主或其他承包商的干扰	√	×	×
11	8.5	公共当局引起的延误	√	×	×
12	10.2	业主提前占用工程	×	√	√
13	10.3	对竣工检验的干扰	√	√	√

续表

序号	条款号	主要内容	可索赔内容		
			工期	费用	利润
14	13.7	后续法规引起的调整	√	√	×
15	18.1	业主办理的保险,承包商未能从保险公司获得补偿部分	×	√	×
16	19.4	不可抗力造成的损害	√	○	×

注:√表示可以索赔;×表示不能索赔;○表示视具体情况而定。

(2)主要索赔种类与索赔费用的构成关系。主要索赔种类与索赔费用的构成关系见表7-4。

表7-4　主要索赔种类与索赔费用的构成关系

序号	索赔费用项目	索赔种类			
		延误索赔	工程范围变更	加速施工索赔	现场条件变更
1	人工工时增加费	×	×	×	√
2	生产率降低引起人工损失	√	○	√	○
3	人工单价上涨费	√	○	√	○
4	材料用量增加费	×	√	○	○
5	材料单价上涨费	√	√	○	○
6	新增的分包工程量费用	×	√	×	○
7	新增的分包工程单价上涨费用	√	○	○	√
8	租赁设备费	○	√	√	√
9	自有机械设备出租费	√	√	○	√
10	自有机械合法费用上涨费	○	×	○	○
11	现场管理费(可变)	○	√	○	√
12	现场管理费(固定)	√	×	×	○
13	企业管理费(可变)	○	○	○	○
14	企业管理费(固定)	√	○	×	○
15	利息	√	○	○	○
16	利润	○	√	○	√
17	机会利润损失	○	○	○	○

注:√表示可以索赔;×表示不能索赔;○表示视具体情况而定。

2. 总费用法

1)基本思路

总费用法的基本思路是把固定总价合同转化为成本加酬金合同,以承包商的额外成本为基数,加上管理费和利润等附加费得到索赔值。

2)适用条件

总费用法是一种简单的计算方法,但并不十分科学,且不易被业主、调解人以及仲裁人认可,因此通常应用得较少。一般采用总费用法应具备如下条件。

(1)实际总费用核算是比较准确的,工程成本核算原则、成本分摊方法、成本分摊基础选择都被认可且合理。

(2)承包商投标报价是比较合理的,实际总成本与投标报价总成本包括的内容一致。

(3)费用损失完全是非承包商承担的责任,且不在承包商应承担的风险范围内。

(4)费用索赔证据确凿。

(5)索赔事件的性质不适用于其他计算方法。例如:多个干扰事件相继发生,重叠影响,很难分清各个索赔事件的具体影响和索赔费用额度;由于业主原因造成工程性质发生根本变化,原合同报价已完全不适用等。

【案例21】 某施工合同原报价如表7-5所示。

表7-5　施工合同原报价　　单位:元

现场总成本(直接费+工地管理费)	45 000 000
公司管理费(现场总成本×10%)	4 500 000
利润(现场总成本+公司管理费)×5%	2 475 000
合同价	51 975 000

在实际工程中,现场实际成本增加了5 000 000元,其中由承包商原因造成实际成本增加2 000 000元,试用总费用法计算费用索赔值。

解　分析见表7-6。

表7-6　费用索赔值分析表　　单位:元

现场总成本增加值	5 000 000 - 2 000 000 = 3 000 000
公司管理费(现场总成本增加值×10%)	300 000
利润(5%)	165 000
利息(按实际支付时间和利率计算)	5 000
索赔值小计	3 470 000

3.修正总费用法

这种方法是对总费用法的改进,即在总费用计算的原则上,去掉一些不确定的可能因素,对总费用法进行相应的修改和调整,使其更加合理。其具体做法如下:

①将计算索赔额的时段局限于受到外界影响的时间,而不是整个施工期;

②只计算受影响时段内某项工作受影响的损失,而不是计算该时段内所有工作所受的损失;

③与该项工作无关的费用不列入总费用中;

④对投标报价重新进行核算,按受影响时段内该项工作的实际单价进行核算,乘以该项工作实际完成的工程量,得出调整后的报价费用。

修正的总费用法的计算公式为:

索赔金额=某项工作调整后的实际总费用-该项工作的报价费用

第四节 索赔实例

【实例1】 在非洲某国112 km道路升级项目中,业主为该国国家公路局,出资方为非洲发展银行(ADF),由法国BCEOM公司担任咨询工程师,我国某对外工程承包公司以1713万美元的投标价格第一标中标。该项目旨在将该国两个城市之间的112 km道路由砾石路面升级为行车道宽6. 5 m,两侧路肩各1. 5 m的标准双车道沥青公路。项目工期为33个月,其中前3个月为动员期。项目采用1987年版的《FIDIC施工合同条件》作为通用合同条件,并在专用合同条件中对某些细节进行了适当修改和补充,项目合同管理相当规范。在工程实施过程中发生了若干件索赔事件,由于承包商熟悉国际工程承包业务,紧扣合同条款,准备充足,证据充分,索赔工作取得了成功。下面将在整个施工期间发生的五类典型索赔事件进行介绍和分析。

1. 放线数据错误

按照合同规定,工程师应在6月15日前向承包商提供有关的放线数据,但是由于种种原因,工程师几次提供的数据均被承包商证实是错误的,直到8月10日才向承包商提供了被验证为正确的放线数据,据此承包商于8月18日发出了索赔通知,要求延长工期3个月。

工程师在收到索赔通知后,以承包商"施工设备不配套,实验设备也未到场,不具备主体工程开工条件"为由,试图对承包商的索赔要求予以否定。对此,承包商进行了反驳,提出:在有多个原因导致工期延误时,首先要分清哪个原因是最先发生的,即找出初始延误,在初始延误作用期间,其他并发的延误不承担延误的责任。而业主提供的放线数据错误是造成前期工程无法按期开工的初始延误。

在多次谈判中,承包商根据合同第6. 4款"如因工程师未曾或不能在合理时间内发出承包商按第6. 3款发出的通知书中已说明了的任何图纸或指示,而使承包商蒙受误期和(或)导致费用的增加时……给予承包商延长工期的权利",以及第17. 1款和第44. 1款的相关规定据理力争,此项索赔最终给予了承包商69天的工期延长。

2. 设计变更和图纸的延误

按照合同谈判纪要,工程师应在8月1日前向承包商提供设计修改资料,但工程师并没有在规定时间内提交全部图纸。承包商于8月18日对此发出了索赔通知,由于此事件具有延续性,因此承包商在提交最终的索赔报告之前,每隔28天向工程师提交了同期记录报告。

项目实施过程中主要的设计变更和图纸延误情况记录如下:

(1)修订的排水横断面在8月13日下发;

(2)在7月21日下发的道路横断面修订设计于10月1日进行了再次修订;

(3)钢桥图纸在11月28日下发;

(4)箱涵图纸在9月5日下发。

根据合同第6. 4款"如因工程师未曾或不能在合理时间内发出承包商按第6. 3款发出的

通知书中已说明了的任何图纸或指示，而使承包商蒙受误期和（或）导致费用的增加时……给予承包商延长工期的权利”，承包商在最终递交的索赔报告中提出索赔 81 个阳光工作日。最终，工程师就此项索赔批准了 30 个阳光工作日的工期延长。

在有雨季和旱季之分的非洲国家，一年中阳光工作日（Sunny Working Day）的天数要小于工作日（Working Day），更小于日历天，特别是在道路工程施工中，某些特定的工序是不能在雨天进行的。因此，索赔阳光工作日的价值要远远高于工作日。

3. 借土填方和第一层表层处理工程量增加

由于道路横断面的两次修改，造成借土填方的工程量比 BOQ（工程量清单）中的工程量增加了 50%，第一层表层处理工程量增加了 45%。

根据合同 52. 2 款“合同内所含任何项目的费率和价格不应考虑变动，除非该项目涉及的款额超过合同价格的 2%，以及在该项目下实施的实际工程量超过或少于工程量表中规定的工程量 25% 以上”的规定，该部分工程应调价。但实际情况是业主要求借土填方要在同样时间内完成增加的工程量，导致承包商不得不增加设备投入。对此承包商提出了对赶工费用进行补偿的索赔报告，并得到了 67 万美元的费用追加。

对于第一层表层处理的工程量增加，根据第 44. 1 款“竣工期限延长”的规定，承包商向业主提出了工期索赔要求，并最终得到业主批复的 30 天工期延长。

4. 边沟开挖变更

本项目的 BOQ 中没有边沟开挖的支付项，在技术规范中规定，所有能利用的挖方材料要用于 3 km 以内的填方，并按普通填方支付，但边沟开挖的技术要求远大于普通挖方，而且由于排水横断面的设计修改，原设计的底宽 3 m 的边沟修改为底宽 1 m，铺砌边沟底宽 0. 5 m。边沟的底宽改小后，人工开挖和修整的工程量都大大增加，因此边沟开挖已不适用按照普通填方单价来结算。

根据合同第 52. 2 款“如合同中未包括适用于该变更工作的费率或价格，则应在合理的范围内使用合同中的费率和价格作为估价的基础”的规定，承包商提出了索赔报告，要求对边沟开挖采用新的单价。经过多次艰苦谈判，业主和工程师最后同意，以 BOQ 中排水工程项下的涵洞出水口渠开挖单价支付，仅此一项索赔就成功地多结算 140 万美元。

5. 延迟付款利息

因为该项目中的延迟付款是从第 25 号账单开始的，项目的总结算额超出了合同额，导致后续批复的账单均未能在合同规定时间内到账，并且部分油料退税款因当地政府部门的原因导致付款拖后。

特殊合同条款第 60. 8 款“付款的时间和利息”规定：“业主向承包商支付，其中外币部分应当在 91 天内付清，当地币部分应当在 63 天内付清。如果由于业主的原因而未能在上述期限内付款，则从延付之日起业主应按照投标函附录中规定的利息以月复利的形式向承包商支付全部未付款额的利息。

据此承包商递交了索赔报告，要求支付延迟付款利息共计 88 万美元，业主起先只愿意接受 45 万美元。在此情况下，承包商根据专用合同条款的规定，向业主和工程师提供了每一个账单的批复时间和到账时间的书面证据，有力地证明了有关款项确实迟付；同时又提供了投标函附录规定的工程款迟付应采用的利率。由于证据确凿，经过承包商的多方努力，业主最终同意支付延迟付款利息约 79 万美元。

【实例 2】

1. 项目背景

上世纪 90 年代初,中国政府援助非洲某国(以下简称 A 国)建设一个体育场,该项目由中国对外承包某公司(以下简称 B 公司)承建。根据两国政府的协议,中国政府出资建设围墙内的一切设施(包括主体育场、运动员宿舍等),A 国自行筹资建设围墙外的配套设施(包括外围道路、道路照明系统、排污管道及污水池)。

配套设施中的外围道路最先动工,该国政府有关部门经过招投标,负责承建体育场的中国 B 公司以最低投标价格 1 697 693 800 先令中标,其中含 10% 不可预见费,合同工期为 12 个月,维修期 6 个月,延期罚款是每天罚合同总额的 0.05%,最多不超过合同总额的 10%;外围道路项目业主为 A 国教体部,监理为 A 国工程部。

考虑到当时体育场正处于热火朝天的建设中,而 A 国地形为丘陵,为了建体育场需削平 7 个小山头,有大量土方需外运。因此,从战略上讲,低价中标,合理利用体育场项目的土方、人力、机械等的策略完全正确。但问题在于:A 国政府由于资金不足,在付了预付款和第一期中期付款全部、第二期中期付款部分后,就再也无力支付工程款。

2. 索赔经过

该项目原合同额为 1 697 693 800 先令,在合同实施中,B 公司完成了签证 1 602 949 200 先令,但实际支付仅 959 211 350 先令,业主付款一直拖延,加上 B 公司自身人事不断变动,在工程和项目催款上一直未有进展,尽管 B 公司意识到工程量可能有问题,但似乎从未有人去具体算一算问题出在哪里,只是不断地告诉下一任,项目应收款不止这些,其中有一任还向监理方工程部提出了自己的若干个工程量清算方案,但均未获对方的批准。

在 1998 年 1 月,B 公司新一轮管理人员和监理方工程部举行了一次会谈,希望能支付欠款以尽快了结该项目,但工程部认为是 B 公司管理不力,造成项目久拖不决,要求 B 公司自行解决资金问题,否则会对 B 公司有不利的后果(这意味着解除合同,清除出场)。

当时某中资公司在该国有一个 8 400 万美元的项目,因工期过了 2/3,工程才完成 1/3,最终被业主解除合同并向该承包商索赔 5 200 万美元。有了前车之鉴,B 公司事实上已到了不胜即败、别无选择的时候。

1998 年 6 月,B 公司又更换了管理人员。这一次 B 公司吸取以往的教训,对照设计图一个断面一个断面地算好了工程量,发现按其设计图纸的要求,土方量应约为 30 万 m^3,而招标书上所给的约 9.5 万 m^3,因此按原合同要求在 12 个月内完工是不合理的,故应延期;面对 B 公司新的观点和数据,工程部派驻现场的监理工程师在仔细核实后,无法反驳,终于同意向上反应,这样,B 公司赢得了喘息的机会。

在经过反反复复的核实和做通了工程部各方面的工作后,工程部总工终于在工程量变更报告上签了字。这样一来,B 公司把标书上因工程部工程量计算失误这个球踢了回去,让工程部自己设法去想理由来说服有关方面。

工程部在有关报告上只字未提其工程量计算错误,而是归咎于原地形图有误、拆迁拖延、各部门协调不力、重新安置变电所等客观原因,以工程变更的名义,而非承包商索赔的名义向各有关部门递文,要求追加经费,同时也批准了项目延期。对 B 公司来说,只要业主肯出钱,用什么理由无关紧要。第一次上报方案时 B 公司要求业主支付 2 746 547 100 先令,1 年后完工,实际完工时,B 公司最终签得 2 650 313 890 先令,约为原合同总额的 156%。

但招标文件上说得很清楚，现场监理只有权签不超过15%的工程量变更，超过原合同额15%部分必须由其中央招标局重新审批，这又是一道难关。

经过数月努力，B公司做通了中央招标局的部分成员的工作，开会审查那天，经数小时激烈辩论，以5票对2票通过，审查是对照B公司的工程量清单和工程部的报告逐项核实的，特别是其中一项“开挖石方”，因一般人印象中该体育场附近只有土方，反对的2票不相信还有石方，坚持全体成员跑到现场验证，见确有其事才罢休。

技术层面的工作完成后，接下来的问题是钱从哪来，对国际工程承包项目来说，拿到钱才是最终目的，否则一切工作都毫无意义。A国是联合国认定的48个最不发达国家之一，每年约16亿美元的政府预算中，大约有一半是靠外国政府援助的。另据有关报道，该国政府欠各类承包商、供应商共计约2亿5千万美元，因此要想在其并不宽裕甚至可以说是很紧的预算中拿到钱，决非易事。在接下来的一段时间里，B公司做了大量的努力，想方设法协调好各方面关系，终于在1999年12月如愿拿到了早就该拿的钱。

当所有工程款及索赔款拿到后，2000年1月B公司开始了利息索赔。这个项目的合同文件是A国工程部参照FIDIC条款编制的，但与标准文本并不完全一致，做了许多变动，比如按投标书附录60.2条规定，业主如未按时付款，需按其中央银行利息再加1%支付给B公司，但当B公司据此向业主索赔利息时，却发现这一合同条款在合同正文(通用条件)的第60.2条根本就未提起，加上教体部人事变动，新的主管不同意支付利息索赔款。为此，B公司求助于A国司法部，请司法部出面认定该合同的欠款付息条款有效，并绞尽脑汁做通了教体部新主管的工作，前后花了1年时间才解决利息索赔案。

在利息索赔过程中，B公司总结出这样的经验，在签订合同时，确定逾期利息利率应按其中央银行利率至少再加5%。

第八章 FIDIC 及其合同条件

第一节 FIDIC 简介

FIDIC 是国际咨询工程师联合会法文名称的缩写,中文译作“菲迪克”。它是国际工程咨询界最具权威的联合组织机构。截至 2006 年,FIDIC 已拥有 76 个成员,每个成员能够代表一个国家或地区工程咨询协会。1996 年中国工程咨询协会正式加入该组织。FIDIC 总部设在日内瓦。

FIDIC 以其在国际工程领域的巨大影响力,在提高咨询工程师的职业道德和服务水平,加强工程项目的科学管理和可持续发展,建立工程市场的公平竞争秩序,促进国际经济技术的交流与合作方面,起着不可替代的重要作用。

一、FIDIC 的组织机构

FIDIC 的组织机构由成员协会代表大会、执行委员会、若干委员会或工作组以及秘书处组成。

1. 成员协会代表大会

成员协会代表大会(GAM)在每年年会期间举行一次,代表由各个国家和地区成员协会派出。大会的主要任务包括:接收新的会员;听取联合会年度审计报告;批准本年度财务报告;批准下一年度财务预算;批准 FIDIC 章程的修改;选举新的执行委员会,并指导执委会的工作。

2. 执行委员会

执行委员会(EC)由成员协会代表投票选举确定,执行委员会由 9 名成员组成,包括主席、副主席、司库各 1 名和执委若干名。执行委员会的主席负责指导秘书处的行政管理工作。执行委员会会议每年至少召开三次。

3. 专业委员会、工作组和论坛

FIDIC 针对世界经济、工程建设业的发展趋势,为研究指导行业的发展和解决行业存在的问题,设立若干专业委员会、工作组和论坛。这些机构按照执委会的要求开展工作,并视情况需要设立或撤销。

当前 FIDIC 设立的专业委员会、工作组和论坛,包括:裁决员评审委员会(APA)、业务实践委员会(BPC)、实力建设委员会(CBC)、合同委员会(CC)、廉洁管理委员会(IMC)、风险和职业责任委员会(RLC)、可持续发展委员会(SDC)、战略审查工作组 (SRTF)、质量管理论坛(QMF)以及青年咨询工程师论坛 (YPF)等。

4. 秘书处

秘书处负责 FIDIC 的日常工作。现有 6 位工作人员,分别是秘书长、总经理、出版经理、会计、行政助理和助理,人员精干,工作效率高。FIDIC 秘书处最初设立于 1957 年,工作地点在日内瓦。

5. FIDIC 的地区组织

FIDIC 的成员协会组成了两个区域性组织,即亚洲太平洋分会(ASPAC)和非洲分会(GAMA)。

6. FIDIC 的成员

FIDIC 的成员有三种:有投票资格的成员协会、附属会员(或支持会员)、通讯员。FIDIC 具有投票资格的会员,是代表其国家或地区工程咨询业的工程咨询协会。每个国家或地区具有会员资格的协会只限一个。成员协会必须提出自己的章程、细则和准则,并保证遵守 FIDIC 章程、规则和职业道德准则,才能成为合格的 FIDIC 会员。

如果一个国家没有全国性的 FIDIC 成员协会,其企业或组织作为附属会员或支持会员可以参加 FIDIC。对于尚无 FIDIC 成员协会的国家,个人可以申请作为联络性质的"通讯员"。

二、FIDIC 的文献

FIDIC 文献的内容非常广泛,几乎囊括了工程建设领域所有重要问题,确立了工程咨询行业先进的管理理念和科学的管理方法,构建了完整的工程管理知识体系,并被普遍认为是工程管理领域应遵循的国际惯例。FIDIC 的文献对于促进工程咨询行业的发展、提高工程管理水平起着重要的作用,具有很高的国际声誉。

FIDIC 编制的各种文件体现了公平、务实、严谨、适用面广和持续改进的特点。编写形式包括合同格式、工作指南、程序规定、工作手册等类型。其内容涉及合同条件、协议书范本、质量管理、廉洁管理、可持续管理、环境管理、风险管理、实力建设和争端解决等许多方面。

三、FIDIC 的年会

FIDIC 每年举行一次年会,年会汇集联合会的成员代表、各国学者以及有关国际组织的专家,共同交流工程领域的科技进步和业务环境的变化情况,讨论行业共同关心的问题,探讨工程咨询业的发展趋势及其对策,并对联合会相关的重大问题作出决定。

第二节 FIDIC 合同条件

一、概述

FIDIC 系列合同条件是在各国多年的工程管理实践的基础上,汲取有关专家、学者及各方的经验、教训和建议编制而成的,将与工程管理相关的技术、经济、法律密切地结合在一起,形成了一个较为完整的合同体系。在应用过程中不断地进行补充和修订,使之逐渐臻于完善,推出持续改进的新版本。

FIDIC 系列合同条件的优点是具有国际性、通用性、公正性和严密性,合同各方权利和义务分明,处理与解决问题程序严谨,易于操作。

FIDIC 合同条件文本由"通用条件"和"专用条件"两个部分组成。"通用条件"将合同各方的责任与义务以及工程管理中可能遇到的各种问题作出全面规定;"专用条件"则可以针对不同项目的特点和业主对具体项目的不同要求,而对"通用条件"进行修改、删减和补充,以满足各类项目和不同需要。"专用条件"与"通用条件"相对应,共同构成一个完整的、通用的合同条件。

二、FIDIC 新版合同条件

新版合同条件系指 FIDIC 编写的最新的四种合同条件文本，称 1999 年第 1 版。四种新版本 FIDIC 合同条件，继承了以往合同条件的优点，并根据多年来工程实践中取得的经验以及专家、学者和相关各方的建议，在内容、结构和措辞等方面作了较大调整。

（一）新版合同条件的使用范围

《施工合同条件》（Conditions of Contract for Construction）简称新红皮书，推荐用于有雇主或其代表——工程师设计的建筑或工程项目，主要用于单价合同。在这种合同形式下，通常由工程师负责监理，由承包商按照雇主提供的设计施工，但也可以包含由承包商设计的土木、机械、电气和构筑物的某些部分。

《生产设备和设计-施工合同条件》（Conditions of Contract for Plant and Design-Build）简称新黄皮书，推荐用于电气和（或）机械设备供货、建筑或工程的设计与施工，通常采用总价合同。由承包商按照雇主的要求，设计和提供生产设备和（或）其他工程，可以包括土木、机械、电气和建筑物的任何组合，进行工程总承包，但也可以对部分工程采用单价合同。

《设计采购施工（EPC）/交钥匙工程合同条件》（Conditions of Contract for PEC/Turnkey Projects）简称银皮书。可适用于以交钥匙方式提供工厂，或类似设施的加工，或动力设备、基础设施项目，或其他类型的开发项目，采用总价合同。这种合同条件下，项目的最终价格和要求的工期具有更大程度的确定性；由承包商承担项目实施的全部责任，雇主很少介入，即由承包商进行所有的设计、采购和施工，最后提供一个设施配备完整、可以投产运行的项目。

《简明合同格式》（Short Form of Contract）简称绿皮书。适用于投资金额较小的建筑或工程项目。根据工程的类型和具体情况，这种合同格式也可用于投资金额较大的工程，特别是较简单的，或重复性的，或工期短的工程。在此合同格式下，一般都由承包商按照雇主或其代表——工程师提供的设计实施工程，但对于部分或完全由承包商设计的土木、机械、电气和（或）构筑物的工程，此合同也同样适用。

（二）新版 FIDIC 合同条件的特点

新版 FIDIC 合同条件同它过去的同类合同条件相比较具有以下特点。

（1）在编排格式上统一化。FIDIC 早期版本的《土木工程施工合同条件》脱胎于英国的 ICE 合同条件，因此直到第 4 版，其许多条款的顺序、标题、内容甚至编号都与 ICE 合同条件雷同。新版合同条件跳出了这个框框，《施工合同条件》、《生产设备和设计-施工合同条件》、《设计采购施工（EPC）/交钥匙工程合同条件》都采用了 FIDIC 1995 年出版的《设计-建造与交钥匙工程合同条件》的基本模式：通用条件部分均分为 20 条，条款的标题以至部分条款的内容能一致的都尽可能一致；定义均按六大类编排，条理清晰，能一致的定义内容也尽量一致。这就使得合同条件作为一个整体更为标准化、系统化，也更加便于使用者学习、理解、记忆和运用。这四种新编写的合同条件均标明 1999 年第 1 版，以示与过去版本的区别。

（2）条款适用的项目种类更加广泛。这四种合同条件的使用范围大大拓宽。如《施工合同条件》不只是用于土木工程施工，还可运用于机械、电气等多种类型工程的施工；《工程设备和设计-施工合同条件》、《设计采购施工（EPC）/交钥匙工程合同条件》可用于“设计-施工”或“EPC（设计-采购-施工）交钥匙”工程等总承包类型的工程项目；而《简明合同格式》则可用于各类中小型工程。这样，这四种合同条件就可适用于目前国际上较通用的大多数类型的项目采购管理模式。

(3)条款的内容作了较大的改进和补充。新版《施工合同条件》(新红皮书)与《土木工程施工合同条件》(红皮书)相比较,完全采用《土木工程施工合同条件》内容的只有 33 款,对条款的内容作了补充或较大改动的有 68 款,而其中新编写的则有 62 款。又如《施工合同条件》对关键词的定义增加到 58 个,其中 30 个是以往版本中没有的。

(4)在编写思想上也有了一些变化。以前的版本将并非每个用户都要用到的内容都编入了专用合同条件,而新版本则尽可能地在通用条件中作出比较全面而细致的规定,如关于预付款、调价公式、有关劳务的某些具体规定均被写入了通用条件。FIDIC 的编写者认为,如果这些规定不适用,用户可以将其从通用条件中删去,这样做要比让用户在需要时在专用合同条件中自行编写这些规定更为方便。

(5)新版本对业主、承包商双方的职责、义务以及工程师的职权都作了更为严格而明确的规定,提出了更高的要求。

(6)新版合同条件在语言上比以前的老版本简明,其英文版中很少出现以前那些陈旧的古英语用词,句子的结构也相对简单清楚,因此更易读、易懂。

(三)FIDIC 合同条件的运用

1. 国际金融组织贷款和一些国际项目直接采用

在世界各地,凡是世界银行、亚洲开发银行、非洲开发银行贷款的工程项目以及一些国家的工程项目招标文件中,都全文采用 FIDIC 合同条件。因而对参与项目实施的各方都必须了解和熟悉 FIDIC 合同条件,才能保证工程项目的执行并根据合同条件行使自己的职权和保护自己的权利。在我国,凡亚洲开发银行贷款施工类型的项目,全文采用 FIDIC“土木工程施工合同条件”,一些世界银行贷款项目也采用 FIDIC 合同条件,如我国的小浪底水利枢纽工程。

2. 对比分析采用

许多国家都有自己编制的合同条件,这些合同条件的条目、内容和 FIDIC 编的合同条件大同小异,只是在处理问题的程序规定以及风险分担等方面有所不同。FIDIC 合同条件在处理业主与承包商的风险分担和权利义务时是比较公正的,各项程序是比较严谨完善的,因而在掌握了 FIDIC 合同条件之后,可以之作为一把尺子用来与项目管理中遇到的其他合同条件逐条对比、分析和研究,由此可以发现风险因素,以便制定防范或利用风险的措施,也可以发现索赔的机会。

3. 合同谈判时采用

因为 FIDIC 合同条件是国际上权威性的文件,在招标过程中,如承包商感到招标文件有些规定明显不合理或是不完善,可以用 FIDIC 合同条件作为“国际惯例”,在合同谈判时要求对方修改或补充某些条款,但这种情况一般仅限于议标时使用。

4. 局部选择采用

当咨询工程师协助业主编制招标文件时,或是总承包商编制分包项目招标文件时,可以局部选择 FIDIC 合同条件中的某些部分、条款、思路、程序或某些规定,也可以在项目实施过程中借助于某些思路或程序去处理遇到的实际问题。

第三节　FIDIC《施工合同条件》

FIDIC《施工合同条件》(1999 年第 1 版)也被称为“新红皮书”,它的内容包括:“通用条件”、“专用条件编写指南”以及投标函、合同协议书和争端裁决协议书格式等。以下列出“通用条件”的各条及附件目录，并对“通用条件”的内容进行介绍。

通用条件

1. 一般规定
2. 雇主
3. 工程师
4. 承包商
5. 指定分包商
6. 员工
7. 生产设备、材料和工艺
8. 开工、延误和暂停
9. 竣工检验
10. 雇主的接收
11. 缺陷责任
12. 测量和估价
13. 变更和调整
14. 合同价格和支付
15. 雇主提出终止
16. 承包商提出暂停和终止
17. 风险和责任
18. 保险
19. 不可抗力
20. 索赔、争端和仲裁

附录 争端裁决协议书一般条件

附件 程序规则专用条件编写指南

附件 保证函格式（附件 A、B 附于投标人须知，附件 C 至 G 附于专用条件）

附件 A 母公司保函范例格式

附件 B 投标保函范例格式

附件 C 履约担保函——即付保函范例格式

附件 D 履约担保函——担保保证范例格式

附件 E 预付款保函范例格式

附件 F 保留金保函范例格式

附件 G 雇主支付保函范例格式

投标函、合同协议书、争端裁决协议书格式

1 一般规定

1.1 定义

在本合同条件包括专用条件和通用条件中，下列词语和措施应有以下所述的含义。除上下文另有要求外，人员或当事各方等词语包括公司和其他合法实体。

1.1.1 合同

本款给出 10 个定义。首先定义合同（Contract），由合同协议书、中标函、投标函、合同条件、规范、图纸、资料表以及在合同协议书或中标函中列明的其他的文件组成。随后给出合同协议书(Contract Agreement)、中标函(Letter of Acceptance)、投标函(Letter of Tender)、规范(Specification)、图纸(Drawings)、资料表(Schedules)、投标文件(Tender)、投标函附录(Appendix to Tender)、工程量表(Bill of Quantities)和计日工计划(Daywork Schedule)的定义。

1.1.2　当事各方和当事人

一方(Party)、雇主(Employer)、承包商(Contractor)、工程师(Engineer)、承包商的代表(Contractor's Representitive)、雇主的人员(Employer's Personnel)、承包商的人员(Contractor's Personnel)、分包商(Subcontractor)、争端裁决委员会(DAB)、菲迪克(FIDIC)。

1.1.3　日期、检验、期限和竣工

基准日期(Base Date)、开工日期"(Commencement Date)、竣工时间(Time for Completion)、竣工检验(Tests on Completion)、接收证书(Taking-Over Certificate)、竣工后的检验(Tests after Completion)、缺陷通知期(Defects Notification Period)、履约证书(Performance Certificate)、日(day)。

1.1.4　款项和付款

中标合同金额(Accepted Contract Amount)、合同价格(Contract Price)、费用(Cost)、最终支付证书(Final Payment Certificate)、最终报表(Final Statement)、外币(Foreign Currency)、期中支付证书(Interim Payment Certificate)、当地币(Local Currency)、支付证书(Payment Certificate)、暂定金额(Provisional Sum)、保留金(Retention Money)、报表(Statement)。

1.1.5　工程和货物

承包商的设备(Contractor's Equipment)、货物(Goods)、材料(Materials)、永久工程(Permanent Works)、生产设备(Plant)、区段(Section)、临时工程(Temporary Works)、工程(Works)。

1.1.6　其他定义

承包商的文件(Contractor's Documents)、工程所在国(Country)、雇主的设备(Employer's Equipment)、不可抗力(Force Majeure)、法律(Laws)、履约保证(Performance Security)、现场(Site)、不可预见(Unforeseeable)、变更(Variation)。

1.2　解释

在合同中,如无其他规定,则认为:某一性的词,包括所有的性别;词语均包括单数、复数含义;包括"同意"、"达成一致"或"协议"等词,均需书面记载,书面系指手写、打字、印刷或电子制作,并形成永久性的记录。解释本合同条件时,不应考虑旁注和其他标题。

1.3　通讯联络

在合同条件中,不论何场合发出或颁发批准书、证明、同意函、决定、通知和要求,均应采用书面形式,由人面交并取得收据,通过邮寄,或由信使送达,或按投标书附录中所列的、任何商定的电子传输方式,递交、邮寄或传输到投标书附录中规定的收件人地址。

批准书、证书、同意函及决定不得无故被扣压或拖延。给一方颁发证书时,签发者应向另一方送交一份复印件。当另一方或工程师向一方发出通知时,亦应根据情况向工程师或另一方送交复印件。

1.4　法律和语言

合同应受投标函附录中规定的国家(或其他管辖区域)的法律的制约。

如果合同使用一种以上语言编写,以投标函附录中规定的主导语言编写的版本优先。往来信函应使用投标函附录中规定的语言。

1.5 文件的优先次序

构成合同的各个文件应被视作互为说明,各文件的优先次序如下:

(1)合同协议书(如有时);

(2)中标函;

(3)投标函;

(4)专用条件;

(5)本通用条件;

(6)规范;

(7)图纸;

(8)资料表以及其他构成合同一部分的文件。

1.6 合同协议书

除非双方另有协议,否则双方应在承包商收到中标函后的28天内签订合同协议书。

1.7 转让

任何一方都不得转让整个或部分合同,或转让根据合同应得的利益或权益。但一方:

(1)经另一方的事先同意可以转让整个或部分合同,决定权完全在于另一方;

(2)可将其按照合同对任何到期或将到期的金额所享有的权利,以银行或金融机构作为受益人,抵押转让出去。

1.8 文件的保管和提供

规范和图纸应由雇主保管。除非合同另有规定,雇主应向承包商提供两套合同文本和后续图纸,承包商可自费复制或要求提供更多份。

在移交给雇主之前,每份承包商的文件都应由承包商来保管。除非合同另有规定,否则承包商应向工程师提供6套承包商的所有文件。

承包商应在现场保留一整套合同文件、规范中提到的所有出版物、承包商的文件、图纸、变更文件以及其他往来信函。雇主的人员有权在任何合理的时间查阅和使用这些文件。

如果一方发现文件中有技术性错误或缺陷,应立即通知另一方。

1.9 拖延的图纸或指示

如果任何图纸或指示未能在合理的特定时间内签发给承包商,从而可能引起工程延误或中断时,承包商应通知工程师。通知中应包括所必需的图纸或指示的详细内容、应签发的详细理由和时间以及如果迟发可能造成的延误或中断的性质和程度。如果因此导致承包商延误和(或)招致费用增加时,承包商应向工程师再发出通知,同时可以按照第20.1款【承包商的索赔】规定的程序提出工期索赔和费用索赔,并可计入合理的利润。

如果工程师未能及时提供图纸或指示是由承包商的错误或延误引起的,则承包商无权要求上述索赔。

1.10 雇主使用承包商的文件

由承包商编制的承包商的文件和其他设计文件,其版权和其他知识产权归承包商。

应认为承包商通过签订合同给予了雇主无限期的和可转让的免费复制、使用及传输承包商的文件的"许可",包括修改和使用修改后的文件,此"许可"不具有排他性。

如果承包商的文件采用计算机程序和其他软件形式,允许其在现场和合同中涉及的其他地点的计算机上使用。

未经承包商同意，雇主不得在本款规定外，为其他目的复制、使用承包商的文件或传输给第三方。

1.11　承包商使用雇主的文件

雇主对其编制的规范、图纸和其他文件保留版权和其他知识产权。承包商可为合同之目的，自费复制、使用及传输上述文件。除非因履行合同需要，未获雇主同意，承包商不得复制、使用或传输上述文件。

1.12　保密事项

为证实承包商是否遵守合同，承包商应向工程师透露合理需要的保密事项和其他内容。

1.13　遵守法律

履行合同时，承包商应遵守适用的法律。除非在专用条件中另有规定：

(1)雇主应已经(或将要)获得永久工程的规划、区域划分和其他类似许可以及规范中所述的其他许可；雇主应保障承包商不受其未得到上述许可的后果的侵害。

(2)对于法律中要求的与实施、完成工程和修补缺陷有关的各项事宜，应由承包商发出通知、支付税款、关税和费用，并获得所有的许可、许可证和批准；承包商应保障雇主免受未能完成上述工作带来的损失。

1.14　共同的与各自的责任

如果承包商是由两个或两个以上当事人组成的联营体、联合集团或其他团体时，这些当事人应被认为对雇主负有履行合同的共同的和各自的责任；这些当事人应向雇主通知他们的负责人，此负责人有权管理承包商及其中每个当事人；未经雇主事先同意，承包商不得改变其组成或法律地位。

2　雇主

2.1　进入现场的权利

雇主应在投标书附录中注明的时间内给予承包商进入和占用现场的权利。但是在收到履约保证之前，雇主可暂不给予此类权利。如果投标书附录中未注明上述时间，雇主应根据承包商按照第 8.3 款【进度计划】提交的进度计划，给予承包商进入现场和占用现场的权利。

如果雇主未能及时给予承包商进入和占用现场的权利，致使承包商延误了工期和(或)增加了费用，承包商应向工程师发出通知，并依据第 20.1 款【承包商的索赔】的规定，提出工期索赔和费用索赔，并可计入合理的利润。工程师在收到此通知后，应按照第 3.5 款【确定】的规定，对上述事项进行商定或决定。

但是，如果雇主的违约是由于承包商的某些错误或延误造成的，则承包商无权索赔。

2.2　许可、执照或批准

雇主应根据承包商的请求，对以下事宜向承包商提供合理的协助。

(1)获得与合同有关的但不易取得的工程所在国的法律的副本。

(2)申请法律所要求的许可、执照或批准，包括：依据第 1.13 款【遵守法律】的规定，承包商需要的；为了货物的运送，包括清关所需的以及当承包商的设备运离现场出口时所需的。

2.3　雇主的人员

雇主有责任保证现场的雇主的人员和雇主的其他承包商，依照第 4.6 款【合作】的规定，为承包商的工作提供合作；并根据第 4.8 款【安全措施】(1)、(2)和(3)项以及第 4.18【环境保护】的规定，采取与承包商相类似的行动。

2.4 雇主的资金安排

雇主应在接到承包商的要求28天内提供合理的证据,表明他已作出了资金安排,能够按照第14条【合同价格和支付】的规定支付合同价的款额。如果雇主欲对其资金安排作出任何重要变更,应将其变更的详细情况告知承包商。

2.5 雇主的索赔

如果雇主认为根据合同的规定有权索赔某些款项和(或)要求延长缺陷通知期,则雇主或工程师应向承包商发出通知和详细说明。但对于按照第4.19款【电、水和燃气】、第4.20款【雇主设备及免费供应的材料】的规定,承包商应支付给雇主的款额或因承包商要求而提供的其他服务应支付给雇主的款项,则雇主或工程师无须发出上述通知。

当雇主意识到某事件或情况可能导致索赔时,应尽快地发出通知。关于缺陷通知期延长的通知,应在缺陷通知期期满前发出。

在详细说明中应列出索赔根据的条款或其他依据,包括雇主按照合同认为他自己有权获得的索赔金额和(或)延期时间的证据。工程师应依据第3.5款【决定】商定或决定:雇主有权获得的由承包商支付的款额;依据11.3款【缺陷通知期的延长】给予缺陷通知期的延长。可以从合同价格和支付证书中扣除雇主的索赔额,或依据本款向承包商另外提出索赔。

3 工程师

3.1 工程师的职责和权力

雇主应任命工程师,该工程师应履行合同中赋予他的职责。工程师的职员应包括具有适当资质的工程师以及有能力履行相应职责的其他专业人员。

工程师无权修改合同。

工程师可行使合同中明确规定的或必然隐含的赋予他的权力。如果雇主对工程师的某些权力有限制,则应在专用条件中注明。

每当工程师行使需经雇主批准的权力时,则被认为雇主处已经批准。

当工程师履行职责或行使合同中明确规定的或隐含的权力时,应视为是在为雇主工作。

工程师无权解除雇主和承包商依照合同具有的任何责任、义务或职责。

工程师的任何批准、审查、证书、同意、检查、检验、指示、通知、建议、要求、测试或类似行为,不能解除合同规定的承包商的任何职责,包括对其错误、疏漏、误差以及未能遵守合同的责任。

3.2 工程师的委托

工程师可以随时将他的职责和权力委托给助理人员,并可以撤回。这些助理人员包括驻地工程师和(或)指定的对设备和(或)材料进行检查和(或)检验的独立检查人员。此类委托或撤回应用书面形式,并在双方收到副件后生效。

但工程师不能将其按照第3.5款【决定】决定任何事项的权力授予助理人员,除非合同双方同意。

被委托职责或授予权力的每个助理人员,只能在其被授权范围内对承包商发布指示。由助理人员按照授权作出的任何批准、审查、证书、同意、检查、指示、通知、建议、要求、检验或类似行为,应与工程师作出的具有同等的效力。

未对任何工作、生产设备或材料提出否定意见并不等于批准,也不影响工程师对此决定的权力。

如果承包商对助理人员的任何决定或指示提出质疑,承包商可将此事项提交工程师,工程师应及时对该决定或指示加以确认、撤销或更改。

3.3　工程师的指示

工程师可以在任何时候按照合同的规定向承包商签发指示和为实施工程和修补缺陷所需要的图纸。承包商只应接受工程师或根据本条款获得授权的助理人员的指示。如果某一指示构成了变更,则适用于第 13 条【变更和调整】的规定。

承包商必须执行工程师或授权助理人员对有关合同的任何事项所发出的指示。这些指示均应用书面形式。如果工程师或授权助理人员发出口头指示,承包商应在接到口头指示后 2 个工作日内,将自己接受的口头指令的文字记录提交工程师确认,如果工程师在接到后 2 个工作日内未发出书面拒绝和(或)指示作为回复,则承包商提交确认的文字记录便成为工程师或其授权助理人员的书面指示。

3.4　工程师的撤换

如果雇主准备替换工程师,应在拟替换日期 42 天前通知承包商,说明拟聘用的工程师的姓名、地址及有关经验。如果承包商通知雇主,对替换人选提出反对,并附详细依据,则雇主不能用该人选替换原来的工程师。

3.5　决定

每当合同条件要求工程师按照本款规定对某一事项作出商定或决定时,工程师应与合同双方协商并尽力达成一致。如达不成协议,工程师应按照合同规定,在对所有有关情况考虑后作出公正的决定。

工程师应将每一项协议或决定向双方发出通知,并附详细依据。各方均应遵守该协议或决定,除非按照第 20 条【索赔、争端和仲裁】规定作出了修改。

4　承包商

4.1　承包商的一般义务

承包商应按照合同的规定以及工程师的指示,设计、施工和竣工,并修补工程中的任何缺陷。承包商应提供合同规定的生产设备和承包商的文件,提供设计、施工及修补缺陷所需的人员、货物和服务。

承包商应对所有现场作业和施工方法的完备性、可靠性和安全性负责。承包商应对所有承包商的文件、临时工程和按照合同规定对每项生产设备和材料所做的设计负责,但不应对永久工程的设计或规范负责,除非合同有明确规定。

当工程师要求时,承包商应提交为实施工程拟采用的安排和方法的细节。事先未通知工程师,不得对这些安排和方法进行重大修改。

如果合同中明确规定由承包商设计部分永久工程,则:

(1)承包商应按照合同中说明的程序向工程师提交该部分工程文件;

(2)承包商的文件必须符合规范和图纸,并使用第 1.4 款【法律和语言】规定的语言编写,还应包括工程师为了协调各方设计所需要的附加资料;

(3)承包商应对该部分工程负责,并且该部分完工后,应符合合同中规定的应达到的目标;

(4)承包商在竣工检验之前,应按照规范规定向工程师提交竣工文件以及操作维修手册,且应足够详细,以使雇主能够操作、维护、拆卸、重新安装、调整和修复该部分工程。在将这些文件提交之前,不能认为该部分已按第10.1款【对工程和区段的接收】的规定竣工和验收。

4.2 履约保证

承包商应自费按照投标函附录中规定的金额和币种办理履约保证,以保证其严格履约。承包商应在收到中标函后28天内将此履约保证提交给雇主,并向工程师提交一份副本。该保证应由雇主批准的国家(或地区)内的实体颁发,并采用专用条件附件中的格式或雇主批准的其他格式。

承包商在工程竣工和修补任何缺陷之前,应保证履约保证持续有效。如果该履约保证的条款明确规定了其期满日期,且承包商在有效期期满之前的28天前仍无权拿到履约证书,他应将履约保证的有效期延长到工程竣工和修复完缺陷为止。

雇主不能按照履约保证提出索赔,但下列情况雇主按照合同有权获得款额:

(1)承包商未能按照上一段的说明,延长履约保证的有效期,此时雇主可对履约保证的全部金额进行索赔;

(2)承包商未能在双方商定或工程师决定后42天内,按照承包商同意的或依据第2.5款【雇主的索赔】或第20条【索赔、争端和仲裁】的规定,向雇主支付应付的款额;

(3)承包商在接到雇主要求补救违约的通知后42天内,未能补救;

(4)按照第15.2款【雇主提出终止】的规定,雇主有权终止合同的情况,无论是否发出了终止通知。

雇主应在接到履约证书副本后21天内将履约保证退还给承包商。

4.3 承包商的代表

承包商应任命承包商的代表,并授予他代表承包商在按照合同工作时的一切必要的权力。除非合同中已注明承包商代表的姓名,否则承包商应在开工日期前,将其准备任命的代表姓名及详细资料提交工程师,以取得同意。如果工程师不同意或随后撤销了同意,或任命的人员不能担任承包商代表,则承包商应同样地提交另一合适人选的姓名及详细资料,以获得批准。

没有工程师的事先同意,承包商不得撤销对承包商代表的任命或对其进行更换。

承包商的代表应以其全部时间努力完成承包商的履约责任。如果承包商代表在工程实施期间暂时离开现场,应事先取得工程师同意,任命一名合适的替代人员,随后通知工程师。

承包商代表应代表承包商接受工程师的各项指示。

承包商的代表可将其权力和职责委托给任何胜任的人员,并可随时撤销任何此类委托。但此类委托或撤销必须事先通知工程师才能生效,承包商代表签发的通知中应说明人员姓名、委托或撤销的权力和职责。

承包商代表及其委托人应能流利地使用第1.4款【法律和语言】中规定的语言进行交流。

4.4 分包商

承包商不得将整个工程分包出去。

承包商应为分包商、分包商的代理人或雇员的行为或违约负责。除非专用条件中另有说明。

(1)承包商在选择材料供应商或向合同中已注明的分包商进行分包时,无须征得同意;

(2)其他拟雇用的分包商应得到工程师的事先同意;

(3)承包商应至少提前28天通知工程师各分包商计划开始分包工作的日期、开始现场工作的日期;

(4)每个分包合同应包含一条规定,即雇主有权按照第 4.5 款【分包合同权益的转让】或按照第 15.2 款【雇主提出终止】中规定的终止合同时,将分包合同转让给雇主。

4.5 分包合同利益的转让

如果分包商的义务在缺陷通知期的期满之日尚未结束,工程师可在期满日前指示承包商将此分包合同的权益转让给雇主,承包商应照办。除非另有规定,在转让生效后对分包商实施的工程,承包商对雇主不负责任。

4.6 合作

承包商应按照合同的规定或工程师的指示,为下述人员进行工作提供一切适当的条件:

(1)雇主的人员;

(2)雇主雇用的任何其他承包商;

(3)任何合法公共当局的人员。

这些人员可能被雇用于现场或在现场附近从事合同中未包括的工作。

如果工程师的指示使承包商增加了不可预见的费用,则构成了变更。为这些人员和其他承包商的服务包括:使用承包商的设备、临时工程以及为他们进入现场所做的安排。

如果按照合同规定,要求雇主按照承包商的文件,允许承包商占用基础、结构、生产设备或采用通行手段,承包商应按照规范中规定的时间和方式向工程师提交此类文件。

4.7 放线

承包商应根据合同中规定的或工程师通知的原始基准点、基准线和基准标高进行工程放线。承包商应对工程各部分的正确定位负责,并且纠正工程的位置、标高、尺寸或基准线的任何差错。

雇主应对他给定的或通知的基准数据的任何差错负责,但承包商在使用这些数据前应认真复核以证实其准确性。

如果由于这些基准数据的差错而必然地导致了实施工程的延误和(或)费用的增加,并且作为一个有经验的承包商无法合理发现此类差错并避免有关延误和(或)费用,则承包商应向工程师发出通知,有权根据第 20.1 款【承包商的索赔】的规定,要求:

(1)根据第 8.4 款【竣工时间的延长】的规定,如果竣工已经或将被延误,对此延误给予延长工期;

(2)支付任何有关费用加上合理利润,并将之加入合同价格。

工程师在接到此类通知后,应按照第 3.5 款【决定】的规定进行商定或作出决定:①差错是否不能被合理发现,以及在多大程度上不能被合理发现;②与该程度相关上面(1)、(2)项中描述的事项。

4.8 安全措施

承包商应该:

(1)遵守所有适用的安全规章;

(2)照料有权进入现场的一切人员的安全;

(3)努力保持现场井然有序,清除障碍物,以避免对这些人员造成伤害;

(4)在工程竣工前,提供工程的围栏、照明、防护及看守,并按照第 10 款【雇主的接收】进行移交;

(5)在工程实施中,应为公众和毗邻区域的所有人和使用人的便利和安全,提供所必要的临时工程,包括道路、人行道、防护及围栏等。

4.9 质量保证

承包商应建立质量保证体系,表明其遵守合同的各项要求。该体系应符合合同的详细规定。工程师有权审查该体系任何方面的内容。

在每一设计和实施阶段开始之前,承包商均应将具体的所有工作程序和执行文件提交工程师。任何技术性的文件发给工程师时,该文件上应有已经承包商事先批准的明确标识。

遵守该质量保证体系不应解除合同规定的承包商的任何义务和责任。

4.10 现场数据

雇主应将自己掌握的一切现场地质、水文条件及环境方面的有关数据,在基准日期之前提供给承包商。雇主同样应将其在基准日期后得到的所有此类数据提供给承包商。承包商应负责解释这些数据。

在费用和时间允许的情况下,承包商应被认为已取得了可能对投标文件或工程产生影响的有关风险、意外事故及其他情况的全部必要的资料。同样,承包商也被认为在提交投标文件之前已对现场及其周围环境、上述数据及提供的其他资料进行了调查与审核,并认为所有相关事宜满足要求,包括(但不限于):

(1)现场地形与地质条件;

(2)水文及气候条件;

(3)实施、完成工程和维修缺陷的工作范围、工作性质以及所需的各类物资;

(4)工程所在国的法律、程序和雇用劳务的习惯做法;

(5)承包商要求的进入现场、食宿、设施、人员、电力、交通、水及其他服务。

4.11 中标合同金额的充分性

承包商应被认为:

(1)已完全理解了中标合同金额的适宜性和充分性;

(2)该中标合同金额是建立在第4.10款【现场数据】提到的数据、解释、必要的资料、调查、审核和对所有相关事宜满足要求的基础上的。

除非合同中另有规定,中标合同金额应包括承包商根据合同应承担的全部义务(包括根据暂列金额应承担的义务,如有时)以及为恰当地实施和完成工程并修补缺陷必需的全部工作。

4.12 不可预见的外界条件

本款中,“外界条件”是指承包商在实施工程中遇见的外界自然条件及人为的条件和其他外界障碍和污染物,包括地下和水文条件,但不包括气候条件。

如果承包商遇到了在他看来是无法预见的外界条件,应尽可能快地通知工程师。此通知应描述该外界条件,以便工程师审查,并说明承包商无法预见的理由。承包商在此情况下采取适当的措施继续施工,并且应该遵守工程师发布的任何指示。如果指示构成了变更,应按第13条【变更和调整】处理。

如果承包商遇到了不可预见的外界条件,发出了通知,且因此遭到了延误和(或)导致了费用的增加,承包商应有权依据第20.1款【承包商的索赔】进行此类工期和费用的索赔。

工程师在接到此类通知并对此外界条件进行审查和(或)检查以后,应按照第3.5款【决定】的规定,商定或决定是否同意理赔及理赔的数量。

然而,工程师在最终商定或决定理赔费用之前,还应审查在工程类似部分(如有时)其他外界条件是否比承包商在提交投标文件时合理预见的更为有利。如果在一定程度上承包商遇到了此类更为有利的条件,工程师应按照第 3.5 款【决定】的规定,商定或决定因此条件而减扣的费用,并且(作为减扣)计入合同价格和支付证书中。但减扣除的费用不得超过理赔的费用。

工程师可以考虑承包商提交投标文件时提供的预见外界条件的任何证据,但不受这些证据的约束。

4.13　道路通行权和设施

承包商应自费获得包括进入现场在内的所需专用和(或)临时的道路通行权。承包商还应自担风险和费用,获得为工程目的所需要的现场以外的任何附加设施。

4.14　避免干扰

承包商应避免:

(1)给公众带来不便;

(2)进入、使用和占用所有道路和人行道,不论这些道路和人行道是公共的或是雇主或其他人的。

承包商应保障并使雇主免于因上述干扰招致的损害赔偿费、损失和开支(包括法律方面的费用)。

4.15　进场路线

承包商应被认为对他选用的进场路线的适宜性和可用性感到满意。承包商应付出合理的努力,防止这些道路或桥梁因为承包商的交通运输或承包商的人员而遭受损坏。这些努力包括适当地使用合适的运输工具和路线。

除合同条件中另有规定外:

(1)承包商应该负责他使用的进场道路的必要的维护;

(2)承包商应提供所有进场道路必需的标志或方向指示,并应为使用此类进场路线、标志和方向指示,取得有关部门的批准;

(3)雇主不对由于任何进场路线的采用或其他原因引起的索赔负责;

(4)雇主不保证进场路线的适宜性和可用性;以及

(5)因承包商所需使用的进场路线的不适宜性或不可用性而导致的费用,由承包商承担。

4.16　货物运输

除非专用条件中另有说明,否则:

(1)承包商应在任何生产设备或其他主要货物运到现场日期前不少于 21 天通知工程师;

(2)承包商应对工程所需的所有货物和其他物品的包装、装载、运输、接收、卸货、保存和保护负责;

(3)承包商应保障并使雇主免于因为货物运输而引起的损害赔偿、损失和开支(包括法律费用和开支),并负责协商及支付由于运输所导致的索赔。

4.17　承包商的设备

承包商应对所有承包商的设备负责。所有承包商的设备运至现场后,都应视为专门用于该工程的专用设备。不经工程师的同意,承包商不得将任何主要的承包商的设备移出现场。但负责将货物或承包商的人员运离现场的运输工具不受此限制。

4.18 环境保护

承包商应采取合理措施保护现场内外的环境,并限制因其施工作业引起的污染、噪声及其他后果对公众和财产造成的损害和妨碍。

承包商应保证因其施工而产生的排放物不能超过规范中规定的数值,也不能超过适用法律规定的数值。

4.19 电、水和燃气

除以下说明外,承包商应对其所需的所有电力、水及其他服务的供应负责。

为工程之目的,承包商有权使用现场已有的电、水、燃气和其他服务,其详细规定和价格在规范中给出。承包商应自担风险和支付费用,并负责提供计量仪器测定消耗量。

此类服务所消耗的数量和应支付的款额,应由工程师按照第2.5款【雇主的索赔】和第3.5款【决定】的规定,与双方商定或自行决定。承包商应向雇主支付此类款项。

4.20 雇主的设备和免费提供的材料

雇主应按规范中说明的细节、安排和价格,在实施工程中向承包商提供雇主的设备(如有时)。雇主应对自有的设备负责,规范中另有规定的除外。但是,当承包商的任何人员在操作、驾驶、指挥、占有或控制雇主的设备时,承包商应对该项雇主的设备负责。

工程师应对使用雇主的设备的合适数量及应支付的款额(按规定的价格),按照第2.5款【雇主的索赔】和第3.5款【决定】的规定,与双方商定或自行决定。承包商应向雇主支付该项款额。

如果规范中规定,雇主向承包商免费提供的材料,雇主应自担风险和自付费用,按照合同中规定的时间和地点提供这些材料。然后,承包商应对材料进行目测检查,并应将这些材料的任何短缺、缺陷或损坏通知工程师。除非双方另有协议,否则雇主应立即补齐任何短缺、修复任何缺陷或损坏。

在目测检查后,此类免费提供的材料将归承包商照管、监护和控制,但不应解除雇主对此材料目测检查时难以发现的短缺、缺陷或损坏所负有的责任。

4.21 进度报告

除非专用条件中另有说明,承包商应编制月进度报告,并将6份副本提交给工程师。第一次报告所包含的期间应从开工日期起至当月的月底止。此后每月应在该月最后一天之后的7天内提交月进度报告。

报告应持续到承包商完成了工程接收证书上注明的竣工日期时所有尚未完成的扫尾工作为止。进度报告应包括:

(1)设计每个阶段承包商的文件、采购、制造、货物运达现场、施工、安装和调试的每一阶段进展情况的图表与详细说明,包括指定分包商(在第5款【指定分包商】中规定的)实施工程的这些阶段的情况。

(2)表明制造和现场进展状况的照片。

(3)每项主要生产设备和材料的制造商名称、制造地点、进度百分比以及以下各项的实际或预期日期:①开始制造;②承包商的检查;③检验;④运输和到达现场。

(4)在第6.10款【承包商的人员和设备的记录】中描述的详细情况。

(5)若干份质量保证文件、材料的检验结果及证书。

(6)依据第2.5款【雇主的索赔】和第20.1款【承包商的索赔】发出的通知的清单。

(7)安全统计,包括涉及环境和公共关系方面的任何危险事件与活动的详情。

(8)实际进度与计划进度的对比,包括可能影响按照合同竣工的任何事件和情况的详情以及为消除延误而正在(或准备)采取的措施。

4.22　现场保安

承包商应负责阻止未获授权的人员进入现场;授权人员仅限于承包商的人员和雇主的人员,以及由雇主或工程师通知了承包商作为雇主的其他承包商允许进入现场的人员和其他人员。专用条件中另有规定的除外。

4.23　承包商的现场作业

承包商应将其工作限制在现场以及承包商可能得到并获得工程师同意作为工作区的任何附加区域。承包商应采取一切必要的预防措施以保证其人员与设备处在现场及此类附加区域之内,并避免他们进入邻近区域。

在工程实施期间,承包商应使现场避免出现一切不必要的障碍物,存放并妥善处置承包商的任何设备或剩余材料。承包商应从现场清除并运走任何废料、垃圾或不再需要的临时工程。

在颁发接收证书后,承包商应立即从该接收证书涉及的那部分现场和工程中清除并运走承包商的所有设备、剩余材料、残留物、垃圾和临时工程。承包商应保持该部分现场和工程处于清洁和安全状况。但是,承包商可以在缺陷通知期间内在现场保留为履行合同中规定的义务所需的物资。

4.24　化石

在工程现场发现的所有化石、硬币、有价值的物品或文物、建筑结构以及其他具有地质或考古价值的遗迹或物品应置于雇主的看管权限。承包商应采取合理的预防措施防止承包商的人员或其他人员移动或损坏这些发现物。

一旦发现此类物品,承包商应立即通知工程师,工程师可发出关于处理上述物品的指示。如果承包商由于遵守该指示而引起延误和(或)导致了费用的增加,则应进一步通知工程师并有权依据第 20.1 款【承包商的索赔】,要求延长工期和支付任何有关费用。

在接到此进一步通知后,工程师应按照第 3.5 款【决定】的规定,对此事作出商定或决定。

5　指定分包商

5.1　指定分包商的定义

在合同中,"指定分包商"是指:

(1)合同中指明的指定分包商;

(2)工程师依据第 13 条【变更和调整】的规定,指示承包商雇用的分包商。

5.2　对指定的反对

如果承包商通知工程师,并提交具体证明资料说明其有反对指定分包商的理由,则承包商没有义务雇用该指定分包商。反对的合理的理由包括:

(1)有理由相信该分包商没有足够的能力、资源或资金;

(2)分包合同未规定,承包商不承担指定分包商及其代理人和雇员的疏忽或误用货物的责任;

(3)分包合同未作明确规定,指定分包商向承包商保证,如果其分包的工程(如有设计,也包括在内)出了问题,分包商要承担由此引起的一切责任和后果,而不应由承包商承担相关责任。

5.3 对指定分包商的支付

承包商应向指定分包商支付工程师证实的依据分包合同应支付的款额。该项款额加上其他费用应按照第13.5款【暂定金额】的规定计入合同价格。

5.4 支付的证据

在颁发一份包括支付给指定分包商的款额的支付证书之前，工程师可以要求承包商提供合理的证据，证明在此以前已按支付证书向指定分包商支付了所有应支付的款额。除非承包商：向工程师提交了合理的证据，或以书面材料使工程师同意他有权扣留或拒绝支付该项款额，并向工程师证明已将扣款事宜通知了指定分包商，否则，雇主可自行决定直接向指定分包商支付部分或全部已被证实应支付给他的款额。承包商随后应向雇主偿还这笔由雇主直接支付给指定分包商的款额。

6 员工

6.1 职员和劳工的雇用

除非规范中另有规定，承包商应安排从当地或其他地方雇用所有的职员和劳工，并负责其报酬、住宿、膳食和交通。

6.2 工资标准和劳动条件

承包商所付的工资标准及遵守的劳动条件不应低于其从事工作的地区同类工商行业现行的标准和条件。如果没有现成的标准或条件可适用，承包商的工资标准及劳动条件，应不低于当地从事与承包商类似工作的工商行业雇主所付的一般工资标准和提供的劳动条件。

6.3 为他人提供服务的人员

承包商不应从雇主的人员中招收或试图招收职员或劳工。

6.4 劳动法

承包商应遵守所有适用于承包商的人员的相关的劳动法，包括有关此类人员的雇用、健康、安全、福利、入境和出境的法律，并保障他们享有法律规定的所有权利。

承包商应要求他的雇员遵守所有适用的法律，包括有关安全工作的法律。

6.5 工作时间

在当地公共的节假日，或在投标函附录中规定的正常工作时间以外，不得在现场进行任何工作，除非：

(1)合同另有规定；

(2)工程师同意；

(3)为了抢救生命或财产，或为了工程的安全，无法避免或必须进行的工作，在此情况下，承包商应立即通知工程师。

6.6 为职员和劳工提供的设施

除非规范中另有规定，承包商应为其人员提供并维护所有必需的食宿和福利设施。承包商还应按规范的规定为雇主的人员提供设施。

承包商不得允许任何承包商的人员在构成永久工程部分的构筑物内保留任何临时或永久的居住场所。

6.7 健康和安全

承包商应采取合理的预防措施以保证其人员的健康和安全。承包商应与当地卫生部门合作，自始至终在现场以及承包商和雇主的人员住地配备医务人员、急救设施、病房以及救护服务,并应提供所有必要的福利和卫生条件,防止传染病的发生。

承包商应在现场安排安全员,负责安全,防止发生事故。该人员应能胜任此项工作,并有权发布指示和采取防范事故的措施。在工程的整个实施过程中,承包商应向安全人员提供执行职务必需的各种条件。

一旦发生事故,承包商应及时向工程师通报事故详情。按工程师的合理要求,保持相关记录,提交有关人员的健康、安全和福利及财产损失的报告。

6.8　承包商的监督

在工程的整个实施过程中,承包商应提供一切对计划、安排、指示、管理、检查和检验工程必要的监督。

此类监督应由足够的人员执行,他们应能够使用日常交流语言,并具有为圆满和安全地实施工程的作业所需的足够知识(包括所需的方法和技术,可能遇到的危险以及预防事故发生的方法)。

6.9　承包商的人员

承包商的人员应是在他们各自行业或职业内有技术和经验的合格人员。工程师可以要求承包商撤换雇用于现场或工程中他认为有下列行为的任何人员,包括承包商的代表(项目经理):

(1)一贯行为失当或工作不认真;

(2)履行职责时不能胜任或玩忽职守;

(3)不遵守合同的规定;

(4)经常做出有损健康与安全或环保的行为。

如果上述情况确实,承包商应随后指派合适的替代人员。

6.10　承包商的人员和设备的记录

承包商应向工程师提交说明现场各类的承包商的人员人数及设备数量的详细记录。按工程师批准的格式,在每个月提交一次,直至承包商完成了在工程接收证书中注明的竣工日期时全部扫尾工作。

6.11　妨碍治安的行为

承包商应始终采取各种合理的预防措施,以防止其人员发生任何违法、动乱以及妨碍治安的行为,并保持其人员安定,保证现场及邻近地区人员和财产的安全。

7　生产设备、材料和工艺

7.1　实施方式

承包商应以下列方式进行生产设备的制造、材料的生产以及实施所有其他工程:

(1)以合同中规定的方法(如果有);

(2)按照公认的良好惯例,以恰当、熟练和谨慎的方式;

(3)使用适当配备的设施以及安全材料,除非合同中另有规定。

7.2　样品

在工程中使用或作为工程材料之前,承包商应向工程师提交以下材料的样品以及有关资料,获得工程师同意:

(1)由承包商自费提供的制造商的材料标准样品和合同中规定的样品;

(2)工程师指示作为变更的附加样品。

每件样品都应标明其原产地以及在工程中的预期使用部位。

7.3 检查

雇主的人员有权在一切合理的时间内进入现场及获得天然材料的料场；有权在生产、制造和施工期间（在现场或其他地方），对材料和工艺进行审核、检查、测量与检验，并对生产设备的制造进度和材料的生产及制造进度进行审查。

承包商应向雇主的人员提供一切机会以便完成此类工作，包括提供通道、设施、许可及安全装备。但此类活动并不解除承包商的任何义务和责任。

当完成的工作在覆盖、掩蔽或包装以备储运或运输之前，承包商应及时通知工程师；工程师应随即进行审核、检查、测量或检验，不得无故拖延，或立即通知承包商无须进行上述工作。如果承包商未发出通知而工程师要求时，承包商应自费打开已覆盖的工程，供工程师检查，然后恢复原状。

7.4 检验

本款规定适用于合同中规定的所有检验，竣工后的检验（如果有）除外。

承包商应提供所有为有效进行检验所需的设施、协助、文件和其他资料、电力、燃料、消耗品、仪器、劳务、材料以及具有适当资质和经验的人员。承包商应与工程师商定对任何生产设备、材料和工程其他部分进行规定检验的时间和地点。

工程师可以按照第 13 条的规定，变更规定检验的位置或细节，或指示承包商进行附加检验。如果此变更或附加检验证明被检验的生产设备、材料或工艺不符合合同规定，则此项变更的费用由承包商承担。

工程师应至少提前 24 小时将其参加检验的意图通知承包商。如果工程师未在商定的时间和地点参加检验，除非工程师另有指示，承包商可着手进行检验，此检验等同于工程师在场。

如果由于遵照工程师的指示或因雇主的原因而使承包商遭受了延误和（或）导致了费用的增加，则承包商应通知工程师，有权依据第 20.1 款规定提出索赔要求，包括：获得工期的延长；支付有关费用和合理利润。

在接到此通知后，工程师应按照第 3.5 款【决定】的规定，对此事作出商定或决定。

承包商应立即向工程师提交正式检验的报告。当规定的检验通过后，工程师应对承包商的检验报告上批注认可，或向承包商颁发证书。如果工程师未能参加检验，应被视为对检验结果准确性的认可。

7.5 拒收

如果审核、检查、测量或检验的结果，发现任何生产设备、材料或工艺是有缺陷的或不符合合同其他规定，工程师可拒收此生产设备、材料或工艺，并通知承包商，同时说明理由。承包商应立即修复上述缺陷并保证使被拒收的项目符合合同规定。

若工程师要求对此生产设备、材料或工艺再度进行检验，则检验应按相同条款和条件重新进行。如果此类拒收和再度检验致使雇主增加了费用，则承包商应按照第 2.5 款【雇主的索赔】的规定，向雇主支付这笔费用。

7.6 补救工作

不论以前是否进行了任何检验或颁发了证书，工程师仍可以指示承包商：

（1）将工程师认为不符合合同规定的生产设备或材料从现场移走并进行替换；

（2）把不符合合同规定的任何其他工程移走并重建；

(3)实施因为事故、不可预见事件或是其他原因引起的、为保证工程安全而急需的工作。

承包商应在指示规定的期限内,或立即(如果是急需的)执行该指示。

如果承包商未能执行该指示,则雇主有权雇用其他人来实施该工作,并予以支付。则承包商应向雇主支付因其未完成工作而导致的雇主支付的费用。

7.7　生产设备和材料的所有权

从下述二者较早的时间起,在符合工程所在国法律规定范围内,每项生产设备和材料均应成为雇主的财产:

(1)当运至现场时;

(2)当依据第8.10款【暂停时对生产设备和材料的支付】的规定,承包商有权获得相当于生产设备和材料的价值的付款时。

7.8　矿区使用费

除非规范中另有规定,承包商应为下列各项支付所有矿区使用费、租金或其他费用:

(1)从现场外获得的原材料;

(2)对拆除及开挖的材料和其他剩余材料(无论是天然的或合成的),但不包括合同中规定的现场内的废弃物处置区。

8　开工、延误和暂停

8.1　工程的开工

工程师应至少提前7天通知承包商开工日期。除非专用条件中另有说明,开工日期应在承包商接到中标函后的42天内。

承包商应在开工日期后合理可行的情况下尽快开始实施工程,随后应毫不拖延地进行施工。

8.2　竣工时间

承包商应在竣工时间内完成整个工程:

(1)通过竣工检验;

(2)按照合同第10.1款的规定,完成工程及其各组成部分的全部工作。

8.3　进度计划

在按照第8.1款【工程的开工】的规定接到通知后28天内,承包商应向工程师提交详细的进度计划。当原进度计划与实际进度或合同义务不符时,承包商还应提交一份修改的进度计划。进度计划应包括以下内容:

(1)承包商计划实施工程的顺序,包括设计(如果有)、承包商的文件、采购、生产设备的制造、运达现场、施工、安装和检验的各个阶段的预期时间;

(2)每个指定分包商实施工程的各个阶段;

(3)合同中规定的检查和检验的程序和时间;

(4)一份支持报告,包括:对实施工程中承包商准备采用的方法和主要阶段的总体描述;各主要阶段现场所需的各类人员和设备数量的估算说明。

除非工程师在接到进度计划后21天内通知承包商该计划不符合合同规定,否则承包商应按照此进度计划履行义务,但同时不能影响其他合同义务。雇主的人员可依据该进度计划安排他们的活动时间。

如果承包商认为可能发生对工程造成不利影响的、使合同价格增加或工程延期的事件,应及时通知工程师。工程师可要求承包商提交一份对未来事件预测影响的估计，并按第13.3款【变更程序】提交一份建议书。

如果工程师通知承包商，指出其进度计划不符合合同规定，或与实际进度和承包商原定的计划不一致，无论何时，承包商均应按本款的规定向工程师提交一份修正的进度计划。

8.4 竣工时间的延长

如果由于下述任何原因致使承包商不能按时竣工，承包商可依据第20.1款【承包商的索赔】，要求延长竣工时间：

(1)工程变更或某项工程数量显著变化；

(2)根据本合同条件的某条款，有理由获得延长工期；

(3)异常不利的气候条件；

(4)由于传染病或政府行为导致无法预见的人员或货物的短缺；

(5)由于雇主、雇主人员或现场中雇主的其他承包商造成的任何拖延、干扰或阻碍。

如果承包商认为他有权获得竣工时间的延长，承包商应按第20.1款【承包商的索赔】的规定，向工程师发出通知。工程师应考虑以前已作出的延期决定，并可增加(但不应减少)总的延期时间。

8.5 由公共当局引起的延误

如果下列条件成立，即：

(1)承包商已遵守了工程所在国有关合法公共当局制定的程序，

(2)这些公共当局拖延或干扰了承包商的工作，

(3) 拖延或干扰是无法预见的，

则此类拖延或干扰应被视为是属于第8.4款【竣工时间的延长】(2)中规定的延期原因。

8.6 进展速度

如果实际进度过于缓慢以致无法按竣工时间完工，和(或)进度已经(或将要)落后于进度计划，除了由于第8.4款【竣工时间的延长】中所列的导致落后的原因，工程师可以指示承包商提交一份修改的进度计划，并附上赶工方法的说明。

除非工程师另有通知，承包商应自担风险和自费采取赶工措施，可能需要增加工作时间和(或)增加承包商人员和(或)货物。如果赶工导致雇主产生了附加费用，承包商还应按第2.5款【雇主的索赔】的规定，向雇主支付这笔附加费用。

8.7 误期损害赔偿费

如果承包商未能遵守第8.2款【竣工时间】，承包商应依据第2.5款【雇主的索赔】向雇主支付误期损害赔偿费。这笔误期损害赔偿费是指投标函附录中注明的金额，即自相应的竣工时间起至接收证书注明的日期止的每日支付。但全部应付款额不应超过投标函附录中规定的最高限额。

除工程竣工之前根据第15.2款【雇主提出终止】发生终止事件的情况之外，此误期损害赔偿费是由于承包商违约所应支付的唯一损害赔偿费。此误期损害赔偿费并不解除承包商完成工程的义务，也不解除合同规定的其他职责和义务。

8.8 工程暂停

工程师可随时指示承包商暂停进行部分或全部工程。暂停期间，承包商应保护、保管以及保障该部分或全部工程免遭任何侵蚀、损失或损害。

工程师还应通知停工原因。如果已通知了原因，并且是由于承包商的责任所导致的，则下列第 8.9 款、第 8.10 款和第 8.11 款不适用。

8.9　暂停引起的后果

如果承包商遵守工程师工程暂停及复工的指示导致了工期拖延和(或)费用增加，承包商应通知工程师依据第 20.1 款【承包商的索赔】的规定，要求获得工期的延长，以及支付任何相关费用，加入合同价格。

在接到此通知后，工程师应按照第 3.5 款【决定】的规定，对此事作出商定或决定。

如果以上后果是由承包商错误的设计、工艺或材料引起的，或由于承包商未能按照第 8.8 款【工程暂停】的规定采取保护、保管及保障措施引起的，则承包商无权获得为修复上述后果所需的延期和费用补偿。

8.10　暂停时对生产设备和材料的支付

如果有关生产设备的工作或生产设备及材料的运送被暂停超过 28 天，并且承包商根据工程师的指示已将这些生产设备和材料标记为雇主的财产，则承包商有权获得未被运至现场的生产设备及材料的支付款。支付款额应为该生产设备及材料在暂停日的价值。

8.11　持续的暂停

如果第 8.8 款【工程暂停】所述的暂停已持续 84 天以上，承包商可要求工程师同意继续施工。若工程师在接到上述要求后 28 天内未给予许可，则承包商可以通知工程师，将按照第 13 条【变更和调整】的规定把暂停的工程视为删减。如果此类暂停影响到整个工程，则承包商可根据第 16.2 款【承包商提出终止】的规定，向雇主发出终止合同的通知。

8.12　复工

承包商在接到继续工作的许可或指示后，应和工程师一起检查受到暂停影响的工程、生产设备和材料。承包商应修复在暂停期间发生在工程、生产设备或材料中的任何侵蚀、缺陷或损坏。

9　竣工检验

9.1　承包商的义务

承包商在根据第 4.1 款【承包商的一般义务】(4) 中所述提交文件后，应根据本款和第 7.4 款【检验】的规定进行竣工检验。

承包商应提前 21 天将准备好进行竣工检验的日期通知工程师。如果没有另外商定，检验应在该日期后 14 天内，按工程师指示的某日或数日内进行。

如果雇主在竣工检验前使用了工程的任何部分，工程师在考虑竣工检验结果时，应考虑到因雇主的使用而对工程的性能造成的影响。一旦工程或某一部分通过了竣工检验，承包商应向工程师提交一份相关检验结果的报告。

9.2　延误的检验

如果雇主拖延了竣工检验，则第 7.4 款【检验】和(或)第 10.3 款【对竣工检验的干扰】的规定将适用。

如果承包商延误竣工检验，工程师可通知承包商要求他在收到该通知后 21 天内进行检验。承包商应在该期限内的某日或数日内进行检验，并将此日期通知工程师。

若承包商未能在 21 天的期限内进行竣工检验，雇主的人员可着手进行检验，其风险和费用均由承包商承担。此种竣工检验等同于承包商在场的情况下进行，承包商应接受检验的结果。

9.3 重新检验

如果工程或某区段未能通过竣工检验，则第 7.5 款【拒收】将适用，且工程师或承包商可以要求对未通过的检验的工程和相关工程按相同条款和条件重新进行检验。

9.4 未能通过竣工检验

当整个工程或某区段未能通过重复竣工检验时，工程师应有权指示按照第 9.3 款再进行一次重复的竣工检验。

如果由于工程中的缺陷基本上使雇主丧失了该工程或区段的使用价值，应拒收整个工程或该区段。在此情况下，雇主可以采取第 11.4 款【未能修补缺陷】(3)段中规定的相同的补偿措施。

如果雇主要求工程师颁发一份接收证书的话，工程师可以照办。在此情况下，承包商应继续履行合同中规定的所有其他义务，并且对合同价格扣减，扣减的数额应能弥补由于缺陷给雇主造成的价值损失。

如果合同中没有规定与此类缺陷相关的扣减计算方法，雇主可以要求：以双方商定的数额减扣，并在颁发接收证书前支付给雇主；或者依据第 2.5 款【雇主的索赔】和第 3.5 款【决定】的规定，做出确定并支付。

10 雇主的接收

10.1 对工程和区段的接收

当工程根据合同已经完成，并通过了竣工检验，并且已经颁发或视为颁发了工程接收证书时，雇主应接收工程。

承包商可以在他认为工程即将完工并准备移交前 14 天内，向工程师发出申请接收证书的通知。如果工程分为区段，则承包商应同样为每一区段申请接收证书。

工程师在收到承包商的申请后 28 天内，应给予答复：①如果同意，则应向承包商颁发接收证书，说明根据合同工程或区段完工的日期，同时列出少量尚未完成的不影响工程或区段按原定目的使用的扫尾工作和缺陷，但要求继续完成扫尾或修补好缺陷；②如果不同意，则驳回申请，提出理由，并指出承包商尚需完成的工作。

若在 28 天期限内工程师既未颁发接收证书也未驳回承包商的申请，而工程或区段（视情况而定）基本符合合同要求，应视为在上述期限内的最后一天已经颁发了接收证书。

10.2 对部分工程的接收

根据雇主的决定，工程师可以为部分永久工程颁发接收证书。

只有工程师已颁发了接收证书，雇主才能使用该部分工程。但是，如果在接收证书颁发前雇主确实使用了工程的任何部分，该被使用的部分自被使用之日，应视为已被雇主接收；承包商应从使用之日起停止对该部分的照管责任，此时，责任应转给雇主；并且如果承包商要求时，工程师应为此部分颁发接收证书。

工程师为此部分工程颁发接收证书后，应尽早给予承包商机会，以使其采取可能必要的步骤完成任何尚未完成的竣工检验，承包商应在缺陷通知期期满前尽快进行竣工检验。

除了合同中有规定或承包商同意，如果由于雇主接收和（或）使用该部分工程导致承包商增加了费用，承包商应通知工程师，并有权依据第 20.1 款【承包商的索赔】获得有关费用及合理利润，加入合同价格。在接到此通知后，工程师应按照第 3.5 款【决定】，对此费用及利润作出商定或决定。

如果对工程的某一部分颁发了接收证书，对该工程剩余部分的误期损害赔偿费应减少。同样，这一规定也适用于该部分的区段。在接收证书注明的日期之后的任何拖延期间，误期损害赔偿费减少的比例应按已签发部分的价值相对于整个工程或区段的总价值的比例计算。工程师应对此比例作出商定或决定。本规定仅适用于合同规定的误期损害赔偿费的每日费率，不改变误期损害赔偿费最高限额的规定。

10.3　对竣工检验的干扰

如果由于雇主的原因妨碍承包商进行竣工检验已达 14 天以上，则应认为雇主已在本应完成竣工检验之日接收了工程或区段。

工程师随后应相应地颁发一份接收证书，并且承包商应在缺陷通知期期满前尽快进行竣工检验。工程师应提前 14 天发出通知，要求按照合同的有关规定进行竣工检验。

若因竣工检验拖延导致承包商延误工期和(或)增加了费用，则承包商应通知工程师，并有权依据第 20.1 款【承包商的索赔】的规定，要求获得工期的延长，支付有关费用和合理的利润，加入合同价格。

在接到此通知后，工程师应按照第 3.5 款【决定】，对此事作出商定或决定。

10.4　地表需要恢复原状

除非接收证书中另有说明，区段或部分工程接收证书的办法并不证明需要恢复原状的场地或其他地表面的工作已经完成。

11　缺陷责任

11.1　完成扫尾工作和修补缺陷

为使工程、承包商的文件和每一区段尽快达到合同的要求，在相关缺陷通知期期满前或之后，承包商应在工程师指定的时间内，完成至接收证书注明的日期时尚未完成的任何工作；在工程或区段的缺陷通知期期满之日或之前，按照雇主的要求，完成修补缺陷或损害所必需的全部工作。

若出现任何此类缺陷或发生损坏的情况，雇主(或雇主的代表)应立即通知承包商。

11.2　修补缺陷的费用

如果第 11.1 款中所述的工作是由下列原因引起的，则实施所有此类工作应由承包商自担风险和自负费用：

(1)任何承包商负责的设计；

(2)生产设备、材料或工艺不符合合同要求；

(3)承包商未履行的其他义务。

如果且在一定程度上上述工作的必要性是由于任何其他原因引起的，雇主(或雇主的代表)应立即通知承包商，此时适用第 13.3 款【变更程序】。

11.3　缺陷通知期的延长

如果工程、区段或主要生产设备在接收以后，由于缺陷或损害而不能按照预定的目的进行使用，则雇主有权依据第 2.5 款【雇主的索赔】要求延长工程或区段的缺陷通知期。但缺陷通知期的延长不得超过 2 年。

如果生产设备和(或)材料的运送和(或)安装，根据第 8.8 款【工程暂停】或第 16.1 款【承包商有权暂停工作】发生了暂停，对于生产设备和(或)材料的缺陷通知期期满 2 年后发生的任何缺陷或损害，承包商不承担修补义务。

11.4　未能补救缺陷

如果承包商未能在某一合理时间内修补缺陷或损害，雇主(或雇主的代表)可确定一日期，规定到该日或该日之前修补好缺陷或损害，并及时向承包商发出通知。

如果承包商到该日期仍未修补好缺陷或损害，并且，这些修补工作的费用依据合同规定应由承包商承担，雇主可以：

(1)由自己或委托他人完成修复工作，费用由承包商承担，但承包商对此项工作不再承担责任，雇主依据第2.5款【雇主的索赔】向承包商索取此项费用；

(2)要求工程师依据第3.5款【决定】，通过与双方商定或作出决定减扣相应的合同额；

(3)如果该缺陷或损害使得雇主基本上不能获得工程或主要部分所带来的全部效益时，雇主可以终止整个工程合同或相关主要部分合同。雇主还有权收回所支付的整个工程款或该主要部分的全部费用(视情况而定)，加上融资费用、拆除工程、清理现场和将生产设备和材料退还给承包商所支付的费用。同时雇主具有合同或其他规定赋予他的其他权利。

11.5　清除有缺陷的部分工程

若此类缺陷或损害不能在现场迅速修复时，经雇主的同意，承包商可将有缺陷或损害的生产设备移出现场进行修缮。雇主可要求承包商按该部分的重置费用，增加履约保证的款额或提供其他适当的保证。

11.6　进一步的检验

如果缺陷或损害的修补工作影响到工程的性能，工程师可要求重新进行合同中列明的任何检验，并在修补工作完成后的28天内通知承包商。

此类检验应按照以前的检验适用的条件进行，根据第11.2款【修补缺陷的费用】，检验的风险和费用由责任方承担。

11.7　进入权

在履约证书颁发之前，承包商为了履行本款义务的合理需要，有权进入工程现场，但雇主出于安全需要可对承包商的进入进行合理限制。

11.8　承包商的检查

如果工程师提出要求，承包商应在其指导下调查产生缺陷的原因。如果缺陷依据第11.2款【修补缺陷的费用】，已由承包商支付费用进行了修补，此类调查费由承包商承担；否则，应向承包商支付调查费用和合理的利润，并加入合同价格。具体数额应由工程师依据第3.5款【决定】进行商定或决定。

11.9　履约证书

只有当工程师向承包商颁发了履约证书，说明承包商完成合同义务的日期，才能认为承包商的义务已经完成。

工程师应在最后一个缺陷通知期期满后28天内颁发履约证书，或在承包商已提供了全部承包商的文件并完成和检验了全部工程，包括修补了所有缺陷的日期之后尽快颁发。还应向雇主提交一份履约证书的副本。

只有具备履约证书，才被视为对已完工程的认可。

11.10　未履行的义务

在履约证书颁发之后，每一方仍应负责完成届时尚未履行的义务。对于确定未履行的义务的性质和范围，合同仍然有效。

11.11 现场清理

在接到履约证书以后，承包商应从现场运走任何剩余的承包商的设备、材料、残留物、垃圾或临时工程。

如果在雇主接到履约证书副本后28天内上述物品还未被运走，则雇主可对此留下的任何物品予以出售或另作处理。雇主应有权获得清理现场所发生的费用的支付。

出售承包商剩余物品的余额应归还承包商。若出售所得少于雇主支出的费用，则承包商应将差额支付给雇主。

12 测量和估价

12.1 工程计量

应依据本款对工程进行测量并确定应支付的价值。

当工程师要求对工程的任何部分进行测量时，他应通知承包商的代表，承包商的代表应立即参加或派代表协助工程师进行测量，并向工程师提供所需要的全部详细资料。

如果承包商未能参加或派出代表，则由工程师（或工程师代表）进行的测量应被视为准确地测量而予以认可。

在需要依据记录对永久工程进行计量时，工程师应准备好记录，合同中另有规定的除外。当承包商被要求时，他应参加审查此类记录，与工程师达成一致后，在记录上签字。如果承包商没有参加审查，则应认为该记录准确，予以认可。

如果承包商在审查之后不同意上述记录，不签字表示同意，承包商应通知工程师，说明他认为记录中的不准确之处。工程师接到通知后，应复查该记录，或予以确认或予以修改。如果承包商在被要求对记录进行审查后14天内未向工程师发出通知，则认为该记录是准确的并已被认可。

12.2 测量方法

除非合同中另有规定，无论当地惯例如何，均应对永久工程各部分的实际净值计量，并且测量方法应符合工程量表或其他适用报表。

12.3 估价

除非合同中另有规定，工程师应对每一项工作估价。估价的方法是根据上述第12.1款和第12.2款的规定测量出的每项工作的工程量，再与其相应费率相乘而得到的。

对每一项工作合适的费率或价格应该是合同中对此项工作规定的费率或价格；如果合同中无某项内容，则取其类似工作的费率或价格。

但如果下列情况同时出现，应确定新的费率或价格：

（1）如果该项工作实际测量的工程量比工程量表或其他报表中规定的工程量超过10%；

（2）工程量的变化与该项工作规定的费率的乘积超过了合同金额的0.01%；

（3）此工程量的变化直接造成该项工作每单位工程量费用的变动超过1%；

（4）该项工作在合同中没有表明为“固定费率项目”。

或者，同时具备以下情况：

（1）此工作是根据第13条【变更与调整】的指示进行的；

（2）合同中未规定此项工作费率或价格；

（3）由于该项工作与合同中的任何工作没有类似的性质或不在类似的条件下进行，故没有规定的费率或价格适用。

新的费率或价格是在考虑到上述两类情况，对合同中相关费率或价格进行合理的调整得出的。如果没有可参照的费率或价格，则新的费率或价格应是在考虑相关情况以后，根据实施工作的合理费用加上合理利润得出。

工程师在商定或确定合适的费率或价格之前，可为期中支付证书确定一个临时费率或价格。

12.4 删减

当对任何工作的删减构成变更的一部分，而且双方对删减工作的价值未达成一致时，如果符合以下条件，承包商可以要求费用补偿：

(1)工作未被删减时，承包商的某笔费用包含在中标合同金额的该部分的工程款中；

(2)该工作被删减，将(已)导致这笔费用不能包含在合同价格之中；

(3) 在任何替代工作的估价之中也不包含这笔费用。

承包商应随即向工程师发出通知，并附具体的证明资料。在接到通知后，工程师应依据第3.5款【决定】，商定或确定此笔费用，并计入合同价格中。

13 变更和调整

13.1 有权变更

在颁发工程接收证书之前，工程师可以通过发布指示，或要求承包商以递交建议书的方式，提出工程变更。

承包商应执行每项变更，除非承包商马上通知工程师，说明承包商无法得到变更所需的物资，并附有证明资料。在接到此通知后，工程师应取消、确认或修改变更指令。

每项工程变更可包括：

(1)合同中任何工作的工程量的改变，但工程量的变化并不一定构成变更；

(2)任何工作质量或其他特性的改变；

(3)工程任何部分标高、位置和(或)尺寸上的改变；

(4)任何工作的删减，删减的工作并未由他人完成；

(5)永久工程所需的任何附加工作、生产设备、材料或服务，包括任何联合竣工检验、钻孔和其他检验以及勘探工作；

(6)工程的实施顺序或时间安排的改变。

没有工程师的指令，承包商不得对永久工程作任何更改或修改。

13.2 价值工程

如果承包商认为他的建议书能够：①缩短工期，②降低雇主实施、维护或运行工程的费用，③能提高竣工工程的效率或价值，④为雇主带来其他利益，可以随时向工程师提交书面建议。

承包商应自费编制此类建议书，其中应包括第13.3款【变更程序】的内容。

如果经工程师批准的建议书包括对部分永久工程的设计的改变，而且相关事宜双方没有商定，则承包商应设计该部分工程，并按第4.1款【承包商的一般义务】中的规定对该设计负责。

如果这种改变使得该部分工程节约了资金，工程师应依据第3.5款【决定】，商定或确定一笔费用，并加入合同价格。这笔费用的计算是下列两项金额之差的一半(50%)：

(1)由此改变减少的合同额度(不包括依据第13.7款【法规变化作出的调整】和第13.8

款【费用变化引起的调整】的规定作出的调整)；

(2)改变后的工程(如果存在)由于质量、预期寿命或运行效率的降低,给雇主带来价值的减少。

但是,如果(1)的金额少于(2)的金额,则承包商得不到任何奖励。

13.3　变更程序

如果工程师在发布变更指令之前要求承包商提交一份建议书,则承包商应尽快作出书面答复。如果不能提交建议书应说明理由,如果提交建议书,应包括:建议完成的工作的说明书,以及该工作实施的进度计划;对工程总进度计划和竣工时间作出必要修改的建议;以及对变更费用的估算。

工程师在接到上述建议后,应尽快予以答复,说明批准与否或提出意见。在等待答复期间,承包商不应延误任何工作。

任何变更指令均应由工程师向承包商发出,并附有做好费用记录要求,承包商收到后应回函确认。

每一项变更应依据第 12 条【测量和估价】进行估价,除非工程师依据本款另外作出指示或批准。

13.4　以适用的货币支付

如果合同规定合同价格以一种以上的货币支付,则在按上述规定已商定、批准或确定调整的同时,应规定以每种适用的货币支付的金额。在规定每种货币的金额时,应参照变更工作费用的实际或预期的货币比例以及为支付合同价格所规定的各种货币比例。

13.5　暂定金额

每一笔暂定金额只能按照工程师的指示全部或部分地动用,并增加到合同价格中。支付给承包商的此类总金额,只应包括工程师指示的且与暂定金额有关的工作、供货或服务的款项。

对于暂定金额的使用,工程师可指示承包商实施某项工作,并按照第 13.3 款【变更程序】进行估价。

工程师也可指示承包商从指定分包商处或其他人处购买生产设备、材料或服务,承包商可以获得相应的支付,加入合同价格中。获得的支付包括:承包商为此项工作已支付(或将支付)的实际款额、实施此项工作管理费和利润。

管理费和利润的计算,是以此实际款额乘以资料表中规定的相关百分比;如果没有这一相关百分比,则可采用投标函附录中规定的百分比。

当工程师要求时,承包商应出示报价单、发票、凭证以及账单或收据等证明。

13.6　计日工

对于数量少或偶然进行的零星工作,工程师可以下达变更指令,按计日工方式实施此类工作。对于此类工作应按合同中的计日工报表并采用下述程序进行估价。如果合同中没有计日工报表,则本款不适用。

在订购工程所需货物时,承包商应向工程师提交报价。当申请支付时,承包商应提交此货物的发票、凭证以及账单或收据。

除了计日工报表中规定的不进行支付的项目以外,承包商应每日向工程师提交准确的报表,一式两份。报表应包括前一日工作中使用的资源的详细情况:承包商的人员的姓名、工种和工时；使用的施工设备和临时工程的种类、型号以及工时；使用的生产设备和材料的数量和型号。

如果工程师经核实认为内容准确或同意，将在报表上签字并退还给承包商一份。

承包商应对经签署的报表进行估价，并将估价后的报表向工程师提交一份，然后将其纳入按照第 14.3 款【期中支付证书的申请】规定的每月报表中，申请支付。

13.7 法律变更引起的调整

如果在基准日期以后，工程所在国的法律有改变（包括新法律的实施以及现有法律的废止或修改）或对此法律的司法的或官方政府的解释有改变，对承包商履行合同义务产生影响，导致费用的增减，则合同价格应作出相应调整。

如果在基准日期后，由于法律或所作的解释上的变更，使承包商拖延了工期（或将延误）和（或）导致了（或将导致）额外费用，承包商应通知工程师，并有权依据第 20.1 款【承包商的索赔】的规定，要求获得工期的延长以及支付额外的费用，并加入合同价格。

在接到此通知后，工程师应按照第 3.5 款【决定】的规定，对此事作出商定或决定。

13.8 费用变化引起的调整

在本款中，"数据调整表"是指投标函附录中包括的、填好的一份调整数据表。如无此数据调整表，则本款不适用。

如果本条款适用，应支付给承包商的款额应根据劳务、货物以及其他投入工程的费用的涨落进行调整，根据所列公式确定增减的款额。如果本款或其他条款的规定不能包括调整不到的费用，应认为中标的合同金额中已包括了其他物价涨落产生的额外费用。

调整是对依据工程量表中的估价以及支付证书确认的应支付给承包商的款额进行调价，适用于支付合同价格的各种货币。但基于实际费用支出或现行价格计算的工程款不作调整。常用的调价公式为：

$$P_n = a + b\frac{L_n}{L_0} + c\frac{E_n}{E_0} + d\frac{M_n}{M_0} + \cdots$$

式中：P_n——第 n 期间的调价系数，通常为一个月（除非投标函附录中另有说明），调整后的该月（期间）的进度款，是用当月（期间）的调价系数乘以所完成工作以相应货币所估算的进度款；

a——固定系数，代表支付款中不调整的部分；

b、c、d——与实施工程有关的每项费用的调整比例，如劳务、设备和材料等，应在相关调整数据表中列出；

L_n、E_n、M_n…——第 n 期间内使用的现行费用指数或参照价格，并且按照该月（期间）（与支付证书的相关期间）的最后一日之前第 49 天当天适用的费用指数或参照价格确定，以相应的货币表示；

L_0、E_0、M_0…——基本费用指数或参照价格，按照基准日期当日的相关的费用指数或参照价格确定，以相应的支付货币表示。

应使用数据调整表中规定的费用指数或参照价格。如果对其来源有疑问，应由工程师确定。为此，工程师应参照投标函附录数据调整表中第 4 栏和第 5 栏分别所列的指数值，这些日期及指数值可能与基本费用指数不一致。

当数据调整表中的某指数的货币不是相应的支付货币时，应按工程所在国的中央银行规定的在上述要求的指数适用的日期的售出价转换成相应的支付货币。

在获得所有现行费用指数之前,工程师应确定一个期中支付证书的临时指数。当得到现行费用指数之后,相应地重新计算并作出调整。

如果承包商未能在竣工时间内完成工程,则应利用下列指数或价格对价格作出调整:①工程竣工时间期满前第 49 天当天适用的每项指数或价格,或②现行指数或价格,取其中对雇主有利者。

如果当变更使得数据调整表中规定的每项费用系数的权重(系数)变得不合理、失衡或不适用时,则应对其进行调整。

14　合同价格和支付

14.1　合同价格

合同价格应根据第 12.3 款【估价】来商定或决定,并应根据合同对其进行调整。

承包商根据合同应支付所有税费、关税和费用,而合同价格不应因此类费用进行调整(第 13.7 款【法规变更引起的调整】的规定除外)。

工程量清单或其他报表中列出的工程量仅为估算的工程量,不是要求承包商实施的实际工程量;或用于第 12 条【测量和估价】的目的实际或正确的工程量。

在开工日期开始后 28 天之内,承包商应该向工程师提交工程量表中每一包干项的价格分解表,供工程师在编写支付证书时参考,但不受其制约。

14.2　预付款

雇主应向承包商支付一笔无利息的预付款,帮助承包商启动工程,但承包商必须先向雇主提交一份预付款保函。预付款总额、分期预付的次数与时间以及适用的货币与比例,应按投标函附录中的规定。

如果雇主没有收到该保函,或者投标函附录中没有规定预付款总额,则本款不再适用。

工程师为第一笔分期付款签发支付证书的前提条件是:工程师收到根据第 14.3 款【期中支付证书的申请】提交的报表;雇主收到了承包商提交的履约保证,以及一份金额和货币与预付款相同的预付款保函。预付款保函应由雇主认可的国家(或地区)的机构签发,并且使用专用条件中所附的格式或雇主认可的其他格式。

在预付款完全偿还之前,承包商应保证该保函一直有效,但该保函的数额应随承包商的偿还逐步降低。如果该保函的条款中规定了有效期,在此截止日期前 28 天预付款还未偿还,则承包商应该相应地延长保函的有效期,直到预付款偿清。

该预付款应在支付证书中按百分比扣减的方式偿还。如果投标函附录中没有注明扣减的百分比,可按以下办法扣减:

当期中支付证书的累计付款总额(不包括预付款及保留金的扣减与偿还)超过中标的合同额(减去暂定金额)的 10% 时,开始从期中支付证书中扣还预付款,按照预付款的货币的种类及其比例,每次扣支付证书款额的 25%(不包括预付款及保留金的扣减与偿还),直至还清全部预付款。

如果在颁发工程的接收证书前,或按第 15 条【雇主提出终止】,第 16 条【承包商提出暂停和终止】,或第 19 条【不可抗力】终止合同前,尚未还清预付款,承包商应将剩余部分立即支付给雇主。

14.3　期中支付证书的申请

承包商应按工程师批准的格式在每个月末之后向工程师提交一式六份报表，详细说明自己认为有权得到的款额，并附上证明文件，包括根据第4.21款【进度报告】的规定编写的当月进度情况的详细报告。

该报表应包括下列各项，以应付合同价格的各种货币表示，并按下列顺序排列：

(1)截至当月末已实施的工程及承包商编制的文件的估算价值（包括变更，但本项(1)中不包括以下(2)至(7)各项所列内容）；

(2)根据第13.7款【法规变更引起的调整】和第13.8款【费用变化引起的调整】，由于法律变更和费用调整引起的各种款项的增加或减少；

(3)保留金扣除的款额，按投标函附录中标明的保留金百分率乘以上两项的总额计算，直至达到投标函附录中规定的保留金限额为止；

(4)按照第14.2款【预付款】的规定，支付和偿还的预付款的款额；

(5)按照第14.5款【拟用于工程的生产设备和材料】的规定，生产设备和材料的预支款和扣还款；

(6)根据合同或其他规定（包括第20条【索赔、争端和仲裁】规定的），应付的或减扣的其他款额；

(7)对所有以前的支付证书中应扣除款项。

14.4　支付计划表

若合同包括分期支付合同价格的支付计划表，则按下列办法支付：

(1)支付计划表中所列的支付额为截至当月末已实施的工程及承包商编制的文件的估算价值（包括变更额）；

(2)第14.5款【拟用于工程的生产设备和材料】的规定不适用；

(3)如果分期支付额不是参照工程的实际进度制定的，且实际进度落后于计划进度，则工程师可考虑实际进度落后的情况，根据第3.5款【决定】来商定或确定修改分期支付款额。

如果在合同中没有支付计划表，则承包商每个季度应向雇主提交到期应得款额的估价单，估价单对雇主不具有约束力。第一份估价单应在开工日期后42天之内提交，以后直到工程接收证书颁发，每个季度应提交一份经修正的季度估价单。

14.5　拟用于工程的生产设备和材料

根据第14.3款中第(5)项的规定，期中支付证书应包括：已运至现场为永久工程配套的生产设备与材料的预支款，以及当生产设备与材料的合同价值已构成永久工程的一部分时，再将预支款从中扣除的款额。

工程师确认每一项预支款的条件为下列的第(1)和(2)项，或第(1)和(3)项。

(1)承包商已经完整保存有关生产设备和材料的各种记录（包括订单、收据、费用及使用），且这些记录可供随时检查；以及提交了购买生产设备和材料并将其运至现场的费用报表，并附有相关的证明文件。

(2)相关的生产设备和材料均属于投标函附录中所列的在装运时应支付款额的项目；按照合同的要求已经运至工程所在国，并正在运往现场的途中；并且有清洁装船提单或其他装运证明。该提单或证明已与运输费和保险费的支付证明、其他合理要求的文件以及由雇主认可的银行和格式开具的保函（保函应以相同的金额和相应货币开具），一同提交给工程师。该保函的有效期应一直持续到此类生产设备和材料在现场适当存放并采取妥善保管措施为止。

(3)相关的生产设备和材料均属于投标函附录中所列在运至现场时应支付款额的项目；并且已经运至现场，在现场妥善存放，采取了防护措施，完全符合合同的要求。

工程师在确认预支款时，应将本款中所涉及到的承包商文件以及生产设备和材料的合同价值考虑在内，按生产设备和材料(包括运至现场)费用的80%确定。

对于每笔预支款额，其货币种类应为第14.3款【期中支付证书的申请】中规定的合同价值应付的相同货币。支付证书应该包括扣除款额，该扣除款额应与相关的生产设备和材料的预支款额相等，并采用相同的货币和比例。

14.6　期中支付证书的颁发

在雇主收到并认可履约保证之前，工程师不能开具任何支付证书。此后，在收到承包商的报表和证明文件后28天内，工程师应向雇主签发期中支付证书，列出应支付给承包商的款项，并附详细说明。

在颁发工程的接收证书之前，如果某一期中支付证书的金额(在扣除保留金及其他应扣款额之后)少于投标函附录中规定的期中支付证书的最低限额，则工程师可以不开具当月的支付证书，其金额累计至下个月的支付证书中，并通知承包商。

如果承包商所提供的物品或已完成的工作不符合合同要求，则可暂时扣发修复或重置的费用，直至修复或重置工作完成。

如果承包商未能按照合同规定，进行工作或履行义务，并且工程师已为此向承包商发出通知，则可扣留该工作或义务的价值，直至该工作或义务被履行为止。

虽然因存在以上情况，可能暂时扣发某些款项，但不得因任何其他原因扣发期中支付证书。

工程师可在任何支付证书中，对以前的支付证书进行修正。支付证书并不表明工程师对相关工作的接受、批准、同意或满意。

14.7　支付

雇主应向承包商支付：

(1)首期预付款额，时间是在中标函颁发之日起42天内，或在根据第4.2款【履约保证】以及第14.2款【预付款】的规定，收到相关的文件之日起21天内，二者中较晚的时间；

(2)期中支付证书中开具的款额，时间是在工程师收到报表及证明文件之日起56天内；

(3)最终支付证书中开具的款额，时间是在雇主收到该支付证书之日起56天内。

每种货币支付的款项应汇入在合同中指定的该种货币的付款国中承包商指定的银行账户。

14.8　延误的付款

如果承包商没有收到应获得的款额，承包商应有权就未付款额按月计算复利，收取延误期的融资费。延误期应认为是从第14.7款【支付】规定的应支付的日期开始计算的，而不考虑期中支付证书颁发的日期。

除非在专用条件中另有规定，此融资费应按货币支付国中央银行的贴现率加上3个百分点后的年利率进行计算，并用于应支付的相同的货币支付融资费。

承包商有权得到上述付款而无须正式通知或证明，并且不损害他的任何其他权利或应得的补偿。

14.9 保留金的支付

当已经颁发了整个工程的接收证书时,工程师应开具证书将保留金的一半支付给承包商。如果颁发的只是工程某一区段或部分的接收证书,则应按一定比例支付保留金,其数额等于保留金的40%乘以该区段或部分的估算合同价值,再除以整个工程合同价格估算值的比值。

在缺陷通知期期满时,工程师应立即开具证书将保留金尚未支付的部分支付给承包商。如果只是工程区段或部分的缺陷通知期期满,应支付该工程区段或部分所占的保留金数额的40%,仍然按照该区段或部分的估算合同价值除以整个工程合同价格估算值所得的比值,来计算该区段或部分所占保留金的比例。

但如果在此时根据第11条【缺陷责任】,尚有任何工作未完成,工程师有权在这些工作完成之前扣发相关费用。

在计算上述比例时,不考虑根据第13.7款【法规变化引起的调整】和第13.8款【费用变化引起的调整】所导致的任何调价。

14.10 竣工报表

在收到工程的接收证书后的84天内,承包商应向工程师提交按其批准的格式编制的竣工报表一式六份,并附第14.3款【期中支付证书的申请】要求的证明文件,详细说明:

(1)截止工程的接收证书注明的日期,根据合同所完成的所有工作的价值;

(2)承包商认为应继续支付给他的任何款项;

(3)承包商认为根据合同应支付给他的任何其他款项的估算额,此估算款额应在竣工报表中单独列出。

工程师应根据第14.6款【期中支付证书的颁发】开具支付证书。

14.11 最终支付证书的申请

在收到履约证书后56天内,承包商应向工程师提交按其批准的格式编制的最终报表草案一式六份,并附证明文件,详细说明以下内容:根据合同所完成的所有工作的价值,以及承包商认为根据合同或其他规定应继续支付给他的剩余款项。

如果工程师对最终报表草案中的某一部分有异议,承包商应根据工程师的合理要求提交补充资料,并就双方商定意见对草案进行修改。随后,承包商应编制并向工程师提交最终报表。在本条件中,经双方商定的报表被称为"最终报表"。

如果工程师和承包商进行协商,并对最终报表草案进行了修改,但仍存在争议,工程师应向雇主报送一份最终报表中双方达成一致的部分的期中支付证书,同时将一副本送交承包商。此后,如果根据第20.4款【获得争端裁决委员会的决定】或第20.5款【友好解决】,争议最终得到解决,承包商随后应编制一份最终报表提交给雇主,同时将副本送交工程师。

14.12 结清单

承包商在提交最终报表时,还应提交一份结清单,确认最终报表中的总额为按照合同应支付给他的全部款项和最终的结算额。该结清单可注明,只有在收到全部未支付的余额和履约保证之日,该结清单才能生效。

14.13 最终支付证书的颁发

根据第14.11款【最终支付证书的申请】和第14.12款【结清单】,在收到最终报表及书面结清单后28天内,工程师应向雇主发出一份最终支付证书,说明最终应支付的款额;经核算雇主已支付的所有款额以及雇主有权得到的金额,雇主还应支付给承包商,或承包商还应支付给雇主的余额。

如果承包商未根据第14.11款【最终支付证书的申请】和第14.12款【结清单】，申请最终支付证书，工程师应要求承包商提出申请。如果承包商未能在28天期限内提交此类申请，工程师可自行确定应支付的款额，并颁发最终支付证书。

14.14　雇主责任的终止

在最终报表和竣工报表中都包含的有关款项的事宜之外，对于由合同或工程实施引起的任何相关问题和事件，雇主不再对承包商承担责任。

但是，本款不限制雇主应尽的赔偿义务，也不限制因雇主的欺诈、故意违约或不当行为而应承担的责任。

14.15　支付货币

合同价格应以投标函附录中指定的一种或几种货币支付。如果指定的货币不限于一种，则应按下述规定进行支付。

(1)如果中标的合同款额仅用当地货币表示的，则：①支付当地货币与外币的比例或数额，以及计算支付款采用的固定汇率，应按投标函附录中的规定，或按双方另外的协议执行；②根据第13.5款【暂定金额】和第13.7款【法规变更引起的调整】规定的支付款和扣减款应按适用的货币和比例执行；③根据第14.3款【期中支付证书的申请】中(1)至(4)项所列各种款项，应按上述规定的货币和比例执行。

(2)投标函附录中规定的损害赔偿费，应按投标函附录中规定的货币和比例支付。

(3)承包商应支付给雇主的其他款项应以雇主支付使用的货币支付，或以双方商定的货币支付。

(4)如果承包商向雇主支付的某种货币金额，超过了雇主以同种货币向承包商支付的金额，雇主可从以其他货币支付给承包商的款额中扣除上述差额。

(5)如果在投标函附录中未注明汇率，所采用的汇率应为工程所在国中央银行规定的在基准日期当天的汇率。

15　雇主提出终止

15.1　通知改正

如果承包商未能按照合同履行任何义务，工程师可通知承包商，要求其在规定的合理时间内改正。

15.2　雇主提出终止

如果承包商发生了以下情况，雇主有权终止合同。

(1)未能按时提交履约保证，或未能按工程师的通知改正违约行为。

(2)放弃工程或证明他不愿继续按照合同履行义务。

(3)无正当理由而未能按第8条【开工、延误和暂停】实施工程；或未能在接到通知后28天内，遵守根据第7.5款【拒收】或第7.6款【补救工作】发出的通知要求。

(4)未经过许可擅自将整个工程分包出去或将合同转让出去。

(5)破产，或无力偿还债务，或停业清理，或其资产已由他人监管等。

(6)直接或间接向相关人员行贿、送礼、送钱或其他有价值的物品，引诱他们作出违法或违规行为，或者发表不实的言论；或者任何承包商的人员、代理商或分包商出现上述行贿问题。但是，给予承包商自己人员的合法激励和报酬，雇主不应终止合同。

如果发生上述事件或情况，则雇主可在向承包商发出通知14天后，终止本合同，并将承包商逐出现场。另外，如果发生第(5)项或第(6)项所述的情况，雇主可通知承包商立即终止合同。

雇主选择终止合同，不影响他根据合同或其他规定享有的任何其他权利。

承包商随后应离开现场，并将任何要求的货物、所有承包商的文件以及其他设计文件交给工程师。此外，承包商还应尽其最大努力遵守合理指示，立即协助雇主进行分包合同的转让，以及保护生命、财产和工程的安全。

终止之后，雇主可以继续完成工程或安排其他实体完成工程。雇主和这些实体可以使用现场货物、承包商的文件以及其他设计文件。

其后，雇主应发出通知，说明承包商的设备和临时工程将在现场或现场附近退还给承包商。承包商应以自己的费用及自担风险安排他的设备和临时工程的撤离，不得拖延。此外，如果此时承包商还有应支付给雇主的款额未付清，雇主可以出售这些设备和临时工程，以收回承包商的欠款，余额应退还给承包商。

15.3 终止日期时的估价

在根据第15.2款【雇主提出终止】发出的终止通知生效后，工程师应尽快商定或确定工程、货物和承包商的文件的价值，以及承包商根据合同已完成的工作应得到的其他款项。

15.4 终止后的支付

终止通知生效后，雇主可以：

(1)按照第2.5款【雇主的索赔】的规定，向承包商索赔；

(2)在雇主确定了施工、竣工和修补任何工程缺陷的费用、误期损害赔偿费以及雇主支付的所有其他费用前，暂停向承包商付款；

(3)在根据第15.3款【终止日期时的估价】计算应支付给承包商的费用后，先从承包商处收回雇主因终止遭受的任何损失，包括不能按原计划完成工程造成的损失以及为完成剩余工程所导致的费用增加。在收回此费用后，雇主应向承包商支付任何结余金额。

15.5 雇主终止合同的权利

雇主有权在任何时候向承包商发出通知，终止合同。终止应在承包商收到终止通知的日期后的28天，或雇主退还履约保证的日期后的28天，这两者中较晚的日期生效。如果雇主为了自己实施工程或为了安排由其他承包商实施工程，无权根据本款终止合同。

终止之后，承包商应按照第16.3款【停止工作及承包商设备的撤离】的要求执行，并应按照第19.6款【可选择的终止、支付和解除履约】的规定，从雇主处得到支付。

16 承包商提出暂停和终止

16.1 承包商有权暂停工作

如果工程师未能按照合同规定的时间开具支付证书，或者雇主未能按照第2.4款【雇主的资金安排】或第14.7款【支付】的规定执行，则承包商可在提前21天以上通知雇主，暂停工作，或降低工作速度，直到承包商收到了支付证书、合理的证明或支付。

承包商的上述做法不应影响他根据第14.8款得到融资费，以及根据第16.2款提出终止合同的权利。

如果在发出终止通知之前，承包商收到了支付证书、证明或支付，则承包商应尽快恢复正常工作。

如果因承包商根据本款规定暂停工作或降低工作速度而造成工程拖期和(或)导致额外费用,则承包商应向工程师发出通知,承包商根据第 20.1 款【承包商的索赔】有权要求获得延长的工期和相应费用的补偿(包括合理的利润),加入在合同总价。

工程师在收到通知后,应根据第 3.5 款【决定】对此作出商定或决定。

16.2　承包商提出终止

如果发生下述情况,承包商应有权终止合同:

(1)在根据第 16.1 款【承包商有权暂停工作】发出通知(有关于雇主未能按照第 2.4 款【雇主的资金安排】的规定执行)后 42 天内,承包商没有收到合理的证明;

(2)在收到支付申请报表和证明文件后 56 天内,工程师未能签发相应的支付证书;

(3)在第 14.7 款【支付】规定的支付时间期满后 42 天内,承包商没有收到应付款额;

(4)雇主基本上不履行合同规定的义务;

(5)雇主未能按照第 1.6 款【合同协议书】或第 1.7 款【转让】的规定执行;

(6)第 8.11 款【持续的暂停】所述的持续暂时停工影响到整个工程;

(7)雇主破产或无力偿还债务,或停业清理,或其财产被监管。

如果发生上述事件或情况,则承包商可在向雇主发出通知 14 天后,终止本合同。但是,如果发生第(6)或第(7)项的情况,承包商可通知雇主立即终止合同。

承包商选择终止合同不应影响他根据合同或其他规定享有的任何其他权利。

16.3　停止工作及承包商设备的撤离

在根据第 15.5 款【雇主终止合同的权利】,或第 16.2 款【承包商提出终止】或第 19.6 款【可选择的终止、支付和解除履约】发出的终止通知生效后,承包商应尽快:

(1)停止施工,但应继续执行工程师的保护生命、财产和工程安全的指示;

(2)移交已得到付款的承包商的文件、生产设备、材料及其他工作;

(3)撤离现场上所有其他的物品,然后离开现场。

16.4　终止时的支付

承包商提出终止通知生效后,雇主应尽快:

(1)将履约保证退还承包商;

(2)根据第 19.6 款向承包商进行支付;

(3)向承包商支付因终止合同使承包商遭受的利润的损失和其他损失或损害的款额。

17　风险和责任

17.1　保障

承包商应保障和保护雇主、雇主的人员,以及他们各自的代理人免遭与下述有关的索赔、损害、损失和开支:

(1)由于承包商的设计、施工、竣工以及修补缺陷所导致的任何人员的身体伤害、疾病或死亡,但对于雇主、雇主的人员或他们各自的代理人的行为造成的损害,承包商不承担任何责任;

(2)由于承包商的设计、施工、竣工以及修补缺陷导致的,或由于承包商、承包商的人员以及他们各自的代理人,或由他们直接或间接雇用的任何人的渎职、恶意行为或违反合同而造成的工程以外的任何财产、不动产或私人财产的损坏。

雇主应保障和保护承包商、承包商的人员以及他们各自的代理人免遭与下述有关的索赔、损害、损失和开支：

(1)由于雇主、雇主的人员或他们各自的代理人的任何渎职、恶意行为或违反合同而造成的身体伤害、疾病或死亡；

(2)发生了第18.3款【人员伤亡和财产损害的保险】所述的保险除外责任事件。

17.2　承包商对工程的照管

从工程开工日期起直到颁发接收证书的日期为止，承包商应对工程的照管负全部责任。接收证书颁发后，照管工程的责任移交给雇主。如果对工程的某区段或部分颁发了接收证书，则该区段或部分工程的照管责任即移交给雇主。

责任移交给雇主后，承包商仍有责任照管任何在接收证书上注明的日期内应完成而尚未完成的工作，直至此项扫尾工作完成为止。

在承包商负责照管期间，如果工程、货物或承包商的文件发生的任何损失，其原因不是由于雇主的风险所致，则承包商应自担风险和费用进行修补，以使工程、货物或承包商的文件符合合同的要求。

承包商还应为在接收证书颁发后，由于他的任何行为导致的任何损失或损害负责。并对接收证书颁发后出现的、是在此之前由于承包商的责任而导致的任何损失或损害，也负有责任。

17.3　雇主的风险

雇主的风险是指：

(1)战争、敌对行动、外敌入侵等；

(2)工程所在国内的叛乱、恐怖活动、革命、暴动、军事政变或篡夺政权，或内战；

(3)非承包商和分包商的雇用人员发生的暴乱、骚乱或混乱；

(4)工程所在国的军火、爆炸性物质、离子辐射或放射性污染，但承包商自己使用此类物资的引发问题除外；

(5)音速或超音速飞机或其他飞行装置产生的压力波；

(6)雇主使用或占用永久工程的任何部分(合同中另有规定的除外)；

(7)由雇主的人员或由雇主所委托的其他人员提供的设计不当而造成的问题；

(8)一个有经验的承包商不能预见的且无法合理防范的自然力的作用。

17.4　雇主的风险造成的后果

如果雇主的风险导致了工程、货物或承包商的文件的损失或损害，则承包商应尽快通知工程师，并且应按工程师的要求进行修复。

如果修复工作导致承包商拖延工期和(或)增加费用，则承包商应向工程师发出通知，并且根据第20.1款【承包商的索赔】，有权要求获得工期的延长以及费用的补偿(包括合理的利润)。

在收到通知后，工程师应根据第3.5款【决定】的规定，进行商定或作出决定。

17.5　知识产权和工业产权

本款中“侵权”的含义是指对与工程有关的任何专利权，已注册的设计、版权、商标、商品名称、商业秘密或其他知识产权的侵犯。

如果一方在收到他人的侵权索赔后28天内未向另一方发出索赔事件的通知，则认为前者已经放弃了根据本款应得到的保障。

雇主应保障和保护承包商免遭由于下述情况导致的任何侵权索赔：

(1)由于承包商履行合同而必然引起的侵权结果；

(2)如果雇主不是为合同中指明或根据合同可以合理推论出来的目的使用工程而引起侵权的结果；

(3)如果在基准日期之前没有向承包商说明，合同中也没有规定，而雇主使用工程时，使用了非承包商提供的物品，由此引起的侵权事件。

上述事件应由雇主承担相关责任。

承包商应保障和保护雇主免遭由于下述情况导致的任何索赔：由承包商负责的任何货物的制造、使用、销售或进口，或承包商负责进行的任何设计，导致的侵权索赔。

如果一方有权根据本款得到保障，则保障方应自费进行解决该索赔的谈判，以及可能引起的任何诉讼或仲裁。在保障方提出要求并在由其负担费用的情况下，被保障方应协助进行侵权索赔争辩，被保障方不应作出任何有损于保障方的表述。

17.6　责任限度

合同一方应按照第 16.4 款【终止时的支付】和第 17.1 款【保障】的规定承担相应的责任，除此之外，对另一方可能遭受的任何工程的使用损失、利润损失、任何其他合同损失，或间接引发的损失不负责赔偿。

除了根据第 4.19 款【电、水和燃气】、第 4.20 款【雇主的设备和免费提供的材料】、第 17.1 款【保障】以及第 17.5 款【知识产权和工业产权】各项规定的责任之外，承包商根据合同对雇主应负的全部责任不应超过专用条件中注明的限额；如果合同中没有注明限额，则不应超过中标的合同额。

本款的规定不适用由于违约方的欺诈行为、故意违约或管理不善应承担的责任。

18　保险

18.1　有关保险的总体要求

在本条中，“投保人”的含义是指根据相关条款的规定投保各种类型的保险并保持其有效的一方。

当承包商作为投保人时，他应按照雇主批准的承保人及条件办理保险。这些条件应与中标函颁发日期前商定的投保条件保持一致，且此达成一致的条件优先于本条的各项规定。

当雇主作为投保人时，他应按照专用条件所附具体条件投保。

如果保险单中的被保险人是共同被投保人(雇主与承包商)，则该保险应适用于每一单独的被保险人，如果发生了保险单所列事件，可以单独索赔。如果保险单中还包括了另外的共同被保险人(如工程师、分包商等)，除了雇主可以代表雇主的人员进行保险索赔之外，其余共同被保险人的保险索赔处理由承包商负责，而其余被保险人不能自己直接处理索赔事宜。

每份保险单应规定按照修复损失或损害所需的货币种类，从承保人处得到的赔偿金应用于修复损失或损害。

投保人应在投标函附录中规定的期限内，向另一方提供：保险已生效的证明，以及第 18.2 款和第 18.3 款所述的保险单的副本。

投保人在支付每一笔保险费后，应将支付证明提交给另一方。在提交证明或投保单的同时，还应通知工程师。

每一方都应遵守保险单规定的条件。投保人应将工程实施过程中发生的有关变动通知给承保人,并确保保险条件能够与本条的规定一致。

没有另一方的事先批准,任一方都不得对保险条款作出实质性的修改。如果承保人提出修改任何实质性的变动,承保人先通知的一方应立即通知另一方。

如果投保人未能按合同要求办理保险并使之保持有效,或未能按本款要求向另一方提供证明和保险单的副本,则另一方可以自行决定办理相关险别的保险并支付保险费,向应投保人收取所支付的保险费,合同价格作相应的调整。

本条规定不影响合同的其余条款或其他文件所规定的承包商或雇主的义务、职责或责任。任何未保险或未能从承保人处得到赔付,应由承包商和(或)雇主根据上述义务和责任承担损失。如果应投保方未能按合同要求办理保险并使之保持有效,并且另一方没有批准删减这项工作,也没有办理保险,则按照此类保险本可收回的款项,由应投保方支付给另一方。

一方向另一方进行的支付必须遵照第 2.5 款【雇主的索赔】或第 20.1 款【承包商的索赔】的规定。

18.2 工程和承包商设备的保险

应投保方应为工程、生产设备、材料以及承包商的文件投保。该保险的最低限额应不低于工程全部复原的费用,包括拆除、移走废弃物的费用以及专业服务费和利润。此类保险应自提交保险证明之日(根据第 18.1 款的规定)起,至颁发工程的接收证书之日止保持有效。

投保方应保持保险的有效期至履约证书颁发的日期。包括:颁发接收证书前发生的由承包商的原因发生的损失或损坏,以及承包商在进行任何其他作业过程中(包括缺陷责任期)造成的损失或损坏。

投保方应为承包商的设备投保,该保险的最低限额应不少于全部重置价值,包括运至现场的费用。对于承包商的设备,该保险应保证从启运现场直至不再将其作为承包商的设备使用为止。

若专用条件中没有其他规定,本款规定的保险如下。

(1)应由承包商作为投保人办理并使之保持有效。

(2)应以合同双方共同的名义投保,共同从承保人处得到支付,用于修复损失或损害。

(3)应包括雇主的风险以外的任何原因所造成的所有损失和损害。

(4)还应补偿由于雇主使用或占用工程的某一部分而对工程的另一部分造成的损失或损害,以及第 17.3 款【雇主的风险】中第(3)、(6)及(7)项所列的雇主风险所导致的损失或损害,但不包括那些根据商业条款不能投保的风险,每次发生事故的免赔额不应超过投标函附录中注明的款额。

(5)可以不包括下述情况导致的损失、损害以及修复:

①工程的某一部分由于其设计、材料或工艺而处于缺陷状态,但是保险应包括直接由缺陷状态导致的工程的任何其他部分的损失和损害(下述②中的情况除外);

②为修复有缺陷的工程部分导致的工程其他部分的损失或损害;

③雇主接收的某工程部分(但承包商负责的损失或损害仍属于保险范围之列);

④根据第 14.5 款【拟用于工程的生产设备和材料】,尚未运抵工程所在国的货物。

如果在基准日期后超过一年时间,上述第(4)项所述保险不能按商业合理条件继续投保,作为应投保方的承包商应通知雇主,并附详细说明。雇主应该随即从承包商处收回与此类商业合理条件相等的应支付的保险费款额;如果雇主也无法以商业合理条件办理保险,则认为雇主批准了删减该保险内容。

18.3　人员伤亡和财产损害保险

投保人应为承包商履行合同导致的,并在履约证书颁发之前发生的任何物资、财产(第18.2款【工程和承包商设备的保险】规定的被保险的物品除外)的损失或损害,或任何人员(根据第18.4款【承包商人员的保险】规定的被保险的人员除外)的伤亡引起的各方的责任办理保险。

该保险每一次事故的最低限额应不低于投标函附录中规定的数额,对于事故发生的次数并无限制。如果在投标函附录中没有注明此数额,则本款不适用。

除非专用条件中另有规定,本款中规定的保险按以下方式处理。

(1)应由承包商作为投保人办理并使之保持有效。

(2)应以各方联合的名义投保。

(3)应保证补偿承包商履行合同而导致的雇主的财产的一切损失和损害(根据第18.2款的规定被保险的物品除外)。

(4)不承保下述情况引起的责任:

①雇主在任何土地范围内或穿过它实施永久工程,以及为永久工程占有该土地的权利;

②承包商实施工程及修补缺陷而导致的无法避免的损害;

③第17.3款所列出的雇主风险,但可以根据商业合理条件投保的事项除外。

18.4　承包商人员的保险

承包商应为承包商或承包商的人员雇用的任何人员的伤害、疾病或死亡所导致的一切赔偿的责任保险,并使其保持有效。

雇主和工程师也应能够由此保险单得到保障,但此类保险不承保由于雇主或雇主的人员的失职行为或疏忽造成的损失和索赔。

该保险在这些人员实施工程的整个期间保持有效。对于分包商的雇员,可由分包商来投保,但承包商应保证分包商遵守本条的规定。

19　不可抗力

19.1　不可抗力的定义

在本条中,“不可抗力”系指如下所述的特殊事件或情况:

(1)一方无法控制的;

(2)在签订合同前,该方无法合理防范的;

(3)情况发生时,该方无法合理回避或克服的;

(4)根本不是由于另一方造成的。

只要满足上述(1)至(4)项所述的情况,不可抗力可包括(但不限于)下列特殊事件或情况:

(1)战争、敌对活动、外敌入侵行动;

(2)叛乱、恐怖活动、革命、暴动、军事政变或篡夺政权,或内战;

(3)非承包方的人员发生的暴乱、骚乱、混乱、罢工或停业;

(4)军火、爆炸物品、离子辐射或放射性污染,但承包商使用此类物资的情况除外;

(5)自然灾害,如地震、飓风、台风或火山爆发。

19.2 不可抗力的通知

如果由于不可抗力,一方已经或将要无法按照合同履行他的任何义务,则该方应将构成不可抗力的事件或情况通知另一方,并具体说明无法履行的各项合同义务。此通知应在该方注意到构成不可抗力的事件或情况发生后14天内发出。

在发出通知后,该方应在不可抗力事件持续发生期间免除合同义务的履行。

不管本条中的其他任何规定,不可抗力的规定不适用于任一方依据合同向另一方进行支付的义务。

19.3 减少延误的责任

每一方都应始终尽力减少不可抗力对履行合同的任何拖延。

当一方受到的不可抗力的影响终止时,应通知另一方。

19.4 不可抗力引起的后果

如果由于不可抗力,承包商无法依据合同履行义务,而使其耽误工期和(或)增加费用,并根据第19.2款【不可抗力的通知】,发出了相应的通知,则根据第20.1款【承包商的索赔】,承包商有权:

(1)获得此类拖延工期的延长;

(2)获得此类费用的索赔,只要是发生了第19.1款【不可抗力的定义】中第(1)至(4)项所述事件或情况,并且第(2)、(3)、(4)项事件或情况是在工程所在国发生的。

工程师在收到通知后,应对上述事件进行商定和决定。

19.5 不可抗力对分包商的影响

如果分包商根据有关工程的任何合同或协议,有权在本条规定范围之外的不可抗力发生时免除其合同义务,但承包商在此类超出本条规定范围的不可抗力事件或情况发生时,无权根据本款解除其履约义务。

19.6 可选择的终止、支付和解除履约

如果由于不可抗力,导致整个工程无法进行施工已经持续了84天,或间断停工累计的时间超过了140天,则任一方可向另一方发出终止合同的通知。合同将在通知发出后7天终止,同时承包商应按照第16.3款【停止工作及承包商设备的撤离】的规定执行。

一旦发生此类终止,工程师应确定已完成的工作的价值,并颁发包括下列各项内容的支付证书。

(1)已完成的,且在合同中有价格规定的任何工作的应付款额。

(2)为工程订购的,且已交付给承包商或承包商有责任去接受的生产设备和材料的费用。当雇主付款后,此类生产设备和材料应成为雇主的财产并承担风险,承包商应将此类生产设备和材料交给雇主管理。

(3)承包商为完成整个工程合理导致的任何其他费用或债务。

(4)承包商将临时工程和设备撤离现场并运回承包商本国设备场地的遣返费用(如运往其他目的地,其费用不能超过运回本国的费用)。

(5)在合同终止日期,遣返为实施工程承包商雇用的员工的费用。

19.7 根据法律解除履约

尽管有本条的规定,如果发生合同双方无法控制的任何事件或情况(包括但不限于不可抗力),使合同任一方(或双方)履行同义务已变为不可能或违法,或者根据本合同适用的法律

规定,合同各方有权放弃继续履约,则在任一方向另一方发出通知后:

(1)合同双方解除进一步的履约的义务,但是不影响解除合同前发生违约时,任一方所享有的权利;

(2)雇主应根据第 19.6 款【可选择的终止、支付和解除履约】规定的金额,向承包商支付。

20　索赔、争端和仲裁

20.1　承包商的索赔

如果承包商认为根据本合同条件或参照合同的其他规定,有权索赔工期和额外支出的费用,他应通知工程师,说明引起索赔的事件或情况。该通知应在承包商开始察觉到或应该察觉到这种事件或情况之后 28 天内发出。

如果承包商未能在 28 天内发出索赔通知,则承包商将失去索赔的权利。

承包商还应提交一切与索赔事件或情况有关的任何其他通知(如果合同要求),以及索赔的详细证明资料。

承包商应在现场或工程师认可的其他地点保持用以证明任何索赔可能需要的同期记录。工程师在收到通知后,在不必事先承认雇主责任的情况下,监督同期记录的进行,并(或)指示承包商继续记录。承包商应允许工程师审查所有同期记录,并应向工程师提供复印件。

在承包商开始察觉到引起索赔事件之日起 42 天内,或承包商建议并经工程师批准的其他时间内,承包商应向工程师提交一份完整的索赔报告,详细说明索赔的依据、索赔的工期和(或)索赔的金额。如果引起索赔的事件或情况具有连续影响,则

(1)该索赔报告则被认为是临时的;

(2)此后,承包商应该按月提交进一步的临时索赔报告,说明累计索赔工期和(或)索赔款额,以及工程师可能合理要求的进一步的详细资料;

(3)在索赔事件所产生的影响结束后的 28 天内,或承包商建议并经工程师批准的其他时间内,承包商应提交一份最终索赔报告。

在收到索赔报告后的 42 天内,或工程师建议且由承包商批准的其他时间内,工程师应予以答复,说明批准或不批准的具体意见,或要求承包商提供进一步的证明资料,但应在这段时间内给出原则性的答复。

每一份支付证书应包括根据相关合同条款应予支付并已被证实的索赔金额。如果承包商提供的证据不足,则承包商仅有权得到已被证实的那部分索赔。

工程师应根据第 3.5 款【决定】,进行商定或决定根据合同承包商有权获得的延长的工期和额外之处的款项。

如果承包商未能遵守本款或其他有关索赔的条款的规定,则在决定工期的延长和(或)额外款项时,应考虑承包商的违反索赔条款的程度。

20.2　争端裁决委员会的委任

争端应根据第 20.4 款【获得争端裁决委员会的决定】由争端裁决委员会进行裁决。合同双方应在投标函附录规定的日期内,共同任命一争端裁决委员会(或称 DAB)。

投标函附录中规定,DAB 应由适当资格的 1 名或 3 名成员组成。如果投标函附录中没有规定成员的数目,且合同双方没有其他的协议,则 DAB 应由 3 名成员组成。

如果 DAB 由 3 名成员组成,则合同每一方应提名一位成员,由对方批准。合同双方应同这两名成员协商,商定第三位成员,并作为主席。

但是,如果合同中附有候选成员的名单,则成员应从该名单中选出,本人不愿接受争端裁决委员会委任的除外。

合同双方与唯一的成员("裁决人")或3个成员中的每一个人的协议书,应参照通用条件附录——争端裁决协议书通用条件,通过协商修订。

有关唯一成员或3个成员中的每一个人(包括DAB聘请的咨询专家)的报酬,应由合同双方在协商任命条件时共同商定,每一方应负责支付专家酬金的一半。

若合同双方同意,可以将某事项提交给DAB征求意见。未经一方的同意,另一方不得单独与DAB商谈此类事项。

若合同双方同意,他们可以任命一位或几位合格人选,作为DAB的后备替代人员。当某位DAB成员拒绝或无力履行其职责或其委任期期满,替代任命即告生效。

如果发生上述情况,而没有可替换的人员,委任替换人员的方式与本款中规定的提名或商定被替换人员的方式相同。

只有合同双方同意,才能解聘任何成员,雇主或承包商不能单独解聘成员。除非双方另有协议,在第14.12款【结清单】规定的结清单生效后,DAB的任期期满。

20.3 未能同意争端裁决委员会的委任

DAB委任的过程中如果发生以下任一情况:

(1)至第20.2款规定的日期,合同双方未能就DAB的唯一成员的委任达成一致意见;

(2)如果DAB会由3名成员组成,合同一方未能在规定日期提出一名人选,供另一方认可;

(3)合同双方未能在规定日期,就第三位成员(担任主席)的委任达成一致意见;

(4)在原有成员拒绝履行或无力履行其职责,或其委任期期满之后42天内,合同双方未能就替代成员的委任达成一致意见。

则由专用条件中指定的机构在合同一方或双方的要求下,经过与双方协商,任命该DAB成员。该任命应是最终的和决定性的。每一方应负责支付酬金的一半。

20.4 获得争端裁决委员会的决定

如果合同双方之间产生任何争端,包括对工程师签发的任何证书,作出的决定、指示、意见或估价的任何争端,任一方可以将争端事项以书面委托形式提交DAB裁定,并将副本送交另一方和工程师,说明这样做是根据本款作出的。

若DAB由3名成员组成,当DAB的主席收到委托时,即认为DAB收到了此项申请。

合同双方应立即向DAB提供裁决所需要的所有资料、进入现场通道和适当的设施。DAB不应被视为仲裁人。

在收到书面委托后84天内,或在DAB建议并由双方批准的其他时间内,DAB应作出决定,该决定对双方都有约束力,合同双方应立即执行。

如果合同双方中任一方对DAB的决定不满意,则在收到该决定的通知后的28天内将其不满意见通知对方。如果DAB未能在其收到委托后的84天内作出决定,那么合同双方中的任一方均可在此后的28天之内将不满意见通知对方。

上述两种通知应说明是根据本款发出的,且应指明争端事项及不满意的理由。如果不按本款发出此类通知,就不能对争端申请仲裁,但第20.7款【未能遵守争端裁决委员会的决定】和第20.8款【争端裁决委员会的委任期满】所述的情况除外。

如果 DAB 已将其对争端作出的决定通知了合同双方,而双方中的任一方在收到 DAB 的决定的 28 天内没有向另一方发出不满通知,则该决定应被视为最终决定,对合同双方均具有约束力。

20.5　友好解决

不满通知发出后,合同双方在仲裁开始前应尽力以友好的方式解决争端。除非合同双方另有协议,否则,仲裁将在表示不满的通知发出后第 56 天或此后开始,不论双方是否进行过友好解决的努力。

20.6　仲裁

如果合同双方不能友好解决,DAB 的决定也未能成为最终具有约束力决定,那么此类争端应通过国际仲裁机构最终裁决。合同双方另有协议的除外,否则仲裁应按以下方式:

(1)争端应根据国际商会的仲裁规则进行最终裁决;

(2)争端应由按上述规则指定的 3 位仲裁人裁决;

(3)应以第 1.4 款【法律和语言】规定的交流语言作为仲裁语言。

仲裁人有权公开、审查和修改与该争端有关的工程师发出的任何证书、决定、指示、意见或估价,以及 DAB 有关争端事项的任何决定。工程师可以作为证人向仲裁人提供相关证据。

在仲裁过程中,合同的任一方均不受以前提供的证据和意见的限制,可以进一步提出理由和证据。DAB 的决定可作为证据提供。

工程竣工之前或之后均可开始仲裁。但在工程进行过程中,合同双方、工程师以及 DAB 的各自义务不得因进行仲裁而改变。

20.7　未能遵守争端裁决委员会的决定

如果下述情况发生:合同双方中的任一方未在第 20.4 款规定的 28 天的期限内,对 DAB 的决定向对方发出不满的通知,则 DAB 的决定就成为最终具有约束力的决定;如果合同一方未遵守此决定,则合同的另一方可将不执行决定的问题提交仲裁。

20.8　争端裁决委员会的委任期满

如果合同双方产生了某一争端,而此时,由于 DAB 的任命已期满,或由于其他原因,DAB 已不再工作,则第 20.4 款【获得争端裁决委员会的决定】和第 20.5 款【友好解决】的规定不适用,争端应根据第 20.6 款【仲裁】的规定,直接通过仲裁最终解决。

主要参考文献

［1］ 全国人大常委会颁布. 中华人民共和国招标投标法. 1999. 8. 30.

［2］ 中华人民共和国财政部. 世界银行贷款项目招标文件范本——货物采购国内竞争性招标文件. 北京:清华大学出版社,1997.

［3］ 刘尔烈. 国际工程投标报价. 北京:化学工业出版社,2005.

［4］ 建设部,国家工商行政管理总局. 建设工程施工合同(示范文本). 1999.

［5］ 国际咨询工程师联合会. 施工合同条件. 中国工程咨询协会,编译. 北京:机械工业出版社,2002.

［6］ 全国注册咨询工程师(投资)资格考试参考教材编写委员会. 工程咨询概论. 北京:中国计划出版社,2007.

［7］ 赵浩. 建设工程索赔理论与实务. 北京:中国电力出版社,2006.

［8］ 成虎. 建设工程合同管理与索赔. 4 版. 南京:东南大学出版社,2008.

［9］ 全国造价工程师执业资格考试培训教材编审委员会. 工程造价案例分析. 北京:中国城市出版社,2006.

［10］ 何佰洲,周显峰. 建设工程合同. 北京:知识产权出版社,2005.